Domi (Gloria Domingo Manuel),
ilustradora de la cubierta, nació en la
comunidad indígena mazateca de San
Pedro Ixcatlán, Oaxaca, México. Desde
que era niña, Domi solía observar con
placer el trabajo de dibujo y bordado
para los huipiles que realizaban
algunas de sus tías. Ocasionalmente
pintaba alguno que otro pequeño
cuadro con acrílicos u óleos, hasta que
en 1983, poco después de su arribo a
Guadalajara, descubrió que pintar era
lo suyo. Desde entonces su obra se ha
ido desarrollando con toda naturalidad
y fluidez en distintos campos de la
plástica, tales como el grabado y la
escultura, además de la pintura.

Tesoros de lectura

Lectura/Artes del lenguaje

Autores

Elva Durán

Jana Echevarria

David J. Francis

Irma M. Olmedo

Gilberto D. Soto

Josefina V. Tinajero

 Macmillan/McGraw-Hill

Contributors

Time Magazine, The Writers' Express, Accelerated Reader

 40001001056733

Students with print disabilities may be eligible to obtain an accessible, audio version of the pupil edition of this textbook. Please call Recording for the Blind & Dyslexic at 1-800-221-4792 for complete information.

A

The McGraw·Hill Companies

Macmillan McGraw-Hill

Published by Macmillan/McGraw-Hill, of McGraw-Hill Education, a division of The McGraw-Hill Companies, Inc., Two Penn Plaza, New York, New York 10121.

Printed in the United States of America

ISBN: 978-0-02-199125-9/4

MHID: 0-02-199125-1/4

1 2 3 4 5 6 7 8 9 (058/043) 12 11 10 09

Lectura/Artes del lenguaje

Bienvenidos a
Tesoros de lectura

Imagina encontrarte con un astronauta en el supermercado, aprender cómo es realmente la vida bajo el océano, o leer sobre un perro que escribe a su casa desde la escuela de adiestramiento. Tu **libro del estudiante** contiene éstas y otras selecciones premiadas de ficción y no ficción.

 Macmillan/McGraw-Hill

Unidad 1

Experiencias personales

Crecer

LA GRAN PREGUNTA

Presentación del tema 16

Actividad de investigación 18

TEMA: Mudanzas

A platicar 20

México: Mi nuevo hogar
    Vocabulario/Comprensión: Hacer inferencias 22

Mi diario de aquí hasta allá Ficción realista . 24
    Amada Irma Pérez,
    ilustraciones de Maya Christina Gonzalez

César Chávez Estudios Sociales 46
    Sam Hiller

Escritura: **Enfoque en el momento** 50

TEMA: Cambios

A platicar 52

Mi amigo Lalo
    Vocabulario/Comprensión:
    Personajes, ambiente, argumento 54

La bienvenida Ficción realista 56
    Berta Hiriart, ilustraciones de Ericka Martínez

Las mil y una noches Estudios Sociales 82
    Neena Akram

Escritura: **Enfoque en el momento** 86

4

TEMA: Niños en acción

A platicar 88

Querer es poder
Vocabulario/Comprensión: Comparar y contrastar 90

Pequeños periodistas en acción No ficción . . 92

El trabajo infantil en EE.UU Estudios Sociales 96

Escritura: **Narrativa** 98

TEMA: Consejeros

A platicar 100

Los astronautas entrenan
Vocabulario y comprensión: Personaje 102

La astronauta y la cebolla Ficción realista . . 104
Ann Cameron, ilustraciones de Anna Rich

**El sendero de los
recolectores de piñas** Poesía 120
Joseph Bruchac

Escritura: **Enfoque en el objeto** 122

TEMA: Amigos de todas las edades

A platicar 124

Una tarjeta de biblioteca para Emilio
Vocabulario y comprensión: Orden de los sucesos . . . 126

Gracias a Winn-Dixie Ficción realista 128
Kate DiCamillo

Me gusta cómo son las palabras Poesía 142
Maya Angelou

Escritura: **Enfoque en el ambiente** 144

Muestra lo que sabes

Un paseo por la playa Ficción 146

Diamantes No ficción 148

Pensamiento crítico 150

Estudios Sociales

Hacer la diferencia

LA GRAN PREGUNTA

Presentación del tema 152

Actividad de investigación 154

TEMA: Los derechos civiles

A platicar 156

Con gran valentía
   Vocabulario y comprensión: Propósito del autor 158

Mi hermano Martin   Biografía   160
   Christine King Farris, ilustraciones de Chris Soentpiet

Querida Sra. Parks   Estudios Sociales 176
   Rosa Parks y Gregory J. Reed

Escritura: **Mostrar** 180

TEMA: Mujeres deportistas

A platicar 182

Las mujeres toman la pelota
   Vocabulario y comprensión: Propósito del autor 184

Jackie, la poderosa   Ficción histórica 186
   Marissa Moss, ilustraciones de C.F. Payne

Bridge "Biddy" Mason   Estudios Sociales 204
   Tina Suggs

Escritura: **Mostrar** 208

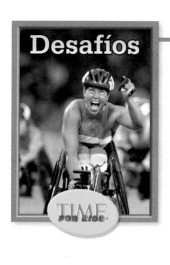

TEMA: Desafíos

A platicar 210

Los Paralímpicos
Vocabulario y comprensión:
Idea principal y detalles 212

**Presentación con bombos
y salpicaduras** (Ficción) 214

Estar de pie (Estudios Sociales) 218

Escritura: **Reacción a la literatura** 220

TEMA: Experiencias inolvidables

A platicar 222

Owen "el soñador"
Vocabulario y comprensión: Causa y efecto 224

Lluvia de plata (Ficción realista) 244
Sara Poot Herrera

La historia de Pecos Bill (Artes del lenguaje) 244
Gillian Reed

Escritura: **Verbos adecuados** 248

TEMA: Valor

A platicar 250

La historia a tus pies
Vocabulario y comprensión: Orden de los sucesos ...252

Caballo místico (Leyenda) 254
Paul Goble

El Pony Express (Estudios Sociales) 276
Beatriz Santiago

Escritura: **Verbos adecuados** 280

Muestra lo que sabes

Leer para el señor Paredo (Ficción) 282

Proteger nuestros océanos (No ficción) 284

Pensamiento crítico 286

Unidad 3

Creatividad

El poder de las palabras

LA GRAN PREGUNTA

Presentación del tema 288

Actividad de investigación 290

TEMA: La palabra escrita

A platicar 292

El poder de los sueños

Vocabulario y comprensión: Hacer inferencias 294

El bosque de mi abecedario $\quad$ Poema $\quad$ 296

Pedro Villar, ilustraciones de Miguel Calatayud

Tupá y la flor de la azucena $\quad$ Leyenda $\quad$ 316

Florencio Sueldo

Escritura: **Letras mayúsculas y puntuación** 320

TEMA: El arte de persuadir

A platicar 322

Cachorro en problemas

Vocabulario y comprensión: Sacar conclusiones 324

Querida señora LaRue $\quad$ Ficción $\quad$ 326

Mark Teague

¡Un perro sorprende a los científicos! $\quad$ Ciencias $\quad$ 350

Escritura: **Letras mayúsculas y puntuación** 354

TEMA: Del dicho al hecho

A platicar 356

El Renacimiento en Harlem
    Vocabulario y comprensión: Hechos y opiniones 358

**Palabras que
contribuyen al éxito** (No ficción) 360

La última jerga (Estudios Sociales) 364

Escritura: **Persuasiva** 366

TEMA: Cumplir promesas

A platicar 368

El príncipe rana
    Vocabulario y comprensión: Opinar 370

Ranita, la princesa (Obra de teatro) 372
    Carmen Agra Deedy, ilustraciones de Renato Alarcao

**Todavía hay cuentos:
Cenicienta** (Artes del Lenguaje) 392
    Eric Michaels

Escritura: **Detalles sensoriales** 396

TEMA: Expresarse a través del arte

A platicar 398

Ivar da Coll y sus personajes
    Vocabulario y comprensión:
    Personajes, ambiente, argumento 400

El canto de las palomas (Ficción realista) 402
    Juan Felipe Herrera, ilustraciones de Elly Simmons

Hacer un collage (Arte) 420

Escritura: **Detalles sensoriales** 422

Muestra lo que sabes

**Diario del ayudante
de un espantapájaros** (Ficción) 424

No más primaveras silenciosas (No ficción) 424
    Rachel Carson

Pensamiento crítico 426

Trabajamos juntos

LA GRAN PREGUNTA

Presentación del tema 430

Actividad de investigación 432

TEMA: Amistad

A platicar 434

La ratoncita del campo y la ratoncita de la ciudad
Vocabulario y comprensión: Tema 436

Un grillo en Times Square Fantasía 438
George Selden, ilustraciones de Garth Williams

La oportunidad de tu vida Ciencias 458
Patrick West

Escritura: **Diálogo** 462

TEMA: Animales en equipo

A platicar 464

Hormigas asombrosas
Vocabulario y comprensión: Descripción 466

La vida de las hormigas No ficción 468
Charles Micucci

La cigarra y la hormiga Fábula 484
Amy Lowry Poole

Escritura: **Diálogo** 488

TEMA: Californianos en equipo

A platicar 490

Dar una mano
    Vocabulario y comprensión: Hecho y opinión 492

Escribir en la pared No ficción 494

Alimentos para pensar Ciencias 498

Escritura: **Resumir** 500

TEMA: Unidos en tiempos difíciles

A platicar 502

Cartas de Annie
    Vocabulario y comprensión: Sacar conclusiones 504

El dragón despierta Ficción histórica 506
    Laurence Yep

La tierra está en permanente cambio Ciencias . . 526
    James Shastri

Escritura: **Dar formato al diálogo** 530

TEMA: Familia en equipo

A platicar 532

Una fiesta muy especial
    Vocabulario y comprensión:
    Perspectiva del autor 534

**Xóchitl, la niña
de las flores** Ficción realista 536
    Jorge Argueta, ilustraciones de Carl Angel

Cultivo una rosa blanca Poesía 556
    José Martí

Escritura: **ormato al diálogo** 558

Muestra lo que sabes

Ratona y cuervo Ficción 560

**Cómo cambiar una rueda
pinchada de bicicleta** No ficción 562

Pensamiento crítico 564

LA GRAN PREGUNTA

Presentación del tema 566

Actividad de investigación 568

TEMA: El desierto

A platicar 570

La vida en Alaska
Vocabulario y comprensión:
Idea principal y detalles 572

Un paseo por el desierto   No ficción   574
Rebecca L. Johnson

Cadena alimentaria   Ciencias   592

Escritura: **Orden cronológico** 596

TEMA: Animales del desierto

A platicar 598

Correcaminos: Pájaros sorprendentes
Vocabulario y comprensión: Propósito del autor 600

**El baile del
Correcaminos**   Cuento folclórico   602
Rudolfo Anaya, ilustraciones de David Diaz

Mosquerito y coyote   Artes del Lenguaje   620
Gillian Reed

Escritura: **Orden cronológico** 624

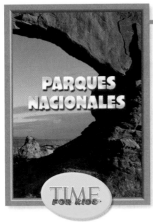

TEMA: Parques nacionales

A platicar 626

Un parque prehistórico
Vocabulario y comprensión:
Idea principal y detalles .628

Los animales regresan a nuestros parques nacionales No ficción 630

Salvar un parque nacional Ciencias 634

Escritura: **Expositiva** 636

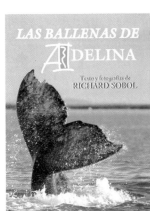

TEMA: La selva tropical

A platicar 638

Paraíso en peligro
Vocabulario y comprensión:
Comparar y contrastar 640

La selva tropical No ficción 642
Ricardo Cicerchia

Animales de la selva Ciencias 662

Escritura: **Distinguir el momento** 666

TEMA: Animales del océano

A platicar 668

¡Un viaje de grandes dimensiones!
Vocabulario y comprensión:
Orden de los sucesos 670

Las ballenas de Adelina Ensayo 672
Richard Sobol

Quintillas Poesía 690
Doreen Beauregard

Escritura: **Distinguir el momento** 692

Muestra lo que sabes

La maestra de Tigre Ficción 694

La tortuga engaña al embaucador Ficción 696

Pensamiento crítico 698

Unidad 6

Enfoque: Cuarto grado

Resolución de problemas

LA GRAN PREGUNTA

Presentación del tema 700

Actividad de investigación 702

TEMA: Resolver misterios

A platicar 704

Mi bello jacarandá
  Vocabulario y comprensión: Problema y solución 706

María (Ficción realista) 708
  Jairo Aníbal Niño
  ilustraciones de María Fernanda Mantilla

Picasso, Guernica y la Guerra Civil Española (Estudios Sociales) 722

Escritura: **Personajes creíbles** 726

TEMA: Investigar el pasado

A platicar 728

En busca del oro
  Vocabulario y comprensión: Causa y efecto 730

El juego de la fiebre del oro (Ciencia ficción) 732
  William F. Wu, ilustraciones de Cornelius Van Wright

¡Oro! (Estudios Sociales) 748
  Patrick West

Escritura: **Personajes creíbles** 752

TEMA: Mejorar vidas

A platicar 754

Lucha contra la injusticia
Vocabulario y comprensión:
Hacer generalizaciones 756

Dolores Huerta ayuda a los granjeros de California No ficción 758

Construir un dispositivo mejor Ciencias 762

Escritura: **Expositiva** 764

Seleccion premiada

TEMA: Paso a paso

A platicar 766

Que nieve
Vocabulario y comprensión: Sacar conclusiones 768

Copo de nieve Bentley Biografía 770
Jacqueline Briggs Martin
ilustraciones de Mary Azarian

Haiku Poesía 794
Hashin Joso, Matsuo Basho y Kobayashi Issa

Escritura: **Evolución del personaje** 796

TEMA: Inventos

A platicar 798

El gran partido
Vocabulario y comprensión: Problema y solución . . . 800

Guillermo González Camarena:
Habitante del futuro Biografía 802
Jaime Muñoz Vargas, ilustraciones de Jorge Alderete

Bombilla de luz Poesía 818
Joan Bransfield Graham

Escritura: **Evolución del personaje** 820

Muestra lo que sabes

Lanza por el pez Ficción 822

Misterios del mundo subterráneo No ficción . . . 824

Pensamiento crítico 826

Glosario 828

La **gran** pregunta

¿Qué experiencias pueden hacer cambiar a una persona?

 Busca información sobre crecer en **www.macmillanmh.com**.

¿Qué experiencias pueden hacer cambiar a una persona?

Las personas cambian con la edad y ante nuevas experiencias. Cuando eres niño, las cosas pequeñas, como pasar a ser el hermano mayor, comenzar un grado nuevo, anotarte en un club, adoptar una mascota o tener un nuevo amigo, pueden afectarte. A medida que creces, experiencias como ayudar en la casa o la comunidad, trabajar, viajar, conocer personas o aprender un idioma, pueden cambiarte. Estos cambios pueden afectar tu forma de pensar, tus sentimientos y también tu apariencia física.

Aprender cómo cambian las personas te ayudará a tomar decisiones en tu vida.

Actividad de investigación

En esta unidad irás reuniendo información sobre personas que han vivido experiencias que les cambiaron la vida. Elige una persona para enfocar tu investigación y crea una biografía corta. Puede ser un personaje famoso, histórico, o alguien que conozcas. Usa fotos u otras ayudas gráficas para ilustrar tu biografía.

Anota lo que aprendes

A medida que lees, anota lo que vas aprendiendo sobre las personas y las experiencias que les cambiaron la vida. Usa el **Boletín en capas.** En la parte superior, escribe el Tema de la unidad: *Crecer.* En cada capa del boletín, escribe los datos que aprendes cada semana, que te servirán para tu investigación y para entender el tema de la unidad..

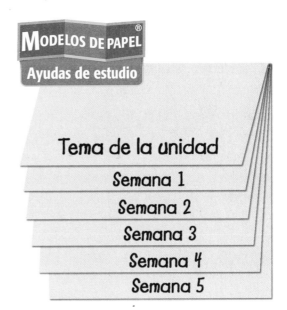

MODELOS DE PAPEL®
Ayudas de estudio

Tema de la unidad
Semana 1
Semana 2
Semana 3
Semana 4
Semana 5

Taller de investigación

Haz la investigación de la Unidad 1 con:

Guía de investigación

Sigue esta guía paso a paso para completar tu proyecto de investigación.

Recursos de Internet

- Buscador por temas y otras herramientas de investigación
- Videos y excursiones virtuales
- Fotos y dibujos para presentaciones
- Artículos y recursos relacionados en Internet

Busca información en **www.macmillanmh.com**

Gente y lugares

El Museo del Barrio, Ciudad de Nueva York

En la zona conocida como "El barrio", en la Ciudad de Nueva York, este museo es el único dedicado a la celebración de las culturas de Puerto Rico, el Caribe y América Latina.

MUDANZAS

¿Qué piensas de la gente, las cosas y los lugares nuevos?

Conéctate

Busca información sobre mudanzas en **www.macmillanmh.com**

México:
Mi nuevo hogar

Harold Johnson

Querido abuelo:

¿Te acuerdas de cuando papá y mamá creían que estaba dormido y los escuché hablar de que íbamos a **mudarnos** a México? Entonces dijiste que sería una aventura, ¡y tenías razón!

Yo estaba un poco asustado cuando nos fuimos de Maine. Dejaba atrás a todos mis amigos. La vida en México es muy diferente, pero ahora está empezando a gustarme mucho.

¿Sabes qué? He comido mi primer tamal. ¿Sabes lo que es? Cuando lo vi, no estaba muy seguro de querer descubrirlo. ¡Pero estaba buenísimo! Los tamales están hechos de masa de maíz envuelta en hojas del elote y cocidos al vapor.

He tenido **oportunidades** de probar nuevas comidas. Pero a veces voy al lugar de mi comida rápida favorita. Como ves no es totalmente diferente. Realmente vivimos a menos de 100 millas de la **frontera** de México con Estados Unidos.

Aquí, la **inmigración** de trabajadores es cada vez mayor. Los granjeros trabajan duro, pero no ganan mucho dinero para mantener a sus familias. Algunos participan en sindicatos, las organizaciones que defienden sus derechos. A veces hay **huelgas,** la gente deja de trabajar con la esperanza de que cambien las cosas.

Los granjeros piden a los **ciudadanos** que no compren productos que vengan de fuera de México. Esperan que el **boicot** mejorará sus condiciones.

He aprendido muchas cosas sobre la cultura mexicana. Aquí las cosechas locales son realmente importantes. Hay celebraciones que se llaman ferias, con música, bailes y comida. Cuando vengas a visitarnos iremos a una feria.

Adiós,

Paul (¿o debería decir Pablo?)

Volver a leer para **comprender**

Hacer predicciones

Hacer inferencias A medida que lees puedes hacer predicciones sobre los personajes y sucesos en la trama. Estas predicciones te ayudaran a **hacer inferencias**. Vuelve a leer la selección en busca de **pistas** y haz inferencias para saber si a Paul le gusta vivir en México. Usa la red como ayuda para hacer inferencias.

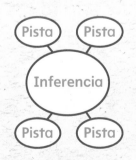

Pista   Pista

Inferencia

Pista   Pista

Comprensión

Género

La **ficción realista** es un tipo de cuento inventado que podría suceder en la vida real.

✓ Hacer predicciones

Hacer inferencias

Mientras lees, puedes ir completando tu red de palabras para hacer inferencias.

Pista   Pista

Inferencia

Pista   Pista

Lee para descubrir

¿Para qué le es útil a Amada escribir en un diario?

Mi diario
de aquí hasta allá

Amada Irma Pérez

ilustraciones de Maya Christina Gonzalez

Selección
premiada

Querido Diario: Sé que ya debería estar durmiendo, pero no puedo dormir. Siento que si no apunto todo esto, voy a explotar. Esta noche, después de que mis hermanos —Mario, Víctor, Héctor, Raúl y Sergio— y yo nos acostamos, escuché a Mamá y a Papá que platicaban en voz baja. Estaban diciendo que tendríamos que dejar nuestra casita en Ciudad Juárez, donde hemos vivido toda nuestra vida, para **mudarnos** a Los Ángeles en Estados Unidos. ¿Pero, por qué? ¿Cómo puedo dormir sabiendo que quizás tengamos que dejar México para siempre? Tendré que averiguar todo esto mañana.

Hoy, durante el desayuno, Mamá lo explicó todo. Dijo:
—Papá perdió su empleo. Aquí no hay trabajo; no hay empleo de ninguna clase. Sabemos que mudarnos será muy duro, pero queremos darles lo mejor a todos ustedes. Traten de entender—. Yo pensé que los muchachos se entristecerían, pero ocurrió todo lo contrario; se pusieron contentísimos de mudarse al otro lado.

—¡En las grandes tiendas de El Paso venden de todo!

—¡Tienen escaleras eléctricas para subir!

—¡El aire huele a palomitas de maíz! ¡Qué rico!

¿Seré yo la única que tiene miedo de dejar nuestro hogar, nuestra hermosa patria y toda la gente que quizás nunca más volvamos a ver?

Hoy mi mejor amiga Michi y yo caminamos al parque. Pasamos por la tienda de don Nacho, en la esquina, y vimos a las mujeres de la tortillería—sus manos volaban como alas de colibrí sobre el comal.

En el parque nos trenzamos el cabello la una a la otra, prometiéndonos que nunca nos olvidaríamos. Cada una de nosotras escogió una piedrita lisa y en forma de corazón que nos recordara siempre de nuestra amistad, del parque, de don Nacho y de la tortillería. Yo conozco a Michi desde que éramos niñitas y pienso que nunca encontraré otra amiga como ella en California.

—Tienes suerte de que toda tu familia estará junta por allá—, me dijo Michi. Las hermanas y el papá de Michi trabajan en los Estados Unidos. No puedo imaginar cómo será dejar atrás a algún miembro de la familia.

Bueno, Diario, éste es el plan: en dos semanas
nos iremos a la casa de nuestros abuelitos en
Mexicali, en la mera **frontera** con Caléxico,
California. Nos quedaremos con ellos mientras
Papá se va a Los Ángeles a buscar trabajo. Sólo
nos llevaremos lo que quepa en el carro viejo que
mi Papá pidió prestado; vamos a vender todo lo
demás. Los muchachos construyeron ciudades
con cajas de cartón y se portan como si nada les
molestara. Mamá y Papá siguen hablando de las
muchas **oportunidades** que tendremos en el otro
lado. Pero si allá no nos permiten hablar español,
¿entonces qué hacemos?

¿Y si no puedo aprender inglés? ¿Volveré a ver
a Michi otra vez? ¿Qué tal si nunca volvemos?

Fotos

31

Hoy mientras estábamos empacando, Papá me llamó a su lado y me dijo, —Amada, m'ija, yo puedo ver lo preocupada que has estado. Pero no te preocupes. Todo va a salir muy bien.

—¿Pero cómo lo sabes? ¿Qué nos va a pasar? —le dije. Él se sonrió.

—M'ija, yo nací en Arizona, en los Estados Unidos. Cuando tenía seis años, no tan grande como tú, mi papá y mi mamá regresaron con nuestra familia a México. Fue un cambio muy grande, pero lo pudimos sobrellevar. Yo sé que tú también podrás. Eres más fuerte de lo que crees—. Ojalá sea cierto. Todavía me falta empacar mi piedrita especial y empacarte a ti, querido Diario. ¡Nos vamos mañana!

> **Hacer inferencias**
> Piensa en lo que escribe Amada en su diario. ¿Qué crees que siente respecto al traslado? ¿Cómo lo sabes?

Nuestro viaje fue largo y duro. De noche, hacía tanto frío en el desierto que nos tuvimos que acurrucar juntos para mantenernos calentitos. Viajamos a lo largo de la frontera al otro lado de Nuevo México y Arizona. México y los Estados Unidos son dos países distintos, pero a cada lado de la frontera parecen idénticos, cada cual con sus saguaros gigantes que apuntan hacia un cielo rosa y anaranjado y unas nubes enormes. Le pedí un deseo a la primera estrella que brilló. Muy pronto salieron tantas estrellas que no se podían contar. Nuestra casita en Juárez ya parece estar tan lejos.

Llegamos a Mexicali muy tarde en la noche,
y mis abuelos Nana y Tata, y todas nuestras tías,
nuestros tíos y primos (¡parecían ser más de
cincuenta!) nos dieron la bienvenida con un banquete
de tamales, frijoles, pan dulce y chocolate caliente
con palitos de canela. ¡Qué bueno era verlos a todos!
Todos nos rodearon y contaron cuentos hasta muy
tarde en la noche. Jugamos tanto que los muchachos
se durmieron antes de que se pudiera tender la última
cobija en el piso. Pero, Diario mío, yo no puedo
dormir. Sólo pienso en que Papá
se va mañana.

Papá se fue a Los Ángeles esta mañana. Nana consolaba a Mamá, diciéndole que como Papá es **ciudadano** de los Estados Unidos, no tendría problemas en conseguirnos las "tarjetas verdes" del gobierno de los Estados Unidos. Papá nos dijo que cada uno de nosotros va a necesitar una tarjeta verde para vivir en los Estados Unidos porque no nacimos allá.

No puedo creer que Papá se haya ido. El tío Tito sigue tratando de hacernos reír en vez de llorar. El tío Raúl me permitió ponerme su medalla especial. Y el tío Chato hasta me sacó una moneda de plata de la oreja. Mis hermanos tratan de imitar sus trucos, pero las monedas terminan por volar por todos lados. A veces me vuelven loca, pero hoy es bueno reírme con ellos.

¡Hoy recibimos una carta de Papá! La pego en tus páginas, Diario.

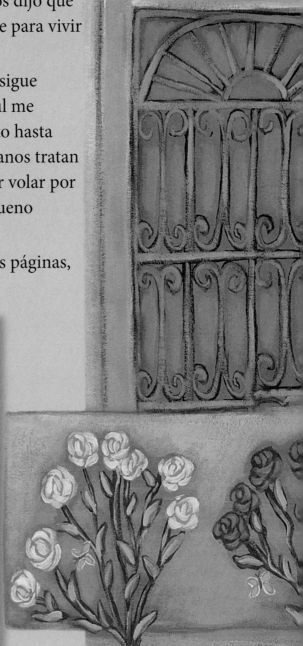

> *Mi querida familia:*
>
> *He estado pizcando uvas y fresas en los campos de Delano, a 140 millas al norte de Los Ángeles, ahorrando dinero y pensando todo el tiempo en ustedes. Es un trabajo muy duro, que cansa mucho. Aquí en los campos hay un hombre que se llama César Chávez y que habla de uniones, **huelgas** y **boicots**. Estas nuevas palabras nos dan la esperanza de mejorar las condiciones de nosotros los que trabajamos en las fincas.*
>
> *Hasta ahora, ha sido difícil conseguir las tarjetas verdes, pues no somos nosotros la única familia que trata de comenzar una nueva vida aquí. Por favor, tengan paciencia. No pasará mucho tiempo hasta que podamos estar todos juntos otra vez.*
> *Abrazos y besitos,*
>
> *Papá*

Hacer inferencias
¿Qué crees que debe tener en cuenta el papá al planificar el traslado de su familia a California?

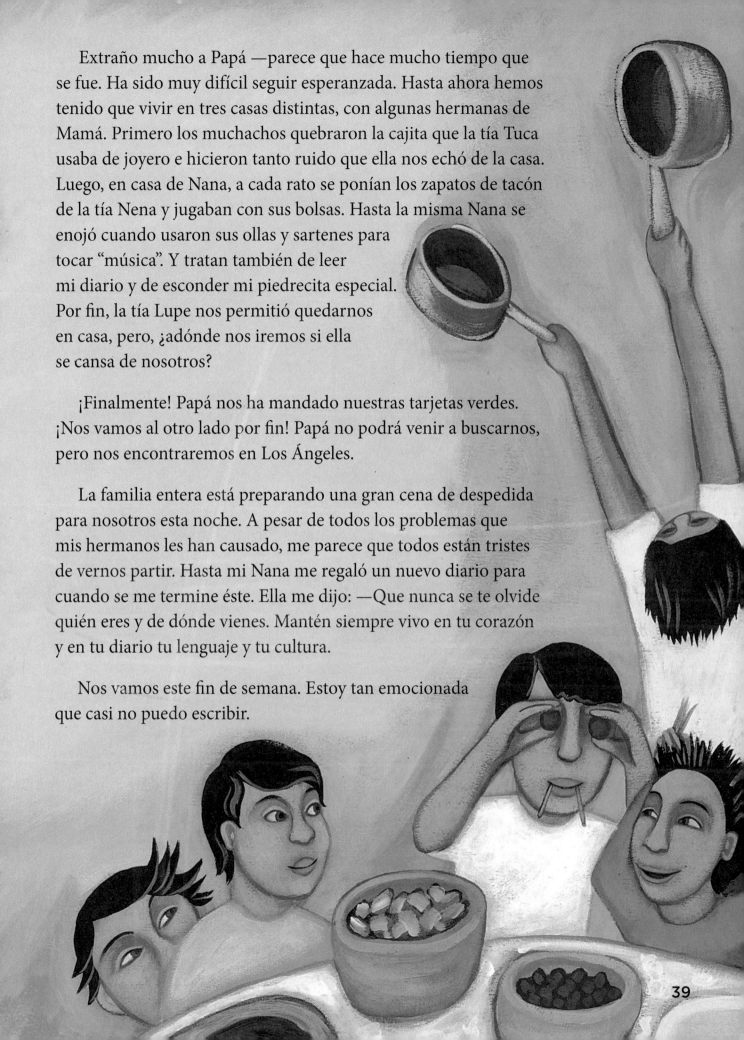

Extraño mucho a Papá —parece que hace mucho tiempo que se fue. Ha sido muy difícil seguir esperanzada. Hasta ahora hemos tenido que vivir en tres casas distintas, con algunas hermanas de Mamá. Primero los muchachos quebraron la cajita que la tía Tuca usaba de joyero e hicieron tanto ruido que ella nos echó de la casa. Luego, en casa de Nana, a cada rato se ponían los zapatos de tacón de la tía Nena y jugaban con sus bolsas. Hasta la misma Nana se enojó cuando usaron sus ollas y sartenes para tocar "música". Y tratan también de leer mi diario y de esconder mi piedrecita especial. Por fin, la tía Lupe nos permitió quedarnos en casa, pero, ¿adónde nos iremos si ella se cansa de nosotros?

¡Finalmente! Papá nos ha mandado nuestras tarjetas verdes. ¡Nos vamos al otro lado por fin! Papá no podrá venir a buscarnos, pero nos encontraremos en Los Ángeles.

La familia entera está preparando una gran cena de despedida para nosotros esta noche. A pesar de todos los problemas que mis hermanos les han causado, me parece que todos están tristes de vernos partir. Hasta mi Nana me regaló un nuevo diario para cuando se me termine éste. Ella me dijo: —Que nunca se te olvide quién eres y de dónde vienes. Mantén siempre vivo en tu corazón y en tu diario tu lenguaje y tu cultura.

Nos vamos este fin de semana. Estoy tan emocionada que casi no puedo escribir.

¡Es la primera vez que escribo en los Estados Unidos! Estamos en San Ysidro, California, esperando el autobús a Los Ángeles. Eso de cruzar la frontera en Tijuana fue una locura. Un gran gentío nos empujaba de aquí para allá. Había niños llorando y la gente peleaba por ser los primeros de la fila. Nosotros nos tomamos de la mano y así estuvimos todo el camino. Cuando por fin cruzamos, a Mario sólo le quedaba puesto un zapato y se le había caído el gorrito. Yo conté a mis hermanitos y todavía tenía a los cinco. ¡Qué alivio!

Nos encontramos con Papá en la estación de autobuses de Los Ángeles. Ha pasado tanto tiempo—¡espero que nos reconozca!

¡Qué camino tan largo! Cuando los oficiales de **inmigración** de la patrulla fronteriza les revisaron los papeles a todos en el autobús, sacaron a una mujer y a sus hijos. Mamá apretó a Mario y se puso las tarjetas verdes junto al corazón.

Papá estaba esperándonos en la estación, así como lo había prometido. A carcajadas, todos brincamos a sus brazos y Mamá hasta lloró un poquito. Los abrazos de Papá se sentían mucho mejor ahora que cuando nos tuvo que dejar en Mexicali.

Hoy le escribí a Michi.

Querida Michi:

¡Tengo historias que contarte! ¡Papá encontró empleo en una fábrica, y estamos viviendo en una casa vieja que cruje, en El Monte al este de Los Ángeles. No es nada como Juárez. Ayer todo comenzó a temblar y se escuchó un tremendo trueno alrededor de nosotros—¡eran aviones que volaban justo sobre nuestras cabezas! A veces los trenes de carga que pasan frente a nuestra casa retumban como pequeños terremotos.

Todos los días agarro mi piedrecita especial y pienso en nuestro hogar—mi México—y en nuestros paseos por el parque. Papá dice que quizás en unos dos años podamos volver para los días de fiesta. Hasta entonces, ¡escríbeme!

Te extraña,

Amada Irma

Bueno, Diario, por fin encontré un lugar donde puedo sentarme a pensar y a escribir. Aunque no sea como el parquecito de Juárez, es bonito. ¿Sabes, Diario?, no más porque estamos tan lejos de Juárez, de Michi y de mi familia de Mexicali, no quiere decir que ellos no estén aquí conmigo. Están dentro de mi piedrecita, aquí en tus páginas y en el idioma que hablo. También están en mis recuerdos y en mi corazón. Papá tenía razón. Soy más fuerte de lo que creí —en México, en los Estados Unidos y en todas partes.

P.D. Ya casi he llenado todo este diario y casi no puedo esperar a comenzar el nuevo. ¡Quizás algún día, cuando sea grande, escribiré la historia de nuestro viaje!

De los diarios de . . .

Amada Irma Pérez utilizó los recuerdos de su propio viaje de México a Estados Unidos para escribir este cuento. Del mismo modo que la muchacha del cuento, ella también se sentía emocionada y asustada con la mudanza. Hoy día, Amada sigue escribiendo un diario. Cree que los diarios ayudan a mantener vivos los recuerdos.

Otro libro de Amada Irma Pérez

Maya Christina Gonzalez siempre le ha gustado dibujar. Siendo niña, no encontraba ilustraciones de niños mexicoamericanos como ella en los libros, y dibujaba su propia ilustración en una página en blanco para cada libro que leía. Hoy día, los libros de Maya muestran todo tipo de personas para que sus lectores puedan sentirse orgullosos de quienes son.

Conéctate Busca información sobre Amada Irma Pérez y Maya Christina Gonzalez en **www.macmillanmh.com**

✔ Propósito de la autora

¿De qué manera crees que Amada Irma Pérez usa sus recuerdos en los cuentos? ¿Qué pistas te dicen si esta historia entretiene o informa?

44

Pensamiento crítico

Resumir

Resume *Mi diario de aquí hasta allá*. Cita los sucesos más importantes, dónde tienen lugar, y cómo piensa y actúa el personaje principal a medida que progresa la historia. Usa el diagrama para hacer inferencias como ayuda.

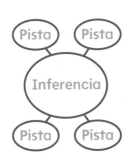

Pensar y comparar

1. ¿Qué pistas de tu diagrama te ayudan a hacer inferencias acerca de cómo es Amada? **Hacer predicciones: Hacer inferencias**

2. Vuelve a leer la página 28. ¿Qué conclusiones puedes sacar sobre las **oportunidades** de empleo en México al leer esta historia? Incluye detalles de la historia en tu respuesta. **Analizar**

3. Imagina que Amada escribe otra historia acerca de sus experiencias en Estados Unidos. ¿Sobre qué tema te gustaría que escribiera? **Sintetizar**

4. Compara los sentimientos de Amada con los de sus hermanos. ¿En qué se parecen? Usa detalles del cuento en tu respuesta. **Analizar**

5. Lee "México: Mi nuevo hogar" en las páginas 22-23. ¿En qué se parecen las situaciones de Paul y Amada? ¿En qué se diferencian? Usa detalles de ambas selecciones en tu respuesta. **Leer/Escribir para comparar textos**

CÉSAR CHÁVEZ

Sam Hiller

César Chávez nació en Arizona el 31 de marzo de 1927, en el seno de una familia mexicoamericana, grande y afectuosa. La madre de César les enseñó a sus seis hijos que nunca debían solucionar los problemas peleando. En cambio, los alentaba a resolver los desacuerdos usando la razón y conversando. César nunca olvidó esta lección.

UN NUEVO HOGAR EN CALIFORNIA

En 1937, la familia de César se vio obligada a renunciar a sus tierras y a abandonar Arizona. Sin hogar y prácticamente en la miseria, la familia se unió a miles de otras personas que viajaban hacia el oeste en busca de trabajo en las grandes granjas de California.

César Chávez fue uno de los líderes más importantes por los derechos civiles en Estados Unidos.

46

Durante los diez años siguientes, César y su familia fueron trabajadores migrantes. La familia entera trabajaba en los campos, plantando, desmalezando y cosechando. Las condiciones eran pésimas, y la paga muy baja. Cuando finalizaba el trabajo en un lugar, la familia empacaba y se mudaba a otra parte de California donde podrían necesitarlos.

Trabajadores de granjas en California.

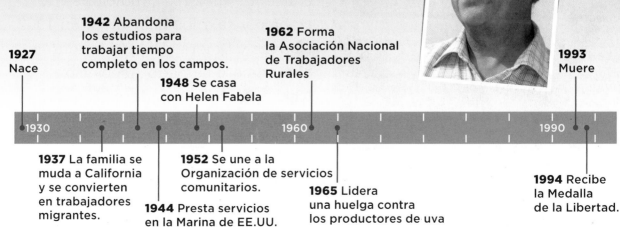

La Vida de César Chávez

Leer una línea cronológica

Lee la línea cronológica comenzando por la izquierda con el primer suceso. Continúa leyendo los sucesos en orden cronológico.

1927 Nace

1942 Abandona los estudios para trabajar tiempo completo en los campos.

1948 Se casa con Helen Fabela

1962 Forma la Asociación Nacional de Trabajadores Rurales

1993 Muere

1930

1960

1990

1937 La familia se muda a California y se convierten en trabajadores migrantes.

1944 Presta servicios en la Marina de EE.UU.

1952 Se une a la Organización de servicios comunitarios.

1965 Lidera una huelga contra los productores de uva

1994 Recibe la Medalla de la Libertad.

EL JOVEN CÉSAR CHÁVEZ

César fue a varias escuelas hasta octavo grado, después tuvo que trabajar tiempo completo para mantener a su familia. En 1944, entró a la Marina y combatió en la Segunda Guerra Mundial. A su regreso, Chávez volvió a trabajar en los campos. En 1948, se casó con Helen Fabela. Las condiciones de los trabajadores **rurales** no habían cambiado y Chávez quería una vida mejor para la familia que estaba formando.

César Chávez y recolectores de uvas en 1968.

TRABAJAR POR UN CAMBIO

En 1952, Chávez fue a trabajar para la Organización de Servicios Comunitarios (CSO). Ayudó a los trabajadores mexicoamericanos a hacerse ciudadanos de EE.UU. Como ciudadanos podían votar sobre temas laborales. Durante el liderazgo de Chávez, la organización se transformó en el grupo mexicoamericano de derechos civiles más fuerte de Estados Unidos.

FORMAR UN SINDICATO

Chávez creía que los trabajadores rurales serían más fuertes si **negociaban** como grupo para conseguir mejores condiciones de trabajo y salarios más altos. En 1962, Chávez y Dolores Huerta fundaron el **sindicato** llamado Asociación Nacional de Trabajadores Rurales.

Chávez usó métodos **pacíficos** con el fin de lograr sus objetivos. Se inspiró en Martin Luther King Jr. y Mahatma Ghandi.

UNA VICTORIA PARA LOS TRABAJADORES RURALES

En 1965, Chávez lideró una huelga de trabajadores rurales en contra de los productores de uva. Muchos comerciantes se enojaron. Otras personas en Estados Unidos lo apoyaron negándose a comprar uvas. A los cinco años de lucha, los propietarios de granjas dieron a los trabajadores mejores salarios y condiciones. Chávez continuó trabajando por los derechos de los trabajadores rurales hasta el fin de sus días.

Helen Chávez acepta la Medalla de la Libertad en representación de su esposo.

✅ Pensamiento crítico

1. De acuerdo con la línea cronológica, ¿cuándo y cómo César Chávez empezó a trabajar para mejorar los derechos civiles de los trabajadores rurales? **Leer una línea cronológica**

2. ¿Por qué fue importante el trabajo de César Chávez? ¿Crees que alcanzó sus objetivos? Explica usando detalles de la selección. **Evaluar**

3. Piensa en esta selección y en *Mi diario de aquí hasta allá*. ¿De qué manera las dos selecciones presentan información sobre César Chávez? **Leer/Escribir para comparar textos**

Estudios Sociales

Investiga en Internet sobre la huelga de trabajadores rurales de 1965. Escribe un resumen corto detallando lo que averiguaste.

Busca información sobre César Chávez en **www.macmillanmh.com**.

49

Escritura

Enfoque en el momento

Los escritores ofrecen detalles como acción precisa y palabras sensoriales para describir un momento especifico.

Conexión: Lectura y escritura

Lee el siguiente pasaje. Observa cómo la autora, Amada Irma Pérez, se enfoca en un momento específico del cuento.

La autora se enfoca en el momento en que la familia está reunida. En ese momento sus detalles nos ayudan a imaginar lo que sucedió, incluso si no hubiera imágenes.

Un extracto de *Mi diario de aqui hasta allá*

Papá estaba esperándonos en la estación, así como lo había prometido. A carcajadas, todos brincamos a sus brazos y Mamá hasta lloró un poquito. Los abrazos de Papá se sentían mucho mejor ahora que cuando nos tuvo que dejar en Mexicali.

Lee y descubre

Lee el texto de Pablo. ¿Qué hizo para enfocarse
en el momento? Usa la lista de control como ayuda.

Regalo de cumpleaños

Pablo M.

Lee sobre el
regalo de Pablo.

Después de cenar, la abuela sacó una caja
grande, envuelta en papel rojo, decorado
con pelotas de fútbol y una cinta amarilla
alrededor. En cuanto puso el regalo
en mis manos, tiré fuerte de la cinta para
abrir la caja. Después rompí el papel, y
¡las tiras volaron por todas partes!
Finalmente descubrí lo que había
adentro: un casco nuevo.

Control de escritura

 ¿Escribe el autor acerca de un corto período?

 ¿Usa detalles específicos?

 ¿Puedes imaginar el momento como lo vivió Pablo?

51

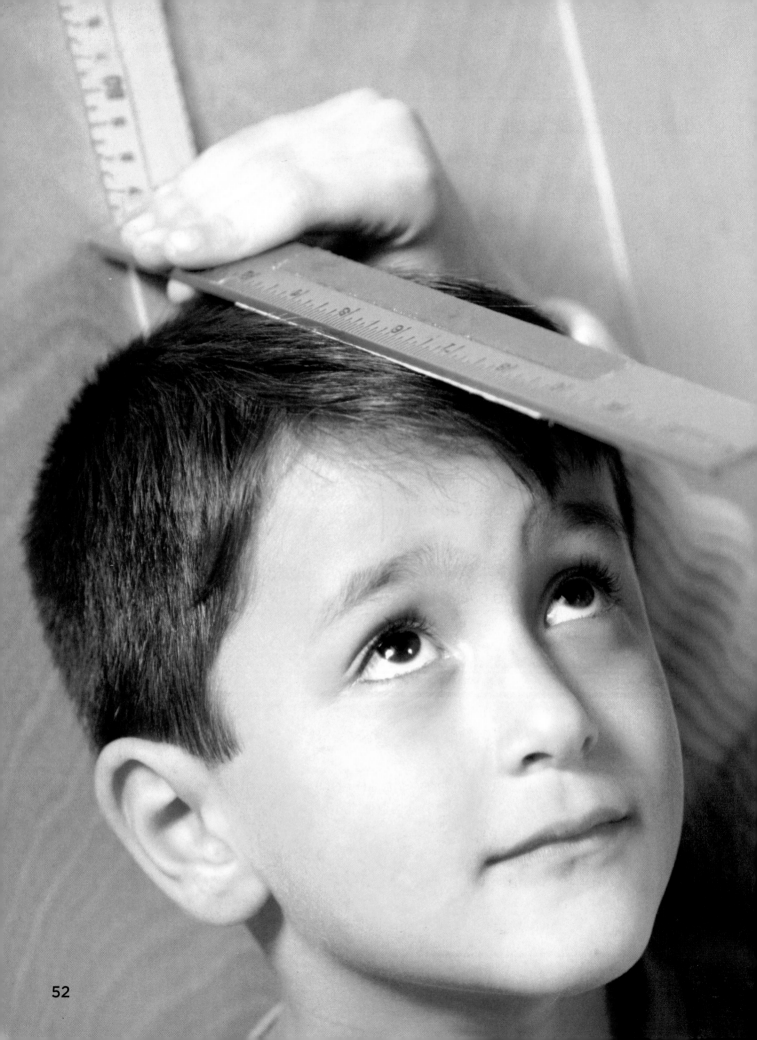

A platicar

¿Cómo cambiamos al ir creciendo?

Busca información sobre los cambios en **www.macmillanmh.com**

Cambios

Mi amigo LALO

Florencio Sueldo

Florencio Sueldo

Vocabulario

mudanza   desplegar

voltereta   terrorífico

ceremonia   tararear

desaparecido

Diccionario de sinónimos

Un **sinónimo** es una palabra que tiene un significado igual o parecido al de otra palabra. Usa un diccionario de sinónimos para hallar un sinónimo de la palabra *voltereta*.

Tomás esperaba ansioso en su nueva casa. El camión de **mudanzas** llegaría en cualquier momento con sus cajas llenas de juguetes. Pero al niño en realidad le importaba sólo uno: Lalo, su robot fantástico.

El juguete más querido

Lalo era un muñeco de plástico. Hacía cinco años que Tomás lo conservaba en, digamos, buenas condiciones. El pobre juguete ya no daba las **volteretas** con su rayo cósmico ni hacía girar su cabezota plateada, pero al niño le gustaba igual. Lalo era su robot de la suerte. Él era quien lo había acompañado en la **ceremonia** de inauguración de su primer campeonato de fútbol y el que lo cuidaba cada vez que iba al dentista. A veces hasta le parecía que el muñeco entendía todo lo que él le contaba. Incluso una vez Tomás creyó escucharlo **tararear** la misma canción que cantaba con su mamá camino a la escuela. Pero eso nunca lo pudo averiguar.

La búsqueda

En cuanto llegaron las cajas, Tomás empezó a **desplegar** sus juguetes por el piso. "¡Oh...!" exclamó Tomás. Había sucedido algo **terrorífico**. Lalo había **desaparecido**.

—Hay que encontrarlo antes de que oscurezca —dijo su papá—.

Con su mamá Silvia y la tía Alicia se armó un equipo de rescate que revolvió todos los rincones de la casa.

El tiempo pasaba, la luna brillaba y aún no tenían noticias del robot.

Una vez más, a oscuras, entraron a la habitación de Tomás. De pronto, un rayo plateado se deslizó entre las cortinas e iluminó un rincón junto a la cama. Tras un enorme camión de bomberos y una pelota de fútbol, titiló la cabeza plateada de Lalo.

—¡Ahí está! —gritó Tomás mientras iba al encuentro del juguete.

No le dio un beso porque todavía le daba vergüenza demostrar su cariño frente a los demás. Pero lo abrazó fuerte. Y en secreto, le dijo cuánto lo quería.

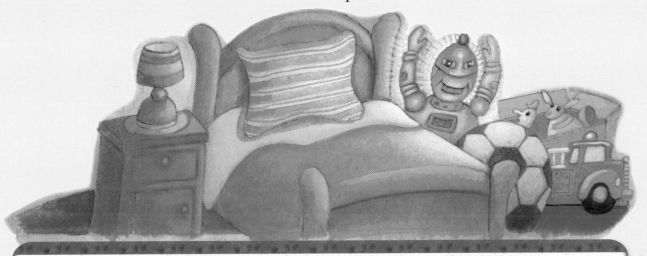

Volver a leer para **comprender**

✔ Analizar la estructura del cuento
Personajes, ambiente, argumento

El ambiente es dónde sucede la historia. Conocer el ambiente de una historia puede ayudar al lector a analizar cómo afecta a los personajes, sus acciones y el argumento.

Usa el diagrama de ambiente como ayuda para hacer un seguimiento del **ambiente**, los **personajes** y los **sucesos** de una historia.

Ambiente		
Suceso	→	Reacción del personaje
↓		
Suceso	→	Reacción del personaje
↓		
Suceso	→	Reacción del personaje

Comprensión

Género

La **ficción realista** es un tipo de relato inventado que podría suceder en la vida real.

Analizar la estructura del cuento

Personajes, ambiente, argumento

Al leer, completa el diagrama.

Ambiente

Suceso	→	Reacción del personaje

Suceso	→	Reacción del personaje

Suceso	→	Reacción del personaje

Lee para descubrir

¿Qué aventuras tienen los niños de esta historia?

La bienvenida

Berta Hiriart

ILUSTRACIONES DE
Ericka Martínez

Era un día de agosto. Habíamos recorrido la cuadra unas ochenta veces montados en las bicicletas, y ahora estábamos echados en la banqueta bajo la sombra del único árbol. Beto contaba chistes que no hacían reír ni a La Pulga, con todo y que era su mejor amigo. Y no es que Beto fuera mal chistoretero sino que ya nos sabíamos de memoria su repertorio. Hubiera sido preferible que cada quien se fuera a su casa a ver la tele, pero no, ahí estábamos papando moscas igual que los perros. Comenzaban a hacerse largas las vacaciones.

Una camioneta destartalada dio la vuelta en la esquina. Encogimos las piernas para dejarla pasar, pero no llegó hasta nosotros, sino que se detuvo en la casa vacía. Adelante venían un señor y una niña. Atrás, un montón de cajas y maletas.

—Son los nuevos —dijo La Pulga.

La modorra se nos fue como por arte de magia. Nos enderezamos y observamos alertas los movimientos de los recién llegados. Pero no sucedió nada interesante. El papá abrió la puerta de la casa y entre los dos bajaron las cosas.

—¿Se fijaron? —comentó Sonia—, ni siquiera nos echó un ojo. Ha de ser una estirada.

Todos movimos la cabeza de arriba hacia abajo en señal de acuerdo.

Minutos después llegó el camión de **mudanzas**. Los cargadores fueron desfilando con el refri, las camas, las sillas y un piano pequeño, blanco. Para observar mejor nos cambiamos de banqueta hasta quedar justo enfrente de la casa de los nuevos. El sol pegaba de lleno sobre nosotros, de modo que el interior se veía muy oscuro, como si adentro fuera de noche. Desde ahí, salía la voz del papá: "Por acá, eso por acá, por favor. El piano con cuidado. ¡Nadia!, ¡Nadia!, ¿te gusta el piano en ese lugar?".

—Se llama Nadia. ¡Qué nombre!

—Y toca el piano. Les dije que de seguro era una niña insoportable.

—¡Nadia! Para el caso, le hubieran puesto Nadie o de plano, Nada.

—Eso es —resolvió Sonia— para nosotros será La Nada. Haremos de cuenta que no ha llegado.

De nuevo movimos la cabeza de arriba hacia abajo, pero no dejamos de estar totalmente atentos a lo que ocurría dentro de la casa. Momentos después salieron los cargadores y detrás salió La Nada. Se quedó de pie en la puerta, con su vestidito de lo más ridículo.

—Adiós —le gritaron los hombres desde el camión.

—Adiós —les contestó ella, agitando la mano de una manera muy elegante.

Personajes, ambiente, argumento

¿Qué te dice la actitud de La Pulga sobre su personalidad?

El camión desapareció en la esquina. La niña siguió frente a nosotros sin tomarnos en cuenta, así nada más, mirando la calle. La Pulga hizo una señal de tornillo zafado en la cabeza que a todos nos botó de la risa. Entonces La Nada se rió también y nosotros nos quedamos de una pieza.

A la mañana siguiente nos reunimos antes que de costumbre. Queríamos darle a La Nada una bienvenida. Sonia propuso que preparáramos unas papas fritas "especiales", con pimienta, azúcar y alas de mosca. La Pulga dijo que ésa era una broma de bebés, que mejor pusiéramos a Justinita en la puerta, luego tocáramos y desapareciéramos. Pero Beto no estuvo de acuerdo. Tenía miedo de que Justinita pudiera escapar, o peor, que La Nada le hiciera algún daño.

—Las víboras son muy delicadas —dijo.

Yo tuve la idea de que le contáramos un cuento chino sobre la cuadra, algo **terrorífico**, como que en la casa nueve vivía un loco que secuestraba a los niños. Que ya habían **desaparecido** varios. Habían salido tan tranquilos a comprar unos chicles y no se había vuelto a saber de ellos. Que por eso nosotros siempre andábamos juntos, en bola, en pandilla. Y que desgraciadamente ahorita no teníamos lugares libres.

No es porque fuera mía, pero la idea era estupenda. Don Enrique el peluquero tenía realmente facha de loco furioso, aunque era de lo mejor que puede haber entre los adultos.

—Haremos todo —decidió Sonia—, esa presumida tiene que saber quiénes somos.

—Me opongo —gritó Beto—, yo no presto a Justinita.

Los demás guardamos silencio.
Beto tenía que salir siempre con
alguna historia. Así no se podía.

—Entonces, ¿te sales de la
pandilla? —dijo Sonia con tono
de amenaza.

—¡Oigan! No se pongan en ese plan.
La Pulga entró a negociar.

—Beto, no le va a pasar nada a
Justinita, la cuidaremos entre todos.
Ya, mano, ponte a la altura.

Beto aceptó a regañadientes.
Entonces cerramos los puños y
fuimos poniendo uno sobre otro,
hasta formar una torre de ocho
manos fuertemente apretadas.
Rajúm, batá, lavera, timbá, lajurrá.

Con las palabras secretas quedó firmado el pacto. Nadie
podía romperlo, pasara lo que pasara.

La Operación Justinita daría inicio a la bienvenida. Nos
acercamos lentamente a la puerta de La Nada, agachándonos al
pasar junto a la ventana. Pero al llegar al escalón de la entrada,
sucedió algo que nos detuvo.

Al principio no supimos de qué se trataba. Parecía como si
se hubiera desatado un vendaval, pero luego nos dimos cuenta
de que eran las notas del piano.

Tomaban vuelo. Así sonaron, tomando vuelo. Y se empezaron a elevar. Suaves. Planeaban, daban la vuelta, volvían a planear. No era una tonada común, nada que se pueda repetir, **tararear**. Los sonidos volaban, revoloteaban por toda la cuadra, como si un mundo de mariposas hubiera emigrado a nuestro Callejón San Miguel. Ya se detenían en el árbol, ya en la ventana de don Enrique, ya en el hombro de La Pulga. Nos pasaban volando por la cara, haciéndonos cerrar los ojos. Se nos metían por el cuello de las playeras, como se mete el aire cuando te quiere hacer cosquillas. Llegaban hasta la panza y nos doblaron de risa. Beto se tiró al piso y se puso a rodar. Luego todos. Rueda que rueda. Justinita **desplegó** sus anillos, contoneándose como una bailarina egipcia. Para allá su cintura, para acá su preciosa cabeza verde.

Y nosotros, a puras **volteretas**, maromas,
brincos. Ni en sueños habíamos sido cirqueros tan
fabulosos. Las notas volaban ahora a la velocidad
de la luz. Un do. Zim. Un fa. Zum. Pasaban
silbando. Zim, zum, zam.

Después de un rato, quién sabe si largo o corto,
las notas se fueron alejando, remontándose a otras
alturas. Y se volvieron serias, roncas, enormes,
como águilas reales. Echados en el piso, las oíamos
volar, y algo nos iba pasando en el pecho, en la
garganta. El primero en echarse a llorar fue La
Pulga. Se hizo el que tenía picazón en los ojos y se
limpió con la manga de la playera. Pero al minuto
todos llorábamos como cascadas. Justinita se plegó
hasta el fondo de su casa de vidrio y escondió la
cabeza en el centro de su cuerpo enroscado.

Para entonces, el sol ya había caminado un buen trecho y nos daba con fuerza, pero no nos importaba. No estábamos ahí, sino en un paisaje raro. Y las notas, ahora, eran las del silencio.

Cuando nos despertamos, la niña nueva estaba sentada en la banqueta, acariciando a Justinita.

La vimos con algo de susto. Ninguno pensaba ya en ella como La Nada. Nos lo dijimos después, que ya no nos atrevíamos a nombrarla con ese apodo ni con ningún otro.

La niña nueva estaba agachada sobre Justinita.

Su pelo lacio resbalaba y le escondía la cara, pero alcanzamos a oír que le susurraba cosas a la viborilla. Ésta se enroscaba mimosa en su muñeca, tal y como si fuera una pulsera, una pulsera muy extraña que de vez en cuando soltaba un tímido lengüetazo. Nosotros no sabíamos qué hacer. Ya no queríamos cumplir el pacto, pero tampoco queríamos no cumplirlo. Una pandilla que deja de cumplir un pacto está perdida. Una cosa es que fracase y otra muy distinta que olvide que hizo un juramento con palabras secretas y toda la cosa.

La Operación Justinita había fracasado. Eso era cierto. Pero no por nosotros. Eso también estaba claro. Pero aparte de estas claridades, todo lo demás era confusión. Nadia no hacía lo que era de esperarse en una niña recién llegada al Callejón San Miguel, sino cosas fuera de serie.

Sonia se levantó y caminó hacia su casa. Todos supimos que se había echado a andar la Operación Papas Fritas. Nos lo dijimos después.

La cuadra se quedó quieta. El calor caía pesadamente, aplastando al aire, a los perros, a las moscas, a nosotros.

—¿Tienen sed?, ¿se les antoja un agua de limón?

Había hablado la niña nueva. Su voz fue de lo más natural, como si nos conociéramos de toda la vida y ésa fuera una mañana más de vacaciones en la que viniera bien un alto, una agüita de limón. Ninguno había tenido tiempo de pensar en la sed, pero apenas Nadia la mencionó, se nos pegó la lengua reseca al techo y a las paredes de la boca.

—¿Con hielo? —dijo La Pulga, arrastrándose hacia la niña nueva como un personaje de película del desierto.

—Sí, está lista en el termo.

Beto y yo también nos acercamos. Beto, luego le tiró los brazos a Justinita, pero la muy cabeza verde se volvió discretamente hacia otro lado. Nadia destapó el termo sin prisa, sirvió en el vaso y nos lo ofreció. Por un momento, ninguno extendió la mano. Teníamos miedo de que fuera algún tipo de agua "especial".

—Lléguenle, primero ustedes —dijo Beto, haciéndose el muy amable.

No era brillante idea ser el primero en beber, así que animé a La Pulga.

—Ándale, Pulguis, te mueres por darle un trago.

Como era cierto, La Pulga no lo pensó más y se tomó el vaso completo. Beto y yo lo observamos con cuidado: no cambió de color ni de forma, ni siquiera hizo mala cara; sólo sonrió como si se acabara de aliviar de un dolor de muela.

—¡Qué rica! —dijo.

Entonces Beto y yo nos lanzamos a la vez a arrebatarle el vaso.

—Me toca —gritamos los dos.

—Espérense, dejen que lo vuelva a llenar —nos calmó Nadia.

Otra vez no sabíamos qué hacer ni qué decir. Así que nos quedamos callados, bebiendo por turnos litros y litros de la mejor agua de limón que habíamos probado.

En eso, Sonia apareció en la puerta de su casa con el platón
en las manos. Nos hizo un gesto disimulado, y nosotros le
respondimos con otros mucho más visibles que decían que
no, que regresara aquello. Pero Sonia era de lo más mandona:
siempre tenía que salirse con la suya.

—¿Quieres? —preguntó directamente a Nadia.

—No, gracias —respondió ella.

Los demás, nos lo dijimos después, respiramos como si nos
hubieran quitado un peso de encima.

—Ándale —insistió Sonia—, están muy buenas.
También ustedes.

De los nervios, tomé una papa y me la metí casi entera a la
boca. Entonces Nadia comentó:

—No me gustan las cosas que pican y son dulces al mismo
tiempo. ¡Qué chistoso que a ustedes sí!

Mientras me atragantaba con el horripilante sabor, no podía dejar de pensar: "¿cómo sabe?, ¿cómo se enteró de que son papas especiales?".

Y Sonia de seguro pensó lo mismo porque se le cayó el platón de las manos.

—¡Ay! —exclamó Nadia—, ¡qué lástima! Si quieren vamos a mi casa a comer galletas.

Instalados en la cocina de Nadia, comimos galletas hasta hartarnos. Nadia nos platicaba de sus viajes. Su papá era agente viajero y juntos habían recorrido buena parte del mundo.

—Cada ciudad, un olor único —dijo—, algunas huelen a durazno, otras a café y otras a aceite quemado. Claro, casi todas son una mezcla de olores. Es bonito irlos descubriendo uno a uno.

Nosotros no habíamos pensado en eso ni en la mayoría de las cosas de las que hablaba Nadia. Pero lo que más nos sorprendió fue que nunca había ido a la escuela. Tal prodigio acababa de convertirla en nuestra heroína. Se sabía las capitales porque había paseado por ellas. Conocía las monedas y las lenguas porque había comprado en los mercados de este y aquel país. Era experta en plantas, piedras y animales porque los había visto y tocado. Todo sin haber hecho una sola tarea, un solo examen en su vida.

—Cada ciudad —continuó— tiene un aire distinto, un calor o un frío. Una lluvia…

Aquí Nadia se detuvo de pronto y su expresión cambió como si hubiera visto una rata o algo molesto.

—Pero no todo ha sido agradable. En las ciudades también hay gente de todo tipo. Gente que te quiere engañar, gente que te ayuda, gente que no quiere a los que vienen de lejos…

Los de la pandilla nos miramos, tratando de averiguar qué tipo de gente éramos. Menos La Pulga, que veía hacia abajo, igual que cuando lo regañaba su mamá.

—Por ejemplo —siguió Nadia—, en una de las últimas ciudades nos tocaron unos vecinos que hacían cosas espantosas. Quién sabe por qué se dedicaban a maltratar a los que venían de fuera. Los metían en jaulas como si fueran animales de zoológico, y casi no les daban de comer; nada más las sobras. Se la pasaban insultándolos: "¡qué horrible pelo!", les decían, "¡qué horribles ojos!", "¡qué espantosos vestidos!". Y se divertían aventándoles papeles mojados con tinta que los iban pintando como payasos…

Nadia hizo una pausa y nos miró a cada uno con sus ojos color de miel, casi transparentes. Luego dijo:

—Por fortuna a nosotros no nos tocó esa suerte porque uno de los prisioneros, una niñita que venía de África, se pudo escapar y contó lo que estaba sucediendo en esa cuadra. Entonces muchas personas gritaron furiosas que ¡qué barbaridad! Y fueron a salvar a los que estaban encerrados.

—Y… ¿castigaron a los otros? —preguntó La Pulga.

—¡Por supuesto! Los metieron en una jaula durante un mes para que vieran lo que se siente.

No quedamos de a cuatro, en silencio y con las bocas abiertas. Todavía más cuando Nadia se puso a reír y reír hasta que se le saltaron las lágrimas.

—¡Ay, cómo creen! Sólo es un cuento chino. En realidad mi familia y yo siempre hemos vivido en Chiapas. Ésta es la primera vez que salimos. ¿Se lo creyeron?

Me dieron ganas de vomitar la papa frita "especial", pero no me moví. Tampoco lo hicieron los demás. De nuevo no sabíamos qué hacer ni qué decir ni qué pensar, como si se tratara de un juego del que desconocíamos las reglas, las metas y la manera de anotar puntos.

Por fin, Beto hizo otra pregunta:

—¿También es cuento chino lo de la escuela?

—¡Ay, claro! —respondió Nadia sin parar de reír.

Cuando salimos de ahí y nos lo dijimos todo, tuvimos que aceptar que las cosas se habían dado la vuelta y puesto de cabeza. Justinita quería escapar desesperadamente a la casa de Nadia. El platón con sus papas "especiales" estaba en la basura y, lo que era peor, en mi estómago, que no dejaba de rugir. ¿Y qué decir del cuento chino de don Enrique el peluquero? Era una babosada frente al cuento de las ciudades, y sus olores y su gente que no quería a los nuevos y su gente que sí.

—Yo creo que hay que invitarla a la pandilla —dijo La Pulga.

—Eso nunca —exclamó Sonia, con la cara tiesa que ponía cuando estaba enojada.

—¿Por? —preguntamos los demás.

—Por… por… porque ha de haber hecho trampa.

—¿Cuándo?

—¿En qué?

—¿Cómo?

—Por ejemplo, en la prueba de las papas. Espió, estoy segura.

—Pero ¿a qué hora? Si estuvo todo el tiempo tocando el piano.

—Pues… en algún momento. ¿O qué?, ¿creen que es una bruja?

—No —dijo Beto—, es una niña con olfato.

Sonia buscó otras posibles fallas en la niña nueva, pero no encontró ningún detalle que nos convenciera. Entonces echó mano del reglamento:

—Lo prometimos con las palabras secretas. Acuérdense, prometimos que le haríamos la vida imposible.

—Pues yo ya no quiero —insistió La Pulga—. Nadia es la persona más divertida que conozco.

Todos, menos Sonia, estuvimos de acuerdo con La Pulga. Beto quiso decir algo, pero Justinita se le zafó de los brazos y se arrastró a toda velocidad rumbo a la casa de Nadia. Así que tuvo que corretear tras ella y cerrarle el paso. La viborilla entonces se subió al árbol. Los demás nos acercamos.

—Ven acá en este mismo momento —la regañó Beto.

Pero Justinita ni siquiera se dignó a mirarlo. Se enroscó en una rama y cerró los ojos, como disponiéndose a una siesta.

—Yo digo que hay que votar —opinó La Pulga.

—Justinita ya dio su voto —dije—, y yo voto igual que ella.

—Yo también.

—Y yo.

Sólo faltaba Sonia. La muy loca se puso a dar de vueltas alrededor del árbol, hasta dejarnos mareados. Pero después se un rato, dijo:

—Está bien.

Entonces todos pusimos un puño sobre otro y quedamos que al día siguiente haríamos la **ceremonia** de admisión: Rajúm, batá, lavera, timbá, lajurrá.

Al día siguiente, cuando apenas empezaba a amanecer, ya estábamos en la calle con el cuaderno azul en el que Nadia tenía que firmar. La Pulga había hecho un escudo, y Beto una copia de las palabras secretas.

Todos caminamos muy formales hasta la puerta de Nadia. Sólo Justinita se zangoloteaba en su casa de vidrio, a la que Beto había puesto la tapa con agujeros para evitar cualquier desorden. Sonia iba a la cabeza del grupo y fue ella quien tocó el timbre.

Esperamos unos minutos pero la puerta no se abrió. Entonces aguantamos la respiración y paramos las orejas para ver si nos llegaba algún sonido. Tal vez el piano o pasos. Y sí, oímos un susurro. No entendíamos de qué, se notaba en nuestras caras de signos de interrogación, pero era algo que hacía bis bis bis.

Decidida como siempre, Sonia insistió pegando el dedo al timbre haciéndonos reventar los oídos, hasta que Nadia apareció, recién bañada y con otro vestido de florecitas.

—Les tengo una sorpresa —dijo.

Luego miró hacia el hueco que quedaba entre la puerta y la pared e hizo un gesto de directora de orquesta. Del escondite fueron saliendo una, dos, tres, cuatro niñas igualitas a Nadia, sólo que de distintos tamaños.

—Son mis hermanas —las presentó—, llegaron anoche con mi mamá.

Nosotros nos quedamos como si estuviéramos jugando a las estatuas de marfil. Ellas sonrieron y a todas les resbaló el pelo lacio sobre los ojos. Entonces la más chica dio un paso adelante y nos preguntó:

—¿Quieren entrar a nuestra pandilla?

Luego, sin esperar respuesta, corrieron a distintos puntos pero no tardaron en volver, cada una con algo entre las manos.

—Aquí están sus escudos.

—Aquí, el reglamento.

—Aquí, las palabras secretas.

—Aquí, la caja del tesoro.

Nadia traía un cuaderno forrado con oritos de lunas, peces y manzanas. Lo abrió en una hoja que decía "Firmas de compromiso".

—Sí quieren, ¿verdad?

En ese momento, Justinita logró botar la tapa de su casa de vidrio y asomó encantada su cabeza verde.

Bienvenidas Berta y Ericka

Berta Hiriart es mexicana, y además de escribir cuentos para niños se dedica al teatro, la televisión, la radio y el periodismo. Estudió teatro y dramaturgia en su país y fundó la Compañía de Teatro Infantil. Escribir cuentos es para Berta placer, curiosidad y admiración por las cosas que la rodean.

Ericka Martínez nació en México. Estudió en la Escuela Nacional de Pintura, Escultura y Grabado "La Esmeralda". Ha expuesto en diversas ocasiones de manera individual y colectiva, e ilustrado con humor varios libros para niños.

Conéctate

Busca información sobre Berta y Ericka en **www.macmillanmh.com**

✔ Propósito de la autora

¿Qué pistas de *La bienvenida* puedes usar para saber cuál fue el propósito de la autora al escribir este cuento? ¿Cuál fue la intención de la autora, informar o entretener? ¿Cómo lo sabes?

Pensamiento crítico

Resumir

Usa la tabla de ambiente y personajes como ayuda para resumir el cuento. Describe el ambiente, los personajes y el argumento de *La bienvenida*.

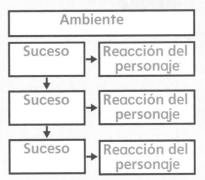

Ambiente	
Suceso →	Reacción del personaje
Suceso →	Reacción del personaje
Suceso →	Reacción del personaje

Pensar y comparar

1. ¿Cómo afecta la mudanza a los personajes y el **argumento** de *La bienvenida*? Usa detalles del cuento para fundamentar tu respuesta. **Analizar la estructura del cuento: Personajes, ambiente, argumento**

2. ¿Qué les pasa a los personajes cuando escuchan tocar el piano a Nadia? Vuelve a leer las páginas 63 a 66 de *La bienvenida*. ¿Por qué la autora describe las emociones de los personajes? **Analizar**

3. ¿Cómo podría una **mudanza** cambiar tu vida? Explica tu respuesta. **Aplicar**

4. ¿Qué opinas de la personalidad de Nadia? Usa detalles del cuento en tu respuesta. **Evaluar**

5. Lee *Mi amigo Lalo* en las páginas 54 y 55. ¿En qué se parecen o se diferencian los personajes de ese cuento y los de *La bienvenida*? Usa detalles de ambos en tu respuesta. **Leer/Escribir para comparar textos**

Estudios Sociales

Género
Selecciones de no ficción, como artículos de revistas, dan información sobre un tema.

Elemento del texto
Los mapas son dibujos de lugares geográficos, como países y continentes.

Palabras clave
sultán
civilizaciones
Ruta de la seda
traducción

Las mil y una noches

Neena Akram

El plan de Scheherezade

Hace muchos siglos, un **sultán** llamado Shahriar se casaba cada noche con una mujer distinta y se deshacía de ella la mañana siguiente. Scheherezade, la hija del visir (o primer ministro) del sultán, creía que debía detenerlo. Scheherezade era tan inteligente como hermosa. Finalmente ideó un plan y le dijo a su padre que la casara con el sultán. Su padre se negó, sabiendo que eso sería un peligro, pero ella insistió. Finalmente él aceptó, deseando que su hija tuviera un plan.

El plan existía. Durante las primeras horas de la mañana, antes de que saliera el sol, Scheherezade empezó a narrarle un cuento al sultán. Cuando amaneció, ella todavía no había terminado su relato. El sultán, que quería escuchar el final de la historia, decidió dejarla vivir otro día más. Esa noche, la princesa terminó el cuento y comenzó a contar otro. Una vez más, tuvo la precaución de no terminar el segundo cuento antes de que saliera el sol. El sultán, fascinado por la historia, le concedió otro día más de vida.

Scheherezade le contó al sultán un total de 1,001 cuentos. En todo ese tiempo, Shahriar se enamoró y ya no quiso deshacerse de ella.

Esta historia, y los cuentos que contó Scheherezade, se convirtieron en los relatos de *Las mil y una noches*. Entre ellos, había cuentos de hadas, fábulas, parábolas, romances y aventuras. Son cuentos acerca de la verdad, la justicia y la imaginación fantástica que expresan el espíritu de las grandes **civilizaciones** en las que se desarrollan.

El viaje de las Mil y una noches

Lo que más tarde se convertiría en *Las mil y una noches* comenzó como cuentos relatados por viajeros a lo largo de la **Ruta de la seda**, desde China hasta Persia, y a través de lo que hoy es el Medio Oriente. Estos cuentos se contaron una y otra vez con el paso de los años. La primera versión escrita de estos relatos se encontró en Siria y se cree que data del siglo XIV o XV.

Un escritor francés llamado Antoine Galland escribió la primera **traducción** europea de los cuentos. Agregó algunas de las historias más famosas, como "Aladino" y "Alí Babá y los cuarenta ladrones".

En 1885, un inglés llamado Sir Richard Francis Burton realizó la primera traducción al inglés de *Las mil y una noches*.

Las mil y una noches incluye estos famosos cuentos:

- *Aladino y la lámpara maravillosa* La famosa historia de Aladino, el muchacho que acepta buscar una lámpara mágica para un mago. Cuando ve que el mago lo ha engañado, Aladino conserva la lámpara y se convierte en el amo del genio que vive dentro de ella.

- *Alí Babá y los cuarenta ladrones* Un día, Alí Babá, un pobre leñador, oye por casualidad al líder de los cuarenta ladrones cuando describe la ubicación secreta de su botín: una cueva sellada mágicamente. Continúa escuchándolo y descubre la clave mágica de la cueva: "¡Ábrete sésamo!"

- *El caballo de ébano* La historia del rey Sabur de Persia, sus tres hijas y el caballo mágico de madera que toma vida y vuela cuando alguien lo monta.

- *Los siete viajes de Simbad, el marino* Un ciclo de siete cuentos; cada uno describe un viaje distinto de Simbad y su tripulación. Simbad y sus hombres zarpaban en busca de aventuras y tesoros pero, por lo general, acababan naufragando y luchando contra villanos y monstruos en el camino de regreso a casa.

Leer un mapa

Este mapa muestra lugares importantes en países relacionados con las historias de *Las mil y una noches*.

PARÍS

Antoine Galland escribió la primera traducción europea en 1704.

Algunos de los relatos de Las mil y una noches se originaron aquí.

CHINA

PERSIA

SIRIA

INDIA

N ÁFRICA

O — E

S

Las primeras versiones de los cuentos se encontraron aquí.

OCÉANO ÍNDICO

Pensamiento crítico

1. Según el mapa, ¿dónde fue escrita la primera versión de *Las mil y una noches*? **Leer un mapa**

2. Las historias de *Las mil y una noches* han sido contadas a través de los siglos. ¿Por qué crees que la gente las disfruta hoy día? **Analizar**

3. Piensa en *La bienvenida*. ¿Crees que alguno de los personajes hubiera disfrutado leer las historias de *Las mil y una noches*? ¿Por qué? **Leer/Escribir para comparar textos**

INVESTIGACIÓN

Estudios Sociales

Elige un cuento popular o de hadas como *Sopa de piedra*. Busca dos versiones del cuento que elegiste en dos culturas diferentes. Haz un diagrama de Venn y compara ambas versiones del cuento y sus culturas.

Conéctate Busca información sobre *Las mil y una noches* en **www.mcmillanmh.com**

Escritura

Enfoque en el momento

Los escritores ofrecen detalles como acción precisa y palabras sensoriales para describir un momento especifico.

Conexión: Lectura y escritura

Lee el siguiente pasaje. Observa cómo la autora, Berta Hiriart se enfoca en un momento específico del cuento.

La autora se enfoca en el momento en que se conocen los personajes. Al incluir detalles sensoriales y sus pensamientos, podemos imaginar cómo se sintieron los niños en ese momento.

Fragmento de
La bienvenida

—¿Tienen sed?, ¿se les antoja un agua de limón?

Había hablado la niña nueva. Su voz fue de lo más natural, como si nos conociéramos de toda la vida y ésa fuera una mañana más de vacaciones en la que viniera bien un alto, una agüita de limón. Ninguno había tenido tiempo de pensar en la sed, pero apenas Nadia la mencionó, se nos pegó la lengua reseca al techo y a las paredes de la boca.

—¿Con hielo? —dijo La Pulga, arrastrándose hacia la niña nueva como un personaje de película del desierto.

Lee y descubre

Lee lo que escribió Mary. ¿Qué hizo para enfocarse en
el momento? Usa la lista de control como ayuda.

El plato delicioso

Mary M.

A la hora de la cena, corrí a la mesa, pues
mamá había preparado mi plato favorito:
macarrones con queso. Podía ver lo cremoso
que estaban mientras los mezclaba con
el tenedor. Los suaves fideos amarillentos
hacían una especie de ruido crujiente. Me
llevé a la boca una gran porción y la felicidad
se extendió por todo mi rostro mientras
masticaba los deliciosos macarrones.

Lee acerca
del plato favorito
de Mary.

Control de escritura

 ¿Escribe la autora sobre un corto período?

 ¿Usó detalles específicos?

☑ ¿Puedes imaginar el momento como lo vivió Mary?

¿Qué pueden hacer los niños para alcanzar sus metas y además ayudar a otros?

 Busca información sobre niños en acción en **www.macmillanmh.com**

Niños en acción

Vocabulario

identificar
emprendedor
perseverancia
emprendimiento

Querer es poder

Gidget Schultz no soportaba ver que había niños viviendo en las calles cerca de su casa en Encinitas, California. Por eso Gidget, que ahora tiene catorce años, comenzó su obra de caridad.

Entrega mochilas, ropa y útiles escolares a niños sin hogar. Además, le da a la policía ositos de peluche para que se los regalen a los niños que estén asustados, tristes o heridos. "Dirigir la obra de caridad, Gidget's Way, es un trabajo de tiempo completo", dice Gidget.

Jhordan Logan, de New Castle, Indiana, **identificó** una necesidad diferente. Como había muy pocos libros infantiles interesantes en el Hospital de Niños Riley de Indianápolis, organizó una campaña y recolectó más de 5,000 libros. Inició otro programa con niños y ancianos.

Gidget y Jhordan son muy **emprendedoras** y llenas de energía. "No importa la edad, siempre puedes ofrecerte para ayudar", comenta Jhordan.

90

Consejos para planificar un proyecto de asistencia

En todo el mundo hay niños que usan sus habilidades y su tiempo para lograr que el mundo sea un lugar mejor. Un proyecto de asistencia puede ser tan grande como construir una casa para una familia, o tan simple como recolectar monedas para obras de caridad. Elige algo que te inspire, algo que realmente despierte tus ganas de trabajar mucho. Éstos son algunos consejos útiles.

1. Identifica un problema que exista en tu comunidad.

2. Busca información sobre el problema; piensa cómo resolverlo.

3. Establece la meta del proyecto.

4. Decide qué cosas y qué ayuda necesitarás.

5. Haz que otras personas participen.

6. ¡Sé constante! Tu **perseverancia** y tu trabajo mantendrán el proyecto en marcha.

7. ¡Diviértete! Saber que estás colaborando con tu comunidad debería hacerte sentir bien.

Busca información sobre niños en acción en **www.macmillanmh.com**

Empleos posibles

¿Te gustaría trabajar cuando seas grande? Tal vez quieras ganar dinero para tus gastos o desees ahorrarlo para la universidad. Éstos son los tipos de trabajo de los adolescentes. O puedes iniciar un **emprendimiento** (negocio o proyecto) ¡y ser tu propio jefe!

Masculino	Jóvenes que trabajan, porcentaje
Restaurantes	31.3%
Tiendas	13.6
Recreación y entretenimiento	4.5
Agricultura	3.6
Construcción	3.6
Centros comerciales	3.1
Femenino	Jóvenes que trabajan, porcentaje
Restaurantes	32.6%
Tiendas	9.9
Trabajos domésticos (cuidado de niños)	5.7
Centros comerciales	4.4
Recreación y entretenimiento	4.0

Fuente: Departamento de Trabajo de EE.UU.

Comprensión

Género

Un artículo de **no ficción** en un periódico o una revista cuenta una historia verdadera.

Resumir

Comparar y contrastar

Cuando buscas semejanzas, comparas dos o más cosas o ideas. Cuando buscas diferencias, contrastas dos o más cosas o ideas.

☆ Pequeños ☆ periodistas en acción

¿Cómo cuentan sus experiencias los pequeños periodistas?

Todos los años la revista *Time for Kids* (TFK) elige a varios jóvenes para trabajar como periodistas. Estos niños **emprendedores** no son profesionales pero, al igual que los adultos, tienen que demostrar que están capacitados para la tarea. La **perseverancia** para ir en busca de una historia, las habilidades para entrevistar a las personas, y la capacidad de escribir de manera clara sobre temas complicados, son los tres requisitos que los niños deben cumplir.

Conoceremos a dos periodistas de TFK y las actividades detrás de escena que realizaron. Los reporteros no tienen mucho en común, excepto que ambos están decididos a realizar un buen trabajo con historias interesantes. En un principio, los relatos también parecen ser bastante diferentes. Sin embargo, tienen grandes similitudes.

Periodista: TERRENCE CHEROMCKA

Historia: Una conferencia mundial exclusiva para niños

Terrence, de Pensilvania, juega al softball, al básquetbol y al hockey sobre césped. Le encanta leer, escribir y viajar, y ha visitado Francia y Tailandia. En el año 2002 tuvo la oportunidad de conocer a gente de todo el mundo sin tener que ir muy lejos. TFK le encomendó la tarea de viajar a Nueva York para cubrir las ceremonias de apertura de la sesión especial de las Naciones Unidas a favor de la infancia.

Este encuentro fue la continuación de una conferencia de la ONU en 1990 para promover los derechos de los niños. Líderes mundiales y 375 jóvenes se reunieron para debatir acerca de lo logrado desde 1990 y de todo lo que quedaba por hacer. Los temas a los que se les dio prioridad fueron: la salud, la educación, y los derechos básicos para los niños del mundo. El secretario general de la ONU, Kofi Annan, habló en la sesión inaugural. Les dijo a los jóvenes presentes: "Tendremos en cuenta sus opiniones, lo prometo".

Para su historia, Terrence les preguntó a niños de distintos países qué esperaban de la conferencia. "Deseamos que los niños se acerquen al gobierno y participen en las decisiones", dijo Bala Subrayanya de la India.

Terrence también hizo un informe sobre su recorrido por el edificio de las Naciones Unidas. Su visita finalizó con una exhibición que mostraba los efectos devastadores de la guerra. Vio imágenes de soldados niños que luchaban en países arrasados por la violencia. Escribió: "Esta experiencia me hizo recordar por qué la ONU trabaja tanto para mejorar la vida de los pequeños y la razón por la que su misión es tan importante".

En la gran sala donde se reúne la Asamblea General de las Naciones Unidas, jóvenes de distintos países actúan en las ceremonias inaugurales de la Sesión Especial. Otros están ubicados en los asientos de los delegados.

93

Historia: # Pequeño científico inicia una obra de caridad

Martin vive en Nueva York. Es fanático de las computadoras, toca el piano y quiere ser piloto de una aerolínea cuando sea grande. Cuando le asignamos la tarea de entrevistar a Andrew Hsu, imaginó que tendría que hablar de ciencias. Andrew acababa de convertirse en el ganador más joven de la Feria de Ingeniería y Ciencias del estado de Washington. Este científico de 11 años ganó un premio por identificar un gen que ayuda a que el cuerpo humano se mantenga saludable.

Martin descubrió que ser un experto en ciencias es uno más de los logros de Andrew. También es un atleta que compite en natación. Sin embargo, lo que Andrew quería era hablar acerca de la Organización Mundial de la Infancia (WCO). Él fundó esta organización junto con su hermano Patrick. Ambos iniciaron este **emprendimiento** con el fin de ayudar a mejorar la vida de los niños. En ese sentido, su misión es similar a la de la Sesión Especial de las Naciones Unidas a favor de la Infancia. La ONU **identificó** tres temas esenciales. La WCO, en cambio, está centrada en un único tema por el momento. Andrew y Patrick creen que mejorar la educación es la mejor manera de iniciar un cambio positivo a favor de los niños. Saben que, a diferencia de Estados Unidos, existen lugares donde la educación gratuita no está al alcance de todos.

Andrew Hsu, de 11 años, recibe el premio en la Feria de Ingeniería y Ciencias del estado de Washington en 2003. Es la persona más joven que ha recibido este premio.

Para satisfacer esa necesidad, a Andrew y Patrick se les ocurrió producir videos sobre ciencias, matemáticas e idiomas para países donde no hay maestros con la preparación suficiente. "Sin educación", dijo Andrew, "los problemas de pobreza, hambre, trabajo infantil y otros abusos de los derechos de los niños no se terminarán nunca".

Andrew terminó la escuela secundaria a los 9 años. A los 11 años, Andrew ya era un científico "en acción".

Historia: Periodistas diferentes. Historias diferentes. Un tema en común

Tanto Terrence como Martin escribieron acerca de niños y organizaciones interesadas en brindarles su ayuda. La ONU, esa gran organización que muestra Terrence en su artículo, ha sido fundada por las naciones del mundo. Los pequeños participantes vinieron de distintos países. El tamaño y el poder político de la ONU permite trabajar a la vez en varios temas de importancia. Martin escribió acerca de la pequeña Organización Mundial de la Infancia, y sus fundadores son dos niños. Por el momento, la WCO sólo se concentra en el tema de la educación.

No cabe duda que todos estos jóvenes —tanto los que participaron en la Sesión Especial de la ONU, como Andrew y Patrick en la WCO y los periodistas Terrence y Martin— están unidos por el compromiso de hacer que el mundo sea un lugar mejor para todos, en especial para los niños.

✔ Pensamiento crítico

1. ¿Qué destrezas necesitan Terrence y Martin para ser buenos periodistas?

2. Si fueras un pequeño periodista, ¿qué temas te gustaría investigar?

3. Si pudieras elegir una forma de mejorar la calidad de vida de los niños en el mundo, ¿cuál elegirías?

4. ¿Qué tienen en común Gidget Schultz, Jhordan Logan, los asistentes a la Sesión Especial de la ONU y Andrew y Patrick Hsu? ¿En qué se diferencian sus proyectos?

95

Pensar y buscar

Lee para hallar la respuesta. Busca la información en más de un lugar.

El trabajo infantil en EE.UU.

Lewis Hine tomó esta fotografía alrededor de 1911. Pretendió ser inspector de incendios porque los dueños de la fábrica no le permitían acercarse a los trabajadores.

A lo largo de la historia, Estados Unidos ha contado con la ayuda de los niños para las actividades en las granjas y en las fábricas. Se contrataba a niños porque era más barato y más fácil de controlar. En el siglo XIX, pequeños de siete años trabajaban en las fábricas textiles durante doce horas diarias. A fines del siglo, casi dos millones de niños desempeñaban tareas de riesgo en molinos, minas y fábricas en todo el país.

Además de las largas horas de trabajo, las condiciones de trabajo y los sueldos de los trabajadores eran muy malos. El que no obedecía era enviado al "cuarto de latigazos". No se les daban recreos y la mayoría tenía que almorzar mientras trabajaba. Muchos ciudadanos preocupados por esto trataron de cambiar la situación. El fotógrafo Lewis Hine fue contratado por el Comité Nacional del Trabajo Infantil para investigar y fotografiar a niños trabajadores. Sus fotografías mostraron la verdadera situación de los niños en sus lugares de trabajo.

En 1938 se aprobó una ley nacional, la Ley de Normas Justas de Trabajo, que limitaba la jornada laboral de los niños y exigía una edad mínima para trabajar. A pesar de que esta ley todavía existe, muchos empleadores no la tienen en cuenta. Se calcula que en la actualidad unos 800,000 niños trabajan ilegalmente en EE.UU. Casi 1 millón de niños trabajan largas horas en granjas con maquinarias pesadas o químicos venenosos, o expuestos a condiciones que podrían provocarles daño.

Sigue ▶

Contesta a las preguntas del 1 al 5. Basa tus respuestas en el artículo "El trabajo infantil en EE.UU."

1. **¿Qué sucedía ANTES de que se aprobara la Ley de Normas Justas de Trabajo?**

   A Los niños trabajaban muchas horas realizando tareas inseguras.

   B No se exigía que los niños fueran a la escuela.

   C No se permitía que los niños trabajaran en fábricas.

   D Se prohibía emplear a los niños en las granjas.

Consejo
Busca la información en más de un lugar.

2. **Este artículo trata MAYORMENTE sobre**

   A el trabajo en las granjas.

   B la búsqueda del trabajo adecuado.

   C el fotógrafo Lewis Hine.

   D la protección de los niños que trabajan.

3. **¿Qué cosas NO han cambiado desde el siglo XIX?**

   A Los niños continúan almorzando mientras trabajan.

   B Los niños siguen trabajando en tareas peligrosas.

   C Los niños continúan trabajando en minas y fábricas.

   D Lewis Hine continúa fotografiando niños.

4. **Describe las condiciones en que los niños trabajaban. ¿Por qué los ciudadanos tenían derecho a preocuparse por la situación? Explica tu respuesta usando detalles del artículo.**

5. **¿Cómo han cambiado las cosas desde que se aprobó la Ley de Normas Justas de Trabajo? ¿Qué cosas siguen igual? Usa detalles del artículo en tu respuesta.**

ALTO

A escribir

A veces la gente se muda a lugares nuevos y desconocidos. Imagina que tienes que vivir en un lugar nuevo y desconocido. Ahora, escribe un relato sobre vivir en ese lugar nuevo y desconocido.

La escritura narrativa cuenta sobre experiencias personales o ficticias.

Para saber si se sugiere escribir una narrativa, busca palabras clave como cuenta acerca de, relata qué pasó o escribe un relato.

Observa la respuesta de un estudiante a las sugerencias de arriba.

El escritor incluyó una opinión para expresar un punto de vista

Crecí en un pueblo pequeño. Conocía a todos y era muy feliz. Un día, mi madre me dijo que nos mudaríamos. Su nuevo trabajo estaba en una ciudad a mil millas de distancia.

La ciudad era muy diferente. Me sentía incómodo porque no conocía a nadie. Tenía miedo de salir porque afuera había mucho tráfico. La gente hablaba diferentes lenguas. La comida no me gustaba mucho.

Estuve triste por tres días más o menos. Después, conocí a mi vecino, un niño de mi edad. Me presentó a sus amigos. Luego empezó la escuela. Fue entonces cuando empezaron a pasarme buenas cosas.

Sugerencias para escribir

Responde a la siguiente sugerencia. Escribe durante 5 minutos. Escribe lo más y lo mejor que puedas. Revisa las pautas antes y después de escribir.

Con frecuencia la gente enfrenta situaciones y experiencias nuevas. Piensa en algún momento en que hayas tenido una situación o una experiencia nueva. Escribe un relato sobre esa ocasión.

Pautas para escribir

- ☑ Lee atentamente las sugerencias.
- ☑ Planifica tu escritura organizando tus ideas.
- ☑ Fundamenta tus ideas relatando detalles de cada evento.
- ☑ Cuando corresponda, incluye hechos y opiniones,
- ☑ Elige palabras que ayuden a otros a entender tus ideas.
- ☑ Revisa y corrige tu trabajo.

CONSEJEROS

A platicar

¿Cómo te pueden ayudar las personas de tu comunidad a aprender cosas nuevas?

Conéctate

Busca información sobre consejeros en www.macmillanmh.com

Vocabulario

interminable   universo

razonable   paralizado

realista   astronauta

protestar

Diccionario

Usar el diccionario te ayudará a deletrear mejor las palabras y a conocer su significado.

Busca el significado de la palabra *razonable* y di cómo se escribe.

Los astronautas entrenan

Benjamin Telicki

Ana Gómez vio a Larry Waters buscando una mesa en la cafetería.

—¡Hola Larry! —dijo ella.

Larry sonrió llevando su bandeja.

—Hola, Ana. Se te ve muy alegre esta mañana —señaló él, mientras se sentaba.

Ana sonrió de oreja a oreja.

—Conseguiste la fecha de lanzamiento, ¿no? —exclamó Larry.

—Sí. ¡Finalmente! —contestó Ana—. La espera parecía **interminable**. Desde que tenía diez años he tenido curiosidad sobre ese planeta y ahora estaré en nuestra primera misión a Venus. Partiremos en diez meses, exactamente el 17 de abril de 2016.

—Eso es ser **realista**. Tendrás tiempo para entrenar a tu tripulación y ellos tendrán tiempo para ensayar el viaje virtual antes del vuelo real. Felicitaciones, Ana. Estoy seguro que habrías elegido esta misión aun si se tratara de ir a cualquier otro planeta del **universo**.

—Bueno —contestó Ana—, si pudiera ir a cualquier parte del sistema solar, elegiría Neptuno. Pero esa no sería una elección inteligente para una **astronauta** de mediana edad. ¡Cuando viajemos allí, ya estaré fuera del programa espacial! Seré **razonable**, me conformo con Venus.

—¿Y tú, Larry? Sé que pediste el próximo viaje a Marte. Es hora de que vayas como jefe de tripulación.

—Desearía que fuera así, pero muchas veces me siento **paralizado** en los entrenamientos, —**protestó** Larry. Es como si no pudiera moverme o respirar. Por el momento no sueño viajar como jefe de tripulación. Seguiré entrenando y espero estar listo para ir a Marte en abril.

—¿No sería fantástico viajar al mismo tiempo hacia los vecinos más cercanos de la Tierra?

Volver a leer para **comprender**

Hacer inferencias y analizarlas

Personajes La trama nos dice lo que le sucede a un personaje en un cuento. Para saber más sobre un personaje presta atención a lo que le sucede a lo largo del cuento. Usa la red de personajes para mejor comprensión. Vuelve a leer la selección para hallar los rasgos de los personajes principales.

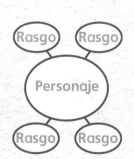

Género

La **ficción realista** es una historia inventada que podría haber sucedido en la vida real.

Hacer inferencias y analizar

Personajes

A medida que lees, completa la red del personaje.

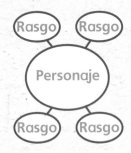

Lee para descubrir

¿Cómo cambió Gloria después de la visita al supermercado?

La astronauta y la cebolla

Ann Cameron

ilustraciones de

Anna Rich

Autora premiada

Mi mamá preparaba salsa para espaguetis.
—Gloria, querida —me dijo—, ¿irías a comprarme una cebolla?

—Seguro —dije. Ella me dio el dinero y salí.

La tienda estaba llena de gente: ancianos aferrándose a sus carritos de compras, niños pidiendo a gritos a sus padres que les comprasen golosinas, y muchas personas mirando sus listas de compras bloqueaban los pasillos.

Me escabullí entre los carros de compras y fui hacia el fondo, donde estaban las verduras. De todas las cebollas de los cajones, tomé la más linda: era redonda y grande, de color café claro, y era lustrosa, con un brillo de plata en su cáscara.

Me paré al final de una larga fila en la sección compra rápida.

A mi lado había una vitrina gigante de comida para bebés *Berkbee*. Era como una pared de vidrio, más alta que yo. Todos los pequeños tarros estaban apilados de tal forma que parecía un castillo, con banderines que decían "Para bebés fuertes" y que sobresalían por encima de la puerta y de las ventanas del castillo. En la punta había una torre alta con una bandera roja y blanca que decía: "¡*Berkbee* fortifica a su bebé!". Comencé a contar los tarros, pero cuando llegué a trescientos cuarenta y seis, me di por vencida. Había por lo menos mil.

La fila no se movía. Para pasar el tiempo, comencé a arrojar mi cebolla de una mano a la otra. Traté de mejorar y hacer que mis pases fueran más difíciles de atajar.

Una mujer que llevaba puesto un equipo de deporte color azul cielo se puso en la fila detrás de mí. Sostenía una caja de cereales. Me sonrió, y yo le devolví la sonrisa.

Quise mostrarle lo buena que era atajando. Arrojé la cebolla con fuerza y rapidez.

Personaje
¿Por qué las acciones de Gloria eran audaces?

No pude atajarla. La cebolla continuó su curso, directamente hacia el medio del castillo de comida para bebés. ¡El castillo iba a caerse!

¡Mis padres tendrían que pagar por cada tarro roto! El gerente de la tienda me mataría. Después de eso, mis padres me devolverían a la vida para decirme cosas que serían mucho peores que la muerte.

Estaba **paralizada**. Cerré los ojos.

No oí ningún estruendo. Quizá me había vuelto sorda del susto. O quizá estaba detenida en el tiempo debido al miedo. Dentro de cincuenta años la cebolla aterrizaría, y sería mi fin.

Sentí un golpecito en el hombro. Si abría los ojos, vería al gerente de la tienda y todos los tarros rotos.

No quería mirar. No quería saber las consecuencias.

Hubo otro golpecito, justo encima de mi cabeza.

Oí la voz de una mujer.

—Tengo tu cebolla.

Abrí los ojos. La mujer con el equipo de deporte me entregó la cebolla.

—Por suerte fui jugadora de béisbol —dijo.

—Ah —dije. Tomé la cebolla con firmeza.

—Ah —repetí.

—De nada —fue todo lo que ella dijo.

La mujer tenía unos chispeantes ojos marrones, y en su cabello había algunos rizos de color negro brillante. Tenía puestos unos aretes azules y verdes que colgaban de unas cadenas de oro diminutas. Cuando inclinó la cabeza, sus aretes giraron, y vi la Tierra. Quiero decir, los aros estaban hechos con la forma de la Tierra, con continentes verdes y océanos azules.

—Sus aretes son hermosos —dije.

Ella sonrió.

—Unos amigos me los regalaron —dijo ella—, para recordarme un viaje que hicimos.

Cuando ella dijo "viaje", su rostro me pareció familiar, pero no supe por qué. Luego lo recordé.

—Yo la he visto —dije—. ¡La vi en la televisión!

Ella sonrió.

—Puede ser.

—Y usted es de aquí mismo, del pueblo, pero ya no vive más aquí —dije.

—Así es —dijo ella.

—Y es... ¿no es así?... ¡la Dra. Grace Street, la **astronauta**!

Ella inclinó la cabeza, y las pequeñas Tierras en sus orejas giraron.

—Ésa soy yo —dijo.

Yo estaba asombrada. Nunca pensé que conocería a una persona famosa en mi vida, y aquí había una, justo a mi lado, en el supermercado. Y yo, Gloria Jones, estaba hablando con ella. Todo por haber arrojado mi cebolla.

—El año pasado aprendimos en la escuela sobre la estación espacial —dije—. Usted estaba allí arriba, viajando alrededor de la Tierra.

—Mi equipo y yo estábamos allí —dijo la Dra. Street.

—¿Cómo es el espacio?

—Tú lo sabes —dijo ella.

—¿Cómo puedo saberlo? —dije.

—Siempre estamos en el espacio —dijo la Dra. Street—. Estamos en el espacio ahora mismo.

—Sí —dije—, ¿pero cómo era allí, donde usted fue? Allí debe parecer muy distinto.

—¿Realmente quieres saber? —preguntó ella, y yo dije que sí.

—Lo más impresionante fue cuando tuvimos que reparar cosas en la parte de afuera de la estación. Hicimos nuestro trabajo y flotamos en nuestros trajes espaciales, mirando fijamente el **universo**. Había miles de millones de estrellas; y el espacio, profundo y negro, pero no parecía precisamente vacío. Parecía estar llamándonos, llamándonos para hacer un viaje **interminable**. Y eso daba mucho miedo.

Así que giramos y miramos la Tierra. Estábamos a doscientas millas de la Tierra. Vimos enormes remolinos de nubes y el brillo de campos con nieve en los polos. Vimos el agua como una cuna azul gigante para la tierra. Un océano grande, no "océanos". La Tierra tampoco está realmente cortada en países. Allí arriba se ve que es un inmenso ser vivo poderoso que sabe mucho, mucho más de lo que sabemos nosotros.

—¿Qué sabe? —dije.

—Sabe cómo ser Tierra —dijo la Dra. Street—. Y eso es mucho.

Traté de imaginar todo lo que ella había visto. Me dio un escalofrío.

—Desearía poder ver lo que usted vio —dije—. Me gustaría ser astronauta. Por supuesto, probablemente no pueda.

La Dra. Street frunció el ceño.

—¿Por qué dices "Probablemente no pueda"?

—Prácticamente nadie puede hacerlo —dije.

—Puedes ser una de las personas que sí —dijo—. Pero nunca harás nada que quieras hacer si continuas diciendo "Probablemente no pueda".

—¡Pero quizá no puedo! —**protesté**. Bajé la mirada hacia la cebolla. No creía que una mala lanzadora de cebollas tuviera la posibilidad de ser una astronauta.

La Dra. Street también miró mi cebolla.

—Fue un buen lanzamiento... sólo una mala atajada —dijo ella—. De todas maneras, decir "Quizá no pueda" es diferente. Está bien. Es **realista**.

Y agregó:

—Hasta "No puedo" es algo bueno y **razonable** para decir. Hace que la vida sea más sencilla. Cuando realmente sabes que no puedes hacer algo, eso te da tiempo para intentar algunas cosas que sí puedes. Pero cuando ni siquiera sabes qué es lo que sabes hacer, decirte "Probablemente no pueda" te detendrá incluso antes de que comiences. Te paralizará. No quieres paralizarte, ¿no?

—Acabo de paralizarme —dije—. Hace un minuto, cuando arrojé mi cebolla. No me gustó ni un poquito.

—Si no quieres paralizarte —dijo la Dra. Street—, ten cuidado de lo que te dices a ti misma, porque lo que te digas, probablemente te lo creas.

Pensé acerca de lo que dijo.

—¿Qué tendría que hacer para convertirme en astronauta? —pregunté—.

—Necesitas ser buena en la escuela —dijo—. Y necesitas dominar tus miedos. No deshacerte de ellos; sólo dominarlos.

La fila avanzó de repente, y nosotras también. Las personas que estaban detrás de nosotras pensaron, quizás, que la Dra. Street y yo éramos madre e hija teniendo una conversación seria, porque dejaron un poco de espacio a nuestro alrededor.

—Entonces, ¿cómo domina una persona sus miedos?

—Haciendo cosas que son difíciles, y teniendo éxito —dijo la Dra. Street—. Así es como aprendes a confiar en ti misma. Así es como se obtiene confianza. Pero incluso entonces tienes un poquito de miedo dentro... un miedo que te hace cuidadosa.

> **Personaje**
> ¿Cómo crees que es la personalidad de la Dra. Street en el espacio?

La fila de la caja se movió otra vez, y nosotras nos movimos con la fila.

—Las cosas grandes son en realidad pequeñas —dijo la Dra. Street—. Ése es el gran secreto de la vida.

—¿Cómo...? —comencé. Pero nunca pude preguntarle cómo es que las cosas grandes son en realidad pequeñas, porque yo era la primera persona en la fila.

El cajero miró mi cebolla.

—Jovencita, ¿no pesaste eso? —preguntó.

—No, señor —dije.

—Vuelve a la sección de verduras y haz que la pesen.

Por lo tanto, tenía que irme.

—Adiós —dijo la Dra. Street.

—Adiós —dije. De camino hacia la sección de verduras, me di vuelta para mirarla. Ella caminaba hacia la salida con su caja de cereales. La saludé con la mano, pero ella no me vio.

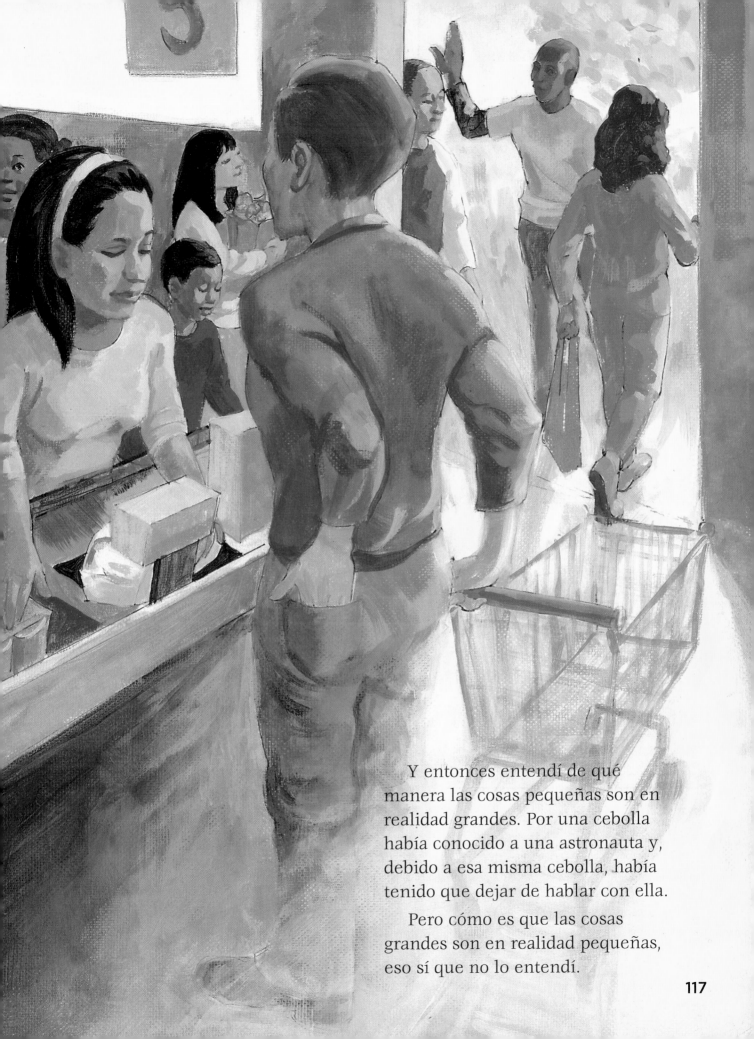

Y entonces entendí de qué
manera las cosas pequeñas son en
realidad grandes. Por una cebolla
había conocido a una astronauta y,
debido a esa misma cebolla, había
tenido que dejar de hablar con ella.

Pero cómo es que las cosas
grandes son en realidad pequeñas,
eso sí que no lo entendí.

117

A despegar con Ann y Anna

Ann Cameron es una famosa escritora. Cuando era niña, como Gloria, le gustaba explorar el mundo a su alrededor. Ann no tuvo televisión hasta los nueve años. Pasaba el tiempo escuchando historias en la radio y leyendo libros. Hoy, a Ann todavía le encanta la naturaleza y los libros. Vive en Guatemala, cerca de una cascada y volcanes.

Otro libro de Ann Cameron

Anna Rich amaba dibujar. Cuando era pequeña, su madre se dio cuenta del talento que tenía y la alentó para que siguiera su sueño. Su pasión por la ilustración se convirtió con los años en un trabajo de tiempo completo. Esto fue bueno, porque Anna nunca pensó en hacer otra cosa. Anna, nació en Nueva York, y vive allí con su familia.

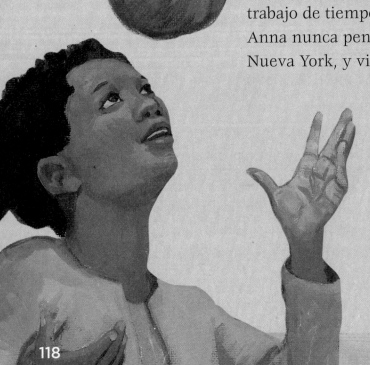

Conéctate Busca información sobre Ann Cameron y Anna Rich en **www.macmillanmh.com**

✔ Propósito de la autora

Piensa en el propósito de Ann Cameron al escribir *La astronauta y la cebolla*. ¿Lo escribió para entretener o informar al lector? ¿Cómo lo sabes?

# Pensamiento crítico

Resumir

Haz un resumen del argumento de *La astronauta y la cebolla*. Usa el diagrama para incluir información sobre los rasgos de la personalidad de Gloria en tu resumen.

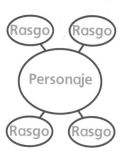

Pensar y comparar

1. ¿Cómo le podría ayudar a Gloria su personalidad para convertirse en astronauta? Usa la red del personaje y detalles del cuento en tu respuesta. **Hacer inferencias y analizar: Personaje**

2. Vuelve a leer la página 112. ¿Qué vieron los astronautas en el espacio? ¿Por qué dice la Dra. Street que la Tierra sabe más que las personas? Usa detalles del cuento y rasgos de los personajes para explicar tu respuesta. **Analizar**

3. Imagina que conoces a alguien que tiene una profesión que te interesa. ¿Qué preguntas le harías a esa persona? **Aplicar**

4. ¿Por qué la Dra. Street le dice a Gloria que no esté **paralizada** con sus miedos? Usa detalles del cuento en tu respuesta. **Evaluar**

5. Lee "Los astronautas entrenan" en las páginas 102-103. Compara la personalidad de Ana con la de la Dra. Street. ¿En qué se parecen? ¿En qué se diferencian? **Leer/Escribir para comparar textos**

PIÑONES

Poesía

El **poema de verso libre** tiene versos irregulares y no tiene un patrón métrico o esquema de rimas.

✓ Elementos literarios

La **metáfora** es la comparación en lenguaje figurado de dos elementos o ideas básicamente diferentes.

La **personificación** es un recurso literario en el cual se atribuyen características humanas a un animal, un objeto o una idea.

Joseph Bruchac

En el cielo,

cuando se ensancha el sendero luminoso de las estrellas,

el pueblo Chumash sabe que es una señal

y cual plumas de ganso es el camino

para emprender viaje hacia el norte

porque los piñones, maduros ya están.

Bien alto,

sobre el sendero de las estrellas,

en medio del cielo,

se encuentra Coyote Celestial,

la estrella que no se mueve.

El poeta compara la Vía Láctea con un sendero. Esto es una metáfora.

La línea "Proteger al pueblo es su misión" es un ejemplo de personificación. El poeta le da cualidades humanas a una estrella.

Proteger al pueblo es su misión,

Coyote Celestial y Estrella de la Mañana

juegan por las noches al *pe-yon* en el cielo,

juegan contra el Sol y el Águila.

Cuando Coyote Celestial y Estrella de la

Mañana ganan el juego,

hay buenas lluvias

y alimento para todos.

Iluminados por el gran sendero,

los recogedores de piñones

van cantando agradecidos

a Coyote Celestial y a Estrella de la Mañana

por su protección y por su ayuda

al pueblo Chumash.

Pensamiento crítico

1. ¿Qué otro ejemplo de personificación puedes hallar en la página 121? **Personificación**

2. ¿Cómo ayudan Coyote Celestial y Estrella de la Mañana al pueblo Chumash? **Analizar**

3. Piensa en Gloria de *La astronauta y la cebolla*. ¿Qué sabes sobre ella que te indique que probablemente a Gloria le gustaría visitar "el sendero luminoso de las estrellas" en el cielo nocturno? **Leer/Escribir para comparar textos**

 Conéctate

Busca información sobre poesía en
www.macmillanmh.com.

Escritura

Enfoque en el objeto

Cuando los escritores se enfocan en un objeto, sus lectores deberían poder verlo. A veces también pueden ver cómo afecta el ambiente y los hechos en el cuento.

Conexión: Lectura y escritura

Lee el siguiente pasaje. Observa cómo la autora Ana Cameron define sobre lo que va a tratar la historia.

Fragmento de
La astronauta y la cebolla

La autora se enfoca en un objeto al describir lo que vio Gloria a su lado. Al enfocarse en el objeto, podemos imaginar lo que rodea a Gloria a medida que seguimos leyendo.

A mi lado había una vitrina gigante de comida para bebés Berkbee. Era como una pared de vidrio, más alta que yo. Todos los pequeños tarros estaban apilados de tal forma que parecía un castillo, con banderines que decían "Para bebés fuertes" y que sobresalían por encima de la puerta y de las ventanas del castillo. En la punta había una torre alta con una bandera roja y blanca que decía: "¡Berkbee fortifica a su bebé!"

Lee y descubre

Lee el texto de Wyatt. ¿Qué hizo para centrarse en un objeto? Usa la lista de control como ayuda.

El jardín del Sr. Hopper
Wyatt R.

Desde mi habitación puedo ver el jardín del Sr. Hopper. En la ciudad parece más un patio de cemento con macetas llenas de plantas. En el pedazo de tierra soleado que está junto a la puerta, dos plantas de tomates enormes se esparcen sobre el felpudo. Contra la pared de atrás hay flores suaves de color rosa y púrpura, y un cactus con espinas. Es casi imposible caminar sin rozar una planta.

Lee sobre el jardín del Sr. Hopper.

Control de escritura

 ¿Eligió el escritor un objeto para escribir?

 ¿Incluyó el autor detalles específicos sobre el objeto y cómo afecta el lugar que describe?

 ¿Imaginas el jardín tal como lo ve Wyatt?

123

AMIGOS DE TODAS LAS EDADES

¿Qué hacen estos amigos? ¿De qué manera crees que aprenden uno del otro?

Conéctate ▶ Busca información sobre amigos de todas las edades en **www.macmillanmh.com**

Vocabulario

peculiar   olfatear

seguro   avanzado

seleccionar

Diccionario

La **connotación** es el sentimiento asociado con una palabra. La **denotación** es el significado del diccionario. ¿Cuáles son la connotación y la denotación de la palabra *peculiar*?

Una tarjeta de biblioteca para Emilio

Susan Pinter

—¡Apúrate o perderemos el autobús a la biblioteca, Emilio! —dijo la señora Mendoza.

La familia Mendoza se había mudado a Boston desde San Juan, Puerto Rico, el mes anterior, y Emilio iba a la biblioteca a obtener su tarjeta.

En el autobús, la abuela de Emilio notó algo **peculiar** en él. Estaba muy callado y parecía un poco triste.

—¿Hay algún problema, querido?

Emilio resopló y sacó un pañuelo para sonarse la nariz.

—Mi inglés no es muy bueno. ¿Qué pasará si la señora de la biblioteca no entiende lo que digo? —dijo.

—Tu inglés mejora día a día. Estoy cien por ciento **segura** de que la bibliotecaria te va a entender —le contestó, en tono confidente, la señora Mendoza—. Sé que hoy mismo podrás llevarte algunos libros a casa.

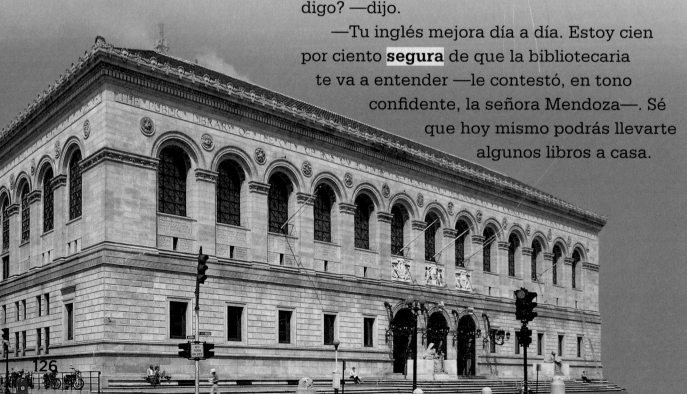

En la biblioteca había muchas personas. Algunas leían revistas o periódicos y otras **seleccionaban** de los estantes los libros que querían pedir prestados. Emilio pudo **olfatear** los libros.

—¿Puedo ayudarte en algo? —preguntó la bibliotecaria.

Sonreía y parecía amable.

Emilio tartamudeó un poco al comenzar a explicarle:

—Deseo obtener mi tarjeta de la biblioteca.

—¡Eso es magnífico! —dijo la bibliotecaria. La señora le pidió que llenara un formulario con preguntas sobre él y sobre dónde vivía su familia.

La señora Mendoza sonrió. Se dio cuenta de que su nieto no tendría ningún problema con el formulario. Lo completó rápidamente y lo devolvió.

—Tramitar tu tarjeta llevará sólo unos minutos, Emilio —dijo la bibliotecaria—. ¿Por qué no eliges los libros? Si eres un lector **avanzado**, puedes buscarlos allí.

—Gracias —dijo Emilio, y le susurró a la abuela—. Mi inglés debe ser mejor de lo que creo.

Volver a leer para **comprender**

✪ Resumir

Orden de los sucesos es el orden en que ocurre lo que sucede. Algunas palabras y frases pueden ayudar a los lectores a identificar el **orden** en que ocurren los **sucesos** en una historia. Completa el diagrama de orden de los sucesos para identificarlos. Esto te ayudará a resumir después de que vuelvas a leer el cuento.

Suceso
↓
↓
↓

Comprensión

Género

La **ficción realista** es una historia inventada que podría haber sucedido en la vida real.

Resumir

Orden de los sucesos
A medida que lees, completa la tabla de orden de los sucesos.

Suceso

↓

↓

↓

Lee para descubrir

¿Qué sucedió ese día en la biblioteca?

Gracias a Winn-Dixie

Kate DiCamillo

Pasé mucho tiempo ese verano en la Biblioteca
Conmemorativa Herman W. Block. Si dices Biblioteca
Conmemorativa Herman W. Block parece un sitio
impresionante, pero no lo es. No es más que una casita llena
de libros con la señorita Franny Block, que los cuida. Es una
anciana muy bajita de pelo gris muy corto y fue la primera
amiga que hice en Naomi.

Todo empezó cuando a Winn-Dixie no le gustó que
yo entrara en la biblioteca, porque él no podía. Pero yo le
enseñé a apoyarse en el antepecho de una de las ventanas con
sus patas delanteras para que pudiera verme en el interior,
mientras **seleccionaba** mis libros: él estaba perfectamente
siempre que me pudiera ver. Pero el asunto fue que la
primera vez que la señorita Franny Block vio a Winn-Dixie
parado sobre sus patas traseras mirando por la ventana no
pensó que fuera un perro, sino un oso.

Esto es lo que sucedió. Yo estaba seleccionando mis libros canturreando para mí misma y de repente oí un grito agudo y espantoso. Fui corriendo hasta la parte delantera de la biblioteca y allí estaba la señorita Franny Block, sentada en el suelo detrás de su mesa.

— ¿Señorita Franny? —dije—. ¿Se encuentra bien?

— ¡Un oso! —contestó.

—¿Un oso? —pregunté.

— ¡Ha vuelto! —dijo ella.

—¿De verdad? —pregunté yo a mi vez—. ¿Dónde está?

—Ahí afuera —dijo señalando con el dedo a Winn-Dixie que, apoyado en el antepecho de la ventana, me miraba a través del cristal.

—Señorita Franny Block —dije—, eso no es un oso. Es un perro. Mi perro, Winn-Dixie.

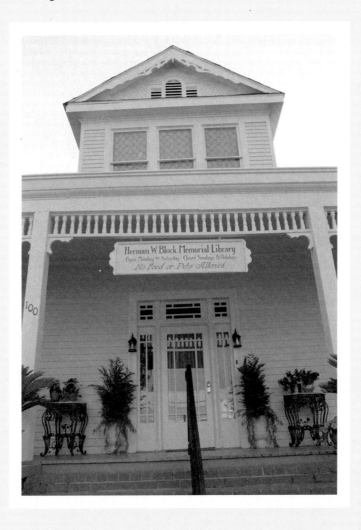

—¿Estás **segura**? —preguntó.

—Sí, señora —le dije—. Estoy segura. Es mi perro. Lo reconocería en cualquier sitio.

La señorita Franny seguía sentada, jadeante y temblorosa.

—Venga —dije—. Déjeme ayudarla, no pasa nada.

Le tendí una mano, la señorita Franny se agarró a ella y la levanté del suelo de un tirón. No pesaba casi nada. Una vez en pie de nuevo, empezó a comportarse como si se sintiera muy avergonzada, diciendo que yo debía pensar que era una vieja tonta que confundía un perro con un oso, pero que había tenido una mala experiencia hacía mucho tiempo con un oso que había entrado en la Biblioteca Conmemorativa Herman W. Block y que jamás había conseguido superarla del todo.

—¿Qué ocurrió? —le pregunté.

—Bien —contestó la señorita Franny—, es una historia muy larga.

Orden de los sucesos
Anota los sucesos hasta que la narradora halla a la señorita Franny en el piso.

—Ah, pues muy bien —dije yo—. Me parezco a mi mamá en que me gustan las historias largas. Pero antes de que empiece a contármela, ¿podría pasar Winn-Dixie y escucharla también? Se siente solo sin mí.

—No sé qué decirte —contestó la señorita Franny—. No se permite la entrada de perros en la Biblioteca Conmemorativa Herman W. Block.

—Se portará bien —respondí—. Es un perro que va a la iglesia.

Y antes de que pudiera decir sí o no, salí, agarré a Winn-Dixie y entré con él. Se dejó caer en el suelo de la biblioteca con un "huuuummppff" y un suspiro, a los pies de la señorita Franny. La señorita Franny miró hacia abajo y dijo:

—Verdaderamente es un perro muy grande.

—Sí, señora —contesté—. Y también tiene un corazón muy grande.

—Bien —respondió la señorita Franny. Se inclinó y le dio unos golpecitos a Winn-Dixie en la cabeza, y Winn-Dixie movió el rabo de un lado a otro y **olfateó** los pequeños pies de la anciana, que dijo: "Déjame que vaya por una silla y me siente para poder contarte esta historia como es debido".

Hace muchos años, cuando Florida estaba todavía en estado salvaje, cuando no había más que palmeras y mosquitos tan grandes que podían agarrarte y llevarte volando —empezó la señorita Franny Block—, y yo era una muchachita no mayor que tú, mi padre, Herman W. Block, me dijo que iba a regalarme lo que le pidiera para mi cumpleaños. Cualquier cosa que yo quisiera. Cualquier cosa.

La señorita Franny le echó un vistazo a la librería y se inclinó hacia mí:

—No quiero parecer jactanciosa —dijo—, pero mi papá era un hombre muy rico. Pero que muy rico.

Hizo un signo de asentimiento con la cabeza, se echó hacia atrás en la silla y continuó:

—Y yo era una muchachita que adoraba leer. Así que le dije: "Papi, el regalo que más me gustaría del mundo es una biblioteca. Una pequeña biblioteca sería maravilloso".

—¿Le pidió usted una biblioteca?

—Una pequeña —la señorita Franny hizo un gesto de asentimiento—. Lo que yo quería era una casa pequeña llena exclusivamente de libros, pero también quería compartirlos. Y mi deseo se realizó: mi padre me construyó esta casa, la misma en la que estamos ahora sentadas, y muy jovencita me convertí en bibliotecaria. Sí, señorita.

—¿Y qué pasó con el oso? —dije.

—¿Te he dicho ya que Florida era una tierra salvaje en esa época? —preguntó la señorita Franny Block.

—Ajá, sí que me lo dijo, sí.

—Era salvaje, los hombres eran salvajes, las mujeres eran salvajes y los animales eran salvajes.

—¡Como los osos!

—Si, señorita, así es. Bien, tengo que decirte que yo era una niña sabelotodo. Era una verdadera sabihonda con mi biblioteca llena de libros. Oh, vaya que sí, pensaba que sabía las respuestas de todas las preguntas. Pues bien, un jueves que hacía mucho calor estaba sentada en mi biblioteca con todas las puertas y las ventanas abiertas y la nariz metida en un libro, cuando una sombra cruzó mi mesa. Y sin levantar la vista, no señor, sin ni siquiera mirar para arriba, pregunté: "¿Desea que le ayude a buscar algún libro?" Bien, nadie me respondió. Yo pensé que podría tratarse de un hombre salvaje o de una mujer salvaje, intimidada por todos estos libros e incapaz de hablar. Pero entonces me vino a la nariz un olor muy **peculiar** , un olor muy fuerte. Levanté los ojos muy despacio y justo frente a mí había un oso. Sí señorita, un oso pero que muy grande.

—¿Cómo de grande? —pregunté.

—Oh, vaya —dijo la señorita Franny—, puede que tres o cuatro veces del tamaño de tu perro.

—¿Y que ocurrió entonces? —le pregunté.

—Bien —dijo la señorita Franny—, le miré y me miró. Levantó en el aire su gran nariz y olfateó y olfateó como si intentara decidir si lo que le apetecía comer era una bibliotecaria jovencita y sabelotodo. Y yo sentada allí pensando: "Bien, si este oso quiere comerme no se lo voy a permitir sin luchar. No, señorita. Así que lentamente y con mucho cuidado levanté el libro que estaba leyendo".

—¿Qué libro era? —pregunté.

—Pues mira, Guerra y Paz, un libro pero que muy gordo. Lo levanté lentamente y apunté con cuidado y se lo arrojé al oso mientras gritaba: "¡Márchate!" ¿Y sabes lo que pasó entonces?

—No, señora —respondí yo.

—Pues que se fue. Pero hay una cosa que jamás olvidaré: se llevó el libro.

—¡Nooo! —respondí.

—Sí, señorita —respondió la señorita Franny—. Agarró el libro y salió corriendo.

— ¿Volvió? —pregunté.

—No, nunca le vi de nuevo. Los hombres del pueblo se burlaban de mí por esta causa. Solían decir: "Señorita Franny, hoy hemos visto a ese oso suyo en el bosque. Estaba leyendo su libro y dijo que era muy bueno, y que si le permitiría tenerlo una semana más". Sí, señorita. Vaya si me fastidiaban con esto.

Suspiró y añadió:

—Supongo que soy la única que queda de esos días remotos. Supongo que soy la única que se acuerda del oso. Todos mis amigos, todos los que conocí cuando era joven, están muertos.

Suspiró nuevamente. Tenía un aspecto viejo y triste y arrugado, tal como yo me sentía a veces, en un pueblo nuevo, sin amigos y sin una mamá que me consolara. También yo suspiré.

Winn-Dixie, que había estado tumbado sobre las patas delanteras, se levantó, pasó la mirada de una a otra, se sentó y le enseñó los dientes a la señorita Franny.

—Mira, vaya, qué te parece —dijo—. El perro me está sonriendo.

—Es un talento que tiene —contesté.

—Pues es un talento estupendo —dijo la señorita Franny—. Un talento estupendo de verdad.

Y le devolvió la sonrisa a Winn-Dixie.

—Podríamos ser amigas —le dije a la señorita Franny—. Quiero decir, usted, yo y Winn-Dixie podíamos ser amigos.

La sonrisa de la señorita Franny se ensanchó más y más y dijo:

—¡Vaya, sería estupendo! —respondió—, estupendo de verdad.

> **Orden de los sucesos**
> ¿Cómo se hicieron amigas la señorita Franny y la narradora? Detalla los sucesos en orden.

Y exactamente en ese momento, justo cuando los tres habíamos decidido ser amigos, quién sino Amanda Wilkinson, la del ceño fruncido, entraba en la Biblioteca Conmemorativa Herman W. Block. Se acercó hasta la mesa de la señorita Franny y dijo:

—He terminado Johnny Tremain y me ha gustado muchísimo. Ahora quiero algo incluso más difícil porque soy una lectora **avanzada**.

—Sí, querida, ya lo sé —dijo la señorita Franny Y se levantó de la silla.

Amanda fingió que yo no estaba allí. Pasó por mi lado sin mirarme y dijo:

—¿Se permite la entrada de perros en la biblioteca, señorita Franny?

—A algunos —respondió la señorita Franny—, a un pequeño grupo selecto.

Al decir esto, se volvió hacia mí y me guiñó un ojo. Yo le devolví una sonrisa.

Acababa de hacer mi primera amiga en Naomi y nadie iba a estropeármelo, ni siquiera Amanda Wilkinson, la del ceño fruncido.

Gracias a Kate

Kate DiCamillo escribió este cuento mientras tiritaba de frío durante un invierno en Minnesota. Se había mudado a esa ciudad desde Florida y echaba mucho de menos su hogar. También se sentía triste porque no le permitían tener un perro en su apartamento. Una noche, Kate soñó que una niña le decía que tenía un perro llamado Winn-Dixie y ni bien se despertó comenzó a escribir sobre él.

Gracias a Winn-Dixie fue el primer libro que publicó Kate, y con él ganó el premio Newbery Honor, que es uno de los más respetados entre los que puede recibir un libro para niños. Es además la autora de otros libros por los que obtuvo otros premios.

Cuando Kate escribió *Gracias a Winn-Dixie*, se levantaba muy temprano todos los días para completar dos páginas antes de salir para su trabajo en una librería. Ya no trabaja allí, pero todavía escribe dos páginas todas las mañanas.

Otro libro de
Kate DiCamillo

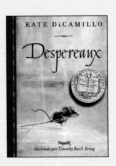

 Busca información sobre Kate DiCamillo en **www.macmillanmh.com**

✔ Propósito de la autora

Esta historia inventada tiene detalles que podrían ser ciertos. ¿Cuál fue el propósito de la autora? ¿Por qué crees eso?

 # Pensamiento crítico

Resumir

Usa tu diagrama de secuencia como ayuda para resumir *Gracias a Winn-Dixie*. Incluye los sucesos más importantes del cuento.

Suceso

↓

↓

↓

Pensar y comparar

1. Resume la historia **peculiar** que la señorita Franny Block le contó a la narradora. Describe los principales sucesos del cuento en orden. **Evaluar: Orden de los sucesos**

2. Vuelve a leer la página 136 de *Gracias a Winn-Dixie*. ¿Por qué la señorita Franny y la narradora no tienen amigos? ¿Por qué es esto importante en el cuento? Explica usando detalles del cuento. **Analizar**

3. ¿Qué historia compartirías con un amigo nuevo? **Aplicar**

4. ¿Por qué amigos como la narradora y la señorita Franny se llevan bien? Explica usando detalles del cuento. **Evaluar**

5. Lee "Una tarjeta de biblioteca para Emilio," páginas 126 y 127. ¿En qué se parecen y diferencian los personajes de ambas historias? Usa detalles. **Leer/Escribir para comparar textos**

Me gusta cómo son las palabras

Poesía

Los **poemas de verso libre** a menudo contienen patrones rítmicos y otros elementos poéticos.

Elementos literarios

La **onomatopeya** es el uso de una palabra que imita el sonido que representa, como *clic*.

El **símil** relaciona dos cosas diferentes usando en general *igual a* o *como*.

La palabra *pop* suena como lo que describe. Es un ejemplo de onomatopeya.

Las palomitas de maíz repiquetean
pop pop pop contra las paredes
de una sartén negra y caliente
y dentro de mi boca.
Las palabras negras saltan
chasqueando de la página blanca.
Se me meten por los ojos. Y se deslizan
hasta mi mente que las devora al igual que
la lengua y los dientes se ocupan de las
palomitas con mantequilla.

Cuando termino de leer,
las ideas de las palabras quedan
impregnadas en mi mente,
como el dulce aroma de la mantequilla
me perfuma los dedos aún después
de acabadas las palomitas de maíz.

Me encanta el libro y la forma de las palabras,
el peso de las ideas que tintinean en mi mente.
Me encanta la huella
de una idea nueva dentro de mí.

Maya Angelou

> Este símil compara las ideas que quedan en la mente de la poeta con el aroma de la mantequilla en sus dedos.

⭐ Pensamiento crítico

1. Si bien no rima, este poema de verso libre contiene elementos de poesía, como **onomatopeyas**. Además de la palabra *pop*, ¿qué otros ejemplos de onomatopeya hay en el poema? **Onomatopeya**

2. La poeta usa un **símil** para comparar su mente con algo. ¿Con qué? Explica usando detalles del poema. **Analizar**

3. Compara al narrador de este poema con el narrador de *Gracias a Winn-Dixie*. ¿En qué se parecen? ¿En qué se diferencian? **Leer/Escribir para comparar textos**

 Busca información sobre poemas de verso libre en **www.macmillanmh.com**

Escritura

Enfoque en el ambiente

Cuando los escritores se enfocan en el ambiente, los lectores deben ser capaces de imaginar ese lugar.

Lee el siguiente pasaje. Observa cómo la autora, Kate DiCamillo, se enfoca en un ambiente de su cuento.

Fragmento de
Gracias a Winn-Dixie

La autora se enfoca en el ambiente al describir cómo es la biblioteca. Al enfocarse en el ambiente podemos imaginar lo que rodea a los personajes a medida que continuamos leyendo.

Pasé mucho tiempo ese verano en la Biblioteca Conmemorativa Herman W. Block. Si dices Biblioteca Conmemorativa Herman W. Block parece un sitio impresionante, pero no lo es. No es más que una casita llena de libros con la señorita Franny Block, que los cuida.

Gracias a Winn-Dixie

Kate DiCamillo

144

Lee y descubre

Lee el texto de Elena. ¿Qué hizo para enfocarse en el ambiente? Usa la lista de control como ayuda.

Un viaje a Cape Cod
Elena J.

Condujimos hasta la playa. El aroma del aire salado llegó a mi nariz antes de que pudiera ver la arena. La brisa caliente movía los juncos y la hierba, y una gaviota picoteaba un trozo de galleta que un niño había dejado.

Lee acerca del viaje de Elena.

Control de escritura

☑ ¿Eligió la escritora un ambiente y escribió mucho sobre él?

☑ ¿Pudo la autora incluir detalles específicos del lugar que describe?

 ☑ ¿Puedes imaginar la playa a la que fue Elena?

Un paseo por la playa

Repaso

Hacer inferencias
Personajes, ambiente, argumento
Comparar y contrastar
Sinónimos
Mapa

Julieta miró fijamente a su primo con desaprobación.

—Tomás, ¿es verdad que nunca has visto el océano?

Tomás se sentía exhausto. ¿Por qué le había dicho a sus padres que iría a este paseo? El mes pasado, parecía una gran idea. Ahora que estaba aquí, no estaba tan seguro. Julieta parecía estar de mal humor. Tomás sentía que ella no estaba feliz de verlo.

—No, nunca lo he visto —respondió Tomás en voz baja.

—Tomás vive en Nuevo México, Juli. Si lo buscas en el mapa, verás que está muy lejos del océano. Ésa es una de las razones por las que tu primo vino a visitarnos. ¿No es verdad, Tomás? —dijo el papá de Julieta.

—Es verdad —respondió Tomás. Después se le ocurrió algo—. Julieta, ¿cuándo fue la última vez que viste un desierto?

—Nunca he visto un desierto, pero eso no tiene importancia. Quiero decir, ¿quién querría ir a un desierto, de todos modos? —dijo fríamente.

—¿Nunca has visto un desierto? ¿Estás bromeando? —dijo Tomás, tan sorprendido como Julieta. El papá de Julieta les sonrió.

—Bueno, ustedes dos. Cálcense. Mamá los llevará a la playa.

Veinte minutos después Tomás estaba en la playa mirando fijamente el Océano Atlántico. No lo imaginaba tan grande.

—Hermoso, ¿no es verdad? —le preguntó su tía, que estaba parada a su lado. Tomás asintió con la cabeza y observó con asombro una fila de pelícanos que bajaban en picada y volaban por encima de las olas.

—Mira las dunas, Tomás. También son hermosas —dijo Julieta, saludando con la mano a las enormes colinas de arena.

Tomás se dio vuelta para ver lo que había detrás.

—¿Cómo pueden crecer tantas plantas en la arena? —preguntó.

—Algunas tienen hojas con una capa cerosa o con pelitos para retener el agua —le explicó su tía.

—¡Ah, también sucede lo mismo con las plantas del desierto! —exclamó Tomás, y se dio vuelta para volver a mirar el océano. De repente, vio tres aletas negras que se movían en fila.

—¡Tiburones! —gritó, señalando las aletas.

Julieta miró hacia donde señalaba Tomás, y sonrió.

—Esos no son tiburones, Tomás; son delfines. No sé cómo pudiste confundirlos.

Tomás se dio vuelta y comenzó a caminar por la playa. "Julieta no parece estar muy entusiasmada con mi visita", pensó. Quizá visitar a sus tíos no había sido una gran idea, después de todo, pero Tomás deseaba realmente ver el océano. Julieta observó cómo se alejaba Tomás.

—Tomás, espera —le gritó—. Perdón. Mucha gente piensa en tiburones cuando ven aletas de delfines. Seguramente si voy a Nuevo México pensaría que todo en el desierto es venenoso. Probablemente tendría miedo de salir del auto.

Tomás se rió.

—Sí , tal vez, tendrías miedo. Una vez, un chico comenzó a gritar porque pensó que una diminuta araña inofensiva era una tarántula.

—¿Están listos para nadar? —les gritó desde lejos la mamá de Julieta.

—Te juego una carrera —dijo Tomás, sonriendo irónicamente, y comenzó a correr por la playa.

—¡No es justo, me llevas ventaja! —le gritó Julieta mientras corría detrás, riéndose.

DIAMANTES
PARA EL QUE QUIERA

¿TE HAS PREGUNTADO alguna vez cómo sería ser un cateador? Imagina dar golpecitos con un martillo a las rocas, hora tras hora, con la esperanza de encontrar un diamante centelleante.

Cada año, cientos de personas hacen ese trabajo al norte del estado de Nueva York. El condado de Herkimer es el único lugar en el mundo donde se pueden encontrar diamantes de Herkimer. El mapa muestra dónde exactamente se encuentra el condado de Herkimer en Nueva York.

En realidad, estos diamantes no son realmente diamantes. Son cristales de cuarzo naturales, con la peculiaridad

de tener los extremos en punta.

Los verdaderos diamantes se extraen de la tierra y deben ser cortados y pulidos para que resplandezcan y brillen. Los diamantes de Herkimer salen de sus hogares rocosos ya formados y pulidos por la naturaleza.

ORIGEN DE LOS DIAMANTES DE HERKIMER

Hace unos 500 millones de años, un mar poco profundo cubría lo que es ahora el estado de Nueva York. Las partículas de roca y tierra se asentaron en el fondo. Durante millones de años, este sedimento se aumentó. El peso del sedimento en la parte superior hizo presión sobre las capas inferiores. Gradualmente, las capas de sedimento se convirtieron en roca. El agua se filtró a través de los poros de las rocas y quedó dentro, atrapada en bolsas. Con el paso del tiempo, en estas bolsas se formaron cristales.

148

Hace mucho tiempo, el mar se secó. Los glaciares y las tormentas desgastaron las capas superiores de las rocas. Esta acción expuso los cristales ocultos, y ¡los primeros diamantes de Herkimer vieron la luz!

CATEAR DIAMANTES

Las "minas" de Herkimer son, en realidad, pozos rocosos abiertos. El terreno es rugoso y desnivelado. Los cateadores deben usar botas para escalar, y se recomienda también usar antiparras para proteger los ojos.

Algunos coleccionistas pasean por los alrededores esperando divisar un diamante. Otros los buscan en la tierra. Los cateadores dedicados usan palancas, martillos para rocas y cinceles pesados. La mayoría de los mineros usan martillos que pesan dos o tres libras. Machacan la roca hasta que se parte en pedazos. Si son afortunados, encontrarán un cristal dentro.

Los cateadores más afortunados encuentran bolsas de cristales. Estas bolsas pueden tener hasta seis pies de ancho, y contener miles de cristales. La mayoría de las bolsas contienen cristales de distintos tamaños, de hasta ocho o más pulgadas de largo. A veces se encuentran cristales con burbujas de agua dentro. Los cristales gemelos, los cristales dobles y los cristales ahumados también son descubrimientos apasionantes.

Gritos de "¡encontré uno!" alientan a los demás cateadores a seguir trabajando. Si siguen buscando, también pueden tener suerte. Si no, siempre pueden comprar un diamante de Herkimer en la tienda de regalos.

Pensamiento crítico

Ahora contesta las preguntas 1 a 4. Basa tus respuestas en la selección "Un paseo por la playa".

1. ¿Cómo se siente el personaje Tomás cuando llega por primera vez a la casa de su prima?

   A   Extraña su casa y el desierto.

   B   Le parece que su prima Julieta no se alegra de verlo.

   C   No quiere ver el océano.

   D   Siente que su prima Julieta está celosa porque él siempre tiene razón.

2. ¿Qué inferencias puedes hacer sobre Julieta y Tomás al final del cuento?

   A   No se llevan bien.

   B   Aprenden que la honradez es lo mejor.

   C   Julieta tiene razón, y Tomás está equivocado.

   D   Aprenden a apreciar el lugar de donde viene el otro.

3. Lee esta oración de "Un paseo por la playa".

> "Julieta no parece estar muy <u>entusiasmada</u> con mi visita", pensó.

¿Qué palabra es *sinónimo* de <u>entusiasmada</u>?

   A emocionada   C interesada

   B asustada   D curiosa

4. ¿En qué *se parecen* Julieta y Tomás? Usa detalles e información de la selección para fundamentar tu respuesta.

Ahora contesta las preguntas 1 a 4. Basa tus respuestas en la selección "Diamantes para el que quiera".

1. ¿En qué se diferencian los diamantes Herkimer de los verdaderos?

- A Salen de la tierra con forma y pulidos.
- B Deben cortarse del tamaño adecuado.
- C No tienen puntas.
- D Se encuentran cerca de glaciares en todo el mundo.

2. ¿Qué inferencias haces sobre por qué los cateadores deben usar antiparras?

- A Glaciares y tormentas podrían dificultar la vista.
- B Los cateadores deben poder ver los diamantes de Herkimer bajo el agua.
- C Un pedazo de roca podría golpear a un cateador en un ojo.
- D Hay mucha luz en las tiendas de regalos debido a los diamantes.

3. Lee esta oración de "Diamantes para el que quiera".

> El agua se filtró a través de los poros de las rocas y quedó dentro, atrapada en bolsas.

¿Qué palabra es *sinónimo* de filtrar?

- A atrapar
- C gotear
- B arremeter
- D quemar

4. Mira el mapa. ¿Qué condado se encuentra al norte de Herkimer?

- A Condado de Madison
- C Condado de Fulton
- B Condado de St. Lawrence
- D Condado de Otsego

A escribir

SUGERENCIA Piensa en las clases de cristal que los cateadores pueden hallar en las minas de Herkimer. ¿En qué se diferencian? Usa detalles para fundamentar tu respuesta. Escribe durante cinco minutos. Escribe tanto como puedas y lo mejor que puedas.

La
gran
pregunta

¿Cómo hace la diferencia la gente en sus comunidades?

Conéctate

Busca información sobre cómo hacer la diferencia en **www.macmillanmh.com**.

La gran pregunta

¿Cómo hace la diferencia la gente en sus comunidades?

Las comunidades, o barrios grandes, están determinadas por sus habitantes. Si la comunidad necesita algo, sus miembros pueden asegurarse de darle lo que necesita. Por ejemplo, si una comunidad desea construir un patio de juegos, sus miembros pueden hacer varias cosas, como recaudar dinero, enviar cartas al gobierno pidiendo ayuda, o construirlo ellos mismos. Esto repercute en su comunidad, ya que crea un lugar seguro y feliz para que puedan jugar niños de todas las edades.

Informarte sobre cómo las personas hacen la diferencia en sus comunidades te puede ayudar a hacer lo mismo en tu comunidad.

Actividad de investigación

En esta unidad reunirás información sobre proyectos comunitarios ideados por personas como tú. Elige un proyecto que pueda ser importante para tu comunidad. Investiga recursos que ayudarían a completar tu proyecto, Averigua como hicieron otras comunidades el mismo tipo de proyecto.

Anota lo que aprendes

A medida que lees, anota lo que vas aprendiendo sobre cómo las personas hacen una diferencia en sus comunidades. Utiliza el **Boletín en acordeón.** En el primer panel, escribe el Tema de la unidad: *Hacer la diferencia.* En cada uno de los otros paneles del boletín, escribe los datos que aprendes semana a semana que te servirán para tu investigación y para entender el tema de la unidad.

MODELOS DE PAPEL®
Ayudas de estudio

Tema de la unidad · Semana 1 · Semana 2 · Semana 3 · Semana 4 · Semana 5

Taller de investigación

Haz la investigación de la Unidad 2 con:

Guía de investigación
Sigue esta guía paso a paso para completar tu proyecto de investigación.

Recursos de Internet
- Buscador por temas y otras herramientas de investigación
- Videos y excursiones virtuales
- Fotos y dibujos para presentaciones
- Artículos y recursos relacionados en Internet

 Conéctate

Busca información en
www.macmillanmh.com

Gente y lugares

Raul Izaguirre, Consejo Nacional de la Raza
El Consejo Nacional de La Raza defiende los derechos civiles de los hispanos en Estados Unidos. Raul Izaguirre fue presidente desde 1974 a 2004. En 1993 recibió la Orden del Águila Azteca, la máxima condecoración mexicana a extranjeros.

Derechos civiles

Vocabulario

injusto	segregación
confiado	evitar
antepasado	injusticia
numeroso	

Partes de las palabras

Los **prefijos** se agregan al comienzo de la palabra y modifican su significado.

in- = "no"

injusto = "no justo"

Con gran valentía

Lily Tuttle

LOS DERECHOS CIVILES representan la igualdad de oportunidades para todos los ciudadanos sin tener en cuenta la raza, ni la religión, ni el género. En el pasado, leyes **injustas** favorecían a unos más que a otros. Personas valientes y **confiadas** definieron su posición y lograron grandes cambios.

Thurgood Marshall

La familia de Thurgood Marshall había progresado mucho desde los años de esclavitud de sus **antepasados.** Sin embargo, cuando Thurgood quiso ir a la Escuela de Leyes de la Universidad de Maryland, lo rechazaron por ser afroamericano. Fue a estudiar leyes a otro lugar. En uno de sus primeros casos judiciales, ayudó a un estudiante afroamericano a iniciar una demanda contra la Universidad de Maryland porque le había negado el derecho a inscribirse.

Marshall trabajó mucho para ganar **numerosos** juicios. Uno muy conocido fue el caso *Brown versus la Junta de Educación* en 1954. La Corte Suprema decidió poner fin a la **segregación** en las escuelas. Se determinó que era ilegal enviar a los afroamericanos y blancos a diferentes escuelas.

Ruby Bridges

En 1960, Ruby Bridges, de seis años, fue la primera niña afroamericana en asistir a una escuela del Sur a la que sólo concurrían niños blancos. No se dio cuenta de la valentía que demostraba un hecho como ése. Los padres de sus compañeros dejaron de mandar a sus hijos a la escuela. Con el tiempo, algunos niños blancos regresaron. Al año siguiente, había más niños afroamericanos. Ruby Bridges logró un gran cambio.

Dr. Martin Luther King, Jr.

El Dr. Martin Luther King Jr. fue un líder en las décadas de 1950 y 1960. **Evitó** la violencia y les pidió a sus seguidores que lucharan de manera pacífica para terminar con la **injusticia**.

King organizó una marcha en Washington, D.C. para exigir los mismos derechos para toda la humanidad. Aquel día pronunció su discurso famoso: "Yo tengo un sueño". King deseaba que todos fueran tratados con honestidad e igualdad.

Volver a leer para comprender

✔ Evaluar

Propósito del autor Los autores escriben para dar información, entretener, o explicar algo a los lectores. La razón por la cual un autor escribe una historia es el **propósito del autor**. Piensa en detalles del relato y en lo que ya sabes como ayuda para identificar el propósito de la autora. Vuelve a leer la selección y completa el diagrama.

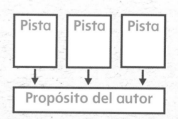

Pista	Pista	Pista

Propósito del autor

Comprensión

Género

Una **biografía** es una historia acerca de la vida de una persona escrita por otra persona.

Evaluar

Propósito del autor

A medida que lees, completa el diagrama de propósito del autor.

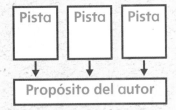

Lee para descubrir

¿Qué desea la hermana del Dr. Martin Luther King que conozcas acerca de él?

mi hermano MARTIN

Ilustrador premiado

RECUERDOS DE INFANCIA
DE LA HERMANA DEL DR. MARTIN LUTHER KING JR.

CHRISTINE KING FARRIS
ILUSTRACIONES DE CHRIS SOENTPIET

Mi hermano Martin y yo nacimos en la misma habitación. Fui una beba prematura, llegué al mundo antes de lo esperado. Mi querida mamá y mi papá me ponían en un cajón del ropero que estaba en su dormitorio en la planta alta de la casa. Unos días más tarde llegó la cuna. Un año y medio después, Martin pasó su primera noche en esa cuna heredada y en el mismo cuarto.

La casa donde nacimos era de los padres de mi mamá, nuestros abuelos, el Reverendo A.D. Williams y su esposa.

Vivíamos con ellos y con la tía Ida, la hermana de nuestra
abuela.

Al poco tiempo de la llegada de Martin —a quien le
decíamos M.L. porque tenía el mismo nombre que papá—
vino al mundo nuestro hermano menor. Se llamaba Alfred
Daniel, pero le decíamos A.D., en honor al abuelo.

A mí me llamaban Christine, y crecimos juntos como tres arvejas en una misma vaina. Llenábamos las horas y los días con historias de aventuras, los *Tinkertoys*, las muñecas, el *Monopoly* y las damas chinas.

Y aunque papá, que era un ministro importante, y mamá, una intérprete musical muy famosa, tenían trabajos que los mantenían lejos de casa, la abuela siempre estaba ahí para cuidarnos. Recuerdo los días en que nos sentábamos a su alrededor, junto a la tía Ida, y nos contaban recuerdos de su niñez y nos leían sobre todos los maravillosos lugares que hay en el mundo.

Y claro está que mis hermanos y yo nos teníamos los unos a los otros. Los tres andábamos tan juntos como las páginas pegadas de un libro nuevo. Y como todo niño, siempre estábamos tramando algo.

Nuestra mayor diversión era una piel de animal que pertenecía a nuestra abuela. Parecía estar viva, con sus diminutas patas, una cabeza pequeña y unos ojos brillantes. De vez en cuando, bajo la leve luz del anochecer, atábamos la piel a un palo y, escondidos en los arbustos frente a nuestra casa, la hacíamos mover cada vez que se acercaba alguien **confiado**. ¡Vaya! ¡Los gritos de terror se oían en todo el vecindario!

Un día, mamá decidió que debíamos aprender a tocar el piano. A mí no me parecía mala idea pero M.L. y A.D. preferían estar afuera y no encerrados con el profesor, el señor Mann, que nos golpeaba los nudillos con una regla si tocábamos las notas equivocadas. Por eso, una mañana, mis hermanos le aflojaron las patas a la banqueta del piano para que no tuviéramos que practicar. No le dijimos nada al señor Mann y cuando se sentó... ¡CRASH! se fue al suelo.

Pero la verdad es que éramos niños buenos y obedientes, y M.L. aprendió a tocar algunas canciones en el piano. Incluso cantó con mamá una o dos veces. Teniendo en cuenta su amor por el canto y la música, estoy segura de que él podría haber sido un músico tan bueno como ella si su vida no hubiese tomado un camino diferente.

Pero eso es justamente lo que sucedió.

Propósito del autor
¿Por qué la autora decidió contar tantas cosas acerca de la niñez de Martin?

Mis hermanos y yo vivimos nuestra infancia hace mucho tiempo. Por aquel entonces, en ciertos lugares de nuestro país había leyes muy **injustas** que decían que era correcto apartar a los afroamericanos, porque nuestra piel era más oscura y a nuestros **antepasados** los habían capturado en la lejana África para traerlos a Estados Unidos como esclavos.

Atlanta, Georgia, la ciudad en la que nos criamos, tenía esas leyes. Por este motivo, mi familia no iba muy seguido al cine ni visitaba el parque Grant con su famoso Ciclorama. De hecho, no recuerdo haber visto a mi papá subido a un tranvía. Por todas esas leyes y por la humillación que provocaban, papá prefería que M.L, A.D. y yo nos quedáramos cerca de casa, donde estaríamos protegidos.

Vivíamos en un vecindario en Atlanta que hoy se llama Sweet Auburn. Se lo denominó así por la Avenida Auburn, la calle que pasaba por el frente de nuestra casa. En nuestro lado de la calle las casas eran de madera y de dos pisos. Enfrente, había una serie de viviendas bajas y una tienda que pertenecía a una familia blanca.

De pequeños, todos los niños de la avenida Auburn jugábamos juntos, incluidos los dos hijos de los dueños de la tienda.

Y como nuestra casa era el lugar de reunión favorito, ellos
también jugaban con nosotros en el patio y corrían junto
a mis hermanos hasta la vuelta de la esquina para ver a los
bomberos y sus camiones en el cuartel.

La idea de *no jugar* con ellos porque fuesen diferentes,
porque fuesen blancos y nosotros no, jamás se nos cruzó por
la cabeza.

Cierto día, tal como lo habían hecho cientos de veces, M.L y A.D. fueron a buscar a sus compañeros de aventuras que vivían al otro lado de la calle. Regresaron solos. Los niños blancos les habían dicho que no se podían juntar con ellos porque eran negros.

Y eso fue todo. Al poco tiempo la familia vendió la tienda y se mudó del vecindario. Jamás volvimos a verlos.

Al mirar hacia atrás, me doy cuenta de que con el paso del tiempo era inevitable que nos afectara la crueldad y la **injusticia** de la cual papá, mamá, la abuela y la tía Ida intentaban protegernos. Pero para nosotros fue un tremendo golpe que provino de la nada.

—¿Por qué los blancos tratan a la gente de color con tanta maldad? —le preguntó M.L. a mamá.

Mamá nos explicó la razón de todo esto a mí y a mis hermanos, que permanecíamos de pie frente a ella haciendo nuestro mayor esfuerzo para comprenderlo.

Mediante sus palabras entendimos por qué nuestra familia **evitaba** los tranvías, y el sentido del cartel BLANCOS SOLAMENTE que nos prohibía subir al elevador del City Hall. Nos aclaró por qué había parques y museos que los afroamericanos no podían visitar, por qué había restaurantes que no querían atendernos, hoteles que se negaban a darnos habitación y cines que sólo nos permitían ver las películas desde la platea alta.

Pero sus palabras también nos dieron esperanza.

—Porque no entienden que todos somos iguales, pero algún día esto va a cambiar —respondió nuestra querida mamá.

Y mi hermano M.L. miró el rostro de nuestra madre y dijo las palabras que aún hoy recuerdo.

—Querida mamá, algún día voy a cambiar las injusticias de este mundo —aseguró M.L.

En los años siguientes habría otras muestras del sistema cruel llamado **segregación** que tenían como objetivo dominar a los afroamericanos. Sin embargo, fue papá quien nos enseñó a M.L, a A.D. y a mí a hablar en contra del odio y la intolerancia y a defender lo correcto.

Mi padre era el ministro de la Iglesia Bautista Ebenezer .Y luego de perder a nuestros compañeros de juego, cuando mis hermanos y yo escuchamos lo que papá decía desde el púlpito, sus palabras adquirieron un nuevo significado.

Y papá ponía en práctica lo que predicaba. Siempre se defendía cuando se topaba con el odio y la intolerancia, y todos los días compartía sus charlas durante la cena.

Una vez que un vendedor de zapatos les dijo a M.L y a papá que los atendería en la parte de atrás de la tienda, mi padre lo llevó a mi hermano a otro lugar para que se comprara zapatos.

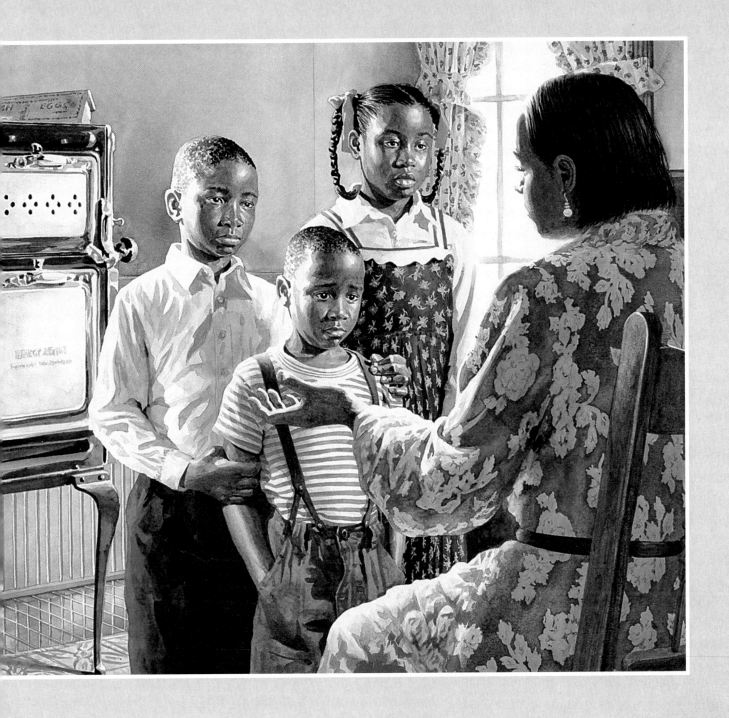

En otra ocasión, un policía le ordenó detener su automóvil y se dirigió a él diciéndole "muchacho". Mi padre señaló a M.L. que se encontraba en el asiento de al lado y le respondió: "Éste es un muchacho, yo soy un hombre y hasta que no se dirija a mí como se debe, no lo escucharé".

Estas historias nos fortalecían tanto como el alimento de todos los días.

Pasarían años y se aprenderían muchas lecciones. Habría
numerosos discursos, marchas y premios. Pero mi hermano
nunca se olvidó del ejemplo de nuestro padre, ni de la
promesa que le había hecho a nuestra madre el día que sus
amigos lo rechazaron.

Y cuando fue mucho mayor, mi hermano M.L.
tuvo un sueño… que revolucionó al mundo.

Propósito del autor
¿Por qué la autora repite las palabras de Martin
"Un día cambiaré las injusticias de este mundo"?

Las historias de Christine y Chris

Christine King Farris escribió esta historia para mostrarles a los niños y las niñas que su hermano fue un niño igual que ellos. Ella presenció las risas, los juegos y algunas de las travesuras de Martin. Christine quiere que sus lectores comprendan que la gente común puede conseguir logros importantes.

Chris Soentpiet hace una investigación profunda cuando ilustra narraciones históricas como ésta. Busca información en la biblioteca sobre la vestimenta y la forma de vida de la gente. También visita los lugares donde se desarrolló la historia. Por eso, Chris puede tardar hasta un año en ilustrar un libro.

Busca información sobre Christine King Farris y Chris Soentpiet en **www.macmillanhm.com**

Propósito de la autora

¿Por qué crees que Christine Farris escribió *Mi hermano Martin*? ¿De qué manera influyó la relación de la autora con su hermano Martin al escribir esta historia?

174

Pensamiento crítico

Resumir

Resume *Mi hermano Martin*. Usa el diagrama de propósito del autor para determinar quién es el narrador y por qué es importante para el relato. Explica quién es Martin y menciona los hechos más importantes de su niñez.

Pista	Pista	Pista

↓ ↓ ↓

Propósito del autor

Pensar y comparar

1. ¿Cuál fue el propósito de la autora al contar lo que pasó en la niñez de Martin con sus compañeros de juegos? ¿Por qué este suceso es importante? Usa detalles de la historia para explicar tu respuesta. **Evaluar: propósito del autor**

2. Vuelve a leer las págs. 170-171. ¿Por qué el padre de Martin compartía experiencias con sus hijos? ¿Cómo influyó ésto en Martin? Usa detalles de la historia en tu respuesta. **Analizar**

3. Imagina que conociste al Dr. Martin Luther King Jr. cuando era niño. ¿Qué aspectos de tu carácter tendrías en común con él? Incluye detalles de la historia en tu respuesta. **Sintetizar**

4. ¿Por qué es importante corregir la **injusticia**? Menciona detalles de la historia en tu respuesta. **Evaluar**

5. Lee "Con gran valentía" en las págs. 158-159. Compara las experiencias de Marshall y Martin Luther King Jr. ¿Cómo afectó la discriminación a estos dos hombres? ¿Qué lograron? **Leer/Escribir para comparar textos**

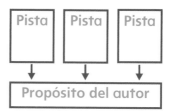

Querida Sra. Parks

Rosa Parks y Gregory J. Reed

Introducción

En el año 1955, la **activista** por los derechos civiles, Rosa Parks, fue arrestada por haberse negado a darle su asiento a una persona blanca en el autobús. Su reacción desencadenó un boicot a los autobuses de Montgomery, Alabama. Durante más de un año, miles de afroamericanos se rehusaron a viajar en los autobuses de esa ciudad. El conflicto se resolvió cuando la Corte Suprema de Estados Unidos estableció que era **inconstitucional** la separación de asientos para los blancos y afroamericanos en los autobuses.

Los siguientes ejemplos son algunas de las tantas cartas que se enviaron los niños y Rosa Parks.

Éste es el **saludo**.

Éste es el **cuerpo** de la carta.

Querida Sra. Parks:

Vivo en Nueva Inglaterra y siempre tuve curiosidad con respecto al Sur. Durante su niñez en Alabama, ¿creía usted que la situación de los afroamericanos cambiaría alguna vez?
Kelli
Hartford, Connecticut

¡Estábamos seguros de que todo mejoraría! Hacía mucho tiempo que el Sur sufría por las leyes injustas de la segregación. Algo tenía que ocurrir para cambiar lo que estaba pasando.

Durante mi niñez, sufría al ver que los niños blancos tenían privilegios a los que yo no podía acceder. Sentía un gran dolor por el odio que algunas personas blancas, incluso niños, sentían hacia mí y mi gente sólo por el color de nuestra piel. A pesar de eso, mi madre y mi abuela me enseñaron a no perder el respeto por mí misma y a estar preparada para muchas oportunidades. Ellas estaban seguras de que vendrían épocas mejores y querían que yo fuera parte de esos cambios. De nosotros dependía ese cambio.

De adulta, en los días calurosos de verano, prefería volver a casa muerta de sed antes que utilizar el bebedero "de color solamente". No estaba dispuesta a participar de un sistema injusto diseñado para hacerme sentir inferior.

Sabía que el sistema era injusto y que no podía durar mucho más. Sabía que la gente exigiría justicia. No planifiqué que el incidente en el ómnibus en 1955 fuera el comienzo del cambio. Sin embargo, demostré que estaba lista para defender mi posición.

Querida Sra. Parks:

¿Qué significa tener esperanza? Leí que usted espera que este mundo sea un lugar mejor para vivir, y que no está dispuesta a renunciar a su sueño. Sigo intentando entender el significado de la palabra "esperanza" para algún día colaborar con su causa y parecerme a usted.

Elizabeth
Grosse Point, Michigan

Elizabeth, muchas veces los adultos educamos a niños como tú sin explicarles el verdadero significado de las palabras de modo tal que puedan aprender de ellas.

Una esperanza es un deseo que significa mucho para ti. Es como querer algo que no posees. Se siente con el corazón. Si lo deseamos con todas nuestras fuerzas, se transforma en esperanza.

Uno cree en estos sueños. Mucha gente que conozco confió en que se podía terminar con la segregación racial en este país, y la esperanza tuvo influencia en sus actitudes y así generaron un cambio. Mi amigo, el Reverendo Jesse Jackson, siempre dice: "Mantengamos viva la esperanza". Yo estoy de acuerdo con él. Todo es más fácil si crees en ti mismo. Las esperanzas en ti mismo y en el futuro pueden hacer que el mundo sea un lugar mejor para todos.

Querida Sra. Parks:

Me gusta escuchar los discursos del Dr. Martin Luther King Jr. Fue un gran hombre. Ojalá estuviera vivo. Creo que él podría ponerle fin al desorden de nuestro país. ¿Alguna vez tuvo miedo de que Martin muriera y la dejara sola?

Wilbar
Kerhonkson, Nueva York

A mí también me gustaría que el Dr. King estuviera con nosotros. Es muy difícil y doloroso pensar en su muerte. Fue un amigo muy querido. Se expresaba con autoridad y convicción. Su fe, sus palabras y su compromiso con la **no violencia** nos inspiró a todos los que participamos en el movimiento por los Derechos Civiles.

Es cierto lo que dices sobre los problemas de nuestro país. Hay un largo camino por recorrer. Pero podemos trabajar juntos, jóvenes y viejos, para alcanzar el sueño de igualdad y justicia del Dr. King. Deseo que guardes ese sueño en tu corazón y lo sientas como propio.

Pensamiento crítico

1. Observa el formato de las cartas enviadas a la Sra. Parks. ¿Qué partes tienen en común todas las cartas? **Leer cartas**

2. ¿Cómo le ayudó la "esperanza" a Rosa Parks a ser parte de la lucha por los derechos a fines de la década de 1950? **Evaluar**

3. Piensa en la selección *Mi hermano Martin*. ¿Qué le podría contar la hermana de Martin a Rosa Parks en una carta? **Leer/ Escribir para comparar textos**

Estudios Sociales

Escríbele a una persona famosa una carta sobre una tarea que haya hecho y acerca de la cual te gustaría saber más.

Busca información sobre cómo escribir cartas en **www.macmillanmh.com**

Escritura

Mostrar

Los escritores incluyen detalles para mostrar una imagen poderosa de lo que escriben.

Lee el siguiente pasaje. Observa cómo la autora, Christine King Farris, muestra un momento de su relato.

Fragmento de
Mi hermano Martin

La autora nos muestra la diversión. El conjunto de detalles da una imagen clara de la broma que divertía a los niños.

Nuestra mayor diversión era una piel de animal que pertenecía a nuestra abuela. Parecía estar viva, con sus diminutas patas, una cabeza pequeña y unos ojos brillantes. De vez en cuando, bajo la leve luz del anochecer, atábamos la piel a un palo y, escondidos en los arbustos frente a nuestra casa, la hacíamos mover cada vez que se acercaba alguien confiado. ¡Vaya! ¡Los gritos de terror se oían en todo el vecindario!

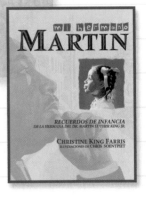

Lee y descubre

Lee el texto de Damon a continuación. ¿Qué hizo para mostrar el momento? Usa la lista del control de escritura como ayuda.

El hombre musculoso
Damon L.

Las cajas tenían, más o menos, el tamaño de una barra de pan. Sin embargo, cada caja pesaba tanto como un enorme diccionario. Apilé cinco. Podía sentir los músculos del brazo, pero lo soporté. Cuando llegué al segundo tramo de las escaleras, parecía que las rodillas se convertían en gelatina. Sentía los brazos como dos bandas de goma tirantes. Finalmente, entré al apartamento tambaleándome, dejé caer las cajas y me desplomé en el sofá.

Lee acerca de los movimientos de Damon.

Control de escritura

 ¿Describe el escritor exactamente lo que ve y siente?

 ¿Incluye el escritor detalles sobre el tamaño, forma, peso u otras características?

 ¿Puedes imaginar cómo se sentía Damon en ese momento?

A platicar

¿Cómo han cambiado los papeles de las mujeres en los deportes con el tiempo? ¿Cómo pueden estas niñas inspirar a otras?

Conéctate

Busca información sobre mujeres deportistas en www.macmillanmh.com

Mujeres deportistas

LAS MUJERES TOMAN LA PELOTA

Jenny Hull

La clase de Lucy era en Cooperstown, **legendario** Salón de la Fama del Béisbol. Lucy no estaba contenta de estar allí. "¿A quién le importa la Liga Estadounidense de Béisbol Profesional de Mujeres?", pensó.

El comienzo de la liga

La guía explicaba que en 1942 se reclutó a la mayoría de los jóvenes para luchar en la Segunda Guerra Mundial. Algunos temían que los campos de las ligas mayores de béisbol se cerraran. Philip Wrigley, dueño de los Chicago Cubs, decidió crear una liga de mujeres. Es posible que algunos se hayan quedado **boquiabiertos** ante la idea, pero ésta pronto se impuso.

Lucy se preguntaba cómo se habrían sentido aquellas muchachas. Si las personas se reían de ellas, ¿notarían ellas a los fanáticos de béisbol **burlándose**?

La joven jugadora salta para agarrar la pelota.

La liga triunfa

Muchachas de 15 años en adelante se inscribían en la Liga. Los sueldos de $45 a $85 por semana eran una gran atracción. Hoy sería un **insulto**, pero entonces era mucho dinero.

Las jugadoras seguían reglas estrictas de comportamiento y clases. Se les enseñaba cómo vestirse, actuar y cuidarse.

Jugadoras caminaban con bloques en sus cabezas para equilibrio y postura.

El éxito de la liga no fue una **casualidad**. Durante la guerra, muchas mujeres trabajaban en fábricas. Esto cambió la imagen de lo que las mujeres podían hacer.

La liga termina

Terminada la guerra, el interés disminuyó y se disolvió la liga. Uno de los motivos fue que muchas personas tuvieron televisión a principios de 1950. ¡Podían ver los partidos de las ligas mayores sin comprar entradas ni salir de sus casas!

Hora de partir

Lucy se **se estremeció** cuando su maestra reunió a la clase. Quería quedarse un poco más. Pero Lucy tendría que esperar hasta su próxima visita para aprender más acerca de esta interesante época en la historia del béisbol.

Volver a leer para **comprender**

Hacer inferencias y analizar

Propósito del autor El propósito de un autor es el motivo por el que escribió. Piensa en los detalles de la historia y lo que ya sabes para hacer inferencias y analizar el propósito del autor. Vuelve a leer la historia para hallar las pistas que te ayudarán a entender el propósito del autor y completa el diagrama.

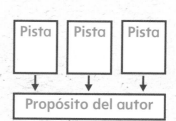

| Pista | Pista | Pista |

Propósito del autor

Comprensión

Género

La **ficción histórica** se desarrolla en un tiempo y un lugar reales del pasado. Puede incluir personas y hechos que sucedieron junto a personajes y eventos ficticios.

Hacer inferencias y analizar

Propósito del autor
A medida que lees, completa el diagrama de propósito del autor.

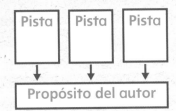

Lee para descubrir

¿Por qué Jackie era poderosa?

JACKIE, LA PODEROSA
La reina del lanzamiento

Marissa Moss • ilustraciones de C.F. Payne

Ilustrador premiado

Era el 2 de abril de 1931, y algo sorprendente estaba por ocurrir. En Chattanooga, Tennessee, dos equipos estaban a punto de jugar un partido de exhibición de béisbol.

Uno era el New York Yankees, un equipo **legendario** con jugadores famosos: Babe Ruth, Lou Gehrig y Tonny Lazzeri.

El otro era el Chattanooga Lookouts, un equipo pequeño, un equipo sin importancia, salvo por la lanzadora, Jackie Mitchell.

Jackie tenía sólo diecisiete años, pero su edad no era el motivo para que el público se sentara a verla. Jackie era una muchacha, y todos sabían que las mujeres no jugaban al béisbol en las ligas mayores.

El *New York Daily News* decía, con desdén, que ella intentaría pegar con un "humilde lápiz labial" en lugar de con un bate. Un periodista escribió que daría lo mismo tener "una foca entrenada detrás del plato" que una mujer parada allí. Pero Jackie no era ninguna foca entrenada. Era una lanzadora poderosa. Se preguntaban: ¿Sería Jackie tan buena como para jugar contra los Yankees de Nueva York?

Jackie había jugado a la pelota con su padre desde que podía recordar. Sabía que el béisbol no era un juego para niñas. Todos los niños en la escuela y todos los muchachos en su barrio le decían eso. Cuando un muchacho le gritaba a otro, "Lanzas como una niña", era un **insulto**. Todos sabían que las niñas no sabían lanzar. O eso era lo que creían.

Día tras día, en la cancha deportiva del barrio, el padre de Jackie le decía lo contrario. Él decía que ella podía lanzar la pelota, y Jackie lo hacía. Corría de base a base, golpeaba con el bate. Dazzy Vance, lanzador de los Brooklyn Dodgers, le enseñó a lanzar cuando ella tenía ocho años. Un lanzador estrella hablándole a una niñita fue lo que Jackie necesitaba para soñar con jugar un día en las Series Mundiales. Su padre había reconocido el talento de su hija. Y Dazzy también. Le dijo que podía ser buena en lo que quisiera, siempre que se esforzara. Y Jackie se esforzó en béisbol. Trabajó mucho.

Practicaba lanzamientos hasta el anochecer y hasta sentir frío. Arrojaba la pelota hasta que le dolía el hombro y le salían callos en los dedos. Lanzaba hasta que se le nublaban los ojos y no veía hacia dónde arrojaba. Pero eso no importaba mucho: su brazo iba logrando destreza.

> **Propósito del autor**
> ¿Por qué crees que el autor da tanta información sobre la niñez de Jackie?

Y ahora finalmente iba a tener su oportunidad de jugar en un *verdadero* equipo de béisbol, de lanzarles a *verdaderos* jugadores. Las tribunas estaban repletas. Una multitud de cuatro mil personas había venido a ver la extraña imagen de una mujer en el montículo del lanzador.

Se paró firme en el campo y miró atrás a la multitud en las tribunas descubiertas. Estaban esperando que cometiera un error. Estaban esperando que ella probara que el béisbol era un juego de hombres, no de *ella*.

"Es *mi* juego", se dijo entre dientes y se mordió el labio. Los Yankees estaban arriba en la primera mitad de la primera entrada, y el bateador caminaba hacia el plato. Jackie estaba lista para él, con la pelota firme en su mano izquierda.

El bateador era Babe Ruth: Babe Ruth, el "Rey del cuadrangular", un hombre parecido a una gran montaña. A Babe Ruth no le agradaba en absoluto la idea de una mujer lanzadora. Estaba convencido de que las mujeres eran "demasiado delicadas" para el béisbol.

—Nunca serán buenas —decía—. Las mataría jugar al béisbol todos los días.

Caminó hacia el plato e inclinó su gorra hacia Jackie. ¡Si ella pensaba que él iba a hacérsela fácil, podía olvidarse! Él tomó el bate con firmeza y se alistó para sacar la pelota del campo de juego con un solo golpe.

Jackie sostuvo esa pelota como si fuera parte de su brazo, y cuando la lanzó supo exactamente adónde iría. Directamente por encima del plato, justo donde Babe no la esperaba, justo donde él la vio pasar a toda velocidad y caer con un ruido sordo en el guante del receptor.

"¡STRRRRIKE UNO!"

Babe Ruth se quedó **boquiabierto**. ¡No lo podía creer! La multitud rugió. Jackie trató de borrarlos de su mente, para ver solamente la pelota, para sentir solamente la pelota. Pero Babe Ruth le hacía frente ahora, decidido a no permitir que una muchacha lo dejara en ridículo. Ella **se estremeció** justo antes de su siguiente lanzamiento, y el juez de campo cantó bola.

—Ufffff — gruñó Babe.

"¡Puedes hacerlo!", se dijo Jackie a sí misma. "Las niñas pueden lanzar… ¡demuéstrales!".

Pero el siguiente lanzamiento fue otra bola.

Ahora la multitud abucheaba y se burlaba. Babe **se burlaba** con ellos.

Jackie cerró los ojos. Sintió un cosquilleo en los dedos alrededor de la pelota, sintió el peso en su palma, sintió la fuerza de los músculos de su hombro mientras se preparaba para el lanzamiento. Recordó lo que le había dicho su padre: "Sal allí y lanza tal como lo haces con cualquier otro".

"¡STRRRRIKE DOS!..

Ahora Babe estaba furioso.

Esto era serio. ¡Babe ponchaba, y el lanzador era una niña!

Jackie no estaba furiosa, pero tampoco tenía miedo. Lanzaba, lanzaba de verdad, y le pareció que algo sucedía de la forma en que ella siempre había soñado. Ella sabía que un bateador esperaría el mismo lanzamiento, cerca y alto, incluso si ese bateador era Babe Ruth. Así que esta vez ella lanzó la pelota directamente abajo, por el medio, con toda la velocidad que pudo.

"¡STRRRRIKE TRES!"

Babe Ruth le lanzó al juez de campo una mirada desafiante y arrojó el bate al suelo con indignación. ¡Les dijo a los periodistas que esa sería la última vez que batearía contra una mujer! ¡Una muchacha había dejado fuera al "Sultán de los golpes." ¡No podía ser! ¡Era un error, una **casualidad**! ¿Qué dirían los periódicos mañana? Pero esperen, aquí venía Lou Gehrig, el "Caballo de hierro", al plato. Él le daría una lección a Jackie. Ella no iba a poncharlo a él también.

Lou Gehrig giró con un gruñido poderoso, pero su bate no le dio a nada más que el aire.

"¡STRRRRIKE UNO!"

Parecía aturdido, luego clavó sus talones y le lanzó a Jackie una mirada desafiante.

"¡STRRRRIKE DOS!"

Jackie sonrió. Se había esforzado tanto y durante tanto tiempo para jugar así, que ahora nada la podía detener.

Lanzó la pelota de la manera que mejor sabía, un lanzamiento zurdo con un descenso bajo. Nadie podía tocar una pelota como ésa cuando se arrojaba correctamente.

"¡STRRRRIKE TRES!"

La multitud, tan dispuesta a abuchearla antes, se levantó con un rugido, aplaudiendo y gritando como loca. Uno tras otro, Jackie había ponchado a dos de los mejores bateadores del béisbol, Babe Ruth y Lou Gehrig. Ella se había probado a sí misma y ahora los fanáticos la amaban por eso.

Pero Jackie no los oía. Ella estaba orgullosa y feliz. Había hecho lo que siempre había sabido que podía hacer. Le había demostrado al mundo que una muchacha podía lanzar... tan fuerte, tan rápido y tan lejos como quisiera.

Propósito del autor
¿Cuál fue el propósito de Marissa Moss al escribir esta historia?

El equipo ganador:
Marissa y C. F.

A **Marissa Moss** le agrada escribir sobre mujeres de la vida real que han hecho algo inusual, como Jackie. También ha escrito sobre una ingeniera de trenes y sobre la primera mujer que cruzó volando el Canal de la Mancha. Marissa espera que cuando los niños lean sus libros descubran cosas del pasado que les recuerden sus propias vidas.

C. F. Payne ha ilustrado otras historias de béisbol. A menudo hace caricaturas, un tipo de arte que exagera el aspecto de las personas o la forma en que actúan, y hace que parezcan más imponentes de lo que son en realidad.

 Busca información sobre Marissa Moss y C. F. Payne en **www.macmillanmh.com**

✔ Propósito de la autora

¿Crees que Marissa Moss escribió esta historia para informar o para entretener? ¿De qué manera afecta el propósito de la autora que el personaje principal sea mujer?

Pensamiento crítico

Resumir

Resume *Jackie, la poderosa*. Describe los sucesos principales y el ambiente. Resume la historia usando el diagrama de propósito del autor.

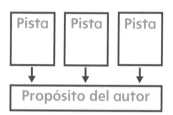

Pista	Pista	Pista

Propósito del autor

Pensar y comparar

1. La autora pone énfasis en el hecho de que Ruth y Gehrig fueron jugadores **legendarios** de béisbol. ¿Cuál es el **propósito de la autora** al hacerlo? **Hacer inferencias y analizar: Propósito del autor**

2. Lee el tercer párrafo en la página 188. ¿Cuáles eran las actitudes de las personas hacia las mujeres atletas? Usa detalles para explicar. **Analizar**

3. ¿Has logrado alguna vez un objetivo que otras personas o tú creían imposible de alcanzar? Explica. **Aplicar**

4. ¿Por qué era tan importante para Jackie probar su talento para lanzar? Explica usando detalles de la historia. **Analizar**

5. Lee "Las mujeres toman la pelota" en las páginas 184-185. ¿Cómo cambió el papel de las mujeres en el béisbol profesional desde la década de 1930 hasta la década de 1940? ¿Qué provocó este cambio? Usa detalles de ambas selecciones en tu respuesta. **Leer/Escribir para comparar textos**

Estudios Sociales

Género

Los artículos de **no ficción**, como los **artículos de enciclopedia**, informan sobre personas, lugares o cosas reales.

Elemento del texto

Las **fuentes primarias** son documentos que ofrecen relatos directos de acontecimientos históricos.

Palabras clave

prohibido	peticionar
epidemia	filántropo

BRIDGET "BIDDY"
MASON

Tina Suggs

Bridget "Biddy" Mason, hija de esclavos, nació el 15 de agosto de 1818 en Georgia. Hay poca información sobre su infancia, pero es conocido que Bridget, a quien todos conocían como "Biddy", pasó gran parte de sus primeros años en una plantación haciendo tareas domésticas y cuidando el ganado. Aprendió de los esclavos mayores a cuidar a los niños y ayudar a las mujeres a dar a luz.

Pero a Biddy no le permitieron aprender a leer ni escribir. En la mayoría de los estados del sur, era ilegal enseñar estas destrezas básicas a los esclavos.

Alrededor de 1840, cuando Biddy era joven, fue adquirida por Robert Smith y su esposa, Rebecca. Ellos tenían una plantación en Mississippi. Además de hacer las tareas del hogar, Biddy cuidaba a Rebecca, que se enfermaba con frecuencia.

Traslado por todo el país

En 1848, los Smith, que se habían convertido a la religión mormona, decidieron mudarse a Iowa, y de allí al territorio de Utah. Iniciaron el largo y difícil viaje en una caravana de carretas. Biddy y los otros esclavos debían caminar junto a las carretas. La acompañaban sus hijas Ellen, Ann y Harriet.

Los Smith vivieron tres años en Utah. Luego, en 1851, se mudaron al sur de California. No obstante, Robert Smith no se dio cuenta en ese momento de que California era un estado libre y, por lo tanto, la esclavitud estaba **prohibida**.

Libertad en California

Biddy conoció por primera vez en California a afroamericanos libres, e hizo varios amigos en la comunidad de Los Ángeles. Dos de esos amigos, Charles Owens y Elizabeth Rowan, ayudaron a Biddy a **peticionar** la libertad para ella y sus hijas. Al mismo tiempo, los Smith decidieron trasladarse a Texas, donde la esclavitud aún era legal.

Fuentes primarias

Escritura

Las **fuentes primarias**, como fotografías, diarios, cartas, periódicos, o escrituras, nos ayudan a aprender sobre una época.

Esta fuente primaria es una escritura de la parcela que Biddy Mason compró en Los Ángeles y prueba que le pertenece. Ella fue una de las primeras mujeres afroamericanas en ser propietaria ahí.

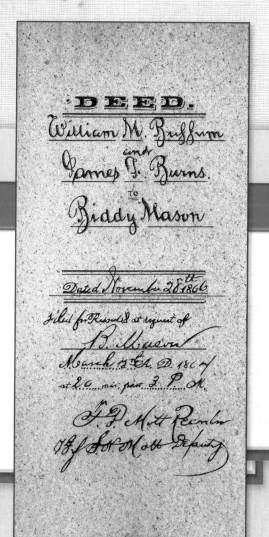

Sin embargo, antes de que ocurriera el traslado, el juez Benjamin Hayes dictaminó en enero de 1856 que Biddy y sus tres hijas tenían derecho a ser "libres para siempre".

Como mujer libre, Biddy se trasladó a Los Ángeles y comenzó a trabajar como enfermera. En poco tiempo, sus servicios eran muy requeridos. Ayudó a dar a luz a cientos de bebés. Cuando se desató una **epidemia** de viruela, Biddy arriesgó su propia vida y asistió como enfermera a muchas personas. También contribuyó a fundar un orfanato y una guardería infantil.

Biddy trabajó mucho y ahorró dinero. En 1866, compró una casa en la calle Spring por $250.00. A lo largo de los años, Biddy siguió comprando más propiedades.

A pesar de que Biddy nunca había ido a la escuela y no sabía leer ni escribir, era muy hábil para los negocios.

Gran filántropa

Biddy era una gran **filántropa**, y usó su riqueza para ayudar a otros. Se hizo conocida como Abuela Mason, y daba alimentos y refugio a los pobres. Contribuyó con muchas obras de caridad y además ayudó a establecer la Primera Iglesia Metodista Episcopal Africana en Los Ángeles.

Biddy Mason murió el 15 de enero de 1891. Pero dejó un gran legado. El 16 de noviembre de 1989 se declaró en Los Ángeles el Día de Biddy Mason, y un monumento se creó en el sitio de su primera casa.

Casa de Biddy Mason en la calle Spring

She owns land.

En el centro de Los Ángeles hay un monumento dedicado a Biddy Mason que dice: "Si dejas la mano cerrada, nada bueno entrará en ella. La mano abierta está bendecida, porque da mucho, incluso al recibir."

 Pensamiento crítico

1. Mira la fotografía de la escritura de la página 205. ¿De qué manera esta fuente primaria contribuye al artículo sobre la vida de Biddy Mason? **Leer primeras fuentes**

2. ¿Por qué la mudanza de los Smith a California fue importante para Biddy Mason? Usa detalles para explicar. **Analizar**

3. Piensa en esta selección y en *Jackie, la poderosa*. ¿Qué características comparten los personajes Jackie y Biddy Mason? **Leer/Escribir para comparar textos**

 Estudios Sociales

Investiga sobre un personaje histórico que haya hecho un aporte. Halla una fuente primaria y crea un breve artículo de no ficción a partir de tu investigación.

 Busca información sobre Biddy Mason en **www.macmillanmh.com**.

Escritura

Mostrar

Los escritores incluyen detalles que muestran a los lectores una imagen vívida de lo que escriben.

Conexión: Lectura y escritura

Lee el siguiente pasaje. Observa cómo la autora, Marissa Moss, muestra un momento en su relato.

Fragmento de
Jackie, la poderosa

La autora nos muestra lo que piensa y siente Jackie antes de lanzar la pelota. Los detalles nos ayudan a imaginar cómo fue para Jackie ese momento en que lanzaba la pelota.

Ahora la multitud abucheaba y se burlaba. Babe se burlaba con ellos.

Jackie cerró los ojos. Sintió un cosquilleo en los dedos alrededor de la pelota, sintió el peso en su palma, sintió la fuerza de los músculos de su hombro mientras se preparaba para el lanzamiento. Recordó lo que le había dicho su padre: "Sal allí y lanza tal como lo haces con cualquier otro".

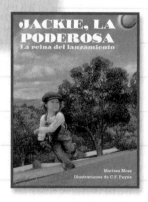

Lee y descubre

Lee el texto de Rasika a continuación. ¿Qué hizo para mostrar el momento? Usa la lista del control de escritura como ayuda.

El hámster Elliot J.
Rasika W.

Quisiera presentarles a mi mejor amigo (y mascota), el hámster Elliot J. Está cubierto con un pelaje suave y de color caramelo. Cuando sube a mi brazo y se arrastra por él, sus diminutas garras me rasguñan un poco, pero al mismo tiempo, el pelaje me hace cosquillas. A veces, se sienta en mi mano y me mira directo a los ojos. ¡Me río cuando hace eso y cuando mueve el hocico!

Lee acerca del hámster Elliot J.

Control de escritura

 ¿Describe la escritora exactamente lo que ve y siente?

 ¿Incluye la escritora detalles sobre tamaño, forma, color u otras características?

 ¿Descubriste por qué Rasika cree que su hámster es interesante?

A platicar

¿Qué se necesita para superar los desafíos de la vida?

Busca información sobre superar desafíos en **www.macmillanmh.com**

Desafíos

TIME FOR KIDS®

El monoesquí permite que el deportista paralítico se deslice sentado.

Los Paralímpicos

Un grupo especial de atletas se prepara para los Juegos Paralímpicos al tiempo que otros atletas hacen lo mismo para los Juegos Olímpicos.

En los Paralímpicos compiten atletas con **limitaciones**, o discapacidades físicas. Cuando comenzaron en 1960, participaron 400 atletas de 23 países. En 2004 compitieron 3,806 atletas de 136 países.

En los Paralímpicos, los atletas compiten contra otros que tienen el mismo tipo de discapacidad. Los atletas paralímpicos compiten en pruebas **similares** a las de los atletas olímpicos. Pero usan artículos especialmente diseñados para sus discapacidades.

Uno de los objetivos de los Juegos Paralímpicos es cambiar la percepción del público hacia los discapacitados.

Los paralímpicos son atletas de talla mundial. Los **desafíos** no los detienen. No dejan que sus discapacidades los detengan.

La monoesquiadora estadounidense Muffy Davis compite en slalom femenino. A los 16 sufrió un accidente de esquí que dejó sus piernas paralizadas. Al principio, Muffy no quería volver a esquiar. Después tuvo un cambio radical. "Los límites nos lo ponemos nosotros mismos", dice la atleta.

Atletas de Alemania en la apertura de los Juegos Paralímpicos de Invierno, 2004.

GERMANIA

El paseo de su vida

Alejandro Abor, de California, construye triciclos manuales, que **diseña** para quienes no pueden usar las piernas. Los triciclos se usan con pedales manuales.

Alejandro es además corredor de triciclos manuales. Perdió las dos piernas en un accidente, pero quería seguir siendo deportista. Aprendió a vivir sin sus piernas. Por sí mismo aprendió a remar kayaks y jugar básquetbol. Incluso compitió en difíciles triatlones.

Entrenó durante muchos años. Hoy, Alejandro, es campeón de triciclo manual del Equipo Paralímpico de Elite de Ciclismo de EE.UU. Ganó una medalla de plata en los Juegos Paralímpicos de 2004.

Alejandro inspira a otros a ser mejores. Habla sobre discapacidades y construye triciclos manuales. Además, es un gran padre de tres niños. Con gran trabajo, Alejandro **logró** realizar sus sueños.

Abor ganó en 2006 una carrera de 267 millas en triciclo manual.

Atletas se disputan la pelota en fútbol 5.

Conéctate
Busca información sobre los Paralímpicos en **www.macmillanmh.com**

Buenos deportistas

Los deportes paralímpicos son **variados**. Muchos son conocidos para la mayoría, tanto en atletismo como en esquí. Algunos son un poco diferentes.

Fútbol 5: Cada equipo tiene cinco jugadores ciegos o con poca vista. La pelota hace ruido cuando se mueve.

Rugby en sillas de ruedas: El objetivo es que los jugadores en sillas de ruedas hagan que la pelota cruce la línea de gol del oponente.

Hockey en trineos para hielo: Los jugadores con discapacidades en las piernas juegan sentados en trineos. Se impulsan en la pista de hielo con dos cortos palos de hockey.

213

Presentación con bombos y salpicaduras

¿Cómo hace una persona discapacitada para convertirse en campeón mundial?

Rudy Garcia-Tolson no es un atleta común. Tiene el récord mundial de natación, carrera y ciclismo. Participa en las competiciones más importantes del mundo, donde todos están pendientes de él. Este talentoso atleta ganó muchas medallas y honores. Hay otra cosa especial sobre Rudy: no tiene piernas.

Rudy nació en Bloomington, California, con una enfermedad grave. De bebé, fue operado 15 veces. A los cinco años, Rudy y su familia tuvieron que tomar una decisión muy importante. Las piernas de Rudy ya no podían funcionar. Rudy podía conservar las piernas y quedarse en una silla de ruedas o podía caminar con piernas artificiales. Rudy sabía lo que quería: eligió caminar. Al valiente niño de cinco años se le amputaron las piernas. En adelante la vida de Rudy ya no fue igual.

Volar en el agua

Luego de su operación, Rudy tomó lecciones de natación. Se unió a un equipo de natación de su localidad y al poco tiempo compitió en carreras. Para cuando tenía ocho años, Rudy había cosechado 43 galones y 13 medallas de natación. A los diez años compitió en su primer triatlón. Rudy no permitió que sus **limitaciones** físicas se interpusieran para hacer realidad sus sueños. **Logró** cada uno de los objetivos que se propuso. Rudy ganó muchos premios en carrera y ciclismo. "Soy imparable", decía a menudo el joven Rudy.

Hoy en día, Rudy es un nadador del Equipo Paralímpico de Elite de EE.UU. En 2004, Rudy ganó una medalla de oro en natación en los Juegos Paralímpicos de Atenas. En 2006 terminó un triatlón *Ironman*. Rudy está entrenando duro para los próximos Juegos Paralímpicos.

Rudy Garcia-Tolson lleva la antorcha olímpica en San Francisco, California, hacia los Juegos Olímpicos de Salt Lake de 2002.

Rudy se prepara para la competencia de natación en 2004 durante los Juegos Paralímpicos en Atenas, Grecia.

215

Trabajo de piernas

Cuando Rudy nada o hace surf, no usa piernas artificiales. En el agua, depende de la fuerte parte superior de su cuerpo. Selecciona el modelo de sus pies y piernas dependiendo de su actividad. También usa diferentes pies y piernas para correr y andar en bicicleta.

Rudy en bicicleta en un túnel de viento especial. Es para medir la fortaleza de sus piernas de prótesis.

Ir por el oro

Rudy vive en el Centro de Entrenamiento Olímpico de Colorado. El centro se **diseñó** para el entrenamiento de atletas olímpicos. Rudy y otros nadadores usan una piscina de natación de última generación. Aquí, los nadadores aprenden a superar los **desafíos**. Cámaras sumergidas filman a los atletas mientras nadan. Atletas y entrenadores estudian la película para poder entrenar mejor.

También entrenan en un canal.

Es como un molino con 50,000 galones de agua. La corriente de agua se ajusta para cada nadador. Altitud, o altura, también puede cambiarse. Los nadadores pueden entrenar en **similares** condiciones al nivel del mar o a más de una milla sobre el nivel del mar.

Este **variado** tipo de tecnología ayuda a los atletas a ser mejores y más fuertes. Rudy sabe que estará listo para ir por el oro en el futuro. "Un corazón valiente es poderoso", dice.

Trabajo para otros

Los pies de Rudy son de fibra de carbono, un material liviano que se dobla con facilidad. Los pies de fibra de carbono se desempeñan como pies humanos. Se doblan y ayudan a empujar el cuerpo hacia delante. Además, absorben los golpes al caminar y correr.

Quienes usan piernas artificiales trabajan con ortopedistas. Estos doctores ayudan a las personas a elegir piernas artificiales. Rudy y su ortopedista han estado trabajando juntos desde que él era niño.

El doctor estudia nuevas piernas y pies artificiales. Rudy los prueba. A veces, las cosas salen mal. Las piernas pueden ser incómodas. El cuerpo puede dolerle después de las carreras largas. Rudy y su doctor trabajan para solucionar los problemas. Con los años, su investigación ha mejorado las piernas artificiales para todos.

Rudy logró un récord mundial de natación en los 12 Juegos Paralímpicos de Atenas.

Pensamiento crítico

1. De acuerdo con este artículo, ¿cuáles fueron los tres deportes que premiaron a Rudy?

2. ¿Qué necesitó Rudy antes de poder competir en carrera y ciclismo?

3. ¿Qué dificultades crees que se presentan al competir con miembros artificiales en deportes?

4. ¿Qué tienen en común los atletas de "Los Paralímpicos" y "Presentación con bombos y salpicaduras"?

ESTAR DE PIE

Grayson Rosenberger crea geniales inventos. Una vez hizo una patineta kart, pero su familia pensó que no era muy segura. Sin embargo, inventó algo que realmente les gustó.

Grayson creó una cubierta para prótesis, o pierna artificial. Algunas están hechas de metal. Grayson usó material plástico con burbujas y cinta adhesiva para cubrir la pierna. Luego le dio forma con una pistola de calor para que pareciera real.

Las piernas artificiales que parecen reales son caras. Muchos amputados, quienes no tienen sus brazos o piernas, no pueden pagar $1,000 para comprar una pierna que parezca real, y por eso usan piernas metálicas. La pierna de Grayson cuesta $15, lo que significa que hay más personas que pueden comprarla.

Los padres de Grayson administran *Standing with Hope* y llevan piernas artificiales a personas de Ghana, África. Grayson recuerda la historia de Daniel, que recibió una pierna artificial metálica y en la escuela se burlaban de él. Grayson volverá a Ghana con su familia y su prioridad es Daniel.

Grayson muestra su invento. Una de las piernas sólo está cubierta por un envoltorio plástico. A la otra se le agregó una media de color carne para que pareciera real. Una persona que se dedica a fabricar piernas artificiales dijo: "Me sorprendió que esto se le ocurriera a un niño".

Sigue ▶

Ahora contesta las preguntas del 1 al 5. Basa tus respuestas en el artículo "Estar de pie".

1. **¿Qué invento de Grayson Rosenberger le gustó mucho a su familia?**

   A   una patineta kart

   B   una pierna artificial hecha de metal

   C   una cubierta para una pierna artificial

   D   una pistola de calor para dar forma al plástico

Consejo

Busca palabras clave.

2. **¿Qué palabra significa "brazos o piernas artificiales"?**

   A   amputados

   B   prótesis

   C   problemas

   D   materiales

3. **¿Por qué muchos amputados usan piernas de metal en lugar de piernas que parecen reales?**

   A   Les gustan más las piernas metálicas.

   B   Las piernas metálicas son más caras.

   C   Las piernas que parecen reales no duran tanto.

   D   No pueden pagar por las piernas que parecen reales.

4. **¿De qué manera el invento de Grayson ayudará a Daniel, el niño que vive en Ghana?**

5. **¿Cómo describirías a Grayson? Usa detalles del artículo para dar a apoyo a tu respuesta.**

A escribir

Un trabajo como el de un explorador requiere destrezas.

Relee "Aventuras" y busca las destrezas de los exploradores.

Escribe y explica qué se necesita para hacer su trabajo.

La respuesta a la literatura pide escribir sobre algo que has leído.

Para saber si una sugerencia para escribir pide respuesta a la literatura, busca frases clave, como relee.

Observa cómo un estudiante responde a la sugerencia de escritura.

El escritor usó detalles del texto.

Los exploradores necesitan destrezas especiales. Les tiene que gustar el peligro, viajar y estudiar. Es difícil pensar en un trabajo más peligroso que bucear en las profundidades del océano. Cualquier problema podría provocar una lesión grave, o la muerte. Como en "Aventuras", probablemente los exploradores deberían ir a la universidad. Deben estudiar y llegar a ser expertos. Así, podrán reconocer cosas que los demás no advertirían. Tener conocimiento de sus alrededores los ayuda. Un explorador de las profundidades del mar debe ser capaz de reconocer un pez y darse cuenta si es una posible amenaza.

Sugerencias para escribir

Responde por escrito a la siguiente sugerencia para escribir. Escribe durante 8 minutos lo más y lo mejor que puedas. Revisa las pautas antes y después de escribir.

> Atletas como Rudy necesitan destrezas para hacer su trabajo. Relee la páginas 214-217 y piensa en las destrezas que tiene Rudy. Escribe y explica cuáles necesita él.

Pauta para escribir

- ☑ Lee atentamente las sugerencias para escribir.
- ☑ Organiza y planifica tus ideas para escribir.
- ☑ Fundamenta tus ideas escribiendo más sobre cada evento o razón.
- ☑ Apoya tus puntos con ejemplos específicos del texto.
- ☑ Elige palabras que ayuden a los lectores a comprender qué quieres decir.
- ☑ Revisa y corrige tu escritura.

A platicar

Estos son caballos salvajes del sur de Francia. ¿Por qué son importantes las experiencias?

Conéctate

Busca información sobre experiencias inolvidables en **www.macmillanmh.com**

Experiencias inolvidables

Owen "el soñador"

Florencio Sueldo

¿Alguna vez has tenido la oportunidad de recorrer en tren la bella sierra Tarahumara? ¿Sabes que este trayecto está considerado como uno de los más bonitos viajes panorámicos de América y que el **ferrocarril** que recorre la **sierra** de punta a punta se lo debemos a Albert Kinsey Owen "el soñador"?

¿Quién es Owen?

Albert Kinsey Owen nació en Chester, Pennsylvania, el 20 de mayo de 1847. Su papá, amigo personal de Abraham Lincoln, fue cirujano durante la guerra civil de Estados Unidos. Albert creció en el seno de una familia cuáquera que amaba la fraternidad y no los valores materiales. Pasó su infancia leyendo cientos de libros de la biblioteca familiar. En

Albert Kinsey Owen

1866 su papá Joshua, llevó a Albert y a su hermano Alfred de viaje por Europa. Recorrieron Alemania, Suiza, Italia, Inglaterra y Francia. ¿A que no adivinas cómo se movilizaban de lugar en lugar? ¡¡¡A PIE!!!

Owen, deseoso de conocer las **costumbres** y el **paisaje** de Escocia e Irlanda siguió su viaje dos meses más. ¿Sabes cuánto gastó durante su viaje, en aquella época? ¡30 DÓLARES!

Todo por un sueño

A su vuelta, Owen integró como ingeniero una expedición de la compañía Denver & Río Grande Railway que trazaría la ruta férrea desde El Paso, Texas, hasta la ciudad de México. Durante once meses Owen recorrió 5,000 millas, de las cuales 3,400 las hizo a caballo, atravesando valles y montañas, cañones y barrancas.

Cuando Owen vio por primera vez la Bahía de Topolobampo soñó con construir un ferrocarril que, pasando por el desierto de Sonora, uniera Colorado Springs con esta bahía del Pacífico.

En 1881, el entonces presidente de México, el general Manuel González otorgó a Albert Kimsey Owen la concesión para construir su soñado ferrocarril.

El Chepe

Lo que hoy se conoce como ChP o Chepe, es decir el ferrocarril que va de Chihuahua al Pacífico, fue una idea concebida por Owen. Su inauguración tardaría 90 años. El trayecto definitivo fue inaugurado en 1961 y el sueño de Owen finalmente se hizo realidad. ¿Ahora que conoces a Owen "el soñador" te gustaría ir de **campamento** y hacer **excursiones** en las sierra tarahumara?

Volver a leer para **comprender**

✓ **Analizar la estructura del cuento**

Causa y efecto

La causa es la razón por lo que algo sucede. Lo que sucede es el efecto. Reconocer estas dos cosas pueden ayudarte a analizar la estructura del cuento.

Una tabla de causa y efecto te ayudará a analizar lo que sucedió en un cuento y a hacer inferencias sobre por qué sucedió. Vuelve a leer la selección para hallar varios efectos y sus causas.

Causa	→	Efecto
	→	
	→	
	→	
	→	

Género

Un relato de **ficción realista** es un tipo de cuento inventado que podría suceder en la vida real.

Analizar la estructura del cuento

Causa y efecto

Mientras lees, completa la tabla de causa y efecto.

Causa	→	Efecto
	→	
	→	
	→	
	→	

Lee para descubrir

¿Qué hace que la sierra Tarahumara sea especial?

LLUVIA
de plata

Sara Poot Herrera

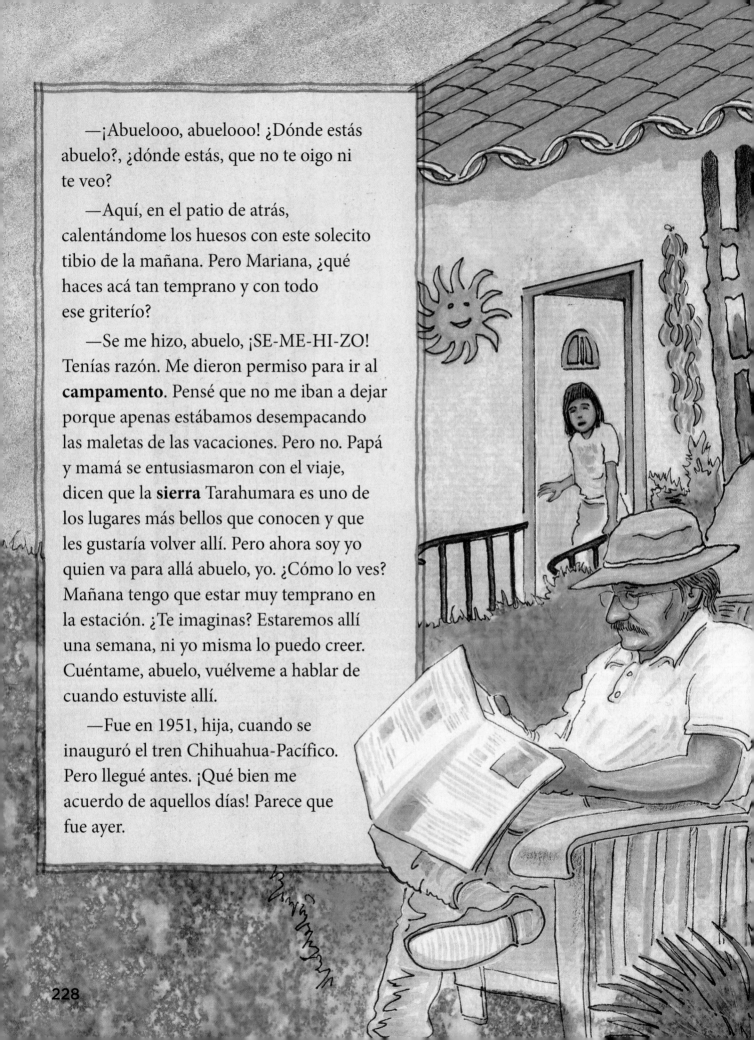

—¡Abuelooo, abuelooo! ¿Dónde estás abuelo?, ¿dónde estás, que no te oigo ni te veo?

—Aquí, en el patio de atrás, calentándome los huesos con este solecito tibio de la mañana. Pero Mariana, ¿qué haces acá tan temprano y con todo ese griterío?

—Se me hizo, abuelo, ¡SE-ME-HI-ZO! Tenías razón. Me dieron permiso para ir al **campamento**. Pensé que no me iban a dejar porque apenas estábamos desempacando las maletas de las vacaciones. Pero no. Papá y mamá se entusiasmaron con el viaje, dicen que la **sierra** Tarahumara es uno de los lugares más bellos que conocen y que les gustaría volver allí. Pero ahora soy yo quien va para allá abuelo, yo. ¿Cómo lo ves? Mañana tengo que estar muy temprano en la estación. ¿Te imaginas? Estaremos allí una semana, ni yo misma lo puedo creer. Cuéntame, abuelo, vuélveme a hablar de cuando estuviste allí.

—Fue en 1951, hija, cuando se inauguró el tren Chihuahua-Pacífico. Pero llegué antes. ¡Qué bien me acuerdo de aquellos días! Parece que fue ayer.

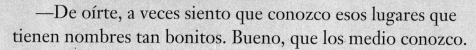

—De oírte, a veces siento que conozco esos lugares que tienen nombres tan bonitos. Bueno, que los medio conozco.

—A mí me pasó lo mismo, hija. Un amigo mío vivía en la Tarahumara y me escribía contándome con puntos y señales sus experiencias. Yo me imaginaba cómo era el **paisaje**, la gente, y creía que ya conocía esa sierra. Pero, ya verás, no es lo mismo que te cuenten cómo es un lugar a cuando estás allí y lo vives. Todavía recuerdo la sensación que tuve al estar por primera vez en medio de la sierra, frente a las barrancas y las cascadas.

—Abuelo, ¿viviste con los tarahumaras?

—No, pero sí cerca de ellos. Déjame contarte. Mi amigo no estaba en la sierra como turista, sino que había renunciado a su vida en la ciudad y trabajaba en una comunidad tarahumara. La primera vez que fui a visitarlo me impresionó su forma de vivir, tan sencilla como la de los tarahumaras, que sólo tienen lo indispensable.

—¿Y te quedaste allí mucho tiempo? ¿Qué fue lo que más te gustó?

—A ver, a ver, por partes, hija. Estando de visita, me enteré de que había un puesto vacante en la compañía que estaba construyendo el **ferrocarril**. Animado por mi amigo (aunque a esas alturas yo ya estaba bastante animado), solicité el puesto y me lo dieron. Llegué a conocer muy bien el tramo donde me tocó trabajar, pero casi no tuve contacto con los tarahumaras. ¡Qué lástima!, ¿verdad? Los domingos salía de excursión con mi amigo, que conocía esa región casi como la palma de su mano.

—Pero, ¿qué era lo que más te gustaba, abuelo?

—Muchas cosas. Por ejemplo, las fiestas de los indios. Te van a encantar, hija. Oirás desde muy lejos la música que tocan.

—¿Y cómo es, abuelo?

—Es como el sonido del viento. La tocan con flautas, tambores e instrumentos de metal. Es una música muy especial, parece que saliera del pulmón de las montañas, como si viniera de la lejanía. Ojalá tengas la suerte de escucharla y de ver algunos de sus bailes. Ya hablaremos de todo esto a tu regreso.

—Sí, abuelo. Apenas llegue vendré a verte. Y ahora me voy, tengo que sacar la arena de mi maleta y meter la ropa que necesito para la sierra. Oye, abuelo, el tren en el que nos vamos, ¿es el que tú construiste?

—Junto a muchas, muchísimas personas. Cientos de personas trabajamos en ese gran proyecto. Antes había un tren que venía de Kansas City, en Chihuahua lo llamábamos el "Si ti cansas". Pero *El Chepe*, como bautizamos cariñosamente al tren en el que tú vas a viajar mañana, sale de la ciudad de Chihuahua, corre por toda la sierra y llega hasta el mar.

—¡Ay, abuelo, quiero que amanezca ya!

Mariana corre a su casa y arregla rápidamente las mil y una cosas que a diario hace y deshace, arregla y desarregla, para después volverlas a desarreglar y a deshacer. Pero esta vez no es así, a la primera todo queda en su lugar, no vaya a ser que peligre el permiso.

231

Amanece. Es domingo, y Mariana llega con sus papás a la estación. Ya están allí los maestros y varios de sus compañeros de clase. Rápidamente se llenan los andenes. Despedidas, besos, abrazos, "que no se alejen mucho del campamento", "que se porten bien", "que se diviertan", "que, que, que". "Maestra, le encargo a mi hija", "Cuídate mucho".

—Pásala bien, Mariana —oye que le dice desde lejos el abuelo.

Y los consejos y las recomendaciones van y vienen, sin que los niños escuchen, porque lo único que oyen es el ruido del tren, ¡chaca, chaca, chaca, chaca...! *El Chepe* empieza a moverse y ahí va, como sabiendo muy bien su camino.

A la primera oportunidad Mariana cuenta que su abuelo trabajó en la construcción del tren. Otro niño dice que el suyo también.

—¿Cómo se llama tu abuelo?

—Federico.

—¿Y el tuyo?

—Alberto.

A lo mejor se conocen. Cuando regresen, les preguntarán.

—¿Saben una cosa? —les dice Mariana a sus amigos después de atravesar un túnel—. Si fuéramos hasta Sinaloa, pasaríamos por 88 túneles más. No sólo hay túneles, sino también muchos puentes y viaductos.

Después de las preguntas, los niños se juntan en grupitos y conversan. Las risas no se hacen esperar, lo mismo que las canciones. Pero, como si se tratara de un milagro, de repente se quedan en silencio. Y no es para menos. Allí, frente a ellos, va apareciendo la sierra: majestuosa, infinita, casi se puede tocar con las manos.

—Y eso que no es la hora de la puesta del sol —comenta Mariana—. Dice mi abuelo que a esa hora las barrancas se pintan de dorado.

—Y cuando las ilumina la luna —dice el niño cuyo abuelo también trabajó en la construcción del tren—, parece que es de día, un gran día plateado.

Muy callados, los niños miran el paisaje y, después, vuelven a sus risas, a sus cantos y a sus juegos. Cuando llegan a su destino, ya se han hecho amigos de un señor que viste traje de ferrocarrilero. Conversan con él cada vez que pasa por el vagón.

—La sierra tiene dos vestidos de gala —les dice el señor del overol—. Uno verde, tejido por la lluvia, y otro blanco y brillante, tejido por la nieve.

Cuando se despiden de él, todos los niños se imaginan que están jugando por la sierra, bajo la lluvia de agosto o con la nieve de enero.

Desde la estación del tren al campamento tendrán que recorrer un corto trecho. Y ahí van los niños con sus maestros: puntitos de colores que bajan por el camino.

—Mariana, pisa con firmeza. Pásame tu mochila. Tú carga con la fruta. Ya queda poca y la bolsa no pesa.

—¿Qué hay en la bolsa?

—Cacahuates; ya verás cómo desaparecen en un dos por tres. A todos les encantan.

Cuando creen oír el ruido de un animal que pasa junto al camino, se detienen. Luego, respiran más tranquilos si lo que brinca es un conejo o una ardilla.

—Tenemos una sorpresa —dice la maestra—. No vamos a un campamento sino a una casa tarahumara. Es una casa de adobe en donde se reúne de vez en cuando la comunidad. Está en el centro del poblado y nos la dejan con gusto.

No tardan en llegar. De las casas sale humo. Seguramente han prendido la lumbre para preparar la cena.

Las puertas de la casa están abiertas. Es una casa sencilla, amplia, casi vacía. Huele a barro, a limpio. Los están esperando hombres y mujeres, chicos y grandes. Por lo pronto nadie habla. Mariana recuerda que su abuelo le dijo que el silencio era muy importante para los tarahumaras.

La piel color cobre resalta contra la camisa de manta que los hombres llevan por fuera. Tienen puesto también una especie de taparrabo, una faja ancha de lana en la cintura y un lienzo rojo en la cabeza.

Las mujeres usan una blusa corta y varias faldas largas y anchas que se ponen una encima de la otra.

"¡Qué bonitos collares de chaquira llevan!", piensa Mariana.

Las mujeres no usan zapatos y los hombres usan guaraches con una correa y suela de llanta. Los niños tarahumaras miran de reojo a los otros y sonríen. Parece que les cuesta estar quietos y seriecitos.

235

Uno de los señores, el que parece tener más autoridad, les entrega las llaves de la casa con unas palabras sencillas. Los maestros contestan a su breve discurso y todos se dan la mano.

La gente grande se despide y, ¡sorpresa!, los niños tarahumaras se quedarán en la casa con los visitantes. No les cuesta demasiado empezar a hablar con los recién llegados.

—Toma —le dice un niño tarahumara a Mariana, entregándole una bolsita con un lazo color rojo.

—Gracias —contesta ella—. ¿Qué es?

—Pinole —le dice el niño—. Es maíz molido. Lo tomamos con agua. ¿Lo has probado? Es uno de nuestros alimentos favoritos.

—Sí, pero seguramente éste estará más rico. ¿Cómo te llamas?

—Noriki —contesta el niño—. ¿Y tú?

—Mariana.

Mariana se pone a comer el pinole que Noriki le ha dado y convida a sus compañeros, que también están muy entretenidos conversando. Pero comer pinole y hablar al mismo tiempo es casi imposible. Entonces comienzan las risas y de inmediato inventan un juego: a ver quién come más rápido el pinole. Y Mariana gana porque Noriki es el juez.

Como el día ha sido largo, esa noche deciden acostarse temprano; pero acostarse es una cosa y dormir otra. El cansancio y la excitación del viaje lo impiden. Finalmente dejan de hablar y poco después solo se escucha un coro de dormidos.

> **Causa y efecto**
> ¿Qué causa que los niños dejen de hablar, se duerman, y que sólo se escuche un coro de dormidos?

A Mariana la despierta un olor a pinos y robles. Sale de la casa y ve el cielo más azul de su vida. Ese día, después del desayuno que les toca preparar a los niños visitantes para invitar a los tarahumaras, van a conocer la cascada Basaseáchic.

Es la cascada más alta de la sierra; Mariana abre tamaños ojos y los cierra y los vuelve a abrir.

—Es que lo veo y no lo creo, es altísima y qué caída de agua tiene, ¡qué caída! —dice y vuelve a decir a Noriki, mientras tienta con los dedos el agua fría que acaricia la orilla.

—Hay muchas cascadas en la sierra —dice Siraní, una niña tarahumara—. La que más me gusta es una adonde llegan garzas blancas.

Es un día de juegos al aire libre, de niños felices en la sierra. Quieren pescar, nadar, disfrutar plenamente la gran cascada. Allí, frente a ella, los niños tarahumaras cantan una canción:

> La cascada Basaseáchic
> es como lluvia de plata
> adonde allá por las tardes
> me iba a pasear con mi chata.
> ¡Qué bonito es Chihuahua!

Esa tarde todos regresan a la casa donde están hospedados y que ya sienten como suya. Por la noche, los visita el señor que les entregó las llaves. Mariana se entera de que es el abuelo de Noriki y que vivió en la ciudad durante la construcción del tren. Si ella sabe algunas cosas de los tarahumaras por su abuelo, Noriki sabe cosas de la ciudad por el suyo.

Todos se reúnen alrededor del anciano, y un niño le pide que les hable de sus antepasados.

—Nuestros abuelos recorrían la sierra de un lado a otro —les dice—. Sus pies eran muy ágiles. Podían caminar y correr durante muchas horas y no se cansaban. Toda la sierra era para ellos como una gran casa. Nunca se perdían, ni siquiera cuando había niebla. Además, no tenían miedo de las grandes alturas. Unas veces construían sus casas al borde de los precipicios y otras aprovechaban las cuevas para vivir en ellas, como todavía hacemos algunos de nosotros.

Y el abuelo sigue hablando y hablando. Todos los niños están muy atentos, lo mismo que los maestros. Esa noche Mariana sueña que su abuelo y el de Noriki se conocen y que van en el tren por toda la sierra contándose sus experiencias.

Pasan los días. A veces, los niños hacen **excursiones** y van conociendo y reconociendo el paisaje: las sierras, los bosques, los ríos y los distintos poblados. Otras, se quedan en el pueblo y así se van familiarizando con la vida diaria de sus nuevos amigos.

De todas las **costumbres** de los tarahumaras, la que más le llama la atención a Mariana es el juego de pelota. Niños, mujeres y hombres participan por igual en los preparativos del gran evento. Su abuelo ya le había contado que esas carreras eran muy importantes para los tarahumaras y que podían durar días y días.

Cuando Mariana finalmente los ve jugar, queda maravillada: nunca se había imaginado un espectáculo semejante. Sus ojos siguen con fascinación las antorchas que iluminan el camino de los corredores. Es imposible no contagiarse de la alegría general.

Los niños deciden hacer un juego de pelota. Corren descalzos por la sierra pateando la pelota de madera una y otra vez, eludiendo piedras y árboles, y acompañados por el griterío entusiasmado de todos. ¡Cómo grita Mariana!

—¡Pégale, Noriki! ¡Corre, Noriki! ¡Una vuelta más, Noriki!

Después las mujeres comienzan a jugar una carrera de aro.

Mariana observa muy atentamente cómo lanzan con un palo encorvado un aro de ramas. Este juego también dura mucho, aunque menos que la carrera de bola.

Cuando las niñas organizan una carrera, es Noriki quien grita: —¡Lanza el aro a la izquierda, Mariana! ¡A la derecha, Mariana! ¡Recoge el aro, Mariana!

Esa noche, Mariana no sueña ni con los abuelos ni con los juegos de pelota. Se duerme inmediatamente, y qué bueno que es así porque necesita recuperar energías para el paseo del día siguiente. Van a ir todos a la Barranca del Cobre.

Pasan las horas subiendo y bajando, corriendo y jugando. Sólo por el color de las barrancas, que van quedando anaranjadas, se dan cuenta de que empieza a anochecer. Y entonces ven el gran espectáculo de color: las montañas se iluminan primero de cobre con los últimos rayos del sol y, más tarde, de azul con la luz de la luna.

"No quiero que se me escape nunca esta imagen de la memoria", piensa Mariana. "La guardaré bien guardadita, para poderla traer a mis ojos cada vez que quiera".

Ella no sabe que se va a celebrar una gran fiesta de despedida. Allí Mariana descubre el origen de la palabra "tarahumar", derivada de la palabra indígena *rarámuri*, que quiere decir "los de los pies ligeros". En esta ceremonia con música y bailes diversos, Mariana comprende que los tarahumaras no conciben la vida sin el baile, sin el movimiento armónico del cuerpo, de los brazos y las piernas. ¡También de eso le hablaría a su abuelo al regreso!

Esa misma noche es la despedida porque el tren pasará muy temprano al día siguiente. Hay tristeza, sí, pero sobre todo hay alegría, agradecimiento y cariño. Con una sonrisa y una lágrima, Mariana y Noriki se despiden. Si sus abuelos no pudieron conocerse porque el de la ciudad estaba en la sierra y el de la sierra en la ciudad, ellos sí coincidieron y nada menos que en el corazón de la sierra Tarahumara.

¡Váaaamonos!

En *El Chepe*, de regreso a la ciudad de Chihuahua, los niños juegan a recordar cada día de viaje.

—¿Cuál fue el día de las piedras?

—El de la Barranca del Cobre.

—¿Y el día del agua?

—El de la catarata de Basaseáchic.

—¿Y el día de los pies?

—El de las carreras; la de la bola y la del aro.

Mariana piensa en el baile del día anterior, y su memoria va retrocediendo hasta el momento en que se despidió de su abuelo. Ha pasado tan solo una semana, pero algo dentro de ella ha cambiado. No logra explicárselo, pero lo siente. El viaje la ha transformado; ya sabe que hay otras realidades muy diferentes de la suya.

—¿Verdad, abuelo…?

> **Causa y efecto**
> ¿Qué crees que ha causado que Mariana diga que "guardará esa imagen bien guardadita en su memoria"?

De campamento con Sara

Sara Poot Herrera nació y creció en Yucatán, México. Fue maestra de escuelas primarias y secundarias en su país durante muchos años. También enseñó en universidades. Conoció la sierra tarahumara casi por casualidad, de viaje con unos amigos, y quedó fascinada con el paisaje espectacular y la luz del día donde todo se pinta de amarillo y azul y al caer la tarde todo pasa a ser ocre. La *Mexican American Opportunity Foundation* la nombró mujer del año en 1997 por sus trabajos sobre Sor Juana Inés de la Cruz, una famosa autora mexicana.

Conéctate
Busca información sobre Sara Poot Herrera en
www.macmillanmh.com

Propósito de la autora

La descripción que Sara Poot Herrera hace de los habitantes y los maravillosos colores de los atardeceres crean una magnífica tarjeta postal mexicana. ¿Cuál te parece que fue la intención de la autora al hacer esas descripciones? Explica usando detalles del cuento.

Pensamiento crítico

Resumir

Resume *Lluvia de plata*. Usa la tabla de causa y efecto para incluir sólo la información más importante.

Causa	→	Efecto
	→	
	→	
	→	
	→	

Pensar y comparar

1. ¿Qué **causó** que Mariana quisiera viajar a la sierra Tarahumara? ¿Qué le cuenta el abuelo? Explica usando detalles del cuento. **Analizar la estructura del texto: Causa y efecto**

2. Vuelve a leer las páginas 228 a 231. Describe el **paisaje** y las costumbres según cuenta el abuelo de Mariana. **Analizar**

3. ¿Por qué crees que el silencio es muy importante para los tarahumaras? Explica tu respuesta. **Aplicar**

3. ¿De dónde viene la palabra *tarahumara* y qué significa? Usa detalles del cuento en tu respuesta. **Evaluar**

3. Lee «Owen "el soñador"» en las páginas 224-225. Compara a los personajes de Owen y el abuelo de *Lluvia de plata*. ¿En qué se parecen o diferencian? Usa detalles de ambas selecciones para explicar. **Leer/Escribir para comparar textos**

Género

En **folclore**, las leyendas fantásticas son historias tan exageradas que son difíciles de creer. Son una forma de contar cuentos.

Elementos literarios

Hipérbole es el uso de la exageración para poner énfasis. El autor no espera que lo descrito sea creído. Un ejemplo es: *Te he dicho un millón de veces que limpies tu cuarto.*

El lenguaje **figurado** es el uso expresivo del lenguaje que no apunta a ser tomado literalmente.

LA historia DE Pecos Bill

Adaptación de Gillian Reed

Pecos Bill era el mejor vaquero y el hombre más rudo que jamás se había visto. Cuando era un bebé, salió rodando de la carreta de su familia y fue a parar al Río Pecos. Lo criaron los coyotes, pero no hablaba mucho de eso.

Un día, Bill apareció en el área de Texas. Llevaba un pañuelo azul y un gran sombrero Stetson.

—Oye, amigo —bramó Pecos Bill al buscador de oro—, estoy buscando algunos verdaderos peones de campo. Tengo un rancho en Nuevo México… bueno, a decir verdad, Nuevo México es mi rancho. Necesito algunos hombres rudos que trabajen para mí. Estoy buscando la clase de hombre que puede comer un plato de frijoles de un trago y se monda los dientes con un alambre de púas.

La descripción que hace Pecos Bill de un hombre rudo es una **hipérbole**. Es una exageración graciosa que el lector no debe creer.

El buscador de oro dijo que algunos peones rudos acampaban 200 millas río abajo. Bill y su caballo partieron en esa dirección y sólo unos momentos después un puma saltó desde una roca justo sobre Pecos Bill.

El caballo de Bill no esperó para ver qué ocurría después. Si lo hubiera hecho, todo lo que habría visto sería una masa de pelaje volando. No habría escuchado nada más que horribles gruñidos y quejidos. Cuando el pelaje se asentó, el gran felino estaba disculpándose con Bill.

—¿Cómo puedo remediar lo que pasó? —preguntó.

—No puedes, pero pondré la silla sobre ti —dijo Bill—. Espantaste a mi caballo y detesto caminar.

Entonces, Pecos montó en el felino hasta el campamento de los hombres rudos. Los hombres le echaron una mirada a Bill montado en ese puma y de inmediato lo convirtieron en su jefe. Después, toda la pandilla se encaminó hacia Nuevo México.

De regreso al rancho, Pecos Bill se consiguió
un caballo negro salvaje y lo llamó Hacedor de Viudas.
Ese caballo loco tenía la fuerza de doce caballos y no
dejaba que nadie, excepto Bill, lo montara.

Pecos Bill también se consiguió una esposa. Vio
por primera vez a Sue Pie-Patín en el Río Grande. Ella
estaba montada en un bagre del tamaño de un barco y
gritaba con todas sus fuerzas.

El día que se casó con Bill, Sue Pie-Patín tenía
un vestido con uno de esos antiguos miriñaques. El
miriñaque era un aparejo de acero que hacía que
la parte de atrás del vestido sobresaliera una milla.

Después de la boda, Sue quería montar a Hacedor
de Viudas. Entonces, como Pecos Bill amaba a Sue
Pie-Patín, trató de hacerla desistir.

—Hacedor de Viudas no dejará que nadie lo monte
excepto yo. Te tiraría en un segundo.

Pero Sue insistió y Bill finalmente se lo permitió. Sue se subió a Hacedor de Viudas, que se sacudió y saltó varias veces. Entonces, tiró a Sue que salió disparada hacia el cielo como una bala de cañón. Luego, se desplomó contra el suelo, rebotó en su miriñaque de acero y voló otra vez por los aires, más alto que antes. Hasta que se golpeó la cabeza con la luna.

> Sue no fue disparada de un cañón de verdad, pero la comparación ayuda al lector a imaginarse qué ocurrió. Esta comparación es **lenguaje figurado**.

Por días, Pecos Bill observó a su esposa rebotar, hacia arriba y hacia abajo. Cada vez que Sue aterrizaba, rebotaba más alto. Sólo bajaba a la Tierra una vez cada unas pocas semanas.

Le llevó mucho tiempo a Pecos Bill encontrar otra esposa tan decidida como Sue Pie-Patín. Y nunca más permitió que una esposa suya montara a Hacedor de Viudas.

✔ Pensamiento crítico

1. Encuentra dos ejemplos de **hipérbole** en las descripciones de Sue Pie-Patín y sus aventuras. Explica. **Hipérbole**

2. ¿Qué descripciones de las acciones de Pecos Bill y de su vida te permiten saber que ésta es una leyenda fantástica? **Aplicar**

3. Compara las experiencias de Pecos Bill con las de los personajes de *Lluvia de plata*. ¿En qué se parecen? ¿En qué se diferencian? **Leer/Escribir para comparar textos**

Conéctate ▶ Busca información sobre leyendas fantásticas en **www.macmillanmh.com**

Conexión: Lectura y escritura

Verbos apropiados

Los escritores incluyen verbos apropiados al escribir para que los lectores puedan ver exactamente lo que sucede.

Lee el siguiente pasaje. Observa cómo la autora, Sara Poot Herrera, usa verbos apropiados en su relato.

Fragmento de *Lluvia de plata*

La autora usa verbos apropiados para ayudarnos a ver exactamente lo que ocurría. Eligió verbos que ayudan al lector a "ver" lo que quiere ella que vea.

—Nuestros abuelos recorrían la sierra de un lado a otro —les dice—. Sus pies eran muy ágiles. Podían caminar y correr durante muchas horas y no se cansaban. Toda la sierra era para ellos como una gran casa. Nunca se perdían, ni siquiera cuando había niebla. Además, no tenían miedo de las grandes alturas. Unas veces construían sus casas al borde de los precipicios y otras aprovechaban las cuevas para vivir en ellas, como todavía hacemos algunos de nosotros.

248

Lee y descubre

Lee el texto de Pat. ¿Qué verbos apropiados usó para ayudarte a imaginar el momento? Usa la lista del control de escritura como ayuda.

Viaje hacia Milwaukee
Pat S.

Miré por la ventana diminuta del avión. Mientras el motor comenzaba a rugir, me agarré firmemente de los apoyabrazos y cerré los ojos con fuerza. El intercomunicador pegó un chillido y anunció el último mensaje del piloto. En ese momento, el avión levantó velocidad. Mientras salíamos de la pista como un bólido, sentía que una mano gigante me presionaba hacia el asiento. Finalmente, me asomé de nuevo y me di cuenta de que estábamos sobrevolando la ciudad.

Lee acerca del vuelo de Pat.

Control de escritura

 ¿Eligió la escritora verbos que describen acciones específicas?

 ¿Usó verbos diferentes en lugar de repetir los mismos?

☑ ¿Tuviste una imagen clara de las acciones a medida que Pat las vivía?

Valor

Vocabulario

✓

rozar   asombro

aflojar   responsabilidad

misterioso   retazo

✓ **Diccionario**

Los **homófonos** son palabras que suenan igual pero tienen ortografía y significados diferentes.

Roza y *rosa* son homófonos.

LA HISTORIA
A TUS PIES

André Melillo

—¿Tengo que ir? —preguntó Sam—. Mira, de tanto caminar, al **rozar** mis sandalias me lastiman los pies.

Sam, su hermana Kim y el resto de la familia se dirigían hacia el Museo de la Comunidad Pawnee.

Mamá le dio a Sam unas vendas para las lastimaduras y le respondió: —Te va a interesar conocer la cultura de los pawnees. Sam dio un resoplido, **aflojó** las tiritas de sus sandalias y caminó con desgano hacia el automóvil.

¿Quiénes eran los pawnees?

El origen de la nación Pawnee es muy **misterioso**. A principios de 1800 había entre 10,000 y 30,000 pawnees, divididos en cuatro grupos diferentes.

—El museo está ubicado sobre un asentamiento que los pawnees habitaron en 1820 —explicó Mamá.

Anikarus Rushing de la nación Pawnee. Los pawnees vivían en el área hoy conocida como Nebraska

252

—¡Estamos parados exactamente donde vivían los pawnees! —exclamó Kim con **asombro**.

—Así es —respondió papá—. Esto es parte del piso original. Todavía pueden verse algunos trozos de madera quemados por el incendio que destruyó la aldea.

¿Cómo vivían?

Sam tuvo que admitir que era emocionante estar en el centro de toda esa historia.

—¿Cómo era la vida en aquel entonces? —preguntó en voz alta el pequeño.

El guía del museo respondió:

—Es mi **responsabilidad** contarte eso. Los pawnees cazaban búfalos, y aprovechaban todas las partes del animal para alimentarse o vestirse. No desperdiciaban nada.

—¿Para vestirse? —preguntó Kim—. Nunca vi ropa con forma de búfalo.

Todos se rieron.

—Cosían **retazos** de la piel del animal para hacer túnicas y pantalones abrigados para el invierno —explicó el guía.

Una batalla entre los pawnees y los konzas pintada sobre un cuero de búfalo.

Volver a leer para **comprender**

✔ Resumir

Orden de los sucesos es el orden en que ocurren los acontecimientos en una narración. Las palabras *entonces, mientras, antes y después* te dan pistas de lo que ocurre en una historia. El orden de los sucesos te puede ayudar a resumir un cuento. Vuelve a leer la selección y usa la tabla para poner los sucesos en orden.

Suceso
↓
↓
↓

Comprensión

Género

Una **leyenda** es un relato que se transmite oral o por escrito, y que puede estar basado en un hecho real.

Resumir

Orden de los sucesos A medida que lees, completa la tabla.

Suceso

↓

↓

↓

Lee para descubrir

¿Qué regalo les da el caballo místico al muchacho y a su tribu?

Autor premiado

Caballo místico

Texto e ilustraciones de PAUL GOBLE

EN AQUELLOS DÍAS, luego de recoger la cosecha de maíz y calabazas, los pawnees abandonaban sus aldeas y se dirigían a las Grandes Llanuras a cazar búfalos. Recorrían largas distancias en busca de manadas errantes. Usaban caballos para transportarse, cargar sus *tipis* y posesiones.

Cuando no viajaban, y los *tipis* estaban armados, era la **responsabilidad** de los muchachos más grandes cuidar los caballos y vigilar la aldea. Durante el día, llevaban a los animales a pastar a campos alejados, y siempre permanecían en alerta ante la posible aparición de un enemigo.

Con la tribu viajaban una anciana y su nieto. Eran muy pobres y no tenían parientes. Vivían solos en los alrededores de la aldea. Su único refugio estaba hecho con palos y **retazos** de pieles viejas que la gente había descartado. Nadie les prestaba mucha atención.

Cuando la tribu se desplazaba de un lugar a otro, la anciana y su nieto se quedaban atrás para recoger las sobras de comida y la ropa que los demás desechaban. No tenían caballo. Se trasladaban a pie, llevando en sus espaldas todo aquello que sus perros no podían cargar. Su vida no era nada fácil. Sin embargo, eran felices.

Cierto día, mientras seguían de lejos al grupo, se
encontraron con un caballo triste y exhausto a un costado
del camino. Estaba muy flaco y tenía heridas en el lomo.

—Abuela —dijo el muchacho—, nadie quiere a
este animal viejo. Si lo tratamos bien y lo cuidamos, se
recuperará. ¡Nos ayudará a cargar nuestras pertenencias!
¡Podré participar en la cacería de búfalos y tendremos
carne y pieles nuevas!

Comenzaron a guiar al viejo caballo, que caminaba con dificultad. La gente se burlaba de ellos:

—¡Es un verdadero caballo de guerra, muchacho! ¿Cómo haremos para alcanzarte? Pese a las bromas, el muchacho lo quería y lo cuidaba muy bien.

Orden de los sucesos
¿Qué hace primero el muchacho cuando encuentra el caballo?

Al cabo de unos días, los jóvenes que se encontraban en las montañas al cuidado de los animales descubrieron que unos enemigos se acercaban cabalgando. De inmediato, condujeron a los animales a una zona segura del campo. Los hombres tomaron sus armas, montaron los caballos más veloces y salieron a su encuentro.

El muchacho, montado al suyo, con timidez los seguía a cierta distancia. Los hombres, señalando al caballo, decían:

—¡Miren! ¡Aquí está el que nos va a dejar atrás! Es un caballo muerto de hambre que no sirve para nada. Te matarán. ¡Vuelve a casa!

El joven se sintió avergonzado, y se desvió hacia un costado para no oír los comentarios hirientes. El caballo se dio vuelta y le dijo:

—¡Escúchame! Llévame al río y cúbreme con barro.

El muchacho se asustó al oírlo hablar, pero sin dudar fue hasta el lugar indicado y embadurnó al animal.

El caballo volvió a hablar:

—No lleves el arco y las flechas. Corta una vara larga de sauce. Hazme galopar, lo más rápido que puedas, hasta alcanzar el centro de las fuerzas enemigas, golpea a su líder con la vara, y retrocede. Hazlo cuatro veces para atemorizarlos; pero ¡no más de cuatro veces!

Mientras hablaba, el animal sacudía la cabeza, pateaba el piso y brincaba sin parar. El muchacho no podía controlarlo más. **Aflojó** las riendas y el caballo comenzó a correr hacia el enemigo. ¡Ya no era un caballo viejo y exhausto! Como un halcón, se dirigió hacia los jinetes que estaban en pie de guerra. El joven golpeó al líder con su vara, se dio vuelta, y regresó adonde estaba su gente mientras las flechas pasaban a su lado como avispas enfurecidas.

Nuevamente volvió sin detenerse. El caballo lo condujo hacia otro jinete para que le diera un golpe. La gente lo ovacionaba. El joven avanzó y retrocedió cuatro veces, y en cada oportunidad atacó a uno de los enemigos, tal como le había indicado el caballo.

Orden de los sucesos
Cuenta lo que dice el caballo con palabras que indiquen orden.

Los hombres observaban al joven con **asombro**.
Siguieron su ejemplo y con valor suficiente lograron que
el enemigo se retirara de la aldea. Parecía una cacería de
búfalos.

El joven, sintió deseos de seguir el enfrentamiento, pensó:
"Di cuatro golpes y no me hirieron. Lo intentaré una vez
más". Entonces fue en busca de la tribu enemiga que iniciaba
la retirada. En el instante en que golpeó a otro jinete con la
vara, una flecha atravesó a su caballo y lo hizo caer al suelo.
El animal intentó ponerse de pie, pero fue en vano.

Cuando los enemigos ya se habían retirado, los hombres se reunieron alrededor del joven. Su caballo estaba muerto. Querían tocar al animal porque sabían que no era un caballo común: era un animal con poderes místicos.

El líder del grupo dijo:

—Hoy este muchacho demostró ser más valiente que todos nosotros. De hoy en adelante lo llamaremos Piraski Resaru, Joven Jefe.

El muchacho lloraba. Estaba triste por su compañero y furioso consigo mismo porque no había cumplido con lo que el **misterioso** caballo le había pedido. Desató el lazo, extrajo la flecha, y con mucho cuidado limpió la sangre.

Subió a lo alto de una montaña para llorar la muerte de su compañero. Se sentó sobre una roca y se cubrió la cabeza con su manta. Mientras se lamentaba, unas aterradoras nubes negras aparecieron en el cielo. Todo se oscureció como si estuviera cayendo la noche. ¡Los relámpagos iluminaban el cielo! Los truenos sacudieron la cima de la montaña. Llovía a cántaros.

Al mirar a través de las gotas de agua, le pareció ver a lo lejos, que el animal movía las patas e intentaba levantar la cabeza. Se preguntó si algo extraño y maravilloso estaba sucediendo. Y luego se dio cuenta de que era real: el animal estiró las patas delanteras con lentitud, ¡y se incorporó!

Con un poco de temor, el muchacho bajó corriendo de la cima de la montaña y rodeó con sus brazos el cuello del animal. Lloró de alegría. Su compañero había revivido.

El caballo le habló con dulzura:

—¡Tirawahat, nuestro Padre del Cielo, es muy bueno! Te perdonó. Me permitió regresar.

Pasó la tormenta y paró la lluvia. Se sentía el **roce** del aire fresco y sereno y el sol, con toda la fuerza de su brillo, iluminaba a su hermoso caballo.

—Llévame a las montañas, lejos de la gente —le pidió el animal—. Déjame allí durante cuatro días y luego ven a buscarme.

Pasados los cuatro días, el joven dejó la aldea y subió a la montaña cubierta de pinos.

Se oyó un relincho, y apareció su compañero misterioso seguido de una manada de briosos caballos. Rodearon al Joven Jefe, bramando y golpeando el suelo con entusiasmo. Eran de todos colores: zainos, castaños, negros y brillantes, blancos, grises y pintos.

Montado sobre su amigo misterioso, el Joven Jefe los guió a todos a la aldea. Se detuvo frente al refugio donde estaba su abuela.

—Abuela —exclamó el muchacho—, ¡a partir de ahora, no te faltarán caballos! Elige los que desees y entrega el resto a aquellos que más los necesiten.

Y así fue.

A partir de ese momento, la anciana y su nieto montaron sus caballos cada vez que se mudaban. Vivieron en un *tipi* y nunca más fueron pobres. Y, así como su abuela lo había cuidado cuando era niño, él hizo lo mismo con ella hasta el final de sus días.

Conoce a Paul Goble

Paul Goble comenzó a interesarse en los pueblos indígenas de América del Norte desde que era niño y vivía en Inglaterra. Le parecían maravillosos sus relatos, sus creencias y su arte. Cuando fue mayor, se mudó al oeste de Estados Unidos para vivir y aprender más cerca de ellos. Paul empezó a escribir e ilustrar adaptaciones de historias tradicionales. Antes de escribir un libro, hace una investigación profunda de las costumbres y de la vestimenta del grupo indígena. También le gusta que sus libros reflejen la relación entre la gente y la naturaleza.

Otro libro de Paul Goble

LA NIÑA QUE AMABA LOS CABALLOS SALVAJES
por PAUL GOBLE

 Busca información sobre Paul Goble en
www.macmillanmh.com

 Propósito del autor

Las leyendas a menudo están basadas en hechos reales.
¿Por qué crees que Paul Goble escribió *Caballo místico*?
¿Cómo lo sabes?

274

Pensamiento crítico

Resumir

Utiliza la tabla de orden de los sucesos como ayuda para resumir *Caballo místico*. Cuenta los sucesos en el orden en que ocurrieron.

Suceso
↓
↓
↓

Pensar y comparar

1. ¿Cuál fue el cambio **misterioso** que le sucedió al caballo luego de que el muchacho lo cubriera con barro? Usa detalles de la historia en tu respuesta. **Resumir: Orden de los sucesos**

2. ¿Por qué el muchacho ignoró las instrucciones del caballo, y cuál fue el precio que pagó por eso? ¿Cómo demuestra Tirawahat que perdonó al muchacho? Usa detalles de la historia en tu respuesta. **Analizar**

3. Imagina que debido a un error tonto que cometiste pierdes a un amigo. ¿Qué harías para reparar tu error y recuperar su amistad? **Aplicar**

4. Basándote en lo que sabes, ¿cómo explicarías el desempeño del muchacho durante la batalla? **Evaluar**

5. Al leer "¿Quiénes eran los pawnees?" páginas 252-253, y *Caballo místico,* páginas 254-273. ¿Qué aprendiste sobre la vida de este pueblo? **Leer/Escribir para comparar textos**

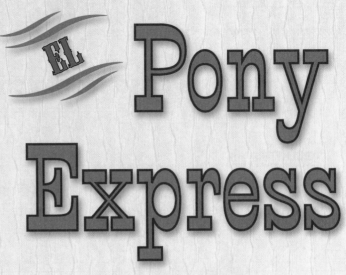

El Pony Express

Beatriz Santiago

Pony Express era el nombre de un servicio de entrega de correo a caballo. Si bien duró poco tiempo, fue uno de los acontecimientos más pintorescos y excitantes de la historia de Estados Unidos.

Necesidad de velocidad

Luego del descubrimiento del oro en California en 1848, muchas personas se trasladaron al oeste en busca de fortuna, y muchos se quedaron allí. Estos nuevos pobladores necesitaban una forma rápida de comunicación por el país. El modo más rápido de llevar el correo al oeste era mediante la línea de diligencias de John Butterfield. Las diligencias se trasladaban hacia el oeste desde Missouri, hacia el sur a El Paso, Texas y hacia el oeste a San Diego y al norte a San Francisco. Completar esta ruta llevaba aproximadamente 25 días.

El jinete más famoso del Pony Express fue Bill Cody, más conocido como Buffalo Bill.

Avisos del Pony Express pedían jinetes jóvenes, delgados, con experiencia, menores de 18 años, dispuestos a arriesgar su vida diariamente.

Ruta de correo veloz

A William Hepburn Russell se le ocurrió una idea para entregar el correo con mayor rapidez. Creía que hombres jóvenes, cabalgando en caballos veloces que atravesaran el centro del país de **posta** en posta, podrían transportar el correo a California en ¡sólo diez días! Las postas tenían caballos nuevos y descansados cada diez millas. El jinete podía cambiar su caballo y sólo debía llevar su mochila o bolsa de correo. Los jinetes también cambiaban cada cincuenta o cien millas. Russell y sus socios trazaron el camino desde Missouri a Sacramento en California. Y un buque a vapor transportaría el correo por el río Sacramento hasta San Francisco. Construyeron 190 estaciones con **intervalos** de diez millas. Compraron 400 caballos y contrataron unos ochenta jinetes jóvenes.

277

Rutas históricas

Leer una tabla

Los almanaques contienen tablas que muestran hechos y otro tipo de información. Esta tabla muestra lugares y distancias de algunas de las rutas históricas de Estados Unidos.

Nombre	Lugar (por estado)	Millas
Lewis y Clark	Iowa, Idaho, Illinois, Kansas, Missouri, Montana, Dakota del Norte, Nebraska, Oregón, Dakota del Sur, Washington	3,700
Old Spanish Trail	Arizona, California, Colorado, Nevada, Nuevo México, Utah	2,700
Trail of Tears	Alabama, Arkansas, Georgia, Illinois, Kentucky, Missouri, Carolina del Norte, Oklahoma, Tennessee	2,200
Pony Express	California, Colorado, Kansas, Missouri, Nebraska, Nevada, Utah, Wyoming	1,800
El Camino Real de Tierra Adentro	Nuevo México, Texas	404

Los jinetes del Pony Express

La edad media de los jinetes era 22 años. Ganaban $25.00 por semana, y ésto era mucho dinero en esa época. Los jinetes se enfrentaban a muchos inconvenientes y peligros, como tormentas de nieve, el calor del desierto y crecidas de ríos. Siempre viajaban solos.

Como su trabajo era tan peligroso, los jinetes eran muy admirados. Los periódicos publicaban artículos sobre ellos. La gente escribía poemas y canciones sobre su valor. Eran héroes de la frontera. James Randall, Johnny Fry y Billy Hamilton fueron algunos de los jinetes más famosos.

Servicio postal en diez días

El 3 de abril de 1860, una gran multitud se congregó en St. Joseph, Missouri. Hicieron una gran ovación cuando el primer jinete se alejó al galope con el correo que llegaría a California sólo diez días después. Otro jinete se dirigía hacia el este al mismo tiempo desde Sacramento.

Desde sus comienzos, el servicio Pony Express cumplió lo que había prometido: ¡entregar el correo en sólo diez días!

Fin del servicio Pony Express

La instalación de las líneas de **telégrafo** transcontinentales, terminada el 24 de octubre de 1861, marcó el fin del servicio Pony Express. El telégrafo podía enviar mensajes a través del país en unos segundos. No obstante, los habitantes del Oeste estaban tristes. El servicio Pony Express había conectado a la nación de manera rápida y novedosa, y siempre se lo recordará como parte importante del pasado de nuestro país.

Pensamiento crítico

1. 1. Mira la tabla de rutas nacionales de la página 278. ¿Qué ruta histórica es más corta que Pony Express? ¿Cuánto mide esa ruta y dónde está ubicada? **Leer una tabla**

2. ¿Por qué piensas que el servicio Pony Express fue un invento importante en ese momento para Estados Unidos? **Analizar**

3. Piensa en este artículo y en *Caballo místico*. ¿En qué se parecen los jinetes del Pony Express al muchacho de *Caballo místico*? Usa detalles de ambos relatos en tu respuesta. **Leer/Escribir para comparar textos**

Actividad de Estudios Sociales

Usa Internet para investigar y hallar uno de los poemas o canciones escritos sobre los jinetes de Pony Express. Luego, úsalo como modelo para escribir uno propio. Presenta tu poema o canción a la clase.

Busca información sobre el Pony Express en **www.macmillanmh.com**.

Escritura

Verbos apropiados

Los escritores incluyen verbos apropiados en sus escritos para que el lector vea exactamente lo que está sucediendo.

Conexión: Lectura y escritura

Lee el siguiente pasaje. Observa cómo el autor, Paul Goble, usa verbos apropiados en su relato.

El autor usa verbos apropiados para ayudarnos a ver la acción en ese momento emocionante. Los verbos nos ayudan a imaginar exactamente cómo eran el niño y el caballo.

Fragmento de *Caballo místico*

Mientras hablaba, el animal sacudía la cabeza, pateaba el piso y brincaba sin parar. El muchacho no podía controlarlo más. Aflojó las riendas y el caballo comenzó a correr hacia el enemigo. ¡Ya no era un caballo viejo y exhausto! Como un halcón, se dirigió hacia los jinetes que estaban en pie de guerra. El joven golpeó al líder con su vara, se dio vuelta, y regresó adonde estaba su gente mientras las flechas pasaban a su lado como avispas enfurecidas.

Caballo místico

Texto e ilustraciones de PAUL GOBLE

Lee y descubre

Lee el texto de Darryl a continuación. ¿Qué verbos apropiados usó para ayudarte a imaginar el momento? Usa la lista de control como ayuda.

Observar una araña

Darryl D.

Mientras estaba acostado en la cama, vi una araña arrastrándose por la pared. Correteaba hacia delante, pero sólo avanzaba unas pocas pulgadas. Luego se quedó inmóvil y después subió apresuradamente un poco más. Cuando llegó a mi escritorio, avanzó hacia abajo, dando saltitos, y comenzó a tejer una telaraña. Mientras caía al suelo, parecía deslizarse por un palo invisible.

Lee acerca de la escalofriante araña de Darryl.

Control de escritura

✓ ¿Eligió el escritor verbos que describen acciones específicas?

✓ ¿Usó verbos distintos, en lugar de repetir los mismos?

☑ ¿Tuviste una imagen clara de la acción a medida que Darryl vivía ese momento?

Repaso

Causa y efecto

Idea principal

Personaje

Prefijos

Tabla

LEER PARA EL SEÑOR PAREDO

Benito golpeó despacio la puerta de la habitación del señor Paredo. No recibió respuesta. "Fantástico", pensó, "puedo irme a casa". Cuando se dio vuelta para irse, una enfermera llamó su atención.

—Golpea más fuerte —dijo—. El señor Paredo no escucha muy bien últimamente.

Benito suspiró y volvió a tocar la puerta. Se oyó un grito con una voz ronca:

—¿Quién es? —Benito abrió la puerta. Un hombre mayor estaba acostado en la cama. Se veía débil y exhausto, pero los ojos azules profundos todavía estaban dinámicos—. ¿Qué quieres? —le preguntó.

—¡Ah, soy el lector! —aclaró Benito—. La escuela me envió para ayudarlo a leer.

El señor Paredo quedó en silencio durante un largo rato. Sólo miraba fijamente al niño. Finalmente, masculló:

—Bueno, ¿qué vas a leer?

Benito se acercó a la cama, se sacó la mochila de los hombros y comenzó a hurgar.

—No sabía qué le gusta leer —dijo—. Traje el periódico de hoy, por ejemplo.

—Odio las noticias —dijo el señor Paredo—. Siempre son desagradables.

—También tengo una revista de deportes.

—No. Mi equipo siempre pierde.

Mientras Benito sacaba de la mochila los libros, una revista cayó sobre la cama. Golpeó directo en la pierna al señor Paredo. Se estremeció y sus ojos azules mostraron una mirada furiosa.

—¿Qué fue eso? —preguntó.

—Lo siento —dijo Benito mientras se apresuraba para guardarla.

—Espera —dijo el señor Paredo, tomando la mano de Benito antes de que pudiera tomar la revista—. ¿Es un libro de historietas?

—Lo siento —repitió Benito—. Es mía. La acabo de comprar. No quise golpearlo.

—Me encantan las historietas —dijo el señor Paredo, sonriendo por primera vez. Se puso la tapa muy cerca del rostro para poder leer el título—. Solía leer historietas todo el tiempo. Ahora mis ojos no me lo permiten.

—¿Le gustan las historietas? —preguntó Benito—. Si quiere, puedo leérsela —El señor Paredo se quedó callado—. No se preocupe. Le describiré los dibujos para que casi pueda verlos.

—Está bien —dijo el señor Paredo.

Al principio, Benito estaba desprevenido: no era fácil leer las palabras y describir los dibujos al mismo tiempo. El señor Paredo lo interrumpía con muchas preguntas. Quería saber cada detalle, desde el color del cabello hasta la forma de los bocadillos. Pero pronto Benito se convirtió en un experto. Sus descripciones eran más extensas y más elaboradas. Cuando terminó, Benito sintió que nunca antes había leído uno de sus libros de historietas tan meticulosamente.

—Puedo regresar el sábado, si quiere. Tengo más historietas —dijo.

—¡Fantástico! —exclamó el señor Paredo y sonrió mientras Benito se iba.

283

Proteger nuestros valiosos OCÉANOS

Cuando los astronautas miran la Tierra desde el espacio, ven un hermoso mundo azul. Los océanos cubren más del 70% de nuestro planeta. La Tierra tiene cinco océanos: Pacífico, Atlántico, Índico, Ártico y Antártico. Estos océanos son importantes para nosotros y para nuestro planeta.

La gente depende de los océanos para sobrevivir. Los peces, las algas y los mariscos provienen del océano, y son la fuente principal de alimento para más de 3.5 mil millones de personas. Parte de la sal, fertilizantes y minerales provienen del océano. Una gran cantidad del suministro de petróleo y gas natural en el mundo se extrae de las costas, lo que significa que el petróleo proviene del suelo oceánico.

Los océanos nos dan transporte. La gente de muchas ciudades viaja en barco para ir a trabajar. El petróleo y las mercaderías viajan por barco. El 60% del petróleo del mundo viaja por barco. Éstos también llevan ropa, juguetes y otros productos que hay en las tiendas.

Unos 21 millones de barriles de petróleo llegan a los océanos anualmente de desagües, desechos de fábricas y barcos que arrojan los residuos de sus tanques.

Tabla de información sobre los océanos

Océano	Superficie	Longitud de costas	Profundidad máxima
Océano Atlántico	76.762 millones de km²	111.866 km	–8.605 m
Océano Pacífico	155.557 millones de km²	135.663 km	–10.924 m
Océano Índico	68.556 millones de km²	66.526 km	–7.258 m
Océano Ártico	14.056 millones de km²	45,389 km	–4.665 m
Océano Antártico	20.327 millones de km²	17,968 km	–7.235 m

Saber algunos datos sobre los océanos puede ayudarnos a comprender la importancia que tienen para nuestro planeta.

Los océanos hacen mucho por nosotros, y nosotros no los cuidamos. La contaminación del agua es un gran problema porque mata muchos tipos de criaturas marinas. Una parte de la contaminación son los desechos que la gente arroja en los océanos. Los cruceros y los barcos de carga arrojan desperdicios en el océano todos los días. Otras contaminaciones provienen de las fábricas y las centrales eléctricas que arrojan los desechos a los ríos. Éstos los transportan a los océanos.

También los químicos, como el nitrógeno, de los fertilizantes dañan los océanos. Éstos fluyen por el suelo hacia arroyos y ríos, hasta llegar al océano.

Estos químicos pueden causar enormes problemas en los océanos y desequilibrios graves en la naturaleza. El nitrógeno reduce la cantidad de oxígeno en el océano. Menos oxígeno puede causar la muerte de algunos animales marinos o provocar enfermedades. Demasiado nitrógeno puede producir grandes cantidades de algas, plantas diminutas que crecen en el agua, que pueden dañar a otras plantas y animales.

Afortunadamente, podemos hacer algo para proteger los océanos. Un buen comienzo es aprender sobre los mismos. Otra cosa que podemos hacer es eliminar los desechos adecuadamente. Finalmente, podemos pedirle al gobierno que se involucre y que apruebe más leyes para ayudar a detener la contaminación. Los océanos son una parte importante del mundo. Por eso, debemos cuidarlos.

Pensamiento crítico

Ahora contesta las preguntas 1 a 4. Basa tus respuestas en la selección "Leer para el señor Paredo".

1. **¿Por qué el señor Paredo sonríe por primera vez?**

A   Benito le ofrece leerle un periódico.

B   Benito lo va a visitar al hospital.

C   El señor Paredo ve un libro de historietas sobre la cama.

D   Benito le ofrece regresar el sábado.

2. **¿En qué se diferencian los personajes de Benito y el señor Paredo?**

A   Benito se enoja más que el señor Paredo.

B   El señor Paredo es más joven que Benito.

C   El señor Paredo es más amistoso que Benito.

D   Benito ve más que el señor Paredo.

3. **Lee esta oración de "Leer para el señor Paredo".**

> Al principio, Benito estaba desprevenido.

El prefijo de la palabra desprevenido significa

A   ser   **C**   aproximadamente

B   no   **D**   nuevamente

4. **¿En qué se parecen los personajes del señor Paredo y Benito? Usa detalles e información de la selección para fundamentar tu respuesta.**

Ahora contesta las preguntas 1 a 4. Basa tus respuestas en la selección "Proteger nuestros valiosos océanos".

1. **¿Cuál es el problema PRINCIPAL al que se refiere el artículo?**

A   Los océanos son una fuente importante de alimentos.

B   Los océanos cubren más del 70% de nuestro planeta.

C   Las actividades del ser humano han contaminado los océanos.

D   El 60% del petróleo del mundo viaja en barco.

2. **¿Cuál es la EFECTO de la contaminación del agua?**

A   Mueren criaturas marinas.

B   Se contaminan los cruceros.

C   Desperdicios fluyen de los ríos.

D   Más personas usan barcos para ir a trabajar.

3. **Lee esta oración de "Proteger nuestros valiosos océanos".**

> Estos químicos pueden causar enormes problemas en los océanos y desequilibrios graves en la naturaleza.

El prefijo de la palabra desequilibrios significa

A   todo   **C**   bajo

B   antes   **D**   no

4. **Mira la "Tabla de información acerca de los océanos". ¿Qué océano tiene mayor superficie?**

A   Océano Índico   **C**   Océano Atlántico

B   Océano Pacífico   **D**   Océano Antártico

A escribir

SUGERENCIAS ¿Qué ideas sugiere el autor para proteger los océanos? Usa detalles de la selección para fundamentar tu respuesta. Escribe durante 8 minutos. Escribe tanto como puedas, lo mejor que puedas.

La gran pregunta

¿Por qué las palabras pueden ser poderosas?

Busca información sobre el poder de las palabras en **www.macmillanmh.com**

Conéctate

La gran pregunta

¿Por qué las palabras pueden ser poderosas?

La mayoría de las personas se comunican con palabras. Piensa en las veces al día que lees, dices o escuchas palabras. Las palabras, habladas o escritas, son herramientas poderosas. Podemos usarlas para hacer cambiar de opinión, para explicar algo o para entretener. A lo largo de la historia, las palabras han servido para hacer grandes cambios. Las palabras en la Declaración de la Independencia, en los discursos de Gettysburg y en el discurso "Tengo un sueño" de Martin Luther King, Jr., ayudaron a cambiar el mundo.

Conocer el poder de las palabras te ayuda a comprender la importancia que las palabras y la comunicación han tenido a lo largo de la historia. También puede ayudarte a elegir con más cuidado tus palabras o animarte a defender tu postura ante situaciones injustas.

Actividad de investigación

Para esta unidad, escribirás sobre un tema o un discurso que hable de algo que es importante para ti. Tu trabajo debería convencer al público de que el tema te parece importante. Investiga personas que hayan hecho discursos famosos. Escribe sobre una de ellas y di por qué te inspiró esa persona.

290

Anota lo que aprendes

A medida que lees, toma nota de todo lo que vas aprendiendo sobre el poder de las palabras. Usa el **Boletín en capas** para organizar tus ideas. En el panel frontal, escribe el tema de la unidad: *El poder de las palabras*. En cada uno de los siguientes paneles, escribe los datos que aprendes cada semana. Te servirán para tu investigación y para entender el tema de la unidad.

Taller de investigación

Haz la investigación de la Unidad 3 con:

Guía de investigación
Sigue esta guía paso a paso para completar tu proyecto de investigación.

Recursos de Internet
- Buscador por temas y otras herramientas de investigación
- Videos y excursiones virtuales
- Fotos y dibujos para presentaciones
- Artículos y recursos relacionados en Internet

Busca información en
www.macmillanmh.com

Gente y lugares

Julia Álvarez, escritora
Esta famosa poeta, novelista y ensayista nació en Nueva York y vivió siendo niña en la República Dominicana. Fue profesora hasta dedicarse exclusivamente a escribir. Ha recibido varios premios.

La palabra escrita

293

El poder de los sueños

Florencio Sueldo

Vocabulario

esperanza   lejano

charcos   mojarse

frágil   atrapado

humo

Partes de las palabras

Las **palabras base** pueden ayudar a comprender el significado de una palabra desconocida.

atrapar = "agarrar", "alcanzar"

atrapado = "agarrado", "alcanzado"

Los sueños esconden magia, aventura y poesía. Los sueños pueden tener un gran impacto en las personas, regalando ritmo, sacudiendo el corazón. Cuando el sol se levanta, el sueño se desvanece al igual que su magia y con el tiempo... desaparece.

Melodía nocturna

Juan se había dormido. Fue entonces cuando la brisa nocturna le sopló al oído una hermosa melodía. Ésta provenía de un extraño pájaro de un país **lejano** Por las noches, la luna lo cubría de plumas plateadas y al volar de día, entre nubes de **humo**, el sol lo cubría de plumas doradas. Juan se sentía feliz en ese mundo de melodías, colores y palabras donde un bello pájaro lo invitaba a imaginar, crear y volar.

A volar

El sol de la mañana le hizo cosquillas en los ojos y Juan se despertó. Enseguida fue al cuarto de su hermana Ramona. Junto a la ventana, en una jaula, estaba su pájaro, Jacinto. El pajarillo cantaba a pesar de su encierro.

Recordó entonces su sueño, recordó la melodía y sin poder evitarlo, entre risas, le contó a Ramona la historia del bello pájaro que lo invitaba a volar. Tarareando juntos la canción del sueño, abrieron la **frágil** jaula para que el pájaro **atrapado** buscara el sol y volviera a volar. Juan estaba triste por la ausencia de su pájaro pero tenía la **esperanza** de volver a verlo.

Por las tardes, junto a la ventana, Juan escribe bellas e increíbles historias y se las lee a su hermana.

Ramona dibuja montañas, árboles y pájaros encantados. A los dos, les gustan los días de lluvia, corren por el parque saltando de **charco** en charco sin miedo a **mojarse**. Y entre los dos imaginan poemas. Algunos raros, otros divertidos, muchos alegres, todos diferentes.

Un atardecer, se asombraron cuando Jacinto pasó volando muy cerca de la ventana de la casa. Juan agitó los brazos para saludarlo y le pareció, por un segundo, que el pajarillo le guiñó un ojo.

Volver a leer para **comprender**

 ### Hacer preguntas

Hacer inferencias

A veces el autor no cuenta todos los detalles de una historia. Generar o hacer preguntas a medida que lees te permite hacer **inferencias** sobre lo que estás leyendo.

Vuelve a leer la selección para inferir cuál es la relación que existe entre el sueño de Juan y los eventos posteriores. Usa el diagrama de inferencias como ayuda.

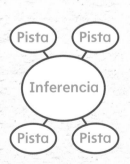

Comprensión

Género
Un **poema narrativo** cuenta una historia. Algunos poemas tienen rima y otros no.

Hacer preguntas
Hacer inferencias
Mientras lees, completa el diagrama de inferencias.

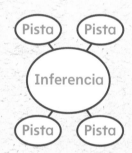

Lee para descubrir
¿Con qué compara el poeta las palabras en esta narración?

El bosque de mi abecedario

Pedro Villar
ilustraciones de Miguel Calatayud

El poeta recoge las palabras
que tiemblan en las hojas de
los árboles y en la raíz.

Desde la cuna
una **esperanza** nueva
bajo la luna.

La noche teje los sueños
y los desteje la aurora,
las palabras y el silencio
habitan en la memoria.

Hacer inferencias
¿Qué puedes deducir acerca
de los sueños en la noche y
al amanecer?

A pisar los **charcos**
a tocar el cielo,
a mirar las nubes
dentro de un espejo.
Vamos muy deprisa
hay agua en la calle,
a pisar los charcos
que no falte nadie.
Bailan las estrellas
en el firmamento,
reflejo en el agua,
corazón abierto.

Negro sobre blanco
letras de colores
traigo los poemas
de varios sabores.
Unos son de azúcar
otros de frambuesa
los que más me gustan
son los de cereza.
Unos son muy dulces
otros tan amargos
letras de colores
negro sobre blanco.

Al derecho y al revés
¿cómo lo ves Rafael?
Una hormiga con sombrero
¿dónde está que no lo veo?
Si a un ciempiés le pongo botas
¿dime tú cómo lo notas?
La carrera del cangrejo
¿llegará cerca o muy lejos?
Sigue el hilo y la madeja
¿dónde se esconde la oveja?
Al derecho y al revés
¿cómo lo ves Rafael?

VOCALES

La **a** flota en el agua
que acuna el mar.
La **e** vive en los sueños,
en la espuma y la pared.
La **i** tiene una isla
donde vive feliz.
La **o se moja** en el río,
se oculta bajo la flor.
Y la **u** duerme en la ducha,
el **humo** y el avestruz.

A de la mar,
E del ayer,
I del jazmín,
O del amor,
U del azul.

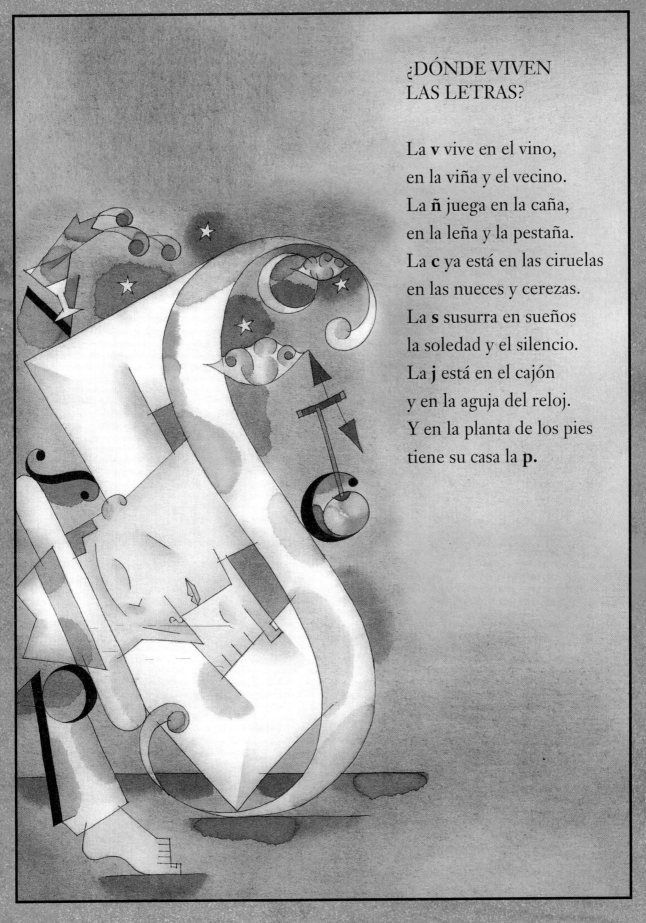

¿DÓNDE VIVEN LAS LETRAS?

La **v** vive en el vino,
en la viña y el vecino.
La **ñ** juega en la caña,
en la leña y la pestaña.
La **c** ya está en las ciruelas
en las nueces y cerezas.
La **s** susurra en sueños
la soledad y el silencio.
La **j** está en el cajón
y en la aguja del reloj.
Y en la planta de los pies
tiene su casa la **p.**

Solo, perdido,
está en el árbol
el nido.
Triste, **lejana**,
suena en la torre
la campana.
Tic-tac, silencio,
tic-tac-tic-tac,
reloj de arena
el tiempo.
Nido,
campana,
tiempo,
nada.

Los versos son golondrinas
del bosque de las palabras,
los poemas son el viento
donde se mecen sus alas.

Hacer inferencias
¿Qué puedes deducir acerca de la
intención del poeta al comparar los
versos con golondrinas?

EL BOSQUE DE MI ABECEDARIO

De la **A** elijo
la palabra árbol,
la palabra amigo,
la palabra alto.
De la **B** elijo
beso, boca, barco.
De la **C** camino,
caracola, canto.
De la **CH** elijo
chimenea, charco.
De la **D** doy, dame,
dedo, duda, dado.
De la **E** elijo
estrella, enamorado.

De la **F** flor,
feria, fuente, faro.
De la **G** el grillo,
la gaviota, el gato.
De la **H** huella,
hijo, hoja, hermano.
De la **I** idea,
isla, ilusionado.
De la **J** elijo,
juglar, jazmín, jarro.
De la **K** elijo
kiosco, kilogramo.
De la **L** elijo
luna, libro, labio.
De la **LL** elijo
llanto, lluvia, llano.

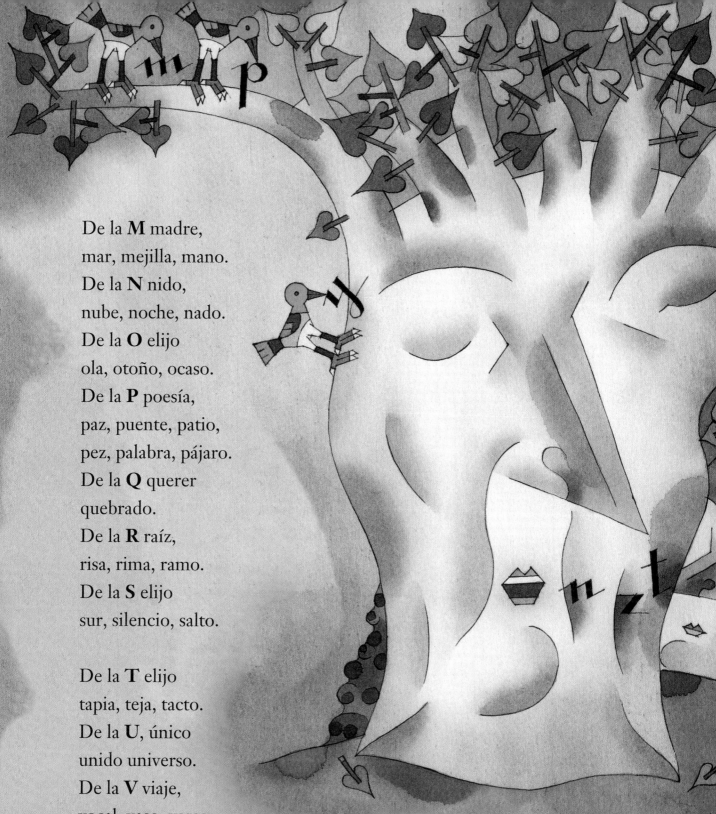

De la **M** madre,
mar, mejilla, mano.
De la **N** nido,
nube, noche, nado.
De la **O** elijo
ola, otoño, ocaso.
De la **P** poesía,
paz, puente, patio,
pez, palabra, pájaro.
De la **Q** querer
quebrado.
De la **R** raíz,
risa, rima, ramo.
De la **S** elijo
sur, silencio, salto.

De la **T** elijo
tapia, teja, tacto.
De la **U**, único
unido universo.
De la **V** viaje,
vocal, vaso, verso.
De la **W** y la **X**
casi ya ni hablo.
De la **Y** yo-yo.
De la **Z** zoco,
zaguán, zapato.

Éstos son los versos
de mi abecedario,
éstas son las hojas
de mi calendario.

309

ADIVINANZAS EN DANZA

Ramas de altos sueños,
árbol de palabras,
en mis manos llevo
hojas de esperanza.

La primera en el amor,
atrapada en un rosal,
en la espina y la canción
y en las olas de la mar.

El amigo que me enseña
en su mundo de papel,
tiene las manos manchadas
al derecho y al revés.

TRABALENGUAS SIN TREGUA

Quien frota las frutas frescas
en los fruteros de fresas,
frescas las fresas merienda.

Tiene prisa la princesa
tiene prisa y no le pesa,
tiene prisa y no le pasan
los garbanzos en la mesa.

Nunca nunca está de más
un flaco que coma flan,
que coma flaco los flanes
que se los coma con pan.

RIMAS RIMABA RAMÓN

Rima rima la gallina
rima rima el caracol,
rima rima con sardina,
rima rima el ruiseñor,
rima rima pastelero,
rima rima con pastel,
rima rima con esmero,
rima rima, rime usted.

COLORÍN
COLORADO

Fui flor, feria,
fuente, faro,
fui fiesta,
fui faquir,
fui **frágil,**
fui fugaz
fui feliz,
fui final,
fui
FIN

313

El abc de Pedro y Miguel

Pedro Villar Sánchez nació en Almanza, España, en 1960. Es maestro y le gusta mucho la narrativa, la poesía y el teatro. Sus primeros recuerdos son las canciones de su madre y los cuentos de su abuelo. Ama la lectura y los viajes, sobre todo en tren. Su pasión por la poesía se debe, en parte, al deseo de regresar al lugar donde fue niño y recuperar los juegos, los cantos y las palabras escritas en la arena.

Miguel Calatayud nació en Aspe, Alicante, en 1942. Es ilustrador y dibujante de libros de distintas creaciones gráficas. Una de las características principales de este artista es su originalidad. Esta originalidad viene de una visión completa de la realidad, un todo armónico en el que aparece lo que vemos y lo que sabemos. Entre otros premios, obtuvo el premio Lazarillo de ilustración por el libro Cuentos del año 2100.

Otros libros de Miguel Calatayud

 Busca información sobre Pedro Villar y Miguel Calatayud en **www.macmillanmh.com**

Propósito del autor

¿Por qué te parece que Pedro Villar escribió *El bosque de mi abecedario*? ¿Te parece que su amor por la poesía influyó en su propósito?

314

Pensamiento crítico

Resumir

Resume *El bosque de mi abecedario*. Usando el diagrama de inferencias, analiza el primer poema y el último en el libro. Describe las imágenes que te aportan ambos poemas.

Pista · Pista

Inferencia

Pista · Pista

Pensar y comparar

1. Explica qué quiere decir el poeta cuando dice que los versos son golondrinas. **Hacer preguntas: Hacer inferencias**

2. Vuelve a leer los "Trabalenguas sin tregua". Trata de resolverlos. **Analizar**

3. Vuelve a leer las "Adivinanzas en danza" y explica su significado. **Aplicar**

4. En tu opinión, ¿a qué se refiere la estrofa siguiente? **Evaluar**
   La noche teje los sueños y los desteje la aurora, las palabras y el silencio habitan en la memoria.

5. Lee "El poder de los sueños" en las páginas 294-295. ¿Qué encuentras parecido o diferente entre estas dos selecciones? **Leer/Escribir para comparar textos**

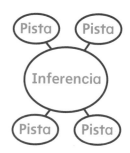

315

TUPÁ Y LA FLOR DE LA AZUCENA

Recreado por Florencio Sueldo

En este primer parágrafo el autor te presenta los principales protagonistas de la historia.

Hace muchos años, en una lejana y hermosa tierra reinaba el dios Tupá a quien muchos consideraban un dios bueno por ser justo y generoso con los mortales. Un día, I-Yará, el dueño de las aguas, llegó hasta él para darle una gran sorpresa. Entusiasmado por sus recientes descubrimientos, le reveló al dios la existencia de altas montañas y bellos bosques aún no habitados por el hombre. Como prueba ofreció a Tupá un poco de esa tierra paradisíaca para que la viera y **palpara** con sus propias manos. Al tocarla el dios tuvo una idea. Con la arcilla traída de esas tierras remotas, modeló y creó dos hombres, Morotí y Pitá, para que poblaran la región y vivieran felices y en armonía.

Por encargo de Tupá, I-Yará amasó dos mujeres para que los hermanos se casaran. Así es como ellos y sus hijos compartieron en paz ese lugar alimentándose de raíces y frutas silvestres y ayudándose unos a otros.

Un día, Pitá se encontraba en el bosque cuando fue atacado por un animal. Para defenderse le arrojó una piedra que al golpear sobre una roca produjo algunas chispas. El animal huyó. Con curiosidad, Pitá tomó otra piedra y volvió a golpear con fuerza la roca. Así fue como Pitá descubrió el fuego.

De las hermosas cosas que les brindaba el lugar, el fuego era lo que más los maravillaba. Todas las noches organizaban gigantescas fogatas que invitaban a las familias a sentarse a su alrededor. A veces las llamas eran tan altas que quemaban las nubes del cielo.

Una noche Morotí mató un **pecarí** y lo arrojó al fuego. Todos supieron entonces que tanto el olor como el sabor de la carne asada eran muy apetitosos. Desde entonces desdeñaron las raíces y las frutas y comenzaron a cazar.

Decir que las llamas eran "tan altas que quemaban las nubes del cielo" es una exageración y un ejemplo de hipérbole.

Con el tiempo y a pesar de disfrutar de una vida pacífica, los hermanos comenzaron a sentir celos el uno del otro. A escondidas competían por quién tenía la mejor puntería con el arco y la flecha; quién cazaba la mayor cantidad de animales o quién organizaba el **fogón** más grande.

De pronto, todo se volvió rivalidad y discusión. Tanto pelearon que finalmente, Morotí y su familia decidieron abandonar el hermoso lugar y refugiarse en el otro extremo del bosque.

Cuando Tupá vio que los hermanos y sus familias no habían logrado convivir en paz y armonía les envió una fuerte tormenta en señal de castigo. La ira del dios se hizo sentir sobre ambos pueblos. Las montañas temblaban, los relámpagos y rayos eran de tal fuerza que destruían los árboles y los ríos se salían de su cauce arrasando todo a su paso.

Así transcurrieron tres días y tres noches, hasta que el sol pintó nuevamente el cielo con celestes, amarillos, naranjas y rojos. Las mariposas escondidas volvieron a aparecer entre las flores marchitas y los pájaros cantaron una vez más su bella melodía.

Tupá entonces mandó a su emisario, I-Yará para que reuniera a Pitá y Morotí y les transmitiera un solo mensaje: "Hacer la paces".

El dios de las aguas se hizo presente y en nombre de Tupá les dijo: "La envidia y la codicia se han apoderado de vuestros corazones. ¿Dónde quedó el cariño que profesaban? Hoy Tupá me ha enviado para que se reconcilien".

Avergonzados, los hermanos se abrazaron con tristeza. Y fue de tal fuerza el amor que brotó entre ambos que, en ese preciso instante y ante la presencia de todos, el abrazo los convirtió en un suave y verde tallo. De a poco las formas humanas comenzaron a desdibujarse hasta que los hermanos se transformaron en una flor morada que fue aclarándose hasta volverse completamente blanca. Se la llamó *azucena del bosque*, y hoy es considerada el símbolo de la unión y la paz fraternal entre los hombres.

Pensamiento crítico

1. Imagina que escribes tu propia versión de este mito. Usa una hipérbola para describir al dios Tupá, la región habitada por los dos hermanos, o la tormenta. **Hipérbole**

2. El dios Tupá era considerado un dios bueno, justo y generoso. ¿Puedes explicar entonces porqué se enoja el dios y decide castigar a los dos hermanos? **Analizar**

3. Piensa sobre El poder de los sueños y en el mito de la flor de la azucena. ¿Qué elementos de ambas historias se relacionan con lo extraordinario y lo maravilloso? **Leer/escribir para comparar textos**

Busca información sobre mitos en **www.macmillanmh.com**

Escritura

Letras mayúsculas y puntuación

Los escritores comienzan la oración con una letra **mayúscula** y terminan con un signo de **puntuación.**

Lee el siguiente pasaje. Observa cómo el autor, Pedro Villar, usa oraciones completas en su escritura.

Fragmento de
El bosque de mi abecedario

Solo, perdido,
está en el árbol
el nido.
Triste, lejana,
suena en la torre
la campana.

El autor usa oraciones completas para facilitar la lectura. El uso de mayúsculas y la puntuación facilitan encontrar el principio y el final de cada idea.

El bosque de mi abecedario
Pedro Villar

Lee y descubre

Lee lo que escribió Becky. ¿Qué hizo para ayudarte a encontrar cada oración? Usa la lista de control como ayuda.

¡Puaj!
Becky L.

La masa blanda en mi boca era, aparentemente, pasta primavera, la receta favorita de mi tía. ¿Se suponía que esa cosa crujiente y gris era una verdura? Así parece. Por suerte, Tornado, un encantador perro callejero que mi tía había adoptado, pasó meneándose a mi lado. Escupí el bocado en una servilleta y se lo ofrecí bajo la mesa. Para mi desgracia, Tornado lo ignoró y continuó su camino.

Lee acerca de la masa blanda de Becky.

Control de escritura

 ¿Comenzó la autora con letra mayúscula cada oración?

 ¿Usó un punto, un signo de exclamación o un signo de interrogación al final de cada oración?

 ¿Te resultó fácil distinguir dónde comenzaban y terminaban las oraciones de Becky?

El arte de persuadir

A platicar

¿Cómo usa la persuasión el perro de la fotografía?

Busca información sobre el arte de persuadir en **www.macmillanmh.com**

Cachorro en problemas

Lana Engell

Cuando volvimos del mercado, encontramos la casa en desorden. Otra vez me **descuidé** y no cerré la puerta del baño, y Bernie, nuestro San Bernardo, había desparramado papel higiénico mordisqueado por toda la casa. Bernie saltaba feliz y corría en círculos. Él no tenía idea de que no podíamos **aceptar** lo que había hecho en nuestra ausencia.

Bernie ya había masticado la cartera favorita de mamá y mi par de zapatos nuevos. Había estropeado muebles y desparramado basura. A mamá no le gustaba porque ella era muy ordenada. A mamá también le preocupaba que se abalanzara sobre la gente cuando yo lo sacaba a pasear. Ella no quería que ningún niño de la cuadra corriera **riesgos**, y la verdad es que tenía razón.

Mamá dijo que si Bernie no empezaba a comportarse, no podríamos quedarnos con él, y yo sabía que no estaba **mintiendo**. Era obvio que hablaba en serio. Su mensaje era tan claro que no se podía **malentender**. Bernie estaba en problemas otra vez.

Yo estaba **desesperada**. Si no se me ocurría una solución de inmediato, ¡perdería a mi perro!

Entonces se me ocurrió una gran idea. Tendría que dejar de mirar algunos de mis programas favoritos en la televisión para pasar más tiempo con él. Después de todo, si ése era el camino para no tener que separarnos, valía la pena el intento.

En ese momento, mamá terminó de acomodar todo lo que habíamos comprado. Vino a la sala de estar y vio el desorden.

—Ya me harté de este cachorro —dijo mi madre con voz de cansancio—. Mi paciencia está llegando a su límite, Lin.

—Lo sé —le respondí—. Hace tres meses que **soportas** sus mordiscos y travesuras. Bernie es mi primera mascota. Si yo no lo educo como se debe, no podemos culparlo. ¿Podríamos llevarlo a una escuela de **adiestramiento**?

Y eso fue lo que hicimos.

Volver a leer para **comprender**

✔ Hacer preguntas

Sacar conclusiones Los autores no siempre describen todo lo que sucede. Los lectores deben usar lo que ya saben y lo que dice el autor para sacar conclusiones. Al sacar conclusiones, hazte preguntas como: ¿Qué pistas del texto apoyan mi conclusión?

Una tabla de conclusiones puede ayudarte a analizar lo que lees. Vuelve a leer la selección para sacar conclusiones del cuento.

Pistas del texto	Conclusión

Querida

Comprensión

Género

La **fantasía** es la historia de personajes y ambientes que no podrían existir en la vida real.

Hacer preguntas

Sacar conclusiones

Al leer, completa la tabla con tus conclusiones.

Pistas del texto	Conclusión

Lee para descubrir

¿Cuán cercano a la realidad es el panorama que Ike describe en sus cartas a la señora LaRue?

señora LaRue

Cartas desde la Escuela de Adiestramiento

Texto e ilustraciones de
Mark Teague

Selección premiada

El Diario/La Gaceta de Snort City

30 de septiembre

UN PERRO DEL PUEBLO INGRESA A LA ESCUELA DE ADIESTRAMIENTO

"Ike LaRue"

Luego de señalar una larga lista de problemas de conducta, Gertrude R. LaRue, una vecina de Snort City, inscribió ayer a su perro Ike en la Academia Canina Igor Brotweiler.

Fundada en 1953, la Academia tiene experiencia en educar perros con problemas.

"¡Estoy desesperada!", dijo la señora LaRue. "Amo a mi perro Ike, pero me parece que es muy malcriado. Roba comida del mostrador de la cocina, persigue a los gatos del vecino, aúlla cada vez que salgo de casa. Además, la semana pasada, mientras cruzaba la calle, me hizo caer al piso y ¡rompió mi mejor abrigo de piel de camello! ¡Ya no sé qué hacer!"

Las autoridades de la escuela no hicieron ningún comentario…

327

Querida señora LaRue:

1 de octubre

¿Cómo pudo hacerme algo así? ¡Esto es una PRISIÓN, no una escuela! Debería ver los otros perros. ¡Son muy MALOS, señora LaRue! Esto no es para mí. Incluso el viaje hasta aquí fue un verdadero horror. Estoy muy triste y es probable que precise mordisquear algo cuando llegue a casa. ¡Por favor, venga enseguida!

Atentamente,

Ike

329

Querida señora LaRue:

¿Tanto le molestó que me comiera el pastel de pollo? Podríamos haberlo conversado. Tendría que haberme dicho: "Ike, no lo comas. Lo estoy guardando para la cena". ¿Era tan complicado? Hubiese evitado tanto rencor.

De más está decir que me maltratan terriblemente. Usted me aconseja que sea paciente y acepte estar aquí hasta el final. ¿Está al tanto que eso será en DOS MESES? ¿Tiene idea de lo que representa todo ese tiempo en los años de vida de un perro?

Atentamente,

Ike

Sacar conclusiones
¿Qué conclusiones puedes sacar acerca de Ike al leer sus cartas?

3 de octubre

Querida señora LaRue:

Me gustaría aclarar algunas ideas equivocadas con respecto a los gatos de los Hibbins. En primer lugar, están muy lejos de ser los angelitos que describe la señora Hibbins. En segundo lugar, ¿cómo podía yo saber lo que hacían en la escalera de incendios en pleno enero? ¿No le parece que exageraban un poco por el modo en que lloraban y se rehusaban a bajar? Cuesta creer que hayan estado tan enfermos tres días enteros, pero, en fin, usted sabe cómo son los gatos.

Su perro,

Ike

4 de octubre

Querida señora LaRue:

Debería ver lo que sucede aquí. Me espanta cómo mi maes… digo, GUARDIA, la señorita Klondike, me grita. Me obliga a hacer tareas absurdas, como "sentarse" y "rodar" todo el día. Me opuse rotundamente. ¡Qué ridiculez! No quise hacerlo. Y claro, me castigaron CON SEVERIDAD.

Otra cosa: ¿Quién la ayudará a cruzar la calle ahora que no estoy? Usted sabe que tiene la mala costumbre de no mirar a ambos lados. Recuerde todas las veces que la salvé. Bueno, está bien, fue una sola vez. Pero debo decirle que usted no se mostró muy agradecida, y no paraba de quejarse por el diminuto rasgón en su viejo abrigo. La verdad de todo esto es que ¡usted me necesita!

Sinceramente,

Ike

Querida señora LaRue: 5 de octubre

Los GUARDIAS están con eso del "perro obediente, perro desobediente". Lo escucho todo el tiempo: "¡Qué obediente eres, Ike! No seas desobediente, Ike". ¿Es tan bueno estar todo el día sentado? Como sea, ¡me niego a que me adiestren!

La señorita Klondike me sacó la máquina de escribir. Dice que molesta a los otros perros. ¿A alguien le importa que ellos me molesten a MÍ?

Un abrazo,

Ike

Querida señora LaRue: 6 de octubre

   ¿Es verdad que los vecinos se quejaron de mis aullidos? Es difícil de creer. Primero, no aullaba tanto. Usted no estuvo en casa todas esas noches, así que es imposible que lo sepa, pero confíe en mí, me moderé bastante. Segundo, no nos olvidemos que éstos son los mismos vecinos que siempre me despiertan a MÍ a media tarde con su ruidosa aspiradora. Creo que todos debemos aprender a llevarnos bien.
   Mi vida aquí sigue siendo una pesadilla. Usted no creería lo que sucede en la cafetería.

Atentamente,

Ike

P.D.: No quiero alarmarla, pero se me cruzó por la cabeza la idea de escaparme.

Paciente:
Ike LaRue
Diagnosis:
Hipocondríaco

GUÍA
MÉDICA

7 de octubre

Querida señora LaRue:

Detesto informarle esto, pero estoy muy enfermo. Todo empezó en una de mis patas, y comencé a renguear. Luego me sentí mareado y casi no probé bocado durante la cena (con excepción de la sabrosa salsa de carne). Después empecé a gemir y aullar. Finalmente, tuvieron que llevarme al veterinario. El doctor Wilfrey asegura que no tengo ningún problema de salud, pero yo estoy seguro que tengo una enfermedad espantosa. Debo regresar a casa de inmediato.

Un abrazo afectuoso,

Ike

Sacar conclusiones
¿Qué conclusiones sacas sobre la enfermedad de Ike?

8 de octubre

Querida señora LaRue:

Gracias por la hermosa tarjeta para desearme pronta recuperación. De todos modos, estoy un poco sorprendido porque no vino a buscarme. Ya sé lo que dice el doctor Wilfrey, pero, ¿es inteligente poner en **riesgo** la salud de uno? Tenga en cuenta que podría sufrir una recaída.

Ya llegó el otoño, y pienso en los buenos momentos que solíamos compartir en el parque. ¿Recuerda que a veces llevaba una pelota de tenis? Usted la arrojaba y yo iba a buscarla SIEMPRE, excepto aquella vez que cayó en un lugar repugnante y entonces le llevé un palo. ¡Cuánto echo de menos aquellos días!

Saludos cordiales,

Ike

P.D.: ¡Imagínese qué terrible es para mí estar encerrado en esta pequeña celda!

P.P.D.: Todavía me siento bastante enfermo.

339

9 de octubre

Querida señora LaRue:

Cuando lea esta carta ya me habré marchado. ¡He decidido intentar una arriesgada fuga! Lamento haber llegado a esto, ya que soy un perro muy bueno, pero la verdad es que no me dejó opción. ¡Qué triste que no lo **acepten** a uno! A partir de ahora, andaré sin rumbo fijo de pueblo en pueblo, sin un hogar y, posiblemente, sin alimento. Así es la vida de un fugitivo **desesperado**. Trataré de escribirle de vez en cuando, aun con dificultades y peligros.

Su fugitivo solitario,

Ike

10 de octubre

LARUE SE ESCAPA DE LA DETENCIÓN CANINA

Anoche un ex-residente de Snort City se escapó de la Academia Canina Igor Brotweiler. La policía lo describió como "dientudo". Se desconoce su paradero actual.

"Para ser sincera, pensé que me estaba **mintiendo** cuando dijo que estaba planeando escaparse", confesó, con tono de preocupación, Gertrude R. LaRue, la dueña del perro. "Ike tiene tendencia a ser un poco melodramático. Todo lo que puedo hacer ahora es rezar para que regrese".

Cuando le preguntaron si devolvería el perro a la Academia Brotwelier, dijo que esperaría a ver qué sucedía.

"Es un buen perro, pero a veces de carácter difícil..."

11 de octubre — En algún lugar de Estados Unidos

Querida señora LaRue:

Sufro horriblemente vagando por estos lugares inhóspitos . ¿Quién sabe adónde me llevarán mis idas y venidas? ¡Con suerte, a un lugar con comidas sabrosas! ¿Recuerda los premios especiales que solía darme? Los echo de menos. Me gustaría estar en nuestro bello y cómodo apartamento. Sobre todo, ¡quisiera estar con usted!

Saludos de su perro triste,

Ike

P.D.: En cierto modo, también echo de menos a los gatos de los Hibbins.

12 de octubre — Todavía en alguna parte

Querida señora LaRue:

El mundo es un lugar cruel para un perro "callejero". Le costará creer las miserias que he tenido que **soportar**. He decidido regresar a casa. Quizás usted intente encerrarme otra vez, pero debo correr el riesgo. Estoy preocupado por usted, más que por mí. Quizá no lo sepa, señora LaRue, pero ¡usted necesita un perro!

Saludos de un perro que **malentienden**,

Ike

343

13 de octubre

¡UN HEROICO PERRO SALVA A SU DUEÑA!

Ike LaRue, hasta hace poco un estudiante en la Academia Canina Igor Brotwelier, regresó a Snort City de modo dramático. En realidad, llegó justo a tiempo para salvar a su dueña, Gertrude R. LaRue, de la Segunda Avenida, del camión que se abalanzó sobre ella. La señora había ido al centro a comprarse un nuevo abrigo de piel de camello. Según parece, **descuidó** mirar a ambos lados antes de avanzar en medio del tráfico.

Varios curiosos y el policía Newton Smitzer fueron testigos del arriesgado rescate.

"Rodó a través de los dos carriles para llegar a ella. Fue todo un logro", comentó Smitzer. "No vi a nadie rodar con tanta destreza desde que dejé la academia de policías".

La señora LaRue no tuvo heridas, aunque su abrigo se dañó bastante.

"No me preocupa en lo más mínimo" aseguró ella. "¡Me pone feliz que Ike haya regresado a casa, el lugar donde él pertenece!"

LaRue dijo que daría una gran fiesta en honor a su perro.

"Invitaré a todos los vecinos, y prepararé los platos favoritos de Ike…"

347

Cartas sobre
Mark Teague

Mark Teague cuenta que esta historia es una de sus favoritas. Lo divirtió muchísimo imaginar que él era Ike y escribir desde el punto de vista del perro. Para crear el personaje, se inspiró en dos perros que tenían él y su hermano. A uno le encantaba comer, al otro le gustaba hacer trucos. Ahora Mark tiene gatos. También los hizo participar en este cuento. Mark saca ideas de lo que solía hacer en su niñez y las incluye en muchas de sus narraciones. Luego las enriquece con una o dos vueltas de tuerca para que sean realmente divertidas.

Otros libros de Mark Teague

Busca información sobre Mark Teague en **www.macmillanmh.com**

Conéctate

BUZÓN

✔ Propósito del autor

¿Qué pistas puedes usar para saber el propósito de Mark Teague al escribir este cuento? ¿Quería el autor explicar, entretener o informar al lector?

Pensamiento crítico

Resumir

Resume *Querida señora LaRue*. Usa la tabla de conclusiones como ayuda para incluir los sucesos más importantes. Asegúrate de contar quién escribe las cartas y por qué.

Pistas del texto	Conclusión

Pensar y comparar

1. ¿Crees que la señora LaRue **malentendió** a Ike? ¿Por qué? Revisa tu tabla de conclusiones para organizar las pistas y responder a la pregunta. **Hacer preguntas: Sacar conclusiones**

2. Vuelve a leer las páginas 327 y 346. Los abrigos de la señora LaRue fueron dañados en dos ocasiones. Compara la reacción de la señora las dos veces. ¿Cómo se diferencian? ¿Por qué reacciona de manera diferente la segunda vez? Explica usando detalles del cuento. **Analizar**

3. Si fueras la señora LaRue, ¿creerías lo dicho por Ike en sus cartas? ¿Por qué? **Aplicar**

4. Las personas a veces exageran de la misma manera que lo hace Ike. ¿Por qué crees que lo hacen? **Analizar**

5. Lee "Cachorro en problemas" en las páginas 324-325. Compáralo con *Querida señora LaRue*. ¿Cuál de las historias es fantasía y cuál es ficción realista? ¿Cómo lo sabes? Incluye detalles de ambas selecciones en tu respuesta. **Leer/Escribir para comparar textos**

¡Un perro sorprende a los científicos!

Rico, el border collie, tiene habilidad para aprender palabras

Kim Christopher

Alemania – Un *border collie* llamado Rico sorprende a los científicos por sus conocimientos del lenguaje humano. Rico reconoce por lo menos 200 palabras y aprende y recuerda con rapidez muchas más. Comenzó su entrenamiento cuando tenía diez meses. Su dueña, Susanne Baus, ponía juguetes en distintos lugares y Rico se los traía según ella los mencionaba. Ella lo recompensaba con comida o jugando con él. Rico aprendía más y más palabras. Los científicos descubrieron a Rico cuando demostró su talento en un popular concurso alemán.

Los *border collies* son perros medianos, muy **inteligentes** y fáciles de entrenar. Les gusta estar ocupados y satisfacer a sus dueños.

Aunque Rico, un perro de nueve años, reconoce 200 palabras, no conoce el número de palabras que sabe un niño de dos años. Los niños de nueve años dominan miles de palabras y aprenden alrededor de diez vocablos nuevos por día. Sin embargo, la habilidad de Rico para identificar objetos por su nombre es tan **impresionante** que los científicos quisieron estudiarlo.

Cantidad de palabras que entiende un niño

Leer una gráfica de línea

Esta gráfica muestra la cantidad de palabras que comprende un niño según su edad.

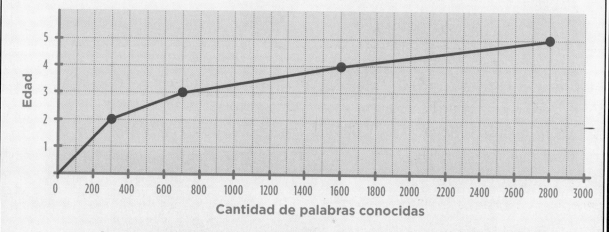

Los humanos tienen la habilidad de aprender palabras con mucha más rapidez que el perro más inteligente.

Los científicos aprendieron mucho sobre Rico al ver cómo buscaba juguetes conocidos cada vez que los nombraban. Luego **demostró** algo sorprendente: ¡podía reconocer juguetes que no había visto antes con tan sólo oírlos nombrar! Pusieron un nuevo juguete. Le pidieron que lo buscara. En la mayoría de las pruebas Rico seleccionó los juguetes correctos.

Los científicos creen que Rico asocia las palabras nuevas con los objetos no conocidos. Dado que ya sabe cómo se denominan los viejos juguetes, entiende que al oír el nuevo término debería escoger el nuevo juguete.

Rico también puede recordar el nombre de un juguete desconocido luego de una sola **exposición** o experiencia. Esto les hace saber a los científicos que a pesar de que los animales no pueden hablar, tienen la capacidad de comprender palabras. El vocabulario de Rico parece ser tan extenso como el de los animales entrenados en el lenguaje, como monos, leones marinos, delfines y loros.

La mayoría de los dueños de perros dirán que sus mascotas son muy capaces. ¿Cuán inteligente es Rico? ¿Es un perro que se destaca en una raza que se sabe que es muy lista? ¿O es un "perro genio"?

Los científicos están analizando a Rico para obtener más información. Quieren saber si puede comprender **frases** tales como "coloca el juguete en la caja". Su dueño piensa que sí puede hacerlo. Las respuestas a los interrogantes sobre la inteligencia de Rico aparecerán con el tiempo. El resultado del estudio interesará tanto a científicos como a dueños de perros en todo el mundo.

 ## Pensamiento crítico

1. Observa la gráfica de líneas en la página 351. ¿Aproximadamente cuántas palabras entiende un niño de cuatro años? **Leer una gráfica de línea**

2. ¿Qué otros animales deberían estudiar los científicos para descubrir su comprensión del lenguaje? ¿Cómo lo harían? **Sintetizar**

3. Piensa en este artículo y en *Querida señora LaRue*. ¿Qué crees que diría Rico si le escribiera una carta a su dueño? **Leer/Escribir para comparar textos**

 ### Ciencias

Investiga sobre los *border collies*. Infórmale a la clase dónde se originó esta raza y cuáles son sus habilidades.

 Busca información sobre *border collies* en **www.macmillanmh.com**

Escritura

Letras mayúsculas y puntuación

Las oraciones deben comenzar con **letras mayúsculas** y terminar con un **signo de puntuación.**

Conexión: Lectura y escritura

Lee el siguiente pasaje. Observa cómo el autor, Mark Teague, usa oraciones completas en su historia.

Fragmento de *Querida señora LaRue*

El autor usa oraciones completas para que sea más fácil leer su cuento. Las letras mayúsculas y la puntuación ayudan a encontrar el comienzo y el final de cada idea de Ike.

Detesto informarle esto, pero estoy muy enfermo. Todo empezó en una de mis patas, y comencé a renguear. Luego me sentí mareado y casi no probé bocado durante la cena (con excepción de la sabrosa salsa de carne). Después empecé a gemir y aullar. Finalmente, tuvieron que llevarme al veterinario. El doctor Wilfrey asegura que no tengo ningún problema de salud, pero yo estoy seguro que tengo una enfermedad espantosa. Debo regresar a casa de inmediato.

354

Lee y descubre

Lee el relato de Jaden. ¿Qué hizo para ayudarte a descubrir cada oración? Usa la lista del control de escritura como ayuda.

En la casa de mi abuela

Jaden S.

La sala de mi abuela es muy cómoda. Tiene un sillón enorme y dos sofás. Son tan suaves que cuando te sientas en ellos, te hundes. ¿Sabes qué más me gusta de la sala? La alfombra es tan suave que me gusta acostarme en ella cuando los sofás y el sillón están ocupados. Es aun mejor que estar acostado sobre la hierba o la arena.

Lee acerca de la sala de la abuela de Jaden.

Control de escritura

 ¿Comenzó la autora con letra mayúscula cada oración?

 ¿Usó punto, signo de exclamación o signo de interrogación cuando correspondía?

 ¿Te resultó fácil distinguir dónde comenzaban y terminaban las oraciones de Jaden?

A platicar

¿Cómo pueden ayudarnos a actuar las palabras convincentes?

Conéctate

Busca información sobre palabras convincentes en **www.macmillanmh.com**

Del dicho al hecho

Vocabulario

dejar de lado
interactuar
incentivar
concebir
definición

El escritor Langston Hughes fue parte del Renacimiento de Harlem.

El Renacimiento en Harlem

A principios de la década del veinte muchos afroamericanos se trasladaron de zonas rurales a ciudades. Buscaban trabajo y una mejor vida. En Nueva York muchos se instalaron en el barrio llamado Harlem. Muchos músicos, poetas, artistas afroamericanos también fueron a Harlem. El talentoso grupo de personas que se reunió allí dio origen a un período de crecimiento artístico: el Renacimiento de Harlem.

Escritores como Langston Hughes, Zora Neale Hurston y Claude McKay escribieron historias y poemas sobre la experiencia afroamericana. Músicos como Louis Armstrong, Duke Ellington y Bessie Smith cantaban acerca de cómo era la vida para los afroamericanos. El Renacimiento de Harlem les dio la oportunidad a los afroamericanos de usar el arte para expresarse acerca de su cultura y **dejar de lado** el racismo.

Antes, la mayoría de los blancos y negros no **interactuaban** mucho. Pero durante el Renacimiento de Harlem muchos comenzaron a tomar conciencia de la cultura afroamericana. Por primera vez, editores blancos publicaron historias y poemas escritos por afroamericanos. Esto **incentivó** a otros afroamericanos a convertirse en escritores y artistas. El Renacimiento de Harlem ayudó a fortalecer el orgullo por la historia y la cultura afroamericanas.

Discurso con alcance

En los discursos se usan palabras convincentes para movilizar a la gente. En la historia, los discursos han hecho que las personas piensen y actúen. Éstas son algunas líneas famosas de discursos importantes.

"Secretario General Gorbachov: si busca paz, si busca prosperidad..., si busca liberalización: ¡Venga a esta puerta! Sr. Gorbachov, ¡abra esta puerta! Sr. Gorbachov, ¡tire abajo este muro!"

Presidente Ronald Reagan, en Berlín Occidental el 12 de junio de 1987

"Hace ochenta y siete años, nuestros padres llevaron adelante una nueva nación en este continente, **concebida** en Libertad, y consagrada a la idea de que todos los hombres son iguales."

Presidente Abraham Lincoln, Discurso de Gettysburg, 1863

Las Top 5 | Las 5 palabras más buscadas en Internet

Cuando no conoces el significado de una palabra, ¿lo buscas? En los últimos 10 años la gente ha buscado con mayor frecuencia la **definición** de estas palabras en un diccionario en Internet:

1 efecto (sustantivo): Evento, condición o estado de situación producido por una causa.

2 afectar (verbo): ejercer gran influencia sobre algo o un cambio.

3 amor (sustantivo): Cualidad o sentimiento de afecto fuerte o constante hacia otra persona o cosa, y dedicación a la misma.

4 blog (sustantivo): Sitio de Internet que contiene un diario personal con hipervínculos a veces provistos por el autor.

5 integridad (sustantivo): Condición de no estar dañado ni tener defectos.

 Busca información sobre grandes discursos en **www.macmillanmh.com**

Fuente: merriam-webster.com

359

Palabras que contribuyen al éxito

Jaime Escalante era maestro de matemáticas en la Escuela Secundaria Garfield, en Los Ángeles del este. Pronto fue famoso en todo el país.

En su primer día se dio cuenta de que sus estudiantes tenían problemas. "Usaban los dedos para sumar los números escritos en el pizarrón", dice. "Venían sin útiles, sin nada."

Escalante quería ayudarlos. Su primer desafío fue intentar captar su atención. A muchos estudiantes de la Escuela no les importaba la educación. Estaban involucrados en pandillas y en actos violentos. Las matemáticas no eran importantes para ellos. Escalante debía hallar el modo de **interactuar** con ellos.

Un día, en 1974, el maestro fue a la escuela con un sombrero de cocinero. Llevó una cuchilla de carnicero y una manzana a la clase. Con un corte rápido y preciso, cortó la manzana en dos. "Hablemos de porcentajes", le dijo a la clase. Con esa acción, captó la atención de los alumnos.

Hacer maravillas

Desde ese día, Escalante usó la imaginación para llegar a sus estudiantes. **Concibió** distintas maneras de mantener a sus estudiantes interesados en las lecciones. Quería que entendieran que la escuela y las matemáticas eran importantes para sus vidas.

Escalante creía que su trabajo consistía en **incentivar** además de enseñar. Hacía bromas y usaba ejemplos de la vida real para mantenerlos interesados. Además se aseguraba de que los estudiantes se tomaran la clase en serio.

Si alguien no prestaba atención, él lo empujaba suavemente con una pequeña almohada roja. Si alguien llegaba tarde, debía sentarse en una silla para niños de kinder. Los estudiantes se sentían avergonzados, así que llegaban a clase a tiempo y se concentraban en sus tareas.

A veces, Escalante usaba palabras duras para despertar a la clase. Pero también los incentivaba mucho. A veces les decía: "Son los mejores, son la esperanza del futuro. Recuérdenlo". Esas palabras los inspiraban a hacer un esfuerzo mayor y lograr mejores resultados.

Jaime Escalante da discursos sobre sus experiencias a audiencias como ésta en Lyon College.

Crear un impacto

Las palabras y la resolución de Escalante hicieron que sus estudiantes quisieran que les fuera mejor, y lo lograron. Estudiaron mucho y aprobaron un examen avanzado de matemáticas. Éste era tan difícil que sólo el 2% de todos los estudiantes lo aprobaban cada año. Casi el 80% de los estudiantes de Escalante lo aprobó. La actitud de ellos cambió cuando recibieron las buenas calificaciones. Conocían la **definición** de trabajo arduo y, ahora, la del éxito. Se sentían mejor consigo mismos y querían obtener buenos resultados en la escuela.

Los encargados del examen pensaron que los estudiantes habían hecho trampa. No creían que en una escuela como Garfield pudieran aprobarlo. Los estudiantes de Escalante hicieron el examen nuevamente y les fue tan bien como la primera vez. Con sus calificaciones, los estudiantes **dejaron de lado** todas las dudas y los examinadores debieron admitir que se habían equivocado. Un director de cine supo de la historia y decidió hacer una película. Sabía que otros se inspirarían en ellos.

De la clase a la pantalla grande

La película *Lecciones inolvidables* fue un éxito de taquilla en 1988 e hizo famoso a Escalante. La película también trasladó la atención a la Escuela Secundaria Garfield. Las empresas donaron cientos de miles de dólares para mejorar los diversos programas de la escuela. El éxito de la película ayudó a estudiantes y maestros.

Escalante ya no enseña en Garfield, pero sus palabras y sus acciones siguen vigentes. María Torres es un ejemplo de su influencia. Fue alumna de Escalante en Garfield. Cuando terminó la escuela secundaria, ingresó en la universidad de UCLA. "Muchos maestros sólo te instruyen", dice Torres. "El secreto del Sr. Escalante es que a él realmente le importa que aprendas. Nos hizo sentir poderosos, capaces de hacer cualquier cosa."

El actor Edward James Olmos hizo el papel de Escalante en *Lecciones inolvidables*.

✔ Pensamiento crítico

1. ¿Qué acción de Escalante llamó la atención de un director de cine?

2. El autor cree que el método de enseñanza de Escalante fue recompensado. ¿Qué hechos lo respaldan?

3. ¿Es la forma de enseñar de Escalante buena para todos los estudiantes? ¿Por qué?

4. ¿Qué tienen en común los oradores de "Discurso con alcance" con Jamie Escalante?

Nuevas palabras

A continuación se citan algunas palabras incorporadas recientemente al diccionario. ¿Cuántos términos de éstos usas?

salvapantalla	cómic
abrefácil	ratón
chat	virus
Internet	golaveraje
digitalización	gol de oro

La última jerga

¿Tienes salvapantalla? Si no conoces el significado de la palabra, búscalo en el Diccionario de la Real Academia. La frase se incorporó al diccionario en 2007, junto con casi 1,000 otras palabras.

Miles de nuevas palabras entran al idioma cada año. A algunas se las incluye en el diccionario. Otras desaparecen con el uso. "Nuestro idioma está vivo", le dijo a TFK Jim Lowe, editor de Merriam-Webster. "Está en continuo crecimiento."

En otras palabras, al cambiar el mundo necesitamos nuevos términos para describirlo. Cada año, los editores de diccionarios buscan en todos lados, desde catálogos hasta cómics para conocer la última jerga. ¿Qué sucede cuando se detecta una palabra nueva? Éstas ingresan en tarjetas. En las tarjetas se anota cuándo y dónde aparecieron esas palabras por primera vez. Para que una palabra entre al diccionario, debe aparecer con regularidad en varios lugares. Cada cierto tiempo, los diccionarios se revisan. Lowe y otros editores revisan los nuevos términos que han detectado. Miles de términos son incorporados al diccionario.

Ahora contesta las preguntas del 1 al 5. Basa tus respuestas en el artículo "La última jerga".

1. **¿En qué se parece el idioma a otros seres vivos?**

  A   Necesita alimento y aire para sobrevivir.

  B   Puede moverse solo de un lugar a otro.

  C   Crece y cambia con el tiempo.

  D   Necesita refugio y espacio para crecer.

2. **Si los editores de diccionarios hallan un nuevo término sólo en algunos lugares, pero les gusta, el término**

  A   no será incorporado al diccionario.

  B   será incorporado al diccionario.

  C   se le permitirá que caiga en desuso.

  D   no será escrito en una tarjeta.

3. **Si el nuevo término ha sido registrado en varias tarjetas, ese término**

  A   necesitará muchas más tarjetas.

  B   no será revisado antes de la edición.

  C   no será incorporado al diccionario.

  D   será incorporado al diccionario.

4. **¿Por qué piensas que el diccionario se revisa por completo cada varios años? Usa detalles del artículo para fundamentar tu respuesta.**

5. **¿Cómo hacen los editores para decidir si un nuevo término será incorporado al diccionario o no? Usa detalles del artículo en tu respuesta.**

A escribir

Muchas personas, como lo hacía el presidente Lincoln, usan palabras para persuadir a otros. Piensa en tus compañeros y escribe sobre lo que harías para persuadirlos.

La escritura persuasiva contiene opiniones que se fundamentan con razones.

Para saber si las sugerencias para escribir piden persuadir, busca palabras clave como persuade, opina o da razones.

Lee cómo un estudiante empieza su respuesta a las sugerencias.

El escritor incluyó una opinión para expresar su punto de vista.

A veces es difícil que los niños en mi clase se identifiquen con lo que leen. Por eso he comenzado una revista sólo para niños. Se llama Los niños de hoy. La revista será escrita y dirigida por niños. Tratará temas que nos importan e interesan.

Primero, busco niños de mi edad que quieran escribir para la revista. Decidí organizar los temas: escuela, noticias, deportes, música y películas. Segundo, necesito niños que corrijan los artículos.

Esta revista es una gran manera de llegar a nuestra clase y poder hablar de lo que nos interesa y es importante para nosotros. ¡Súmate a Los niños de hoy y ayuda a que sea un éxito!

Sugerencias para escribir

Responde por escrito a las siguientes sugerencias. Escribe durante 10 minutos. Escribe tanto y tan bien como puedas. Revisa las pautas antes y después de escribir.

> Personas como Jaime Escalante hacen ciertas cosas para ayudar a los demás. Piensa cómo ayudarías a tus compañeros de clase. Cuenta lo que harías dando <u>razones para persuadir</u> a los demás que tu trabajo será importante.

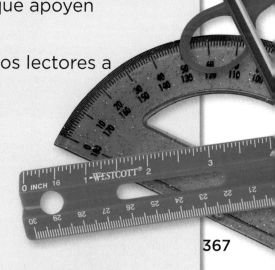

Pautas para escribir

- ☑ Lee atentamente las sugerencias para escribir.
- ☑ Planifica tu escritura y organiza tus ideas.
- ☑ Forma una opinión sobre el tema.
- ☑ Combina razones y detalles que apoyen tu opinión.
- ☑ Elige palabras que ayuden a los lectores a entender tus ideas.
- ☑ Revisa y corrige tus escritos.

A platicar

¿Por qué es importante cumplir promesas?

Busca información sobre cumplir promesas en **www.macmillanmh.com**

Cumplir promesas

El príncipe rana

Marcia Stevens

Narrador: Había una vez una hermosa princesa cuya distracción preferida era jugar con una pelota de oro. Un día, la lanzó demasiado alto y la pelota cayó en un pozo. Cuando lloraba por su tesoro perdido, oyó que alguien le preguntaba.

Rana: ¿Por qué estás tan triste, hermosa princesa?

Narrador: La princesa miró alrededor y sólo vio una rana.

Princesa: Mi pelota de oro cayó en el pozo.

Rana: Puedo recuperarla para tí, pero antes, debes aceptar una condición. Debes prometer que me llevarás a tu casa y serás mi amiga.

Narrador: La princesa no tenía ninguna intención de ser amiga de la rana, pero de todos modos hizo la promesa. Cuando la rana le trajo la pelota, la princesa se la quitó y se fue a su casa correteando.

Rana: ¡Qué princesa tan **egoísta**! Seguro que se olvidó de su promesa. Saltaré hasta el castillo para recordársela.

Narrador: La rana sal-sal-saltó a través de la pradera y golpeó la pesada puerta del castillo.

Princesa: ¿Qué estás haciendo aquí, rana **incompetente**?

Rana: ¡Caramba!, ¿tú estás **malhumorada**? Y si de incompetencia se trata, no fui *yo* quien dejó caer la pelota en el pozo. Estoy aquí para recordarte que hiciste una promesa.

Narrador: La princesa cerró la puerta de golpe, haciendo BANG en la cara de la rana.

Rey: Escuché que se golpeó la puerta. ¿A qué se debe toda esta **conmoción**? Si hiciste una promesa, debes cumplirla.

Narrador: La princesa estaba **exasperada**, pero obedeció a su padre. Así, el rey, la princesa y la rana disfrutaron juntos de un estofado de cordero, que era la **especialidad** del cocinero.

Rana: Estaba **hambriento**, pero ahora estoy satisfecho. Gracias por la cena. Ahora, ten la gentileza de llevarme a mi cama.

Narrador: La princesa hizo lo que le pedían, pero la rana parecía triste.

Rana: Me has recibido en tu casa, pero puedo darme cuenta de que tú no quieres ser mi amiga.

Narrador: La princesa se sonrojó, porque la rana decía la verdad. Se inclinó para besarla, pero terminó besando a un príncipe.

Rana: Soy un príncipe que fue convertido en rana y tu beso me convirtió nuevamente en persona. ¡Muchas gracias, querida amiga!

Narrador: Desde ese día, el príncipe y la princesa fueron grandes amigos y vivieron felices.

Volver a leer para **comprender**

Evaluar

Opinar Los lectores conocen a los personajes de un cuento evaluando lo que éstos dicen y hacen. Puedes opinar sobre ellos teniendo en cuenta esto y lo que sabes por tus propias experiencias.

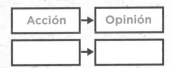

Un organigrama te puede ayudar a comprender a los personajes de un cuento. Vuelve a leer la selección buscando las acciones que ellos realizan y regístralas. Luego usa esa información y tus propias experiencias para opinar sobre los personajes.

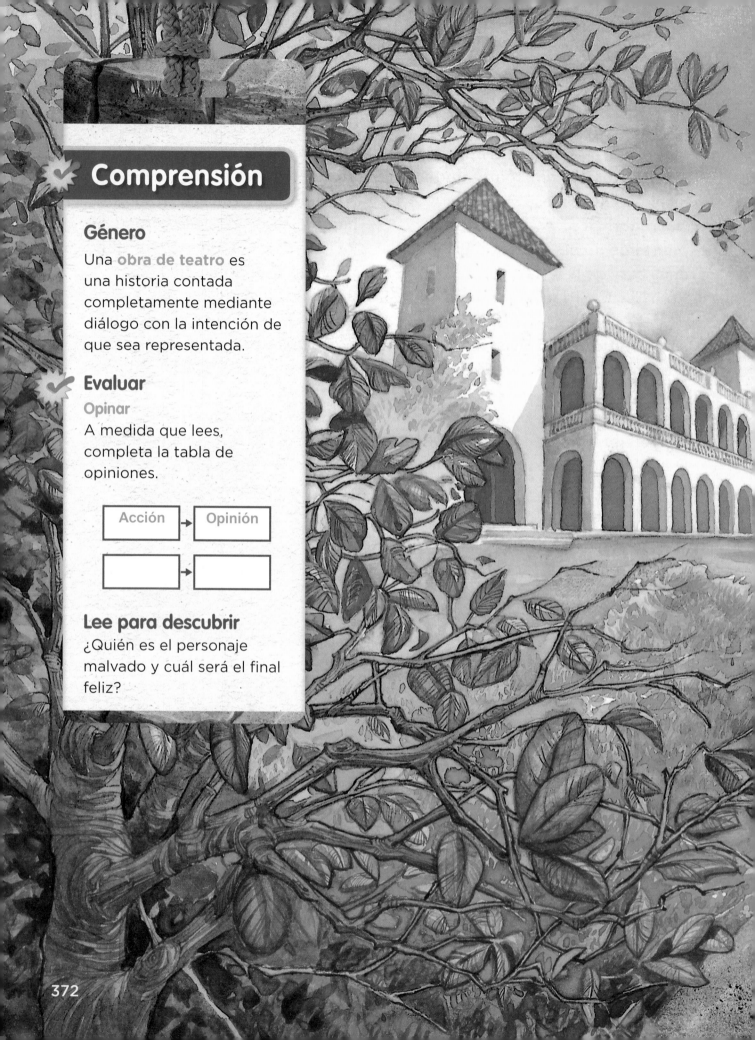

Comprensión

Género

Una **obra de teatro** es una historia contada completamente mediante diálogo con la intención de que sea representada.

Evaluar

Opinar

A medida que lees, completa la tabla de opiniones.

Acción		Opinión
	→	
	→	

Lee para descubrir

¿Quién es el personaje malvado y cuál será el final feliz?

Ranita

la princesa

Carmen Agra Deedy

Ilustraciones de Renato Alarcão

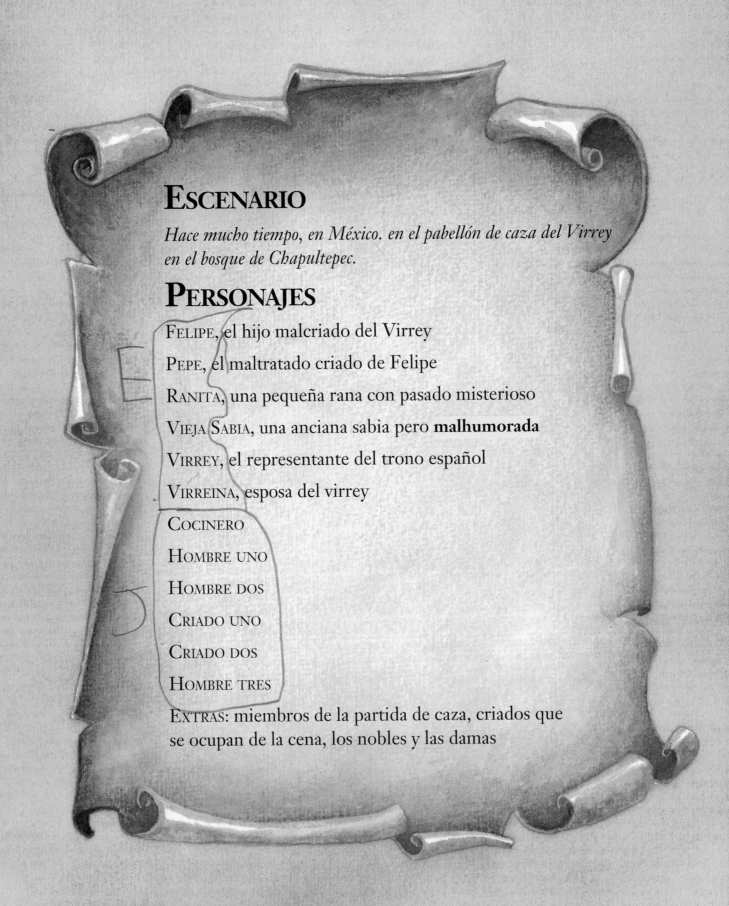

ESCENARIO

Hace mucho tiempo, en México. en el pabellón de caza del Virrey en el bosque de Chapultepec.

PERSONAJES

FELIPE, el hijo malcriado del Virrey

PEPE, el maltratado criado de Felipe

RANITA, una pequeña rana con pasado misterioso

VIEJA SABIA, una anciana sabia pero **malhumorada**

VIRREY, el representante del trono español

VIRREINA, esposa del virrey

COCINERO

HOMBRE UNO

HOMBRE DOS

CRIADO UNO

CRIADO DOS

HOMBRE TRES

EXTRAS: miembros de la partida de caza, criados que se ocupan de la cena, los nobles y las damas

Escena 1

En un bosque despejado, unos hombres buscan desesperadamente algo en el suelo. Desde un cercano pozo de piedras, Ranita observa sin ser percibida.

Hombre uno: *(Frustrado)* —¡Sigan buscando! Si no encontramos esa flecha de oro...

Hombre dos: —¡... viviremos a tortillas y agua por un mes!

(Los hombres, refunfuñando, asienten.)

(Entra Felipe.)

Felipe: *(En voz alta y con exigencia.)* —¿Y bien? ¿Ya encontraron mi flecha de oro?

Hombre tres: —¡Aún no, señor!

Felipe: *(Con dulzura, con la mano en el corazón.)* — Fue un obsequio de mi querida madre—. *(Girando de repente y entre dientes.)* —Encuéntrenla o servirán de alimento a los jaguares, empezando por mi **incompetente** criado, Pepe. Es su culpa que yo no haya dado en el blanco. Ahora, ¡fuera de mi vista, todos ustedes!

(Los hombres salen de prisa.)

Felipe: *(Golpeando el piso con el pie y lloriqueando.)* —¡Quiero mi flecha de oro!

Ranita: *(Sentada sobre el pozo y sosteniendo la flecha de oro.)* —¿Te refieres a esta flecha de oro?

Felipe: *(Dichoso)* —¡Mi flecha de oro! ¡La encontraste! Eres… *(Se detiene, perplejo.)* —Eres una rana.

Ranita: —Estabas esperando a una princesa maya, ¿no?

Felipe: *(Revolea los ojos.)* —Bueno, ¡no esperaba una rana que habla!

Ranita: *(Suspira.)* —Estoy bajo un hechizo. No me gusta hablar de eso.

Felipe: *(Se detiene a pensar.)* —No es mi problema. Entrégame la flecha.

Ranita: *(¡Plink! Arroja la flecha al pozo.)* —Humm, me parece que ahora es tu problema.

Felipe: —¡Noooo!— *(En tono amenazante.)* —¿Qué has hecho, rana tonta?

Ranita: —Si soy tan tonta, ¿cómo es que soy la que tiene la flecha mientras tú estás ahí parado, hablando con una rana?

Felipe: —Te aplastaría en este momento— *(Lloriquea)*, —pero sólo eres una rana.

Ranita: *(En tono de advertencia.)* —¿Quieres esa flecha de oro?

Felipe: *(Desconfiado)* —¿A cambio de qué?

Ranita: —Una promesa.

Felipe: *(Aliviado)* —Ah, ¿eso es todo?

Ranita: —Una promesa es algo muy serio.

Felipe: *(Carraspeando)* —Sí, sí, por supuesto. Continúa.

Opinar

¿Qué puedes opinar acerca de Felipe?
¿Toma las promesas en serio?

Ranita: —Para que rescate tu flecha de oro debes prometer que me permitirás comer de tu plato y dormir en tu cama. Y que me darás un beso cuando salga el sol.

Felipe: *(Clavándole la mirada.)* —¿Comer de mi plato? ¿Dormir en mi cama? ¿Besarte? Eso es repugnante.

Ranita: —Sin promesa, no hay flecha de oro.

Felipe: *(Mientras cruza los dedos a escondidas.)* —Lo prometo.

(Ranita trae la flecha. Felipe hace una reverencia y sale corriendo).

Ranita: —¡Espera! ¡No puedo brincar tan rápido!— *(Inclina la cabeza y comienza a llorar).* —Se fue. Ahora nunca romperé el maleficio.

(Entra Vieja Sabia, apoyada en dos bastones).

Vieja Sabia: —Eso no estuvo bien, ¿no?

Ranita: *(Se sopla la nariz.)* —Por favor, vieja, nada de sermones hoy.

Vieja Sabia: —Mi nombre es Vieja Sabia.

Ranita: —Perdón, Vieja Sabia—. *(Con tristeza)* —Ya me convertiste en una rana, ¿no es suficiente?

Vieja Sabia: —No serías una rana si no te hubieras negado a darme de beber de este pozo, hace tiempo atrás.

Ranita: —En ese entonces, yo era **egoísta**. He pagado por ello, ¿no es así? He aprendido lo que es estar sola y ser olvidada.

Vieja Sabia: —Quizás…

Ranita: *(Más animada)* —Entonces, ¿me convertirás en una niña de nuevo?

Vieja Sabia: —No. Pero te llevaré hasta el pabellón de caza del Virrey. Podrás dar el salto desde ahí.

(Salen Vieja Sabia y Ranita).

Escena 2

Pabellón de caza. El Virrey, su esposa, los nobles y las damas están sentados a una larga mesa de banquete. Los criados entran y salen de escena con bandejas de comida.

Criado uno: *(Coloca un tazón de sopa frente al Virrey.)* —¿Sopa, señor?

Virrey: (***Exasperado***) —Sí, sí. ¿Dónde está Felipe?

Virreina: *(Nostálgicamente)* —Mi querido niño. Probablemente está alimentando a las aves.

Criado dos: *(Aparte)* —Alimentando a los gatos con las aves.

Criado uno: *(Contiene la risa.)*

(Entra Felipe.)

Felipe: —Estoy **hambriento**. ¡Qué día tuve hoy! Primero, perdí mi flecha de oro…

(Se escuchan gritos provenientes de la cocina).

Felipe: *(En voz alta)* —Luego, conocí a esta ridícula y exigente…

(Entra Ranita corriendo desde la cocina. La persiguen el cocinero y los criados.)

Felipe: *(Boquiabierto)* —rana.

Cocinero: —¡Vuelve acá!— *(Al criado)* —¡Detenla, ahora!

Criado uno: *(Intenta atrapar a la rana.)* —¡Uuuuuyyyy! ¡Es escurridiza!

Criado dos: —¡Aaaaayyyyyy! ¡Me mordió!

Cocinero: —Atrápala, Pepe—. *(Pepe atrapa a Ranita debajo de la mesa, sonríe y la deja escapar. Sigue la **conmoción** mientras el cocinero y los criados persiguen a Ranita).*

> **Opinar**
> ¿Por qué crees que Pepe dejó escapar a Ranita?

Virrey: —¡Basta! ¿Quién es esta criatura?

Felipe: *(Despectivo)* —Es la pequeña y asquerosa rana que rescató mi flecha de oro.

Ranita: —Y, a cambio, él prometió que me permitiría comer de su plato, dormir en su cama y darme un beso cuando saliera el sol.

Virrey: —¿Hiciste esa promesa?

Felipe: *(Con resentimiento)* —No me acuerdo.

Virreina: *(Indignada).* —Aunque la haya hecho… ¡es el hijo del Virrey!

Virrey: *(Solemne).* —Sí. ¡Y EL HIJO DEL VIRREY CUMPLE SUS PROMESAS! ¡Pepe! Pon un cubierto para nuestra invitada.

Felipe: —Pero, padre…

Virreina: —¡Ernesto!

Virrey: *(Da un puñetazo sobre la mesa.)* —¡Silencio!

(Ranita brinca sobre la mesa. Felipe está demasiado atónito para hablar. La Virreina lanza una mirada feroz.)

Virrey: —A ver todos, y me refiero a todos, ¡Coman!

(Pepe coloca un tazón frente a Felipe).

Felipe: *(Da un grito.)* —¡Pepe!

Pepe: *(Inocentemente)* —¿Sí?

Felipe: *(Asqueado)* —¡Hay un mosca en mi sopa!

Pepe: —Es para la rana.

Virrey: —Excelente. Come, Felipe.

Virreina: *(Con asco)* —¡Puaj!

Escena 3

(Recámara de Felipe)

Felipe: *(Sobre la cama)* —Me rehúso a dormir al lado de una rana. ¡Pepe!

Pepe: *(Entra de inmediato.)* —¿Sí, señor?

Felipe: *(Irritado)* —¿Por qué tardaste tanto? Apúrate, dile a mi padre que no puedo hacer esto. *(Desesperado)* —Dile que me saldrán verrugas.

(Entra el virrey.)

Virrey: *(Enfadado)* —Con suerte, te saldrá una en esa lengua tuya que rompe sus juramentos.

Felipe: *(Lloriqueando)* —Padre…

Virrey: —Hiciste una promesa, Felipe—. *(A Pepe)* —Ayúdalo a cumplir con su palabra, ¿si, Pepe?

(Sale el Virrey).

Felipe: *(Le tira la almohada a Pepe. Se tira en la cama y comienza a gemir.)* —¡Aaaaaaayyyyyyyy!

Pepe: *(Apaga la vela y se sienta en una silla.)* —Hasta mañana…, dulces sueños, Felipe.

Felipe: *(Gruñe.)* —Voy a soñar con patas de rana asadas.

Ranita: —Voy a contar lo que dijiste.

Felipe: —¡Tienes aliento a insecto!

Ranita: —¡Grandulón!

Pepe: *(Suspira.)* —Va a ser una noche muy larga.

(A la mañana siguiente.)

Ranita: *(Alegremente)* —¡Despierta! ¡Es hora del beso!

(Felipe se restriega los ojos, ve a Ranita y pega un grito.)

Felipe: *(Gimotea, se aferra a su cobija.)* —No fue una pesadilla, después de todo. ¡Olvídalo, rana! ¡No voy a besarte!

Ranita: *(Con obstinación)* —Lo prometiste.

Felipe: Bueno, *(Sonríe lentamente.)* —Se me acaba de ocurrir una idea mejor—. *(Patea la silla para despertar a su criado.)* —¡Pepe!

Pepe: *(Casi dormido)* —¡Señor!

Felipe: —Tú has jurado obedecerme en todo, ¿verdad?

Pepe: *(Confundido)* —Sí, Señor.

Felipe: *(Petulante)* —BESA… A… LA… RANA.

(Pepe se encoje de hombros y besa la mejilla de Ranita. En el acto, ella se convierte en una hermosa princesa maya).

Felipe: *(Deslumbrado)* —Yo…, pero ¿quién?— *(Haciendo una reverencia)* —Permíteme presentarme, yo soy…

Ranita: —… el hijo malcriado del Virrey español. Y yo soy… la afortunada hija del Emperador maya.

(Felipe y Pepe se ponen de rodillas.)

Ranita: —He estado bajo un hechizo por 200 años.

Felipe: *(Levanta la vista.)* —¿Has sido una rana por 200 años? ¿Qué hay de afortunado en eso?

Ranita: —Te diré. Como princesa, podría haber terminado desposada con un niño mimado y malcriado como tú. En cambio—, *(Toma la mano de Pepe)*— me encontré un príncipe como esposo. Eso es afortunado.

(Pepe besa la mano de la princesa, mientras a Felipe le da un berrinche y grita).

Epílogo

El mismo claro en el bosque de la Escena 1

Felipe: *(Patea una piedra.)* — Si creen que iré a su ridícula boda… ¡Ja! ¡Que tengan una docena de feos hijos renacuajos!

(Entra Vieja Sabia).

Vieja Sabia: —¡Agua! Agua del pozo, hijo mío, antes de que muera de sed.

Felipe: *(Gruñendo.)* —Yo no soy el repartidor de agua. ¡Soy el hijo del Virrey! ¡Consíguete tu propia agua, vieja cucaracha!

Vieja Sabia: *(Con dulce preocupación)* —¿Cucaracha? Es muy grosero de tu parte hablarle así a tus mayores. ¿Nadie te enseñó modales?

Felipe: *(Perplejo)* —No.

Vieja Sabia: *(Sonríe maliciosamente.)* —Bueno… —*(Señala a Felipe con el dedo.)* —esa es mi **especialidad**.

(**PUF** Felipe, la rana, salta sobre el pozo).

Vieja Sabia: *(Hacia el público.)* —Y ahora saben cómo el príncipe rana terminó en ese pozo.

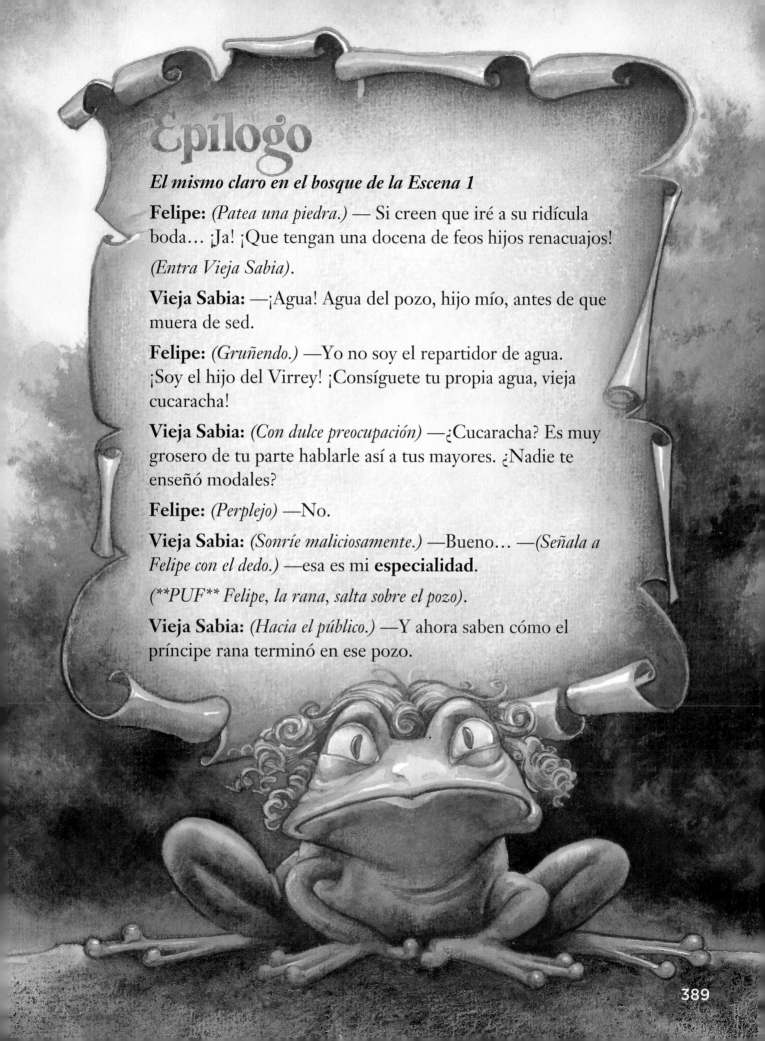

Había una vez...

Carmen Agra Deedy llegó a Estados Unidos desde Cuba en 1960. Con la esperanza de encontrar una vida más pacífica, Carmen y su familia se establecieron en Georgia. Pero ella no olvidó su herencia cubana y cuando escribe sus cuentos, los combina con la herencia de los estados del sur del país.

Renato Alarcão nació en Río de Janeiro, Brasil, donde creció y vive actualmente. Entre sus proyectos de arte se destaca la creación de 13 murales ubicados alrededor de Paterson y Passaic, Nueva Jersey, realizados con la ayuda de un equipo de artistas y adolescentes locales.

 Propósito de la autora

¿Por qué crees que Carmen Agra Deedy escribió la obra de teatro *Ranita, la princesa*? ¿Cómo lo sabes?

Busca información sobre Carmen Agra Deedy en **www.macmillanmh.com**

Pensamiento crítico

Resumir

Resume *Ranita, la princesa*. Usa el diagrama de opiniones y asegúrate de describir el problema de Ranita y cómo se solucionó.

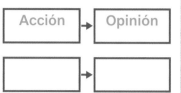

Acción	→	Opinión
	→	

Pensar y comparar

1. ¿Qué opinión tienes acerca de Felipe? ¿Cómo se relaciona lo que le pasa al final del cuento con su personalidad? Explica tu respuesta usando detalles del cuento. **Evaluar: Opinar**

2. Vuelve a leer la Escena 2 de *Ranita, la princesa* en las páginas 380 y 381. ¿Cómo se siente la esposa del Virrey con respecto a Felipe? ¿Cómo se sienten los criados? ¿Cómo ayudan estos sentimientos a predecir el final del cuento? **Analizar**

3. ¿Cómo responderías tú al pedido que Ranita le hace a Felipe? **Aplicar**

4. ¿Merecía Felipe el castigo que recibió por ser **egoísta**? Usa detalles del cuento en tu respuesta. **Evaluar**

5. Lee "El príncipe rana" en las páginas 370-371. ¿En qué se parece esta historia a *Ranita, la princesa*? ¿En qué se diferencian las historias? Usa detalles de ambas selecciones en tu respuesta. **Leer/Escribir para comparar textos**

Artes del Lenguaje

Género

Los artículos de **no ficción** informan sobre un tema. Con frecuencia incluyen gráficas, como mapas, para que los lectores visualicen.

Elemento del texto

Tema es el mensaje central en una historia. A veces el mismo tema se encuentra en textos diferentes del mundo.

Y todavía hay cuentos

Eric Michaels

Estás leyendo un cuento de hadas. De pronto, piensas: *¡Este personaje me resulta familiar! ¡Y la historia también!* No te sorprendas. Muchos cuentos tienen versiones diferentes. El escenario puede cambiar pero los personajes y los sucesos son muy parecidos.

Distintas culturas han disfrutado el cuento de la Cenicienta. Cada grupo cuenta la historia a su manera, pero tienen el mismo tema.

Cenicienta

Un cuento de hadas de los hermanos Grimm

Jacob y Wilhelm Grimm eran dos hermanos narradores de Alemania. Su versión de la Cenicienta es familiar para muchas personas. En esta historia, Cenicienta vive con su malvada madrastra y hermanastras. La hacen trabajar mucho y le dan ropa vieja para vestir. Cuando el rey decide hacer un baile, Cenicienta no puede ir porque no tiene vestido.

EUROPA

Alemania

Un hermoso vestido y un par de zapatos dorados caen de un árbol con la condición de devolverlos a medianoche. Cenicienta va al baile luciendo como una princesa. Por supuesto, el hijo del rey se enamora de ella. Al correr hacia su casa a la medianoche, Cenicienta pierde un zapato. El príncipe lo encuentra y comienza a buscar a su dueña para casarse con ella. Prueba el zapato a todas las jóvenes del reino. Finalmente, se lo prueba a Cenicienta y ¡le queda perfecto! Cenicienta y el príncipe viven felices para siempre.

ASIA

China

Yeh-Shen

Versión china de Cenicienta

A menudo, Yeh-Shen es llamada la Cenicienta china. Ella vive con su malvada madrastra, que la maltrata. Al igual que Cenicienta, pierde un zapato en un festival de primavera. Esta vez, el rey es quien se da cuenta de que Yeh-Shen es la dueña del zapato. Ella y el rey se casan y viven felices para siempre.

La joven de rostro áspero
Cuento indígena americano de Canadá

Esta cultura tiene su versión de la Cenicienta.
Una hermosa muchacha es maltratada por sus
hermanas. Tienen celos de su belleza y le raspan
la cara y queda áspera. Un guerrero llamado
Viento Fuerte, que puede hacerse invisible, dice
que se casará con la mujer que pueda verlo. Las
muchachas fingen verlo, pero la muchacha de
rostro áspero, no. El guerrero premia su honestidad y el
rostro de ella se recupera. Se convierte en la novia de
Viento Fuerte y las hermanas son castigadas.

AMÉRICA
DEL NORTE

Canadá

Cuentos de embusteros

En los cuentos de embusteros el personaje principal
es un animal inteligente y rápido que se burla de otros
personajes más grandes, fuertes y poderosos que él.
Una vez que hayas leído varios cuentos de embusteros,
entenderás por qué estos astutos personajes son los
famosos en todo el mundo.

El Tío Conejo aparece en muchos cuentos populares
del sur de Estados Unidos. Es muy listo y siempre
consigue lo mejor de los otros . Coyote aparece en
cuentos de México y del sudoeste americano. Puedes
estar seguro, el coyote es un animal astuto
e inteligente.

En ciertas partes de África dicen que todas las
historias pertenecen a Anansi, la araña. Cuentan
que Anansi usaba su inteligencia para atrapar a otros
animales y ser dueña de todas las historias. ¿Cómo lo
logró? ¡Porque es una embustera!

Un mundo de embusteros

El Tío Conejo es el embustero favorito de los cuentos populares afroamericanos.

Coyote es un famoso embustero de cuentos mexicanos y del sudoeste de Estados Unidos.

Anansi, la araña, es una famosa embustera de los cuentos populares de África Occidental.

 Pensamiento crítico

1. Piensa en tres versiones del cuento Cenicienta. ¿A qué cultura pertenecen? ¿Qué tema comparten? **Tema**

2. ¿Qué rasgos comparten los embusteros? Usa detalles del artículo en tu respuesta. **Evaluar**

3. Piensa sobre los personajes descritos en este artículo y en *Ranita, la princesa*. ¿En qué se parecen los personajes? ¿En qué se diferencian? **Leer/Escribir para comparar textos**

 Busca información sobre cuentos en el mundo en at **www.macmillanmh.com**

Detalles sensoriales

Los escritores incluyen **detalles sensoriales** para apelar a los sentidos del gusto, tacto, vista, olfato y oído.

Conexión: Lectura y escritura

Lee el pasaje. Observa cómo la autora, Carmen Agra Deedy, usa detalles sensoriales en su obra de teatro.

Fragmento de *Ranita, la princesa*

La autora usa detalles sensoriales para ayudarnos a que no simplemente "veamos" el momento. Ella elige detalles sobre los que Felipe debe estar de acuerdo, para mostrarnos exactamente lo que Ranita hará, probará y tocará.

Ranita: Para que rescate tu flecha de oro, debes prometer que me permitirás comer de tu plato y dormir en tu cama. Y que me darás un beso cuando salga el sol.

Felipe: (*clavándole la mirada*) ¿Comer de mi plato? ¿Dormir en mi cama? ¿Besarte? ¡Eso es repugnante!

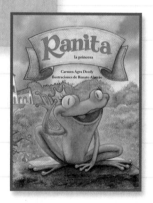

Lee y descubre

Lee el texto de John. ¿Qué detalles sensoriales usó para que fuese más fácil imaginar el momento? Usa la lista del Control de escritura como ayuda.

Desastre en el almuerzo
John P.

Oí el ruido de la bandeja del almuerzo cuando golpeó el piso de losa. ¡Qué vergüenza! Todos comenzaron a aplaudir cuando se me cayeron las hamburguesas con kétchup y las alubias. Me salpiqué los zapatos con la salsa anaranjada que deja mal olor en la ropa. ¡Sabía que iba a apestar durante todo el día!

Lee sobre el desastre del almuerzo de John.

Control de escritura

 ¿Incluyó el escritor más detalles aparte de los relacionados con el sentido de la vista?

 ¿Te ayudó a oír, tocar, oler y degustar el momento que describió?

☑ ¿Imaginaste cómo se sintió John en ese momento?

398

A platicar

¿Qué crees que trata de expresar el artista en este mural?

Conéctate

Busca información sobre expresiones artísticas en **www.macmillanmh.com**

Expresarse a través del arte

Ivar da Coll y sus personajes

Vocabulario

prolongado   divisar

jubilado   brotar

chiflar

Claves de contexto

Las **descripciones** pueden ayudarte a encontrar el significado de palabras desconocidas. Busca palabras que puedan describir la palabra *jubilado*.

IVAR DA COLL

CHIGÜIRO
chistoso

norma

Federico Richard

A través de Internet participo en un programa de conversaciones en línea. Hablo de libros para niños con personas de todo el mundo. Hace unos días hablé con Amanda López, de Colombia. Ella se entusiasmó cuando le pregunté por Ivar da Coll y nuestra conversación fue **prolongada**.

Amanda: ¿Sabías que Ivar es colombiano como yo? Aquí todo el mundo lo quiere mucho porque es un excelente autor e ilustrador de libros para niños.

Federico: Con un nombre como el suyo, yo hubiera pensado que él no era latino.

400

Amanda: Mi primer libro fue un libro de Ivar. Me lo regaló mi abuelo, que era **jubilado**, ya no trabajaba y vivía con nosotros.

Federico: ¿Y de qué trataba?

Amanda: Era un libro sin palabras de la colección Chigüiro. A mí me encantaba porque me imaginaba todo lo que le pasaba a este personaje llamado Chigüiro. Él era como mi mascota. Ahora tengo un perro que se llama Chigüiro, pero nunca viene si lo llamo por su nombre. Sólo viene cuando le **chiflo**.

Federico: No sé que quiere decir chigüiro.

Amanda: El chigüiro es un animal que vive en las llanuras de América del Sur, cerca del agua.

Federico: Ya sé de qué animal me hablas. Yo lo llamo capibara. Es el roedor más grande del mundo y se mueve en grupos. Los **divisas** desde lejos cuando vas por el campo y pasas por una laguna o un pantano.

Amanda: ¿Qué más quieres saber sobre Ivar da Coll? Las palabras y los dibujos le **brotan** de las manos. Tiene un gran talento. Sus personajes son animales con sentimientos humanos. Creo que ellos hacen entender a los niños que todos tenemos una personalidad que es frágil y fuerte a la vez.

Volver a leer para **comprender**

Verificar la comprensión

Personajes, ambiente, argumento Conocer el **ambiente** de una historia puede ayudarte a ver por qué ocurren ciertos **sucesos** y por qué los personajes se sienten o actúan de cierto modo. Un diagrama de ambiente puede ayudarte a recordar los sucesos, el ambiente y las **reacciones del personaje**. Vuelve a leer la selección para ver cómo el ambiente y las acciones de los personajes pueden afectar el argumento.

Ambiente	
Suceso	Reacción del personaje
Suceso	Reacción del personaje
Suceso	Reacción del personaje

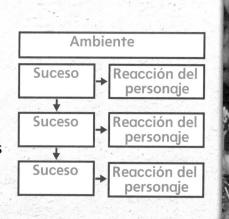

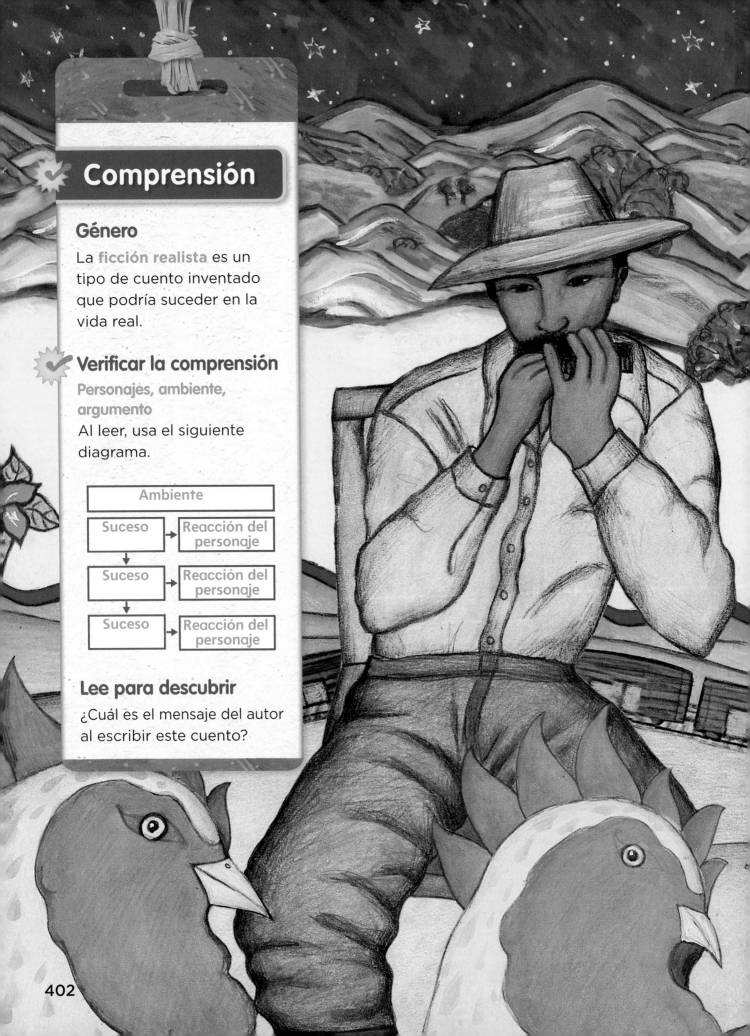

Comprensión

Género

La **ficción realista** es un tipo de cuento inventado que podría suceder en la vida real.

Verificar la comprensión

Personajes, ambiente, argumento
Al leer, usa el siguiente diagrama.

Ambiente	
Suceso →	Reacción del personaje
Suceso →	Reacción del personaje
Suceso →	Reacción del personaje

Lee para descubrir

¿Cuál es el mensaje del autor al escribir este cuento?

El canto de las palomas

Selección premiada

Juan Felipe Herrera
ilustraciones de **Elly Simmons**

Nací en el pequeño pueblo de Fowler–
"La capital mundial de pasas".
Mi mamá y mi papá fueron campesinos
y yo crecí recorriendo con ellos
las montañas y los valles de California.

Dedico este librito a mi madre Lucha
y a mi padre Felipe,
quienes amaban el cielo del campo
y la tierra cuando se pone tierna.
Ellos me enseñaron que dentro de
cada palabra existe una sonrisa.

"*N*aciste en el camino, como tu papá".

Mi mamá me decía esto
cuando teníamos que mudarnos a otro campo de labor.

Mi mamá Lucha, mi papá Felipe y yo.

Divisaba a los campesinos trabajando en los files
mientras mi papá manejaba nuestra vieja troca del Army
por los caminos olvidados de California.

Con su ropa brillante, los campesinos le daban color
al campo como aves tropicales.

*C*uando parábamos, hacíamos una carpa.
Mi papá sacaba una lona gruesa y verde
como una tortilla gigante remojada en salsa de tomatillo.
Mamá la extendía mientras buscábamos varitas
para clavar sus cuatro puntas en el suelo.

Dormíamos arrecholados, juntos bajo cobijas y sarapes.
Bocarriba yo contemplaba las estrellas que centelleaban
más allá de los agujeritos de la carpa.

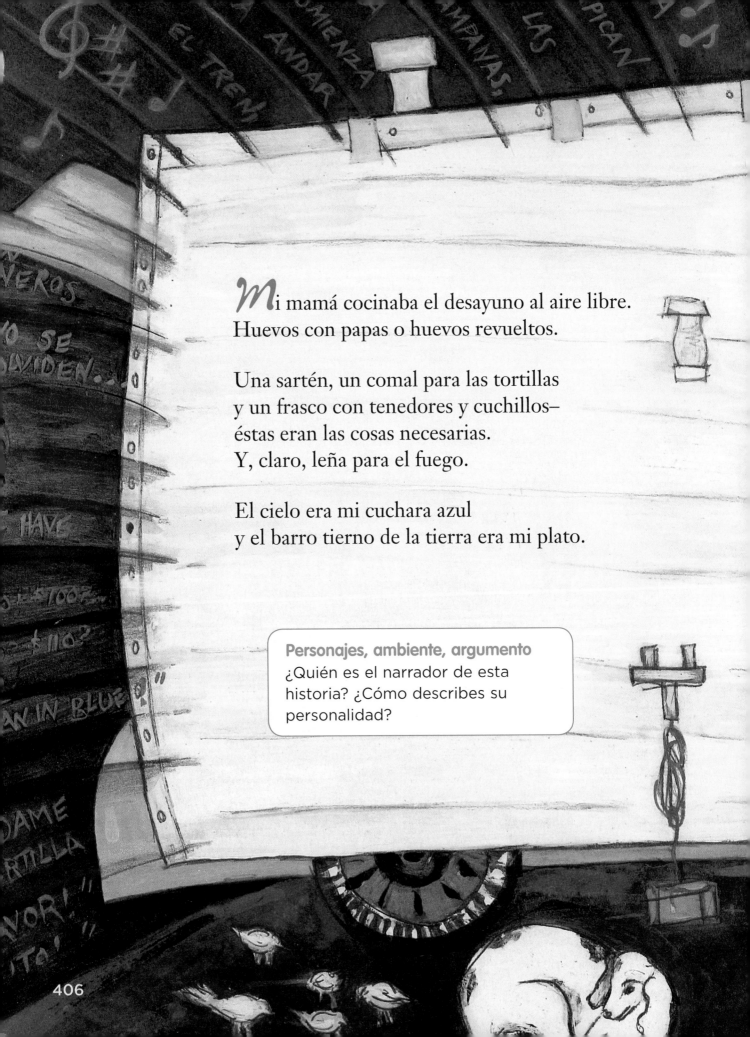

Mi mamá cocinaba el desayuno al aire libre.
Huevos con papas o huevos revueltos.

Una sartén, un comal para las tortillas
y un frasco con tenedores y cuchillos–
éstas eran las cosas necesarias.
Y, claro, leña para el fuego.

El cielo era mi cuchara azul
y el barro tierno de la tierra era mi plato.

Personajes, ambiente, argumento
¿Quién es el narrador de esta
historia? ¿Cómo describes su
personalidad?

Un día mi papá decidió hacer
una casita de cuatro paredes
montada sobre un carro abandonado.
Martilló palos largos y madera laminada
sobre el chasis de un Ford antiguo y remojó
su brocha en baldes de pintura blanca.

Desde lejos, mi casa era
una caja chica de pan con ruedas.
Por dentro era una cuevita cariñosa
que se calentaba con pláticas.
Del radio en la pared salían
anuncios ruidosos y corridos mexicanos.

$\mathcal{U}$na vez visitamos a unos amigos en Fowler por un par de meses.
Tomé mis baños en una tina de hojalata en medio de la yarda
rodeada por cuatro familias en sus trailas.

Mientras me tallaba los brazos,
mi mamá cantaba de los mexicanos que cruzaban
la frontera de Texas.
Yo seguía la canción y salpicaba el agua.
Una iglesia protestante hecha de madera frágil
se ladeaba detrás de las trailas.

Nuestro patio de barro
era un teatro vestido de arena
donde aprendí a cantar.

$\mathcal{A}$l mediodía,
en su descanso, cuando dejaba de manejar el tractor,
mi papá llamaba a los pájaros.

Poniendo sus manos sobre la boca,
chiflaba muy hondo como si tuviera un pequeño clarinete
entre las palmas de sus manos.

"Así canta la paloma", decía mi papá.

Tarde o temprano llegaba una paloma del campo
y se paraba en un árbol cercano.

$\mathcal{D}$e vez en cuando mi madre nos sorprendía en la cena recitando poesía.

Mientras cenábamos un platillo de guisado y una tortilla dura de harina, se paraba de puntillas, con las manos levantadas, como si pidiera lluvia a las nubes.

De sus labios **brotaban** palabras melodiosas
y por un momento el mundo entero dejaba de girar.

$\mathcal{D}$espués de la cena y después de que nuestras pocas gallinas viajeras corrían a sus estacas, mi padre tocaba su armónica y nos contaba cómo había salido de Chihuahua, México, y cómo había llegado a los Estados Unidos.

"Mi amá falleció mientras yo nacía y mi apá murió de cansancio en los campos", él nos decía. "Sólo tenía catorce años cuando salté al tren para venirme a los Estados Unidos, al Norte. Me habían dicho que podía montar en caballos en Wyoming, pero al llegar allí, hacía tanto frío que al escupir la saliva se hacía hielito al chocar con la tierra".

Personajes, ambiente, argumento
¿Por qué el autor nos cuenta acerca de su madre y su padre?

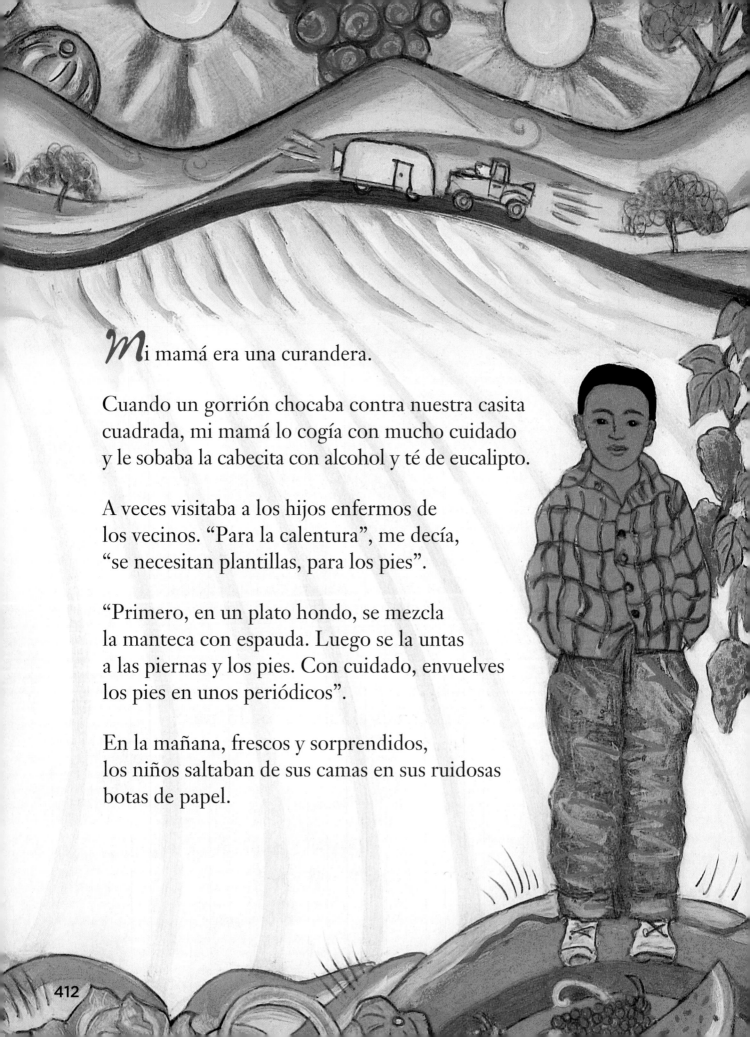

$\mathcal{M}$i mamá era una curandera.

Cuando un gorrión chocaba contra nuestra casita
cuadrada, mi mamá lo cogía con mucho cuidado
y le sobaba la cabecita con alcohol y té de eucalipto.

A veces visitaba a los hijos enfermos de
los vecinos. "Para la calentura", me decía,
"se necesitan plantillas, para los pies".

"Primero, en un plato hondo, se mezcla
la manteca con espauda. Luego se la untas
a las piernas y los pies. Con cuidado, envuelves
los pies en unos periódicos".

En la mañana, frescos y sorprendidos,
los niños saltaban de sus camas en sus ruidosas
botas de papel.

El camino cambiaba con las estaciones.

Durante el invierno,
mis padres podaban vides en Delano.
En la primavera, nos íbamos a Salinas
para la pisca de melón, lechuga y bróculi.

Al comienzo del verano,
regresábamos a Delano y Parlier
para recortar racimos de uvas para que
algunas crecieran más dulces.

Ya para el fin del verano,
cuando las hojas tornaban de color,
cruzábamos el valle piscando uvas.
Para que se secaran, las extendíamos
en tiras de papel sobre la tierra.

Y con el tiempo, en el sol, los pequeños y
luminosos planetas terminaban de alumbrar
y se volvían oscuras pasas.

$\mathcal{E}$n los valles montañosos de Lake Wolfer
le pagaban a mi padre con sacos de camotes
y baldes de peces de agua dulce en vez de dinero.

Él trabajaba para gente **jubilada**
como el señor Kelly, el irlandés,
que le pagaba con conejitos vivos
y la señora Jameson,
que le pagaba con charolas de bísquetes de maíz.
En vez de juguetes, mi papá me traía a casa
bolsas de aguacates y guajolotes voladores.

Los guajolotes sacudían sus narices rojas,
desplegaban sus plumas grises y me correteaban.

$\mathcal{Y}$o amaba la noche.

"¿Oyes a los lobos en las montañas?"
me preguntaba mi mamá.

Los lobos eran los cantantes de las sierras. Me los imaginaba
olfateando a la luna. Con sus **prolongados** aullidos y altas notas,
parecía que lloraban en lo oscuro como niños perdidos.

Poniendo mis manos como jícaras sobre mi boca,
yo me unía a los lobos.

Una fiesta en las montañas era un raro placer.
Los otros campesinos nos convidaban. Trabajaban en los jardines
como mi papá o en las casas como mi mamá.

Nos reuníamos bajo una carpa inflada como las del circo,
arrecholados al lado de la montaña. Me acuerdo de las estufitas
y su fuego, las guitarras, la armónica de mi papá y las tortillas dulces
del tamaño de mi mano que sabían a anís.

Los hombres me subían en sus brazos y me ofrecían
churros con canela y azúcar.

Era una ciudad de rostros morenos
creada por todos, con música y sonrisas.

"Ya es tiempo de asentarnos. Es hora que Juanito
vaya a la escuela", al fin le dijo mi mamá a mi papá.

Tenía ocho años y ya había recogido los paisajes
del valle cerca de mi corazón:
con su tractor, mi papá le daba vueltas a la tierra,
con sus canciones, mi mamá levantaba su cara al sol.

Nuestra casita rodante bajaba en espiral
de las montañas hacia las ciudades del Sur de California.

Cuando las ciudades estaban a la vista, yo sabía
que algún día yo iba a seguir mi propio camino.
Mi voz volaría como los poemas que recitaba mi madre,
como el canto de las palomas que me enseñó mi padre.

Leer con Juan Felipe y Elly

Juan Felipe Herrera es uno de los más destacados poetas mexicoamericanos. Creció en el campo recorriendo montañas y valles junto a sus padres, a los que dedica este maravilloso cuento. Dice: "Ellos me enseñaron que dentro de cada palabra existe una sonrisa".

 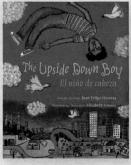

Otros libros de Juan Felipe Herrera

Elly Simmons es una pintora reconocida a nivel internacional. Sus ilustraciones de libros infantiles se destacan por la riqueza de los colores y su gran imaginación. Dedicó las ilustraciones de esta historia a la memoria de César Chávez y en honor al trabajo realizado por la Unión de Campesinos.

Conéctate

Busca información de Juan Felipe Herrera y Elly Simmons en **www.macmillanmh.com**

✔ Propósito del autor

El canto de las palomas es una autobiografía. ¿Quiere el autor informar o persuadir al lector? ¿Cómo lo sabes?

 **Pensamiento crítico**

Resumir

Resume *El canto de las palomas*. Usa el diagrama como ayuda para indicar lo que sucede en esta obra.

Ambiente	
Suceso →	Reacción del personaje
Suceso →	Reacción del personaje
Suceso →	Reacción del personaje

Pensar y comparar

1. ¿Cuáles son dos **ambientes** en esta historia? ¿Por qué el ambiente es importante para a los **personajes**? Explica usando detalles de la historia. **Verificar la comprensión: Personajes, ambiente, argumento**

2. ¿Qué crees que siente el autor al escribir este cuento? Usa detalles del cuento en tu respuesta. **Analizar**

3. ¿Cómo usarías las ideas y la información de este cuento para escribir la historia de tu niñez? **Aplicar**

4. ¿Por qué crees que el arte es una muy buena manera de expresar los sentimientos que **brotan** de dentro de una persona? Explica tu respuesta. **Evaluar**

5. Lee "Ivar da Coll y sus personajes" en las páginas 400 y 401. ¿En qué se diferencian los personajes de Ivar da Coll con los de *El canto de las palomas*? **Leer/Escribir para comparar textos**

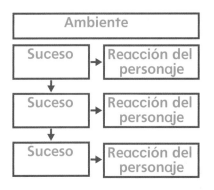

HACeR un COLLAGE

Claire Hartfield

Elegir una historia o un tema

Para comenzar tu proyecto de collage, elige una historia o un tema. ¿Deseas contar algo que sucedió? ¿Inventar una historia? ¿Qué tema haría un collage divertido: cosas que te hagan reír, cosas que haces cuando te vas a dormir, una lista de deseos, canciones favoritas? Para tus ideas, piensa en personas, lugares o recuerdos que signifiquen mucho para ti.

Piensa en **imágenes** que puedas usar en tu collage. ¿Qué te gustaría que haya en el cuadro? ¿Personas? ¿Animales? ¿Qué hacen? ¿Dónde están? ¿Qué ven, oyen, huelen, saborean y sienten?

Materiales necesarios

- Una tabla o un trozo grueso de papel
- Pinturas, marcadores de colores o creyones
- Pegamento
- Cualquier cosa que se pueda pegar en tu collage

Cómo crear un collage

Comienza por decidir si es o no importante ordenar las imágenes que usarás. Si lo es, reúnelas para tener una idea de cómo se verán juntas.

A continuación, pinta o colorea el **fondo** de tu papel o tabla. Usa los colores entre las imágenes que quieras ver cuando el dibujo esté terminado.

Luego, crea tu historia o tema, cortando y pegando objetos en el fondo.

> Las palabras como *comienza*, *a continuación* y *luego* muestran los pasos que debes seguir.

✔ Pensamiento crítico

1. Cuando creas un collage, ¿qué haces antes de pintar o colorear el fondo? **Leer instrucciones**

2. ¿Qué pasaría si pegaras los materiales antes de pintar el fondo? **Sintetizar**

3. En *El canto de las palomas*, los personajes cantan, recitan poesía o tocan música. ¿En qué se parecen o se diferencian esas actividades a hacer un collage? **Leer/Escribir para comparar textos**

 Arte

Investiga acerca de artistas que hagan collages. Haz tu propia obra de arte con el mismo estilo de uno de ellos.

 Busca información sobre collages en **www.macmillanmh.com**

Detalles sensoriales

Los escritores incluyen **detalles sensoriales** para apelar a los sentidos del gusto, tacto, vista, olfato y oído del lector.

Conexión: Lectura y escritura

Lee el pasaje. Observa cómo el autor, Juan Felipe Herrera, usa detalles sensoriales en su relato.

Fragmento de
El canto de las palomas

El autor usa detalles sensoriales para que el lector pueda "ver" y "sentir" el momento. El autor elige detalles sobre la vida de su familia, que vive y trabaja en el campo, y desea mostrarnos lo que significó para él esa vida.

Nos reuníamos bajo una carpa inflada como las del circo, arrecholados al lado de la montaña. Me acuerdo de las estufitas y su fuego, las guitarras, la armónica de mi papá y las tortillas dulces del tamaño de mi mano que sabían a anís.

Los hombres me subían en sus brazos y me ofrecían churros con canela y azúcar.

Era una ciudad de rostros morenos creada por todos, con música y sonrisas.

El canto de las palomas
Juan Felipe Herrera
Ilustraciones de Elly Simmons

Lee y descubre

Lee el texto de Krysta. ¿Qué detalles sensoriales usó para que sea más fácil imaginar el momento? Usa la lista de control como ayuda.

¡Vamos Kyle!

Krysta D.

A pesar de que estaba sentada en un banco de madera duro y el aire frío de diciembre me lastimaba las mejillas, me sentía muy bien. El equipo de fútbol de mi hermano estaba jugando alumbrado por las luces brillantes de la escuela y estaba a punto de ganar. Podía oler el barro y el césped aplastado mientras se ponían en fila cerca de la diagonal. "¡Vamos Kyle! ¡Vamos! ¡Arriba!", le gritaba a mi hermano.

Lee sobre el gran juego.

Control de escritura

 ¿Te dio la escritora más que simplemente un "vistazo"?

 ¿Te ayudó la autora a oír, tocar, oler o saborear el momento que describía?

 ¿Puedes imaginar cómo se sentía Krysta en ese momento?

423

Diario del ayudante de un espantapájaros

Repaso

- Opinar
- Orden de los sucesos
- Hechos y opiniones
- Antónimos
- Gráfica de línea

15 de marzo

¡Oh, no! ¡Se están deshaciendo de Jack Patches! Hoy mi mamá y yo visitamos el jardín de la comunidad para ayudar en la limpieza para la primavera. Cuando llegamos, había algo extraño. Al principio, no supe qué era. Luego, al poner cosas en la basura, vi un sombrero viejo que me era familiar. ¡Nuestro maravilloso espantapájaros estaba en la basura, roto en pedazos!

Hablé con el señor Collins, el supervisor del jardín. Me contó que el invierno pasado hubo una fuerte tormenta. El poste metálico que sostenía a Jack se había partido en dos porque estaba oxidado y viejo. El señor Collins pensó que era peligroso intentar volver a poner de pie a Jack, y se deshizo de él. Realmente voy a extrañarlo.

16 de marzo

Sigo pensando en Jack Patches tendido en la basura. Tengo que hacer algo. No puedo permitir que siga allí. ¿Qué puedo hacer? Llamé al señor Collins. Sigue diciendo que no es seguro volver a poner de pie a Jack porque el poste metálico está puntiagudo y oxidado. Además, su camisa es un desastre: estaba prácticamente toda rota. Y la cara también estaba arruinada. Los ojos, hechos con botones, se habían desprendido y la nariz se había aflojado.

17 de marzo

Soñé con Jack Patches. Él estaba sosteniendo la nariz con las manos y me pedía que lo ayudara. ¿Qué puedo hacer?

18 de marzo

Llamé al señor Collins otra vez. Estuvo de acuerdo en volver a poner a Jack, por lo menos durante una semana. Después hablé con mi tío, que es muy bueno con las herramientas y la madera. Me dijo que no sería difícil fabricar un soporte nuevo.

22 de marzo

Mi tío Jorge y yo volvimos al jardín con un poste nuevo. El señor Collins dijo que se veía firme y resistente. El tío Jorge me enseñó cómo poner un poste de manera segura. Lo colocamos en el concreto y lo sostuvimos hasta que se endureció. Luego, lo soltamos. Mañana el concreto estará fijo y podremos armar a Jack de nuevo. Me llevé la cara a casa para repararla.

23 de marzo

¡Jack Patches volvió! Se ve mejor que nunca. El tío Jorge donó una camisa nueva, pues la vieja estaba gastada y descolorida. Terminé de coser la cara esta mañana. Los nuevos ojos azules brillantes, hechos con botones, se veían increíbles. Jack está tan feliz de haber vuelto al jardín, que sonríe. Bueno, es cierto que tiene que sonreír porque yo lo cosí así. Pero estoy seguro de que cada persona que visite el jardín también sonreirá.

No más primaveras silenciosas

RACHEL CARSON

RACHEL CARSON NACIÓ en una granja en 1907 en Springdale, Pennsylvania. Allí aprendió a amar la naturaleza con el apoyo tierno de su madre. Cuando Carson fue a la universidad, llevó consigo ese amor. Se especializó en biología marina, el estudio de la vida en el mar.

Luego se dedicó a enseñar por cinco años. Luego se sumó al Departamento de Pesca de EE.UU. Escribió para un programa de radio que exploraba la vida en el mar, llamado "Romance bajo las aguas". La escritura de Carson era maravillosa y hacía que el mar tuviera vida propia. También escribió tres libros acerca del mar: *Bajo el viento del mar*, *El mar que nos rodea* y *El borde del mar*.

Estos libros fueron muy vendidos y premiados. Pronto, Carson abandonó el trabajo para dedicarse tiempo completo a la escritura.

En la década de 1940 a 1950 se usaban pesticidas para matar insectos indeseables. Uno de éstos era el DDT. Los científicos notaron que el DDT en verdad mataba los insectos, pero también las aves. Éstas comían los insectos infectados y se contaminaban. Los pesticidas provocaban que sus huevos fueran muy frágiles y se rompieran con facilidad. Muchos pichones no llegaban a nacer. Algunas aves, como los halcones peregrinos y las águilas calvas, comenzaron a extinguirse.

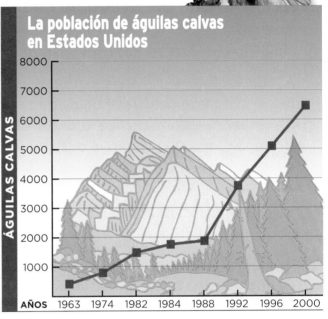

La población de águilas calvas en Estados Unidos

ÁGUILAS CALVAS

AÑOS: 1963 1974 1982 1984 1988 1992 1996 2000

Esta gráfica de líneas muestra cómo aumentó la población de águilas calvas después de que se prohibió el DDT en Estados Unidos.

Rachel Carson se preocupó por este problema. Dedicó mucho tiempo a reunir información. Después escribió un libro llamado *Primavera silenciosa*. Éste trataba sobre cómo las aves morían a causa del DDT.

Las empresas que producían los químicos intentaron afirmar que Carson estaba equivocada. El presidente John F. Kennedy pidió que se probaran los químicos que eran usados como pesticidas. Las pruebas demostraron que Carson tenía razón. Los pesticidas dañaban el ambiente, y provocaban la muerte de las aves.

Carson publicó *Primavera silenciosa* en 1962. No pudo ver cómo su trabajo cambiaba la historia, pues murió en 1964. El uso del DDT en Estados Unidos fue prohibido en 1972. Desde entonces, las aves que estaban en peligro de extinción fueron salvadas y han regresado. Ahora, en cada primavera se puede oír a estas aves maravillosas cantando en los árboles. Gracias a Rachel Carson la primavera no es silenciosa.

Pensamiento crítico

Contesta las preguntas 1 a 4. Basa tus respuestas en la selección "Diario del ayudante de un espantapájaros".

1. **¿Qué sucede ANTES del comienzo del diario, el 15 de marzo?**

   A Jack obtiene un nuevo par de ojos.

   B El tío Jorge construye un poste nuevo para Jack.

   C El señor Collins explica lo que le sucedió a Jack.

   D Una tormenta rompió el poste de metal de Jack Patches.

2. **Menciona una de las formas en que Jack Patches mejora al FINAL del diario.**

   A Tiene una camisa nueva.

   B El poste de metal es anaranjado.

   C Está hecho todo de plástico.

   D Lo trasladan a otro jardín.

3. **Lee esta oración de "Diario del ayudante de un espantapájaros".**

   > Cuando llegamos, había algo <u>extraño</u>.

   ¿Qué palabra es un *antónimo* de <u>extraño</u>?

   A normal

   B terror

   C raro

   D refrescante

4. **¿Qué opinas sobre el sueño del narrador y el problema de Jack Patches? Usa detalles e información de la selección, en el orden correcto, para fundamentar tu respuesta.**

Contesta las preguntas 1 a 4. Basa tus respuestas en la selección "No más primaveras silenciosas: Rachel Carson".

1. **¿Qué sucedió ANTES de que Rachel Carson escribiera tres libros sobre el mar?**

   A Escribió *Primavera Silenciosa.*
   B Carson estudió biología marina en la universidad.
   C Estados Unidos prohibió el uso de DDT.
   D Dejó su trabajo en el Departamento de Pesca de Estados Unidos.

2. **¿Por qué crees que el autor PROBABLEMENTE escribió este artículo?**

   A para explicar por qué la naturaleza es importante
   B para convencer a los lectores de que no usen DDT
   C para entretener a los lectores con una historia de ficción
   D para informar a los lectores sobre la vida de Rachel Carson

3. **¿Cuáles de las siguientes afirmaciones es una *opinión* del artículo?**

   A Las pruebas demostraron que Carson tenía razón.
   B Pasó mucho tiempo recogiendo información.
   C La escritura de Carson era maravillosa y logró que el mar cobrara vida.
   D Todos estos libros se vendieron bien y recibieron muchos premios.

4. **Mira la gráfica de línea. ¿Qué año tiene la menor población de águilas calvas?**

   A 1982
   B 1963
   C 1984
   D 2000

A escribir

SUGERENCIAS ¿Por qué prohibieron el DDT en Estados Unidos? ¿Cómo contribuyó Rachel Carson a la prohibición del DDT? Usa detalles de la selección para fundamentar tu respuesta. Escribe durante 10 minutos. Escribe tanto como puedas, lo mejor que puedas.

Unidad 4
Trabajamos juntos

La gran pregunta

¿Por qué las personas trabajan en equipo?

 Busca información sobre el trabajo en equipo en **www.macmillanmh.com**.

Conéctate

431

La gran pregunta

¿Por qué las personas trabajan en equipo?

Una persona puede hacer una gran diferencia. Pero a veces esa persona necesita la ayuda de otras. Hay situaciones en las que las personas deben trabajar juntas para alcanzar un objetivo, para ayudar o para cambiar algo. Por ejemplo, los grupos de rescate trabajan en equipo para ayudar a otros o para realizar tareas de limpieza luego de catástrofes naturales. Los equipos deportivos deben trabajar en conjunto para ganar. LA NASA es un ejemplo de un grupo en el que muchas personas trabajan juntas para alcanzar un objetivo.

Aprender por qué el trabajo en equipo es valioso te ayudará a entender cómo se concluyen las grandes tareas y a trabajar mejor con otras personas.

Actividad de investigación

A lo largo de la unidad, te irás informando sobre proyectos que tuvieron éxito gracias al trabajo en equipo. Escoge un proyecto para enfocar tu investigación y haz un folleto del proceso. Éste muestra cómo se desarrolla algo, de principio a fin. Usa gráficas como ayuda en tu folleto.

432

Anota lo que aprendes

A medida que lees, toma nota de todo lo que vas aprendiendo sobre el trabajo en equipo y cómo repercute en los proyectos grandes. Usa el **Boletín en acordeón.** En la primera columna, escribe el tema de la unidad: *Trabajamos juntos*. En cada una de las columnas siguientes, escribe los datos que aprendes semana a semana, que te servirán para tu investigación y para entender el tema de la unidad.

MODELOS DE PAPEL®
Ayudas de estudio

Tema de la unidad | Semana 1 | Semana 2 | Semana 3 | Semana 4 | Semana 5

Taller de investigación

Haz la investigación de la unidad 4 con:

Guia de investigación

Sigue esta guía paso a paso para completar tu proyecto de investigación.

Recursos de Internet

- Buscador por temas y otras herramientas de investigación
- Videos y excursiones virtuales
- Fotos y dibujos para presentaciones
- Artículos y recursos relacionados en Internet

 Busca información en
www.macmillanmh.com

Gente y lugares

Carlos Cadena (1918-2001)

Fue abogado, activista y juez en San Antonio, Texas. Trabajó con Gus García en el caso *Hernández vs. Texas* (1954) ante la Corte Suprema de Estados Unidos para poner fin a la exclusión de hispanos en jurados en Jackson County. La corte reglamentó que las personas no pueden ser excluidas de servir como jurado debido a su origen.

Amistad

A platicar

¿De qué manera los amigos se ayudan mutuamente?

Conéctate Busca información sobre la amistad en **www.macmillanmh.com**

435

Vocabulario

a escondidas   corretear

conocido   revoltijo

desdeñosamente   lógico

Claves de contexto

Las **pistas del párrafo** ayudan a descubrir el significado de palabras desconocidas.

Usa las pistas dentro del párrafo para descubrir el significado de la palabra *revoltijo* en el cuento.

La ratoncita del campo y la ratoncita de la ciudad

versión de Jeff Banner

Un día, la ratoncita del campo invitó a una vieja amiga de la ciudad. La ratoncita del campo recibió a la ratoncita de la ciudad con una bienvenida deliciosa de cebada y maíz frescos. La ratoncita de la ciudad estaba callada y la ratoncita del campo le preguntó si le pasaba algo.

—Extraño la ciudad —dijo—. Ven un día a visitarme. Hay cosas buenas para comer allí.

La ratoncita del campo pensó que era muy buena idea. Semanas después viajó a la ciudad. La ratoncita de la ciudad invitó a su amiga a su restorán favorito. La ratoncita del campo la siguió caminando de puntillas dentro de una taza.

—¿Qué hacemos? —le preguntó.

—Shhh. Estamos escuchando **a escondidas** —murmuró la ratoncita de la ciudad—. Cuando el cocinero se vaya, podremos comer todo el azúcar que queramos de esa hermosa bolsa que está allí.

Se apagó la luz y el lugar quedó en silencio. La ratoncita de la ciudad hizo un agujero en la bolsa, y la ratoncita del campo tomó sólo un poquito.

—¡Nunca había probado algo tan maravilloso en toda mi vida! —gritó.

En ese preciso instante escucharon **corretear** detrás de la puerta.

—¡Corre para salvarte! —gritó la ratoncita de la ciudad. Una vez que estuvieron a salvo, le explicó:

—Esperanza es la gata del cocinero. No te recomiendo que sean ni siquiera **conocidas**. Un solo golpe de sus garras y será el final. Cuando se duerma iremos a buscar más azúcar.

Pero la ratoncita del campo estaba muy asustada como para volver, y se fueron al sótano. Allí, encontraron un **revoltijo** de bolsas de cereales amontonadas contra la pared.

La ratoncita del campo, contenta, mordisqueó una y otra bolsa. Luego, la boca se le hizo agua: ¡un trozo de queso! Estaba a punto de dar un mordisco cuando...

—¡ALTO! —gritó la ratoncita de la cuidad—. ¿No ves que es una trampa? —le dijo **desdeñosamente**—. Un mordisco y ese metal te aplasta.

La ratoncita del campo estaba horrorizada. La ciudad no era un lugar seguro ni **lógico** para que una ratoncita pudiera vivir... ¡ni visitar! Así que se fue a su casa y nunca más volvió a la ciudad.

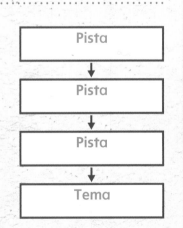

Volver a leer para **comprender**

✔ Hacer inferencias y analizar

Tema En una fábula, el tema puede estar expresado como moraleja. Para identificarlo, piensa en lo que hacen y dicen los personajes, y qué sucede como resultado. Busca **pistas** en el cuento y haz inferencias sobre ellas. Luego, piensa qué lección o moraleja quiere el autor que aprendan los lectores. Vuelve a leer el cuento y usa la tabla como ayuda para analizar el tema.

Pista
↓
Pista
↓
Pista
↓
Tema

Comprensión

Género

La **fantasía** es una historia dónde los personajes, ambiente y otros elementos no existen en la vida real.

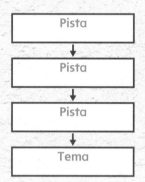

Hacer inferencias y analizar

Tema A medida que leas llena tu tabla de tema.

Pista
↓
Pista
↓
Pista
↓
Tema

Lee para descubrir

¿Qué sucede cuándo un grillo del campo se encuentra en una ciudad grande?

UN GRILLO
EN TIMES SQUARE
George Selden

ILUSTRACIONES DE **Garth Williams**

Chester

Tucker Ratón había observado a los Bellini, mientras oía su conversación. Después de vagabundear y vivir de gorra, escuchar **a escondidas** lo que decían los humanos era su pasatiempo favorito, y uno de los motivos principales por los que vivía en la estación de metro de Times Square. En cuanto la familia desapareció, Tucker cruzó corriendo al quiosco. En uno de los lados de la cubierta, dos planchas de madera separadas habían dejado un hueco lo bastante grande como para que un ratón pudiera colarse dentro. Tucker lo había hecho ya en otras ocasiones, con la sana e inocente intención de explorar. Por unos instantes, se quedó bajo el taburete, mientras sus ojos se acostumbraban a la oscuridad. Luego saltó al taburete.

—¡Psss! ¡Eh, tú, el de ahí arriba! —susurró—. ¿Estás despierto?
Nadie le respondió.
—¡Pss, pss! ¡Eh! —volvió a llamar Tucker, esta vez con más fuerza.
Desde arriba le llegó un sonido seco: como un débil **corretear** en la repisa.
—¿Quién eres y qué haces ahí? —dijo una voz.
—Soy yo. Aquí, en el taburete —dijo Tucker.
Una cabeza negra con dos ojos brillantes y negros se asomó.
—¿Y quién eres tú?
—Un ratón —respondió Tucker—. ¿Y *tú*?
—Soy un grillo, y me llano Chester—. Tenía una voz aguda y musical, y todo lo que decía parecía una insólita melodía.
—Pues yo me llamo Tucker —dijo el ratón—. ¿Puedo subir?

—Supongo que sí —dijo Chester Grillo—. De todas formas, ésta no es mi casa.

De un brinco, Tucker se plantó junto al grillo y le miró fijamente.

—¡Un grillo! —exclamó con admiración—. Nunca había visto uno antes.

—Pues yo sí he visto ratones. Conocí a muchos cuando vivía en Connecticut.

—¿Eres de allí? —preguntó Tucker.

—Sí —dijo Chester, y luego exclamó con nostalgia—: Supongo que no volveré a verlo nunca más.

—¿Y cómo has llegado hasta Nueva York? —quiso saber Tucker.

—Oh, es una larga historia.

—Anda, cuéntamela —añadió, poniéndose cómodo. Le encantaba que le contaran historias, sobre todo si eran verdaderas. Le parecía casi tan divertido como husmear.

—Bueno…Hace dos o tres días, estaba yo sentado sobre un tronco de árbol que me sirve de casa. Disfrutaba del buen tiempo y pensaba en lo bonito que es el verano.

Yo vivo en un tronco que está junto a un sauce, y a menudo suelo subir al tejado de mi casita para ver qué pasa fuera. Aquel día también había estado practicando mis saltos. Al otro lado del tronco hay un pequeño riachuelo, y estuve brincando de una a otra orilla para mantener mis patas en forma durante todo el verano. Yo salto mucho, ¿sabes?

—Ah, bueno. Yo también —le interrumpió Tucker—, sobre todo en las horas punta.

—Bueno, pues estaba terminando mi entrenamiento cuando olí algo que me encanta —prosiguió Chester—. Era paté de hígado…

—¿Te gusta el paté de hígado? —volvió a interrumpir Tucker—. ¡Espera, espera! ¡Un momento!

De un solo salto bajó desde la repisa hasta el suelo y corrió hacia su desagüe. Chester le observó ladeando la cabeza. Tucker le parecía un tipo muy nervioso, incluso para ser ratón.

Dentro del desagüe, el escondrijo de Tucker, había un **revoltijo** de papeles, trocitos de tela, botones, baratijas perdidas, monedas y todas las demás cosas que pueden encontrarse en una estación de metro. Tucker lanzaba cosas a diestra y siniestra en busca de algo. La vida ordenada no se había hecho precisamente para él. Por fin halló lo que buscaba: un gran pedazo de paté de hígado que había encontrado aquella misma tarde. En teoría estaba destinado a ser su desayuno al día siguiente, pero Tucker decidió que conocer a un grillo era un acontecimiento más que especial, y había que celebrarlo. Sujetó el paté entre sus dientes y corrió de nuevo hacia el quiosco.

—¡Mira! —dijo, orgulloso—. ¡Es paté de hígado! Puedes seguir con tu historia y mientras tomaremos una cena ligera.

Puso el paté de hígado delante de Chester Grillo.

—Eres muy amable —dijo Chester, emocionado al ver que un ratón al que sólo conocía de unos minutos compartía su comida con él—. Antes he tomado un poquito de chocolate, pero aparte de eso, no había probado bocado en tres días.

—Pues anda, ¡come, come! —le animó Tucker. Con sus dientes partió en dos el trozo de paté de hígado, y le ofreció a Chester el más grande—. Bueno, entonces quedamos en que oliste el paté de hígado. Y después ¿qué pasó?

Tema
Los personajes en este cuento se vuelven amigos. ¿Qué mensaje desea dar el autor?

—Me bajé del tronco y me dirigí hacia el lugar de donde me llegaba el olor.

—**Lógico** —dijo Tucker, con la boca llena—. Es justamente lo que habría hecho yo.

—Pues el olor salía de una cesta de picnic que estaba un par de arbustos más allá de mi casa, justo donde empieza la pradera. Allí había un grupo de gente merendando. Tenían huevos duros, pollo asado, fiambre de carne y un montón de cosas más, aparte de los sándwiches de paté de hígado que yo había olido.

Tucker gimió de gusto al imaginar tanta comida.

—Como estaban jugando, no me vieron saltar dentro de la cesta —siguió Chester—. Estaba seguro de que no les importaría que probara un poquito.

—Naturalmente que no —dijo Tucker en tono solidario—. ¿Por qué iba a importarles? Había bastante comida para todos. ¿Quién podría culparte?

—Bueno, tengo que reconocer que probé más que un poco. De hecho, comí tanto que no podía mantener los ojos abiertos. Me quedé dormido dentro de la misma cesta. Después, todo lo que recuerdo es que alguien puso una bolsa con bocadillos de carne encima de mí y ya no me pude mover.

—¡Imagínate! —exclamó Tucker— ¡Atrapado bajo los bocadillos de carne! ¡Madre mía! Hay suertes peores.

—Al principio no me sentía muy asustado. Pensé que serían de New Canaan o de algún otro pueblo cercano, y tendrían que sacar las cosas de la cesta tarde o temprano. ¡No podía ni imaginar lo que me esperaba! —movió la cabeza y suspiró—. Noté cómo la cesta era introducida en un coche, que la trasladó a alguna parte. Luego la bajaron en otro lugar, una estación de tren supongo. Entonces la volvieron a subir a otro sitio, y pude oír el ruido de un tren. Ahora ya sí que estaba asustado. Sabía que cada minuto que pasaba me alejaba más de mi viejo tronco. Además, empezaba a sentirme aplastado por aquellos dichosos bocadillos.

—¿Por qué no intentaste abrir un túnel en la comida?

—En mi estómago no había sitio para un bocado más —explicó Chester—. Menos mal que de vez en cuando el tren se inclinaba hacia un lado y yo conseguía liberarme un poco.

—Seguimos viajando durante un tiempo, y por fin el tren se detuvo. No tenía ni idea de dónde podíamos estar, pero en cuanto los dueños de la cesta se bajaron, imaginé que por el ruido aquello no podía ser más que Nueva York.

—¿No habías estado aquí nunca? —le preguntó Tucker.

—¡Cielos, no! Aunque me había hablado de esta ciudad una golondrina que volaba sobre ella todos los años, cada vez que emigraba al norte o al sur. Además, ¿qué haría yo aquí? Soy un grillo de campo —dijo Chester, balanceándose incómodo.

—No te preocupes, yo te daré paté de hígado, y vas a estar más que bien aquí. Anda, sigue contando.

—Ya casi he terminado —dijo Chester—. Aquellas gentes se bajaron del tren y, tras andar un poco, se subieron a otro que hacía aún más ruido.

—El metro, claro —dijo Tucker.

—Supongo que sí. Puedes imaginar lo asustado que estaba. No tenía ni idea de a dónde iban. Por lo que yo sabía, podían estar camino de Texas, aunque supongo que no hay mucha gente de Texas que vaya a merendar a Connecticut.

—Bueno, podría ser —concedió Tucker, asintiendo con la cabeza.

—De todas maneras, me esforcé por librarme, y al fin lo conseguí. Cuando se bajaron del segundo, tren, salté fuera de la cesta y fui a caer a un montón de basura, en una de las esquinas de este lugar.

—¡Vaya forma de llegar a Nueva York! —comentó Tucker—. Acabar en un montón de basura en la estación de Times Square…

—Y aquí estoy —concluyó Chester con tono apagado—. Llevaba tres días en ese rincón, sin saber qué hacer. Al final estaba tan nervioso que me puse a cantar.

—¡Ah! ¡Ése era el sonido! —le interrumpió Tucker Ratón. Lo oí, pero no sabía lo que era.

—Pues sí, era yo —dijo Chester—. Normalmente no canto hasta más entrado el verano, pero ¡Dios mío! tenía que hacer algo.

El grillo había estado sentado en el borde de la repisa. Por algún motivo, quizás un leve ruido, algo así como el de unas pequeñas patas que cruzaban el suelo de puntillas, Chester miró hacia abajo. Entonces una sombra que había estado agachada en la oscuridad saltó a la repisa junto a Tucker y Chester.

—¡Cuidado! —gritó el grillo—. ¡Un gato! —y se lanzó de cabeza a la caja de fósforos.

Harry Gato

Chester hundió la cabeza entre los pliegues del pañuelo de papel, para no ver cómo mataban a su nuevo amigo, Tucker Ratón. Algunas veces, en Connecticut, había observado las desiguales peleas entre un gato y un ratón en plena pradera. Si el ratón no estaba cerca de su madriguera, las peleas siempre terminaban de la misma forma. Ahora este gato les había sorprendido, y Tucker no podría escapar.

No se oyó nada, así que Chester decidió alzar la cabeza y mirar detrás de él con mucho cuidado. El gato, un enorme tigre con rayas grises y negras, estaba sentado en la repisa con la punta de su cola apoyada en las patas delanteras. Y justo entre aquellas patas, en las mismísimas fauces de su enemigo, se hallaba Tucker Ratón, que observaba a Chester con sorpresa y curiosidad. El grillo empezó a hacerle señas desesperadas para que viera lo que le amenazaba.

Pero Tucker alzó la vista con gesto tranquilo. El gato a su vez le miró amablemente.

—¡Oh, él! Es mi mejor amigo —dijo Tucker, acariciando al gato con una de sus patas delanteras—. Anda, sal de la caja de fósforos, y no te preocupes.

Chester salió lentamente. Observó primero al gato y luego al ratón.

—Chester, te presento a Harry Gato —dijo Tucker—. Harry, éste es Chester. Es un grillo.

—Encantado de haberte **conocido** —dijo Harry con voz sedosa.

—Hola —saludó Chester. Se sentía bastante ridículo por el escándalo que había armado, así que decidió explicarse—: No me he asustado por mí, sino por tí, Tucker. Creí que los ratones y los gatos eran enemigos.

—Bueno, en el campo quizás sí —dijo Tucker—, pero en Nueva York abandonamos esa vieja costumbre hace ya muchos años. Harry es mi amigo más antiguo y vive conmigo en el desagüe. ¿Qué tal te van las cosas esta noche, Harry?

—No muy bien —respondió Harry Gato—. He estado buscando en la basura del este de la ciudad, pero la gente rica no tira todo lo que debiera.

—Chester, haz ese sonido para Harry, anda —le pidió Tucker Ratón.

Chester levantó sus alas negras, que estaban cuidadosamente plegadas sobre su espalda, y con un toque rápido y experto, puso una sobre la otra. Un agudo sonido, amplificado por el eco, se extendió por toda la estación.

—Muy bonito, realmente, muy bonito —comentó el gato—. Este grillo tiene talento, sí señor.

—Yo creí que lo que hacías era cantar, pero se parece más a tocar un violín, ¿verdad? —dijo Tucker—. Un ala es como el arco, y la otra sirve de cuerda.

—Sí —contestó Chester—. Estas alas no me sirven precisamente para volar, pero no me importa, yo prefiero la música.

Y tras decir esto, volvió a frotar por tres veces sus alas.

Tucker y Harry Gato se sonrieron.

—Cuando lo escucho, siento deseos de ronronear —dijo Harry.

—Hay quienes dicen que los grillos hacemos "cri, cri, cri", y otros afirman haber oído "tri, tri, tri". Pero nosotros no estamos de acuerdo ni con unos ni con otros.

—A mí me suena más a "gri, gri, gri" —propuso Harry.

—Quizás por eso les llaman grillos —añadió Tucker.

Los tres se rieron. La risa de Tucker era entrecortada y aguda, como si tuviera hipo. Ahora Chester se sentía ya mucho mejor. El futuro no se le presentaba tan triste como cuando estaba casi sepultado en la suciedad del rincón.

—Te quedarás un tiempo en Nueva York ¿no? —le preguntó Tucker.

—Supongo que no habría más remedio —dijo Chester—. Ahora mismo no tengo ni idea de cómo volver a casa.

—Bueno, podríamos llevarte a Grand Central y dejarte en un tren que vaya a Connecticut —le explicó Tucker—. Pero, ya que estás aquí, ¿por qué no pruebas un poco la vida urbana? Conocerás gente nueva, verás cosas distintas… A Mario le has caído muy bien.

—Sí, pero a su madre no —se quejó Chester—. Cree que tengo gérmenes.

—¿Gérmenes? —exclamó Tucker **desdeñosamente**—. Ella no reconocería un germen aunque uno de ellos le pusiera un ojo morado. No le hagas caso.

—Es una pena que no hayas encontrado amigos con mejor fortuna. No sé lo que va a pasar con este quiosco —dijo Harry Gato.

—Es verdad —le apoyó Tucker—. El negocio se hunde.

—Tucker saltó por encima de un montón de revistas y leyó los nombres a la tenue luz que se colaba por la grieta de las tablas de madera.

—*Noticias de Arte, América Musical.* ¿Quién lee esto, aparte de unos cuantos intelectuales melenudos? —dijo.

—No entiendo tu forma de hablar —se disculpó Chester.

En la pradera había escuchado a las ranas, los castores, los conejos, y a alguna serpiente que otra, pero jamás había oído a nadie que hablara como Tucker.

—¿Qué es un melenudo?

Tucker se rascó la cabeza y pensó un poco.

—Uhmm, bueno… Un melenudo es una persona súper refinada, como por ejemplo un galgo afgano. Eso es un melenudo.

—¿Y los galgos afganos leen *América Musical?* —preguntó el grillo.

—Lo harían si pudieran —dijo Tucker.

—Me temo que nunca voy entender lo que pasa en Nueva York —dijo Chester, cabizbajo.

—¡Por supuesto que lo entenderás! —exclamó Tucker—. Harry, ¿qué te parece si llevamos a Chester a ver Times Square? ¿Te gustaría, Chester?

—Supongo que sí —respondió Chester, aunque la verdad es que se sentía bastante nervioso.

Los tres bajaron al suelo y atravesaron la grieta en la madera, que tenía el ancho preciso para que Harry pudiera pasar por ella.

Mientras cruzaban el vestíbulo de la estación de metro, Tucker le iba mostrando las atracciones locales, como la cafetería Nedick's, en la que el ratón solía pasar mucho tiempo, y la bombonería Loft's. Llegaron así al desagüe. Chester tuvo que dar unos saltitos muy pequeños, para no golpearse la cabeza mientras subían. El tubo parecía girar y enrollarse cientos de veces, pero Tucker Ratón conocía de sobra el camino, incluso a oscuras. Por fin, Chester vio unas luces encima de ellos. Un salto más le llevó fuera.

Y ahí se quedó, sin aliento, agachado contra el cemento de la acera.

Se encontraban en una de las esquinas del edificio del Times, situado en el extremo sur de Times Square. Torres como montañas se alzaban sobre la cabeza del grillo, hacia el cielo estrellado de la noche. Era muy tarde, pero los letreros de neón seguían encendidos. Luces rojas, azules, verdes y amarillas lo iluminaban todo, y el aire estaba lleno del ruido ensordecedor de los humanos que iban y venían. A Chester, Times Square le pareció una enorme concha marina llena de colores y ruidos que parecían olas chocando una y otra vez. Sintió una punzada en el corazón y cerró los ojos. Lo que estaba viendo era demasiado bello y terrible para un grillo que hasta entonces había medido las alturas comparándolas con su tronco, y los ruidos con el burbujeo de su riachuelo.

—¿Qué te parece? —le preguntó Tucker Ratón.

—Bueno… es… es algo asombroso —balbuceó Chester.

—Pues si lo vieras la noche de fin de año... —dijo Harry Gato.

Poco a poco, los ojos de Chester se fueron acostumbrando a las luces. Y allí, muy arriba, sobre Nueva York y el resto del mundo, vio brillar una estrella. Quiso pensar que era la misma que brillaba sobre su pradera de Connecticut y la cual él solía contemplar.

Cuando bajaron de nuevo a la estación y Chester regresó a su caja de fósforos, pensó de nuevo en esa estrella. Le reconfortaba saber que brillaba algo familiar en medio de tantas cosas nuevas y extrañas para él.

Tema
¿En qué forma expresa el autor el tema del cuento mediante los personajes?

De viaje con George y Garth

George Selden escribió este cuento después de oír el chirrido de un grillo en la estación de trenes subterráneos de Times Square. De inmediato, se le presentó toda la historia de Chester. El grillo le recordó a George la casa donde solía vivir en el campo.

Garth Williams trabajó muchísimo para que las criaturas de su cuento se vieran y actuaran como personas reales. Primero, comenzó con una fotografía real del animal. Luego, lo dibujó una y otra vez hasta que pareciera tener cualidades humanas.

Conéctate
Busca información sobre George Selden y Garth Williams en
www.macmillanmh.com

✓ Propósito del autor

¿Por qué crees que George Selden escribió *Un grillo en Times Square*? ¿Qué detalles te indican que su propósito quizás fuera explicar, entretener o informar?

456

Pensamiento crítico

Resumir

Resume *Un grillo en Times Square*. Usa tu tabla de tema para hablar sobre los personajes principales y los sucesos importantes del cuento.

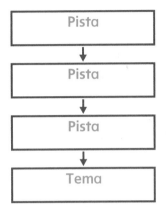

Pensar y comparar

1. La ciudad de Nueva York está llena de gente de distintas culturas y países. ¿Qué mensaje crees que ofrece el autor al hacer que un grillo, un gato y un ratón sean los personajes principales? Usa la tabla de tema para responder la pregunta. **Hacer inferencias y analizar: Tema**

2. Vuelve a leer la página 454 del cuento. ¿Por qué la visión de Times Square le parece demasiado a Chester? ¿Por qué le consuela mirar las estrellas? Explica con detalles del cuento. **Analizar**

3. ¿Con cuál personaje del cuento te identificas más? Explica tu respuesta. **Aplicar**

4. Tucker le aconseja a su nuevo **conocido**, Chester, darse una oportunidad en la ciudad. ¿Por qué es buena idea tratar nuevas cosas en la vida? **Evaluar**

5. Lee "La ratoncita del campo y la ratoncita de la ciudad", páginas 436 y 437. ¿En qué se parece la experiencia de Ratoncita del campo a la de Chester, páginas 448 a 450? ¿En qué se diferencian? Usa detalles de ambas selecciones en tu respuesta. **Leer/Escribir para comparar textos**

Género

Los **editoriales** son artículos de no ficción publicados en periódicos y revistas que expresan las opiniones del escritor.

Elemento literario

Los anuncios publicitarios son textos e imágenes que tratan de persuadir a los consumidores para que compren un producto.

Palabras clave

colonia

insecticida

ecolocación

La oportunidad de tu vida

Patrick West

¿Qué palabras se te ocurren cuando ves o piensas en un murciélago? ¿Escalofriante? ¿Siniestro? ¿Peligroso? Es posible que la gente que sabe muy poco acerca de estas criaturas responda de esa manera. Sin embargo, los que conocen a los murciélagos usarían palabras como "fascinante", "increíble", y hasta "hermoso".

Todos los que vivimos aquí, en Austin, Texas tenemos la increíble oportunidad de ver los murciélagos mexicanos sin cola. Una **colonia** de murciélagos se ha establecido debajo del Puente de la Avenida del Congreso.

Les ruego que vengan a ver estos murciélagos; suelen salir alrededor del atardecer. Los murciélagos comen miles de insectos durante sus vuelos nocturnos. Eso, amigos, es una gran cantidad de mosquitos.

continúa en la página 460

Anuncio publicitario

 Leer un anuncio publicitario

El propósito del anuncio es persuadir al cliente de comprar un producto. Busca las formas en que el autor motiva a la gente para que vaya a Kramer's.

¡La mejor casa para murciélagos salió a la venta!

¡SE VENDE!

Ahora, a sólo $40.00
(Suele costar $55.00)

Diseñada por la Sociedad de murciélagos. Techo inclinado para salir con facilidad. Cedro colorado resistente al agua.

Especial: Hamacas- ¡Hasta un 50% de descuento !

Carretillas: 10% de descuento presentando este anuncio.

Tiempo limitado. La venta finaliza el 30 de junio.

EL JARDÍN DE KRAMER
555 MAIN STREET, CEDAR PARK, TEXAS (555) 555-5555
Abierto todos los días, de 10 a 6

viene de la página 458

Lamentablemente, la población de murciélagos está reduciéndose en todo el país y se debe a varios factores. Los **insecticidas** matan gran cantidad de murciélagos y la gente destruye sus nidos al pensar que éstos son peligrosos o provocan enfermedades. Pero los científicos creen que de 200 murciélagos hay uno solo enfermo. Los murciélagos enfermos están demasiado débiles para volar y rara vez contactan a la gente. ¡Debemos difundir la noticia!

El doctor Markus Rivera, un científico que estudia a los murciélagos, tiene algunos consejos útiles para transmitir. Aquí presentamos sus consejos para observar a los murciélagos.

Consejos para ver murciélagos

- Busca murciélagos al amanecer o al anochecer.
- Elige un espacio abierto para verlos con el cielo de fondo.
- Busca murciélagos cerca del agua o en los faroles de la calle.
- Nunca los toques.
- No los molestes durante el día porque duermen.

Sabías que...?

¿Sabías que los murciélagos no confían en sus ojos cuando vuelan y cazan insectos? Usan la **ecolocación**. Emiten sonidos agudos. Los sonidos rebotan en los objetos y regresan a los oídos del murciélago. Esto les indica a qué distancia está el objeto.

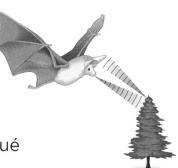

Pensamiento crítico

1. ¿Qué técnicas persuasivas muestra el anuncio publicitario en la página 459? ¿Puede un cliente de Kramer obtener un 50% de descuento en hamacas? Explícalo. **Leer un anuncio publicitario**

2. Si quieres observar murciélagos, ¿cuándo y dónde debes hacerlo? **Analizar**

3. Piensa en el editorial y "Un Grillo en Times Square". ¿Qué ideas erróneas tiene la gente acerca de los grillos? ¿Y acerca de los murciélagos? **Leer/Escribir para comparar textos**

 Ciencias

Investiga acerca de murciélagos o grillos. Haz un dibujo de uno y escribe tres datos que hayas aprendido en tu investigación.

 Busca información sobre murciélagos en **www.macmillanmh.com**

Escritura

Diálogo

Los escritores usan diálogos para mostrar lo que los personajes se dicen unos a otros y lo que sucede en el cuento.

Conexión: Lectura y escritura

Lee el siguiente pasaje. Observa cómo el autor, George Selden, usa el diálogo para mostrar lo que está sucediendo en el cuento.

Fragmento de
Un grillo en Times Square

El autor nos ayuda a ver el encuentro entre Chester y Tucker al escribir exactamente lo que se dijeron. Aprendemos un poco más acerca de cada personaje por lo que dicen.

—Soy un grillo, y me llamo Chester—. Tenía una voz aguda y musical, y todo lo que decía parecía una insólita melodía.

—Pues yo me llamo Tucker —dijo el ratón—. ¿Puedo subir?

—Supongo que sí —dijo Chester Grillo—. De todas formas, ésta no es mi casa.

De un brinco, Tucker se plantó junto al grillo y le miró fijamente.

—¡Un grillo! —exclamó con admiración—. Nunca había visto uno antes.

Lee y descubre

Lee lo que escribe Jackie a continuación. ¿De qué manera utilizó el diálogo para mostrar lo que estaba sucediendo? Usa la lista de control como ayuda.

¡Salmón a bordo!
Jackie D.

—¡Ayúdame a recoger la red! —le grité a mi hermano. Siempre tienes que gritar en el bote porque si no, nadie podría escucharte debido al zumbido del motor.

—Estás haciendo todo mal —me gritó—. ¡Se supone que debes poner la mano derecha en la parte superior!

—¡Oh, sí! —recordé. Justo en ese momento, mi hermano me ayudó a recoger libras y libras de salmón fresco del Pacífico, que seguía moviéndose.

Lee acerca de la pesca de Jackie.

Control de escritura

 ¿Utilizó el autor el diálogo en lugar de enunciados narrativos?

 ¿Muestra lo que está sucediendo a través de lo que dicen los personajes?

 ¿Sientes que estás escuchando hablar a los personajes mientras lees la historia?

Animales en equipo

A platicar

¿Cómo trabajan en equipo
las hormigas?

Conéctate

Busca información sobre
animales que trabajan
en equipo en **www.
macmillanmh.com**

465

Hormigas asombrosas

Vocabulario

investigar	nutrientes
prehistórico	solitario
territorio	comunicación
superar	astrónomo

Partes de las palabras

Las **raíces griegas** de las palabras que conozcas te pueden ayudar a encontrar el significado de palabras desconocidas.

astro = estrella

astrónomo = el que estudia las estrellas

Tara Rosati

¿Qué te gustaría ser cuando crezcas? ¿Quizás un **astrónomo**, para estudiar las estrellas, o un científico que **investiga** las hormigas? Descubre qué interesantes son estos insectos.

Insectos sociales

Existen alrededor de 10,000 especies de hormigas. La mayor parte de éstas no son **solitarias**, sino que viven en grupos llamados colonias u hormigueros. Se encuentran por todas partes, pero prefieren **territorios** con climas cálidos o donde no haga mucho frío.

La forma de **comunicación** entre ellas varía según la especie. Algunas hormigas dan un golpecito en la parte exterior del hormiguero para avisar a las que están en el interior que hay comida o enemigos cerca y otras hacen sonidos, como chillidos o zumbidos. También producen sustancias químicas que el resto de la colonia puede oler. Cada sustancia química comunica una información distinta.

Hormigas ordeñadoras

Estas hormigas reciben su nombre por la manera en que obtienen la mayor parte de los **nutrientes**. Extraen jugo de unos insectos llamados afídidos. A cambio de esto, los protegen de otros insectos. Algunas hormigas ordeñadoras son también niñeras: conservan los huevos de afídidos en los hormigueros durante el invierno y cuando los bebés nacen los llevan a las plantas donde viven.

Cultivadoras de hongos

Algunas hormigas cultivan hongos para que la colonia se alimente. Recogen hojas, pétalos de flores y otras cosas y los llevan al hormiguero para usarlos como fertilizantes para sus hongos.

Supervivencia

Las hormigas viven en la Tierra desde hace mucho tiempo. Se hallaron hormigas en trozos de ámbar **prehistórico**. ¡En la época de los dinosaurios existía el ámbar! Estas criaturas debieron **superar** muchos desafíos... Y están aquí para quedarse.

Hormiga negra atrapada en una planta insectívora.

Volver a leer para **comprender**

Analizar la estructura del texto

Descripción Los autores presentan la información de distintas maneras. Pueden usar descripciones para definir o clasificar información. Las descripciones pueden incluir **detalles** sobre un **tema**. Palabras como por ejemplo, *tal como, como, inclusive* se usan en descripciones.

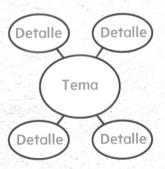

Un diagrama de descripciones te ayudará a identificar la estructura del texto. Vuelve a leer el artículo y usa el diagrama para analizar la estructura del texto.

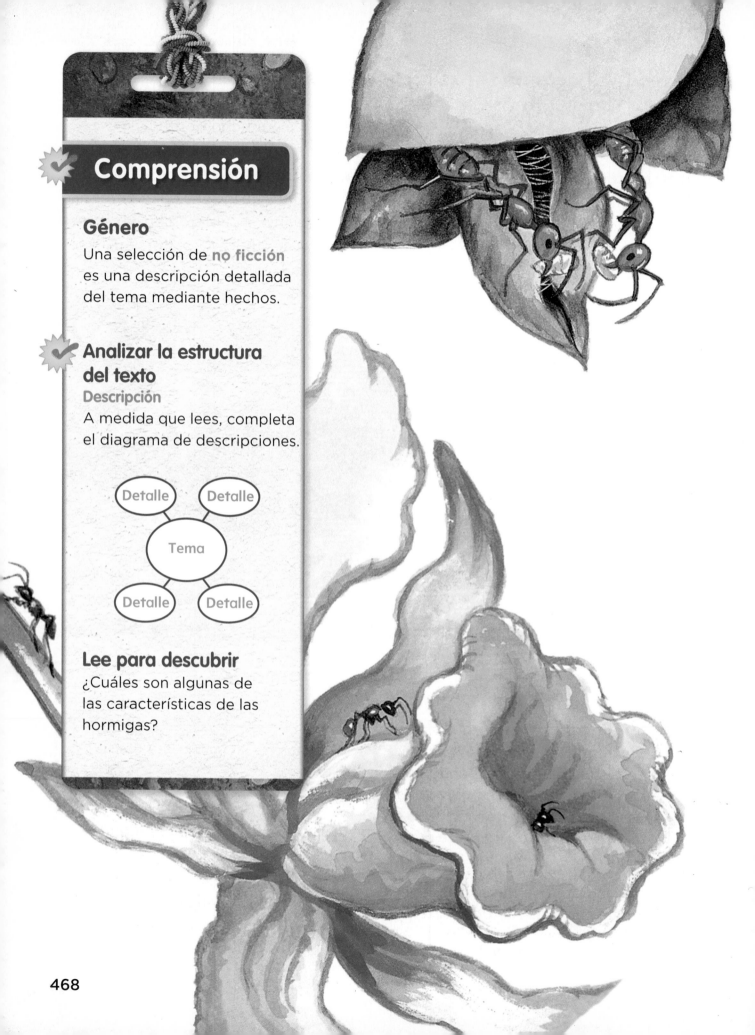

Comprensión

Género

Una selección de **no ficción** es una descripción detallada del tema mediante hechos.

Analizar la estructura del texto

Descripción

A medida que lees, completa el diagrama de descripciones.

Detalle   Detalle

Tema

Detalle   Detalle

Lee para descubrir

¿Cuáles son algunas de las características de las hormigas?

La vida de las hormigas

Texto e ilustraciones de
Charles Micucci

Dueñas de la Tierra

Las hormigas son insectos muy importantes: aran el suelo mejor que los escarabajos, comen más bichos que las mantis religiosas y **superan** a muchas otras especies en una proporción de 7 millones a 1. Se pasean por los túneles que construyen en las selvas y los bosques de todos los continentes, excepto la Antártida, y en el patio de las casas, como si fueran las dueñas de la Tierra. Y tal vez lo sean.

469

La hormiga es uno de los animales más fuertes de la Tierra: puede levantar siete veces su peso, mientras que un elefante sólo puede levantar la quinta parte del suyo.

Cada año, las hormigas del mundo cavan más de 16 mil millones de toneladas de tierra (suficiente para llenar tres mil millones de camiones de tierra).

Suelen ser comparadas con las personas porque viven en comunidades y juntas resuelven sus problemas.

Grandes dinastías

Las hormigas han estado en la Tierra durante más de 100 millones de años. Su dinastía se extiende desde la época de los dinosaurios hasta el presente.

Presente
Personas

65,000,000 a.C.
Hormigas

100,000,000 a.C.
Dinosaurios

Amigos bajo tierra

Existe más de un millón de especies de insectos. La mayoría de ellos son **solitarios** y su supervivencia depende sólo de ellos mismos.

Las hormigas son diferentes: son insectos sociales. No pueden sobrevivir por sí solas durante períodos de tiempo prolongados. Se necesitan mutuamente para construir sus nidos, recolectar comida y protegerse del enemigo. De esta forma, superan la debilidad propia de su pequeño tamaño y se fortalecen.

Cuando una hormiga es amenazada por un insecto más grande, emite una esencia llamada feromona. Las otras sienten el olor y corren en su ayuda.

Descripción

Lee "Amigos bajo tierra". ¿Qué detalles ayudan a describir la diferencia entre las hormigas y otros insectos?

Comunicación

El trabajo en equipo exitoso requiere **comunicación** efectiva. Las hormigas se expresan usando cuatro sentidos.

El olfato

Emiten feromonas que las otras hormigas detectan por medio de sus antenas. Estas esencias sirven para advertir peligros, saludar a amigas y animar a las compañeras a trabajar con más empeño.

El tacto

Se golpean suavemente entre sí con sus antenas para anunciar que descubrieron comida o para pedirla.

El gusto

Se convidan la comida de boca a boca. Estos "besos", con los que comparten alimento y sustancias químicas, son una forma de decirse "somos una familia".

El oído

Cuando algunas quedan atrapadas en la excavación, se frotan la articulación entre la cintura y el abdomen y producen un sonido chillón. El resto del grupo "escucha" a través de sus patas y pueden rescatarlas.

Como bajo tierra está oscuro, no recurren a la vista para comunicarse. En realidad, muchas hormigas pueden ver solamente a un par de pulgadas de distancia y algunas son ciegas.

La familia

Las hormigas viven en grupos llamados colonias u hormigueros. En las colonias más pequeñas pueden vivir sólo 12 hormigas y en las grandes más de 7 millones. En cada colonia hay tres tipos de hormigas: las obreras, las hormigas macho y la reina.

Obreras

Son mayoría en la colonia. Son hembras pero no ponen huevos. A pesar de ser las más pequeñas, son las encargadas de hacer todas las tareas: limpiar, recolectar comida y defender el hormiguero. Cuando vemos a una hormiga cargando comida sabemos que es una obrera.

Hormigas macho

Tienen alas y solamente se ven en el verano, durante algunas semanas. Se aparean con la reina y no trabajan en la colonia..

Hormigas reina

Las hormigas reina ponen huevos y son las madres de todas las hormigas. Las jóvenes tienen alas pero las adultas no. Tienen un gran abdomen para producir huevos. Algunas reinas ponen millones de huevos por año.

Una nueva colonia

Después de un día lluvioso de verano, una hormiga reina sale volando en busca de su pareja. Vuela hacia una nube de hormigas macho y se aparea en el aire. Después de aparearse, los machos mueren y ella regresa a la tierra, donde rompe sus alas frotándolas contra el suelo. Luego cava un hoyo en la tierra blanda y húmeda y comienza a poner huevos. Jamás volverá a abandonar el hormiguero.

Huevo   Larva   Pupa   Hormiga adulta

El proceso por el cual el huevo pasa por los estados de larva y pupa y se convierte en hormiga dura tres meses. Luego de haber salido del cascarón, las obreras asumen las labores de la colonia. Buscan alimento y protegen a la reina. Mientras la reina pone más huevos, las obreras agrandan el hormiguero.

En el hormiguero

La mayoría de las hormigas cava sus casas bajo tierra, usando sus mandíbulas como palas. Mastican la tierra y la mezclan con su saliva para formar pequeños ladrillos que luego unen para reforzar los túneles. Finalmente, retiran el exceso de tierra para ir dando forma al hormiguero.

Los nidos, que deben estar protegidos del clima y brindar un entorno seguro para que la reina ponga huevos, se ubican en la parte más baja. Los hormigueros pequeños tienen solamente una cámara a unas pocas pulgadas de la superficie, mientras que los grandes tienen muchos nidos que pueden estar hasta a una profundidad de veinte pies.

El hormiguero absorbe los rayos del sol y transfiere el calor hacia el nido.

En el hormiguero puede haber diez grados más de temperatura que en la zona que lo rodea.

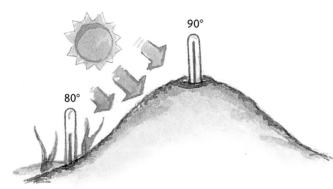

90°

80°

Suelen hacer los nidos debajo de una piedra o un leño, que además de protegerlo, retienen humedad.

Necesitan humedad para que sus cuerpos no se sequen.

Las hormigas cavan sus nidos lo suficientemente profundos como para que estén en tierra húmeda. Cuando el aire seca el nido, cavan nuevos túneles.

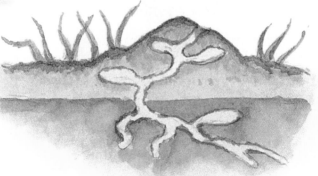

474

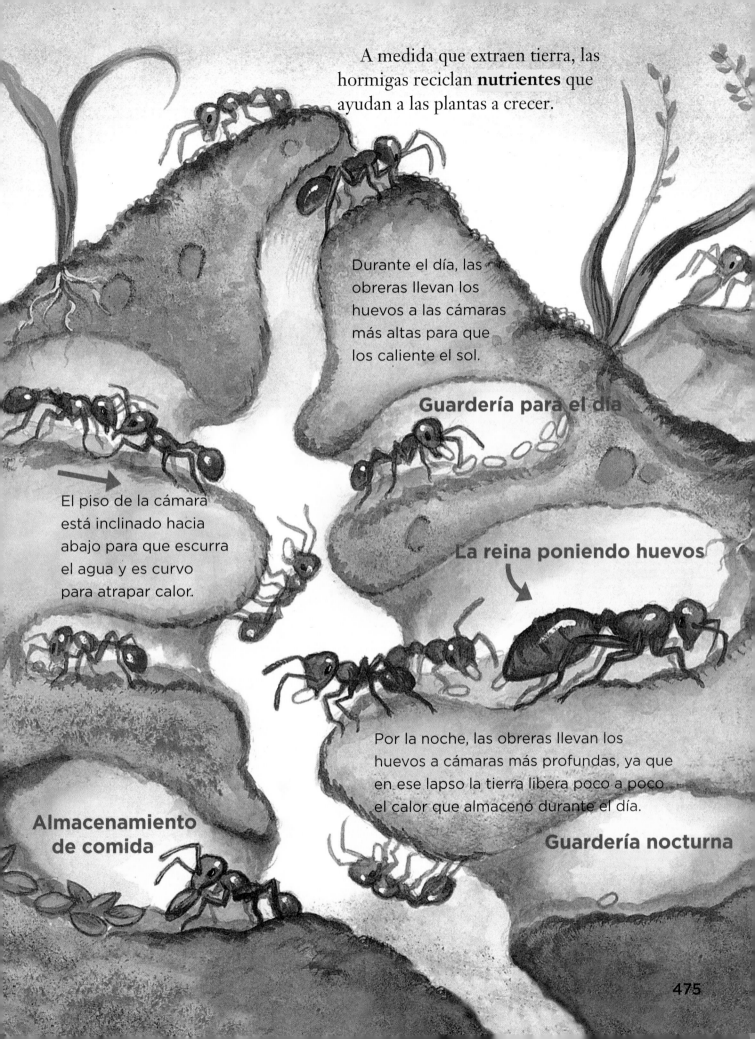

A medida que extraen tierra, las hormigas reciclan **nutrientes** que ayudan a las plantas a crecer.

Durante el día, las obreras llevan los huevos a las cámaras más altas para que los caliente el sol.

Guardería para el día

El piso de la cámara está inclinado hacia abajo para que escurra el agua y es curvo para atrapar calor.

La reina poniendo huevos

Por la noche, las obreras llevan los huevos a cámaras más profundas, ya que en ese lapso la tierra libera poco a poco el calor que almacenó durante el día.

Almacenamiento de comida

Guardería nocturna

475

Una vida de trabajo

Las hormigas comienzan sus días de trabajo aseándose. A los dos días de edad se lamen entre sí y comienzan a compartir la comida. Estos intercambios unifican a la colonia. Entre ellas no hay un jefe, sino que las más activas comienzan a realizar tareas y las otras se les unen.

Las más jóvenes trabajan en el nido atendiendo a la reina, alimentando a las larvas y cavando túneles. Luego de un par de meses, abandonan el nido y salen a buscar comida. Nunca se jubilan, aunque estén agotadas o heridas por las batallas, trabajan hasta que se mueren.

Asistentes de la reina

Las hormigas jóvenes ayudan a la reina a depositar sus huevos tomándolos con sus mandíbulas.

Hormiga enfermera

Algunas de ellas tienen la misión de lamer las larvas para que no se sequen y alimentarlas para que crezcan.

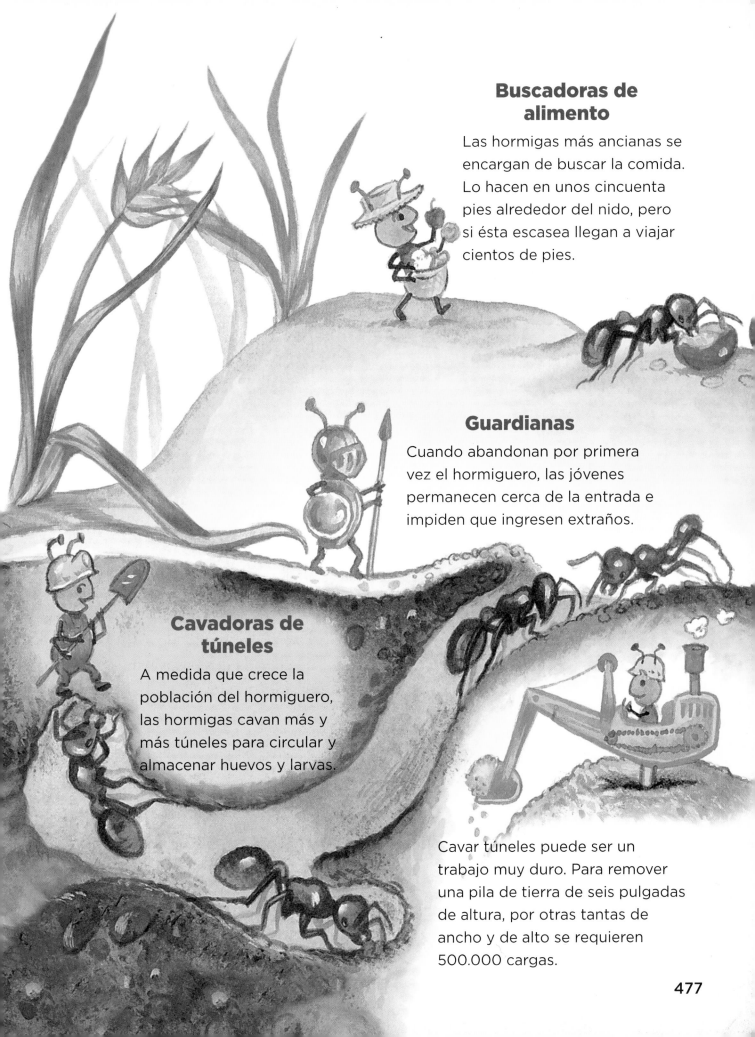

Buscadoras de alimento

Las hormigas más ancianas se encargan de buscar la comida. Lo hacen en unos cincuenta pies alrededor del nido, pero si ésta escasea llegan a viajar cientos de pies.

Guardianas

Cuando abandonan por primera vez el hormiguero, las jóvenes permanecen cerca de la entrada e impiden que ingresen extraños.

Cavadoras de túneles

A medida que crece la población del hormiguero, las hormigas cavan más y más túneles para circular y almacenar huevos y larvas.

Cavar túneles puede ser un trabajo muy duro. Para remover una pila de tierra de seis pulgadas de altura, por otras tantas de ancho y de alto se requieren 500.000 cargas.

477

Mostrar el camino

En días cálidos, las hormigas encargadas de conseguir comida patrullan el **territorio** de la colonia. Pareciera que vagaran pero en realidad están buscando alimento. Y cuando una de ellas lo encuentra, vuelve rápidamente a la colonia dejando un rastro aromático que sirve de guía para sus compañeras.

Cada una se mueve en una dirección distinta. Hasta que una de ellas descubre, por ejemplo, una miga de galleta. La **investiga** con sus antenas y trata de arrastrarla al hormiguero pero descubre que es demasiado grande.

Rápidamente emprende el regreso para conseguir ayuda. Pero lo hace golpeando con su abdomen contra el suelo cada dos pasos para que su glándula de aroma libere el vapor invisible que forma el rastro aromático.

Ya en el hormiguero, alerta a las demás hormigas sobre su hallazgo tocándolas suavemente con las antenas. En el acto, varias de ellas siguen el rastro aromático hasta la comida.

Cada una de las recién llegadas recoge un trozo de la galleta y lo transporta a la colonia mientras deja su propio rastro aromático.

Pronto, los vapores del aroma se vuelven densos y unen más y más hormigas en la búsqueda. A medida que regresan, las recolectoras comparten su alimento con las que debieron permanecer dentro del hormiguero. Así, antes de 24 horas, cada una de las hormigas habrá saboreado la galleta.

Harlow Shapley, un **astrónomo** cuyo pasatiempo era observar a las hormigas, comprobó la velocidad a la que se desplazan y descubrió que corren más rápido en los días cálidos.

Temperatura	78°F	85°F	92°
Velocidad (pulgadas por segundo)	1	1³⁄₈	1⁵⁄₈

Descripción
¿Cómo ayuda esta tabla a describir cómo corren las hormigas en días cálidos?

VELOCIDAD LIMITADA

Cavar en el tiempo

Las hormigas evolucionaron de las avispas hace más de 100 millones de años y desde entonces, han logrado eludir las pisadas. Mientras que los dinosaurios desaparecieron de la faz de la Tierra, las hormigas construyen sus hogares debajo de ella. Los poderosos dinosaurios desaparecieron hace mucho tiempo, pero las hormigas han sobrevivido.

En la actualidad, los mirmecólogos, que son científicos que estudian a las hormigas, tratan de descifrar los secretos de la larga existencia de estos insectos y de qué manera puede beneficiar a nuestra sociedad. Estudian **prehistóricos** fósiles de hormigas en ámbar y observan los hábitos diarios de las colonias.

100,000,000 a. C.

Las hormigas cavan túneles debajo de los dinosaurios.

90,000,000 a. C.

Dos hormigas quedan selladas en ámbar. Millones de años más tarde, encuentran el ámbar en Nueva Jersey.

65,000,000 a. C.

Algunos científicos afirman que fue un meteorito gigante que chocó contra la Tierra el que mató a los dinosaurios. Pero las hormigas, lograron ocultarse bajo tierra y sobrevivieron al desastre.

2000 a. C.

Los aborígenes de Australia se alimentaban con miel de hormigas. Hoy sus descendientes la llaman dulce de hormigas yarumpa.

400 a. C.

El historiador griego Heródoto escribió acerca de las hormigas extractoras de oro. En la actualidad, algunos mineros examinan los hormigueros para saber qué minerales hay bajo tierra.

1500-1800

Cuando los europeos conquistaron las islas del Caribe, con frecuencia sus fuertes eran invadidos por hormigas. Ofrecían recompensas por extinguirlas y le rezaban a San Saturnino para que detuviera a estas guerreras de seis patas.

1200-1300 d. C.

Los granjeros chinos utilizaban hormigas para mantener sus naranjos libres de pestes.

1687

Anton von Leeuwenhoek, inventor del microscopio, fue el primero en observar huevos y pupas de hormiga.

1859

El biólogo Charles Darwin escribió acerca de la inteligencia y el trabajo en equipo de las hormigas en su clásica obra *El origen de las especies.*

1880

Alemania aprobó una ley que protegía a las hormigas de la madera porque mantenían a los árboles libres de pestes.

1890-1930

William Wheeler, uno de los primeros mirmecólogos, recorrió el mundo recolectando hormigas vivas y fosilizadas.

1991

Los mirmecólogos Bert Hölldobler y Edgard O. Wilson ganaron el premio Pullitzer por su libro *Las hormigas.*

2000

Los científicos aplicaron el comportamiento de las hormigas a sistemas de administración de redes de computadoras y resultó que encuentran la solución a problemas en forma más rápida que los anteriores.

El túnel del tiempo continúa para las hormigas. Tal como lo hicieron durante muchos siglos, su forma de trabajar nos sigue inspirando. Si en un día cálido miras la tierra, probablemente encuentres una hormiga. Y si arrojas un trozo de comida, tal vez una hormiga te encuentre a ti.

481

La vida de Charles Micucci

Charles Micucci llena sus libros sobre la naturaleza con divertidas ilustraciones. Una vez, hasta dibujó el planeta Tierra con zapatillas coloradas. Charles investiga cuidadosamente los temas científicos sobre los que escribe y a veces experimenta sobre ellos. Cuando escribía un libro sobre manzanas, plantó 23 semillas y las cuidó mientras crecían en su propio departamento.

Busca información sobre Charles Micucci en
www.macmillanmh.com

 Propósito del autor
¿Cuál fue el propósito de Charles Micucci al escribir *La vida de las hormigas*? ¿Qué pistas en el texto o en las ilustraciones te ayudan a averiguarlo?

Pensamiento crítico

Resumir

Resume *La vida de las hormigas*. Usa el diagrama de ideas para incluir sólo la información importante en tu resumen.

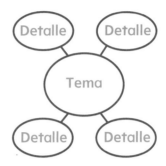

Pensar y comparar

1. Usa el diagrama de ideas para describir el interior de un hormiguero. Usa detalles de la historia en tus descripciones. **Analizar la estructura del texto: Descripción**

2. Vuelve a leer la página 469 de *La vida de las hormigas*. ¿Por qué el autor describe a las hormigas como "dueñas de la Tierra"? **Analizar**

3. ¿Cómo puedes usar lo que has aprendido sobre la **comunicación** de las hormigas? Explica tu respuesta. **Aplicar**

4. ¿De qué manera las hormigas mantienen la naturaleza en equilibrio? Usa detalles del cuento en tu respuesta. **Evaluar**

5. Lee "Hormigas asombrosas" de las páginas 466 y 467. ¿Qué aprendiste sobre la manera en que las hormigas obtienen el alimento? **Leer/Escribir para comparar textos**

LA cigarra Y LA hormiga

*adaptación e ilustraciones
de Amy Lowry Poole*

HACE MUCHO TIEMPO, en el viejo Palacio de Verano, alrededor del jardín imperial, vivían una cigarra y una familia de hormigas.

Las hormigas se despertaban muy temprano, antes del amanecer, y comenzaban su eterna tarea de reconstruir su casa de arena, que se había desmoronado por las lluvias de la tarde, y de buscar alimento, que almacenaban bajo la tierra. Llevaban su carga grano por grano, uno a uno, hacia adelante y hacia atrás, durante todo el día.

A la cigarra le gustaba dormir hasta tarde y se despertaba al mediodía.

—Hormigas tontas —les decía—. Trabajan demasiado; síganme hasta el jardín, donde cantaré y bailaré para el gran Emperador.

484

Las hormigas seguían trabajando.

—Hormigas tontas —decía la cigarra—. Miren la luna nueva; sientan la brisa del verano. Vayamos a ver cómo se preparan la Emperatriz y sus damas para la noche del solsticio de verano.

Pero las hormigas ignoraban a la cigarra y seguían trabajando.

Al poco tiempo, se acortaron los días y llegó el aire frío del norte. Las hormigas, concientes de que se aproximaba el invierno, trabajaron aun más para proteger su hogar del frío y de la nieve que pronto llegarían. Buscaban comida y la llevaban al hormiguero, donde la guardaban para los fríos meses invernales.

Al comparar los rasgos de la cigarra y de las hormigas, podrás identificar la moraleja.

—Hormigas tontas —decía la cigarra—. ¿No descansan nunca? Hoy es el festival de la cosecha. El Emperador dará un festín de pasteles y verduras dulces del campo. Tocaré para él hasta que la luna desaparezca en el agua calma del lago. Vengan a bailar conmigo.

—Deberías hacer como nosotras —dijo una de las hormigas—. El invierno se aproxima y será difícil hallar comida. La nieve cubrirá tu casa y te congelarás sin un refugio.

Pero la cigarra ignoró el consejo de la hormiga y siguió cantando y bailando hasta altas horas de la madrugada.

A la semana siguiente llegó el invierno y trajo torbellinos de nieve y hielo.

El Emperador y su corte abandonaron el Palacio de Verano y se dirigieron a su casa de invierno en la gran Ciudad Prohibida. Las hormigas cerraron la puerta del hormiguero para protegerse del hielo y de la nieve. A salvo y abrigadas, al fin descansaron después de los largos días de preparación.

Y la cigarra debió acurrucarse debajo de los aleros del palacio frotándose las manos, acongojada y deseando haber escuchado el consejo de las hormigas.

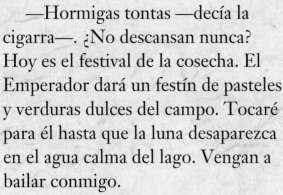

486

Pensamiento crítico

1. Identifica la moraleja de esta fábula. ¿Es una buena lección para aprender? ¿Por qué? **Moraleja**

2. ¿Cuál es el problema de la cigarra? ¿En qué punto del cuento se da cuenta? ¿Resuelve el problema? **Analizar**

3. Piensa en *La vida de las hormigas*. ¿En qué se parecen las hormigas de esta fábula a las hormigas de la selección? ¿En qué se diferencian? **Leer/Escribir para comparar textos**

Busca información sobre fábulas en
www.macmillanmh.com

487

Diálogo

En vez de usar enunciados, los escritores usan diálogos para mostrar lo que está sucediendo en una historia.

Conexión: Lectura y escritura

Lee el siguiente pasaje. Observa cómo la autora, Amy Lowry Poole, integra un diálogo para mostrar lo que está sucediendo en la historia.

Fragmento de
La cigarra y la hormiga

La autora usa un diálogo para mostrar exactamente los pensamientos de los personajes. En lugar de que la autora nos cuente la historia, podemos "oír" la voz misma de la cigarra.

—Hormigas tontas —les decía—. Trabajan demasiado; síganme hasta el jardín, donde cantaré y bailaré para el gran Emperador.

Las hormigas seguían trabajando.

—Hormigas tontas —decía la cigarra—. Miren la luna nueva; sientan la brisa del verano. Vayamos a ver cómo se preparan la Emperatriz y sus damas para la noche del solsticio de verano.

Lee y descubre

Lee el texto que escribió Jeff. ¿De qué manera utilizó el diálogo para mostrar lo que estaba sucediendo? Usa la lista de control como ayuda.

Aventura en la laguna
Jeff P.

—¡Prepárate! —le grité a mi prima Colleen. Solté la soga y dejé que el peso la llevara al otro lado, donde estaba ella.

—Bueno. Estoy un poco nerviosa —su voz se apagaba.

—Sólo debes sostener la soga y cuando estés lista, salta al agua. ¡No te preocupes, el agua es cálida!

—Debió de haberse armado de valor porque antes de que yo terminara de hablar, se deslizó en el aire y... ¡splash! Ya estaba en el agua.

—¡Eso fue impresionante! —se reía mientras salía del agua revuelta.

Lee sobre el salto de Colleen.

Control de escritura

 ¿Utilizó el autor el diálogo en lugar de enunciados narrativos?

 ¿Muestra el autor lo que está sucediendo a través de lo que dicen los personajes?

 ¿Sientes que estás escuchando hablar a los personajes mientras lees la historia?

489

A platicar

¿De qué manera trabajar juntos ayuda a mejorar el lugar donde vives?

Conéctate Busca más información sobre trabajo en equipo en **www.macmillanmh.com.**

Californianos en equipo

Vocabulario

comunidad

restaurar

unir

calcular

Caroline Mabunda guía a sus estudiantes cerca de Johannesburg, Sudáfrica. Dice: "Los estadounidenses nos ayudaron a hacer de esta escuela lo que es hoy."

Dar una mano

Darius Randall se mantiene erguido. El orgulloso niño de 7 años de Los Ángeles entrega radiante el cheque que trajo después de volar miles de millas. El cheque de $600 representa el dinero que Darius obtuvo por la venta en su puesto de limonada. Ahora el dinero pertenece a un orfanato de Lusaka, Zambia, en África.

Darius y su familia, junto a otras familias, viajaron a África desde Los Ángeles. Su grupo ayuda a la organización llamada Salvar Niños de África (SAC, por sus siglas en inglés). Esta organización ayuda a más de 17 millones de niños africanos que perdieron a sus padres por enfermedades. Hasta el momento recaudó 4 millones de dólares para huérfanos en África.

Salvar Niños de África lo inició Charles E. Blake en 2001. Blake es pastor de la iglesia afroamericana más grande del país, situada al oeste de Los Ángeles.

Blake sabía que podía hacer algo importante en el mundo. Así que contactó a miles de otras iglesias afroamericanas. "Les pedí dinero para enviar a niños en África. Les dije que debíamos demostrar que habíamos hecho todo lo posible dentro de la **comunidad** negra."

Las iglesias cooperaron en esta causa importante. Hoy, SAC ofrece apoyo y esperanza a los niños que más lo necesitan.

Unirse por el medio ambiente

Estudiantes de Redwood City, California, y de Chengdu, Sichuan, en China, trabajan para **restaurar** el medio ambiente. Ambos grupos trabajan en proyectos del Día Nacional y Mundial del Servicio Voluntario Juvenil. Los de séptimo grado de California podan, preparan el suelo y plantan nuevos árboles. Los estudiantes de China recogen basura, plantan árboles y flores en los parques de Beijing. Al final del proyecto, los estudiantes comparan apuntes e ideas sobre sus proyectos. Los organizadores esperan que los países se **unan** para combatir los problemas ambientales.

Voluntarios arreglan un parque en el Día Nacional y Mundial de Servicio de la Juventud

Conéctate Busca sobre el Día Global del Servicio Voluntario Juvenil en **www.macmillanmh.com**

Las 5 personas que dan más dinero para caridad

Todos los años, muchas personas se comprometen a dar dinero a obras de caridad. Un compromiso es una promesa. Esta lista **calcula** la mayor cantidad de **dinero donada** por individuos a obras de caridad en 2005.

Donante	Monto donado
1. Cordelia Scaife May	$404 millones
2. Bill y Melinda Gates	$320 millones
3. Eli y Edythe L. Broad	$300 millones
4. George Soros	$240 millones
5. Thomas Boone Pickens, Jr.	$229 millones

Fuente: Revista Slate; slate.com

Escribir en la pared

¿Cómo puede un mural unir a las personas?

Comprensión

Género
Los artículos de **no ficción** en revistas o periódicos informan hechos de una persona, un lugar o un acontecimiento.

Evaluar
Hecho y opinión
Un hecho es algo que puede probarse como cierto. Opinión es una creencia que no necesariamente está respaldada por hechos.

¡Imagina pintar sobre un lienzo que mide 13 pies de alto! Eso es lo que están haciendo algunos niños de Los Ángeles. Su lienzo es una pared de cemento que se extiende por media milla. Los adolescentes colaboran a **restaurar** la Gran Pared de Los Ángeles. La Gran Pared es un mural: una enorme pintura creada sobre un edificio, pared o techo.

La Gran Pared es el mural más largo del mundo. Está ubicado en el Canal de Control de Inundaciones de Tujunga en el Valle de San Fernando. La artista Judy Baca comenzó a pintar este mural público en 1974.

Judy Baca frente al mural de la Gran Pared

494

Un toque de los campeones olímpicos en la Gran Pared.

El mural llevó cinco veranos y la ayuda de 400 voluntarios. Se concluyó en 1984. La Gran Pared muestra la historia de distintos grupos de California. Cada sorprendente cuadro en la pared muestra escenas de tiempos prehistóricos hasta la década de 1950.

Miles de personas visitan la Gran Pared todos los años. Ven imágenes de inmigrantes llegando a California.

Señalan escenas de la historia, como guerras y disturbios. Observan cómo distintos grupos étnicos, desde mexicanos y japoneses hasta indígenas americanos ayudaron a dar forma a la ciudad, al país y al mundo. Baca espera que el mural muestre cómo las personas están unidas.

"No se trata solamente de historia. En realidad, se trata de conectarse," dice Baca, con respecto al mural de la Gran Pared.

De vuelta a la Pared

Con el paso del tiempo, partes de la Gran Pared se destruyeron. El sol y la lluvia hacen que la pintura se destiña y descascare. Varias inundaciones dañaron la pintura. Baca y artistas muralistas quieren preservar el muro.

"Quiero que siga en pie," dice Baca, con respecto a su obra. "Quiero que las generaciones futuras la conozcan."

Hasta ahora, se han recaudado $2.1 millones para restaurar el famoso mural. Más de 250 voluntarios, niños y adultos quieren tener listo el proyecto para 2010. Muchas otras personas de la comunidad colaboran dando dinero para el proyecto.

Mural Manía

Los murales son una gran parte de la escena artística de California. En los años sesenta y setenta, los murales se hicieron muy populares en Los Ángeles y en otras ciudades. Muchos artistas se inspiraron en murales y artistas mexicanos históricos.

A Los Ángeles se la llama a veces "la capital mundial de los murales." Pero hay cientos de murales en otras ciudades de California. San Diego, Long Beach y San Francisco tienen murales interesantes y coloridos que cubren muchas paredes y edificios.

ARTE JUDIO Y CIENCIAS   INDIAN

La próxima etapa

Los murales originales muestran hechos históricos hasta la década de 1950. Baca quiere que las partes nuevas del mural muestren lo que ha pasado desde entonces. Los artistas ya están trabajando en el diseño. Primero, el artista debe **calcular** las dimensiones del mural. Luego, debe hacer un borrador. Los detalles se dibujan en la pared y se agregan bloques de color.

Los que visitan la pared restaurada podrán escuchar y ver cosas nuevas. Las personas podrán descargar a un reproductor de música digital información acerca de la pared. Mientras caminan a lo largo de la Gran Pared, podrán escuchar sobre lo que están viendo.

La Gran Pared es más que un mural. Reúne a niños, adolescentes y adultos de diversos grupos en una misma comunidad. "Todas estas personas trabajaron para hacer la gran pared," dice Baca. "Es la historia que construyeron juntos."

Pensamiento crítico

1. ¿En qué se diferencia un mural de una pintura común?

2. El autor dice que el mural de Judy Baca une a las personas. ¿Es eso un hecho o una opinión? Explica.

3. Si pudieras dibujar un mural, ¿qué personas o eventos te gustaría incluir?

4. ¿Cómo crees que es posible que las personas de estos artículos logren tantas cosas?

497

Alimentos para reflexionar

Alice Waters con alimentos del jardín de la Escuela King.

Alumnos de octavo grado trabajan en la huerta de la escuela.

Es la clase de ciencias de octavo grado en la Escuela Intermedia Martin Luther King Jr. de Berkeley, California. Los estudiantes no están en sus pupitres. En cambio, están cosechando frijoles y plantando maíz en la gran huerta de la escuela. Allí, todo lo que se cultiva (desde brócoli hasta naranjas) es orgánico, no se usan químicos dañinos.

Lo han estado haciendo desde 1997. Fue entonces que Alice Waters, la famosa cocinera, inició un programa llamado Escuela Comestible. Maestros y estudiantes usan la huerta en varias clases. En matemáticas, miden los almácigos. En arte, dibujan las maravillas de la naturaleza que observan en la huerta. Mientras aprenden y toman conciencia sobre el ambiente, adquieren hábitos saludables de alimentación.

Waters desea que las 17 escuelas del distrito de Berkeley tengan programas similares. Su meta es hacer del almuerzo un tema de estudio. Los estudiantes recibirán calificaciones por preparar comida orgánica cultivada en el lugar. ¡Es una excelente idea!

Ahora contesta las preguntas del 1 al 5. Basa tus respuestas en el artículo "Alimentos para reflexionar".

1. Si los vegetales se cultivan en forma orgánica, crecen

   A   sin usar tierra o agua.
   B   en la huerta de la escuela.
   C   sin usar químicos dañinos.
   D   para tener verduras para los almuerzos de la escuela.

Consejo
Busca información en más de un lugar.

2. ¿Cuál de las siguientes afirmaciones NO es una forma en que los estudiantes usan la huerta de la escuela King?

   A   para dibujar imágenes de la naturaleza en la clase de arte
   B   para tomar medidas para la clase de matemáticas
   C   para aprender más sobre el medio ambiente
   D   para hacer más dinero vendiendo los productos

3. ¿Cuál de los siguientes NO es un beneficio del programa de la Escuela Comestible?

   A   Los niños aprenden a comer comidas saludables.
   B   Los niños intercambian clases por trabajo en la huerta.
   C   Los niños hacen ejercicio físico y respiran aire fresco.
   D   Los niños descubren de dónde proviene la comida.

4. ¿Por qué le interesaría a un cocinero realizar un programa de huerta orgánica en las escuelas?

5. ¿Piensas que el programa de la Escuela Comestible es una buena idea? ¿Por qué? Usa detalles del artículo para fundamentar tu respuesta.

A escribir

Imagina que sales a pasear con tus amigos. Piensa en lo que puede suceder en el paseo. Haz un resumen e incluye los sucesos más importantes.

Un resumen es breve e incluye los *sucesos más importantes*.

Para saber si un incentivo para la escritura requiere un resumen, busca palabras clave tal como los sucesos más importantes o en orden.

Observa cómo un estudiante responde al incentivo de escritura.

El escritor incluyó los sucesos importantes en el orden adecuado.

Kea, Bo y yo paseábamos en mi nuevo automóvil híbrido. De pronto, un objeto enorme y desconocido apareció en el medio de la calle. Rápidamente, pegué un frenazo.

Vimos a un grupo de personas frente al objeto. Todos se veían alterados, pero un joven parecía estar más alterado que el resto.

-¿Qué sucedió? -pregunté.

-Nos quedamos sin gas -dijo el joven. Y no podremos llegar al entrenamiento de fútbol. Me di cuenta de que el objeto que bloqueaba la calle era un viejo automóvil. No sabía que todavía se conducían autos a gas. Afortunadamente, a Bo se le ocurrió una manera de ayudarlos.

Sugerencias para escribir

Responde por escrito al siguiente incentivo para la escritura. Escribe durante 12 minutos lo más y mejor que puedas. Revisa las pistas de escritura.

La gente inventa nuevos tipos de automóviles. Piensa en algún tipo de automóvil que te gustaría inventar. Haz un resumen describiendo en orden los pasos para crearlo.

Pautas para escribir

- ☑ Lee atentamente el incentivo para la escritura.
- ☑ Organiza tus ideas para planificar tu escritura.
- ☑ Fundamenta tus ideas escribiendo más sobre cada suceso o diciendo los motivos.
- ☑ Verifica que los pronombres coincidan con los verbos.
- ☑ Escoge palabras que ayuden a los lectores a entender tus ideas.
- ☑ Revisa tu escritura y corrígela si es necesario.

Unidos
en tiempos difíciles

A platicar

¿Qué están haciendo estos rescatadores? ¿Por qué es necesario trabajar en equipo en tiempos difíciles?

Conéctate Busca información sobre equipos en tiempos difíciles en **www.macmillanmh.com**

503

Lisa Richards

Vocabulario

desplazar   derrumbar
temblar   restos
sector   rescatadores

Diccionario

Las **palabras con varios significados** son las que tienen más de un significado. Usa un diccionario para buscar los diferentes significados de la palabra *desplazar*.

Woodland Hills, California
3 de septiembre

Querida Monica,

Finalmente puedo escribirte para contarte sobre el terremoto que sufrimos la semana pasada. En primer lugar, quiero que sepas que estamos todos bien, incluso los vecinos. Todos los que vivimos en el barrio hemos padecido daños. Pero, al afrontarlos juntos, todo fue más fácil.

He atravesado temblores leves antes; pero éste fue diferente. Sé que en Medio Oriente, donde vives, has visto tormentas muy feroces. Un terremoto no se parece a nada que hayas vivido antes. Muy por debajo de la superficie, la tierra se **desplaza**. Entonces, el suelo comienza a **temblar**. A veces, el temblor hace que se derrumben edificios enteros. Un terremoto puede afectar a un **sector** muy amplio; pero los daños que sufre cada uno de los lugares afectados son diferentes.

Durante el terremoto de la semana pasada, se **derrumbó** parte del techo de nuestro garaje. La casa se mantuvo erguida, y los cimientos sólo se rajaron un poco. Todos los vecinos del barrio colaboraron para limpiar los **restos** de árboles y paredes caídos. Uno de los vecinos, el señor Vázquez, tuvo que llamar a los **rescatadores**. Estaba atrapado en una habitación al fondo de su casa. A pesar de la destrucción, todos nos sentimos afortunados.

Algunos de los jarrones de cerámica que yo tenía en el dormitorio se cayeron y se rompieron. A mi mamá se le rompieron algunos platos y vasos. Un espejo que había en la sala se rompió en mil pedazos; pero por suerte no se cayó nada más.

¡Gracias por preocuparte por tu prima de la Costa Oeste! Escríbeme pronto.

Con cariño,

Annie

Volver a leer para **comprender**

Visualizar

Sacar conclusiones Muchos autores no dan detalles en sus textos. El lector debe visualizar, aplicar lo que sabe y buscar **pistas en el texto** para sacar **conclusiones.** Una tabla de conclusiones puede ayudarte a analizar lo que lees. Vuelve a leer la selección para encontrar pistas y sacar conclusiones sobre Annie y la experiencia que vivió.

Pistas del texto	Conclusión

✦ Comprensión

Género

La **ficción histórica** es un relato en el que personajes inventados participan en hechos históricos.

✔ Visualizar

Sacar conclusiones
A medida que lees, completa la tabla de conclusiones.

Pistas del texto	Conclusión

Lee para descubrir

¿Qué conclusión saca Chin sobre su padre al final del cuento?

EL DRAGÓN DESPIERTA

TERREMOTO DE SAN FRANCISCO EN 1906

LAURENCE YEP

Es 1906. Chin, un joven inmigrante chino, vive con su padre en un pequeño apartamento en el Barrio Chino. Su padre trabaja en la casa de un banquero adinerado. Chin se ha hecho amigo de Henry Travis, el hijo del banquero. Ambas familias están a punto de vivir una experiencia que cambiará sus vidas y la ciudad de San Francisco.

5:11 a.m.
Miércoles 18 de abril de 1906
Debajo de San Francisco

Lejos debajo de la superficie de San Francisco, la placa del Pacífico se **desplaza** contra la placa Norteamericana. Empuja más que nunca. Ambas placas se deslizan y se retuercen. Vuelan y caen tierra y piedras. De repente, un **sector** de 375,000 millas cuadradas **tiembla** violentamente.

En todo el mundo existen máquinas para medir terremotos. Sus agujas comienzan a moverse locamente. En esos días, los científicos medían los terremotos de otra forma. En la actualidad se usa la escala de Richter. El Gran Terremoto fue de 8.25 en la escala actual.

La superficie se quiebra a lo largo de unas 290 millas. Desde Los Ángeles en el sur hasta Oregón en el norte y Nevada en el este, los acantilados caen al océano, los cerros se **derrumban** hasta formar valles, las montañas se quiebran, los ríos se revuelven, los árboles pierden el equilibrio y caen.

Pero San Francisco está en el centro de la destrucción. Es el blanco perfecto. Alrededor de 343,000 personas están en sus casas, durmiendo o despertando.

Es como si más de 18 millones de cartuchos de dinamita estallaran debajo. Es más potente que la bomba atómica que cayó sobre Hiroshima. Es el Terremoto de 1906, durante el cual la tierra se sacudió brutalmente.

5:12 a.m.
Miércoles 18 de abril de 1906
Casa de Travis
Área de la calle Sacramento

Sawyer ha estado inquieto toda la noche. Solloza todo el tiempo. Despierta a su amo a cada rato. Henry tampoco puede dormir bien.

Está por amanecer. Sawyer emite un ladrido. Henry se sienta y trata de tranquilizar a su mascota. "Está todo bien". Está en la misma habitación monótona de siempre. La misma cómoda. Los mismos estantes de libros. El mismo escritorio.

Entonces ve el brillo de sus nuevos patines. Están colgados del respaldo de una silla. Tal vez no todo sea aburrido. No ve la hora de salir a patinar.

De repente, Henry oye un ruido a lo lejos. Parece como si un tren se estuviera acercando. Los libros empiezan a sacudirse en los estantes como si estuvieran vivos. Henry ha estado en otros terremotos. No está preocupado.

Por un momento, la tierra deja de temblar. Henry respira. El ruido se oye nuevamente.

Los estantes se mueven hacia adelante y hacia atrás. Los libros caen. Caen haciendo un gran ruido.

Una chimenea cayó en este dormitorio, pero su dueño, como los padres de Henry, tuvo la suerte de no haber estado ahí.

La pesada cama de Henry baila con los libros. Da saltitos como un saltamontes. Henry agarra fuerte a su perro.

Siguen cayendo más libros. La cómoda se sacude. Las paredes crujen. El piso de madera se ondula como las olas del océano. Las ventanas vibran. Las puertas golpean contra los marcos.

Toda la casa se sacude como Sawyer cuando le pica algo. Los platos se estrellan abajo en la cocina. De las paredes caen los cuadros y el yeso. Las rajaduras dejan ver tablones viejos. Henry tose en una nube de polvo cada vez mayor.

El temblor continúa. La cama y el resto de los muebles dan vueltas por la habitación como si bailaran un vals tranquilo.

La ventana se hace pedazos. La cortina vuela de un aletazo. Las otras casas del vecindario se sacuden.

El terremoto destruyó estas casas en la avenida Golden Gate cerca de Hyde, próximo al ayuntamiento y Hayes Valley. En su camino al ferry, Chin seguramente hubiera pasado por el este de este lugar.

La casa de enfrente, la de los Smith, se desmorona. Llueven ladrillos. Se levanta una polvareda que oculta la calle. Henry escucha gritos que llegan de la nube de polvo.

Su padre golpea a la puerta.

—Henry, Henry, ¿estás bien? —le pregunta desde el pasillo.

—Sí. ¿Y tú y mamá? —pregunta Henry. Salta de la cama. El piso se sacude tanto que no puede mantenerse en pie. Gatea hasta la puerta.

—Estamos bien, querido —le contesta la madre.

Henry intenta abrir la puerta. No se mueve. Está torcida dentro del marco.

—Está atorada —dice.

—No te preocupes —le dice su padre—. Te sacaré.

Oye otro ruido. El estruendo proviene de arriba. Se desmorona un trozo de techo. Henry lo esquiva. Llueven ladrillos. Se hacen pedazos contra el piso. Las maderas se astillan y se quiebran.

> 5:12 a.m.
> *Miércoles 18 de abril de 1906*
> *Edificio de Chin y Ah Sing*
> *Barrio Chino*

Chin pasa agua de un jarro a un cuenco. Se tiene que lavar. Después, él y su padre irán en tranvía hasta la casa de Henry para prepararles el desayuno a los Travis.

De repente, todo tiembla. El cuenco se desliza sobre la mesa. Luego la mesa se desliza. Chin derrama agua para todos lados.

—Le puedes escribir a tu madre para contarle sobre tu primer terremoto —le dice su padre despreocupadamente.

El piso se ondula debajo de sus pies como si fuera un mar de madera. El cuenco resbala del borde y se estrella. Una pila de cajas tambalea y se derrumba. Sus pertenencias se esparcen por las maderas. Chin y su padre se ponen de rodillas.

Ah Sing trata de inspirar valentía.

—El Dragón de la Tierra se debe estar rascando —ríe.

Los temblores movieron la tierra bajo la ciudad y provocaron que las aceras y calles crecieran y se doblaran como olas.

Chin intenta no asustarse tampoco. Cuando todo queda quieto, trata de hacer bromas como su padre.

—Le debe picar mucho—. Antes de que su padre tenga tiempo de contestarle, todo comienza a temblar de nuevo.

Chin espera que se detenga. Pero sigue y sigue. El edificio cruje y rezonga como un gigante viejo. Sus camas y su cómoda acechan como animales hambrientos. Ah Sing se arrastra.

—No temas —dice mientras abraza a Chin. La voz de Ah Sing suena graciosa porque, al igual que todo, está temblando.

Debajo de ellos, las maderas ocultas se quiebran como ramas. Acto seguido, una parte de la habitación se inclina hacia arriba. Sin poder hacer nada para evitarlo, se deslizan con todos los muebles hacia la otra pared.

Chin se siente como un muñeco. Sus pertenencias chocan, se golpean y se amontonan. Su padre lo arrastra debajo de la mesa.

—El edificio se está derrumbando —grita su padre.

Las paredes se rajan y se desmoronan. Las ventanas estallan y los trozos de vidrio se esparcen como pequeñas dagas.

Chin siente mariposas en el estómago cuando la habitación se desmorona por completo. Cuando se detiene con una sacudida, ellos rebotan contra el piso. Se quedan tendidos por un instante. Los vecinos gritan desde el piso de abajo. La habitación de Ah Sing y Chin los está aplastando.

Luego, el piso se mueve. Vuelve a caer. Se escuchan más gritos. Esta vez es la planta baja la que está aplastada.

El piso se sacude por última vez y se queda quieto.

Aturdido, Chin se asoma por debajo de la mesa. Ve rajaduras que se expanden como telarañas por las paredes. Caen bocanadas de polvo de yeso. Las paredes se desintegran como si fueran de papel. El techo se les cae encima.

De las 5:15 a.m. a las 5:20 a.m.
Miércoles 18 de abril de 1906
Debajo de San Francisco

El terremoto hace que la tierra suba y baje, sacudiéndose hacia delante y hacia atrás. Los caballos de las estaciones de bomberos salen corriendo a las calles. En la calle Mission arrean hacia el matadero el ganado que está en el puerto. Aterrorizados, los animales se desbandan. Arrollan a un hombre y lo hieren.

Una sexta parte de la ciudad fue hecha sobre un basurero. Tierra, piedras y otros **restos** se amontonaron en la costa de la bahía y en arroyos y estanques. Casas, apartamentos y comercios quedaron encima. La calle Valencia fue construida así.

El terremoto lanza agua desde debajo de la superficie terrestre y la mezcla con los restos. Como consecuencia, la tierra deja de ser sólida.

> **Sacar conclusiones**
> ¿Por qué el padre de Chin lo obliga a ir bajo la mesa?

Esto se denomina licuación. El suelo es como arena movediza y chupa casas enteras. Esto es lo que sucede en la calle Valencia.

Incluso en los lugares en que la tierra es más sólida, los edificios se derrumban como castillos de naipes.

Miles de personas están atrapadas en toda la ciudad.

5: 20 a.m.
Miércoles 18 de abril de 1906
Edificio de Chin y Ah Sing
Barrio Chino

Chin no puede ver ni moverse. Apenas puede respirar.

En medio de la oscuridad, escucha a su padre.

—¿Estás bien, Chin? —le pregunta mientras tose.

Su padre lo sujeta fuerte. Chin intenta responder, pero su boca está llena de polvo. Sólo asiente con la cabeza. Como su padre no puede verlo, Chin le aprieta el brazo.

Se da vuelta para levantar la mano. Siente que la mesa está encima, pero ya no tiene patas. Los restos de pared y techo han transformado la habitación en una pequeña cueva.

Su padre corre los escombros que están a su alrededor.

—No puedo moverlos—se queja. Chin lo ayuda a empujar.

—Se nos ha caído el techo encima—. Si su padre no lo hubiera llevado bajo la mesa, el techo lo habría aplastado.

Pero ahora están enterrados vivos. Oyen pasos arriba.

—El Dragón de la Tierra está loco —grita un hombre.

— ¡Por aquí! —grita Ah Sing.

— ¡Ayúdenos! —vocifera Chin también.

—¡Fuego! —se escucha un alarido cercano.

Oyen los pasos, que se alejan, huyendo.

Chin y su padre gritan hasta quedarse roncos.

Ni aun así pueden oírlos.

Si no logran salir, quedarán enterrados vivos.

—Tendremos que hacerlo nosotros solos —le dice el padre—. Trata de encontrar un pedazo que esté flojo—. Se retuercen y consiguen moverse.

Logran encontrar un enorme pedazo de yeso cerca de la cabeza de Chin. Buscan a tientas hasta que encuentran el yeso. Los pedazos de escombro se deshacen entre sus manos.

Mientras escucha que su padre cava, Chin intenta agarrar las maderas rotas y el yeso. El polvo se les mete en la nariz y en la garganta. Siguen excavando como animales salvajes.

5:20 a.m.
Miércoles 18 de abril de 1906
Casa de Travis
Área de la calle Sacramento

Henry tose entre la nube de polvo. Los ladrillos de la chimenea están amontonados a su alrededor. Una pared ha desaparecido. Puede ver el dormitorio de sus padres. Ahora ya no está. Ni tampoco está la chimenea. La mayoría de las cosas se desmoronaron en la habitación. El piso ha cedido por el peso y está hundido. Su padre golpea la puerta.

—Henry, ¿estás bien?

Se tapa la boca para no tragar el polvo aromatizado. Todas las botellas de perfume de su madre se han roto. La casa cruje de un modo amenazador. Sawyer gime temeroso.

Foto del incendio en el centro, tomada desde la calle Powell cerca de la calle Sacramento, en el límite este del Barrio Chino.

—Ayúdame —dice Henry. La voz de su padre lo tranquiliza.

—Te sacaremos de ahí, Henry. Voy a buscar una palanca. Vístete mientras tanto.

Obedientemente, Henry se pone la ropa. Aunque la casa todavía no ha dejado de temblar, vestirse lo mantiene ocupado. Luego recoge a Sawyer. Henry se aferra a su mascota. La palanca roza el marco de la puerta.

Al quebrarse la madera, la puerta se astilla y se abre. Henry ve a su padre, que tiene la camiseta de dormir metida dentro de los pantalones. Su madre está parada detrás de él. Su cabello, siempre prolijo, ahora está revuelto. Tiene puesto el chal de seda sobre el camisón. Su padre lo abraza.

—Gracias al cielo estás bien.

Su madre también lo abraza. Luego, le limpia la cara con su chal.

—Estás lleno de polvo.

—Tú también —ríe Henry, más tranquilo.

Miran a través del agujero de la pared.

—Sí, podríamos haber estado en el dormitorio de al lado —dice el padre.

—Si la chimenea se hubiera caído para el otro lado, te podría haber aplastado —dice la madre.

La casa retumba a medida que bajan la escalera. Henry lleva a Sawyer en sus brazos. La escalera se balancea bajo sus pies. Henry casi no respira. La casa parece estar a punto de derrumbarse. "Manténganse juntos, por favor", implora en silencio.

El señor Travis se detiene en la sala. La señora Travis da un grito cuando la ve. El piano de la abuela ha quedado sepultado bajo una pila de ladrillos, maderas y yeso.

Se para erguida.

—Al menos estamos vivos —dice—. Eso es lo importante.

Su padre toma el tubo del teléfono del pasillo.

—Hola, operadora. Hola, ¿hola? —grita. Finalmente, cuelga—. Se deben haber cortado las líneas.

La puerta del frente también está atorada. El padre usa la palanca.

Las vías del tranvía se doblaron con la fuerza del terremoto.

Sawyer ladra desde los brazos de Henry, presionando al señor Travis para que se apure.

Finalmente, la puerta se sale de las bisagras. El señor Travis tira y la abre.

Quedan atónitos en la entrada. Al otro lado de la calle, el frente de la casa de los Smith se ha desmoronado sobre la calle. Sin embargo, las habitaciones están intactas. Los Smith están atrapados en el segundo piso, aturdidos. Están parados inmóviles como las muñecas de la prima de Henry en su casa de muñecas.

Los Rossi, una pareja de ancianos, no fueron tan afortunados. Su casa de madera se ha derrumbado sobre ellos.

La calle está completamente rajada. Las vías se han doblado y tienen extrañas formas como de metal brilloso.

Algunas casas han quedado inclinadas. Parece como si estuvieran asomándose sobre el hombro de alguien. Los caños que pasan por debajo de la calle están rotos, y el agua sale como si fuera una fuente.

Henry se refriega los ojos. Pero cuando vuelve a abrirlos, la pesadilla continúa.

6:00 a.m.
Miércoles 18 de abril de 1906
Edificio de Chin y Ah Sing
Barrio Chino

Chin y su padre cavan en la oscuridad. Tiene la esperanza de cavar en la dirección correcta. Le duelen los brazos. Está lleno de cortes y moretones. Tiene la boca llena de polvo. Siente que no puede siquiera respirar. La tierra los ha tragado.

— ¡Fuego!—gritan las personas desde el piso de arriba. Chin escucha las corridas.

—¡Sáquenme de aquí! —grita.

Su padre deja de cavar y lo abraza.

—¡No tengas miedo!

Pero el miedo se mueve dentro de Chin como una serpiente. Está tan sediento que no puede siquiera llorar. Tiene las uñas rotas y le sangran los dedos.

Nunca lograrán escapar. Piensa en su madre. Ella no sabrá cómo murieron.

De repente, una brisa acaricia su rostro como una mano suave. Respira aire fresco.

Se olvida de que está dolorido y cansado. Corre los escombros. Pero sólo puede hacer un túnel angosto. Apenas puede pasar.

—No te preocupes por mí —le dice el padre—. Sálvate.

—Conseguiré ayuda —promete Chin.

—Tú eres el que importa —le dice el padre.

Chin se arrastra por el pasadizo y deja a su padre atrás. Le daría miedo quedarse solo en la oscuridad. Sólo entonces se da cuenta de lo valiente que es su padre. O de lo mucho que lo ama.

Chin logra sacar las manos. Aletea desesperadamente como un pájaro asustado.

—Hay alguien con vida —grita un hombre en chino.

Lo único que atina a hacer Chin es contestar con voz ronca.

Escucha pasos sobre él. Alguien comienza a cavar. Los escombros de madera, ladrillo y yeso se hacen a un lado. A ciegas, Chin ayuda al rescatador a agrandar el agujero.

Una par de manos fuertes lo toman de las muñecas. Siente que lo levantan, hasta que ve el rostro de Ah Quon que le sonríe.

La mayoría, como los Travis y los Sing, perdieron todo en el terremoto. Esperaban en largas colas para obtener agua y comida.

Una mujer prepara una comida en su cocina improvisada en una esquina.

519

—Eres el nabo más grande que jamás he extraído —ríe Ah Quon, aliviado. Saca a Chin de entre los escombros. Chin sólo piensa en una cosa: su padre. Respira de manera entrecortada y señala debajo suyo.

Mientras Ah Quon cava para sacar a su padre, Chin escupe los trozos de yeso. Luego, también mueve los escombros.

Desde las 6:00 a.m. hasta las 7:00 a.m.
Miércoles 18 de abril de 1906
Manzana de los Travis
Área de la calle Sacramento

El padre de Henry organiza a los rescatadores. Primero, toman una escalera y sacan a los Smith de su casa.

Luego, el señor Travis lleva a todos a la casa destrozada. Sawyer salta de los brazos de Henry. El perro ladra de manera exaltada en un lugar. Henry se agacha sobre los escombros. Escucha las voces débiles de los Rossi entre las ruinas.

Rápidamente, los rescatadores quitan ladrillos, maderas y yeso. Henry ata a Sawyer con una soga a una columna de hierro. Ayuda a su madre y a su padre a atravesar la pila de escombros.

Todos tiemblan cuando el suelo se sacude otra vez. Cae un ladrillo de un edificio cercano. Cuando se detiene el temblor, miran a su alrededor con temor.

El señor Travis calma a todos.

—No tenemos tiempo para asustarnos. Hay mucho que hacer —dice. Olvida el peligro y comienza a cavar.

Henry creía que Marshal Earp era valiente. Pero ningún bandido era tan temible como la Naturaleza. Es un oponente mucho peor. Y su padre no se acobarda.

Se une a su padre. La señora Travis está a su lado. De inmediato, todos están cavando otra vez.

Son las mismas personas que Henry ve todos los días.

—Se comportan como héroes —le dice a su madre.

La señora Travis arroja un ladrillo a un costado.

—No puedes juzgar a un libro sólo por la tapa —le dice. Henry colabora hasta que comienza a dolerle la espalda. Se levanta un momento para descansar.

Los bomberos llegan a combatir el fuego que se inició luego del terremoto.

Al sur se levanta una columna de humo negro que parece formar un signo de interrogación.

—Creo que hay un incendio.

—No se preocupen —dice su padre—. Tenemos el mejor departamento de bomberos del mundo.

—¡Mi casa! —grita uno de los vecinos. El humo proviene de su casa, que está a unos pocos metros.

—Los bomberos llegarán pronto —insiste el señor Travis. Pero le pide al señor Smith que vaya al cuartel de bomberos más cercano. Luego, separa a los **rescatadores** en grupos. Algunos permanecen con él, cavando entre los escombros.

Mucha gente ayudó a reconstruir San Francisco. En 1915,
San Francisco iba en camino a ser la gran ciudad que es actualmente.

El resto forma un escuadrón de los baldes. La cañería que abastece de agua a las casas de esa cuadra, está rota. Llenan baldes con agua y los van pasando de mano en mano hasta llegar al primero de la fila, que es el encargado de tirar el agua sobre las llamas. Otra hilera hace circular los recipientes vacíos.

El grupo encargado de la búsqueda finalmente encuentra a los Rossi, debajo de su pesada cama de roble. Aunque ahora está rota, les ha servido de protección.

—Mi padre hizo esta cama. Cortó el árbol sin ayuda de nadie —dice el señor Rossi. Tiene el brazo quebrado. Su esposa tiene un corte bastante profundo en la frente y le sangra mucho.

El señor Travis le hace señas a un vehículo para que se detenga. Le pide al conductor que lleve a la pareja al hospital.

—Estoy ocupado —dice el conductor.

—Pero necesitan ver un médico —replica el señor Travis.

—¿Parezco miembro de una organización de beneficencia? —se burla el conductor.

—Iremos a pie —dice el señor Rossi y se tropieza. Pero el señor Rossi es muy viejo. Henry no cree que pueda caminar más de una cuadra.

—Le pagaré para que los lleve —le dice el padre de Henry al hombre del carruaje. El conductor frunce el ceño.

—Cincuenta dólares.

—¡Es un robo! —resopla el padre.

El conductor se encoge de hombros.

—No sé qué hospitales han quedado en pie. Podría tener que llevarlos muy lejos —el señor Travis saca dinero de su billetera. Es todo lo que tiene. Ayudan a los Rossi a subir al vehículo y los miran alejarse.

—Los desastres sacan lo peor de algunas personas —rezonga el señor Travis.

—Pero también sacan lo mejor —agrega la señora Travis, señalando el escuadrón de los baldes.

> **Sacar conclusiones**
> ¿Por qué es importante para los Travis y sus vecinos trabajar juntos?

523

¿QUÉ PASA CON LAURENCE YEP?

LAURENCE YEP nació en San Francisco, California. Creció en una zona afroamericana. Estudió en el Barrio Chino, donde se sentía extranjero por no hablar el chino.

Empezó a escribir en la escuela secundaria. Su profesor invitó al curso a enviar sus ensayos a una revista de circulación nacional. Lawrence aceptó el reto, y al poco tiempo ya estaba vendiéndole su primer cuento a una revista de ciencia ficción. ¡Le pagaron un centavo por palabra! A los escritores jóvenes les aconseja: "Escribir requiere hacerse a un lado y mirar algo desde un ángulo diferente". Ha recibido muchos premios por sus libros. Lawrence vive aún en California y continúa escribiendo. Enseñó escritura y estudios asiáticos en las universidades de California, Berkeley y Santa Bárbara.

 Propósito del autor

¿De qué manera crees que sus experiencias de niño influyen en sus escritos? ¿Crees que escribió para entretener o para informar a los lectores? ¿Cómo lo sabes?

Busca información sobre Laurence Yep en **www.macmillanmh.com**.

Pensamiento crítico

Resumir

Piensa en el ambiente, los personajes, y los sucesos de *El dragón despierta*. Usa tu tabla de conclusiones como ayuda para resumir la selección.

Pistas del texto	Conclusión

Pensar y comparar

1. Piensa en los señores Travis y Ah Sing. ¿Qué clase de personas son? ¿Qué sienten Henry y Chin por sus padres? ¿Qué pistas de la selección te ayudan a sacar esas conclusiones? **Visualizar: Sacar conclusiones**

2. ¿Por qué crees que el autor de *El dragón despierta* decidió escribir sobre lo sucedido durante el terremoto desde la perspectiva de dos niños diferentes? **Analizar**

3. Si fueras Chin Sing, ¿qué sentirías? ¿Qué harías? **Aplicar**

4. En el terremoto que sacudió San Francisco en 1906, algunas personas se comportaron como **rescatadores** y otras no. ¿Cómo reaccionan las personas ante las dificultades? ¿Por qué? Utiliza detalles del cuento y tu experiencia personal para apoyar tu respuesta. **Evaluar**

5. Lee "Cartas de Annie" en las páginas 504-505 y compárala con *El dragón despierta.* ¿En qué se parecen las descripciones de los terremotos? ¿En qué se diferencian? **Leer/Escribir para comparar textos**

Género

Los artículos de **no ficción** informan al lector sobre personas, lugares, cosas o sucesos reales.

Elemento del texto

Un **manual técnico** proporciona instrucciones de varios pasos sobre un tema.

Palabras clave

erosión   **placas**

gradual   **sismógrafo**

La Tierra está en permanente movimiento

James Shastri

Es posible que el suelo sobre el que se construyó tu escuela haya sido un río hace 10,000 años. Diferentes elementos forman y modifican la superficie de la Tierra. El cambio es **gradual** ya sea en millones de años o en un sólo instante.

El Gran Cañón es uno de los grandes ejemplos de erosión en el mundo.

526

Lento y constante

¿Qué tienen en común los témpanos, los glaciares, el viento y el agua? Con el tiempo, todos ellos cambian la superficie de la Tierra. Cada minuto del día, la Tierra toma una forma nueva por el agua y el viento. Este proceso de cambio se llama **erosión**.

El agua afecta la forma de la Tierra al romper rocas y suelos trasladando trozos de un lugar a otro. Las aguas congeladas, en forma de témpanos y glaciares, son ríos de hielo poderosos que llevan cuesta abajo suciedad y rocas. Sin embargo, los glaciares se mueven despacio y son casi imperceptibles los cambios en el planeta.

El viento también puede cambiar la superficie de la Tierra. Al soplar, recoge polvo, tierra y arena. Cuando los vientos son fuertes, rompen rocas, y trozos de rocas caen al suelo al final.

La gravedad y el peso causan que el glaciar se deslice.

Rápido y furioso

Algunos cambios de la superficie de la Tierra ocurren con fuerza repentina, como los terremotos, los derrumbes y las erupciones volcánicas.

Los terremotos son vibraciones causadas por la energía en la capa externa de la tierra. Esta energía usualmente ocurre por el cambio de placas o por la actividad volcánica. Los científicos usan un instrumento llamado sismógrafo que detecta y mide la energía de las vibraciones de un terremoto. Las personas que viven cerca del constante cambio de placas, saben del increíble poder de los terremotos. Casi cada segundo hay un terremoto. Algunos son imperceptibles como los microtemblores, mientras que otros tienen la capacidad de causar mucha destrucción.

John Milne, un geólogo británico, creó el sismógrafo en 1880 cuando trabajaba en Japón.

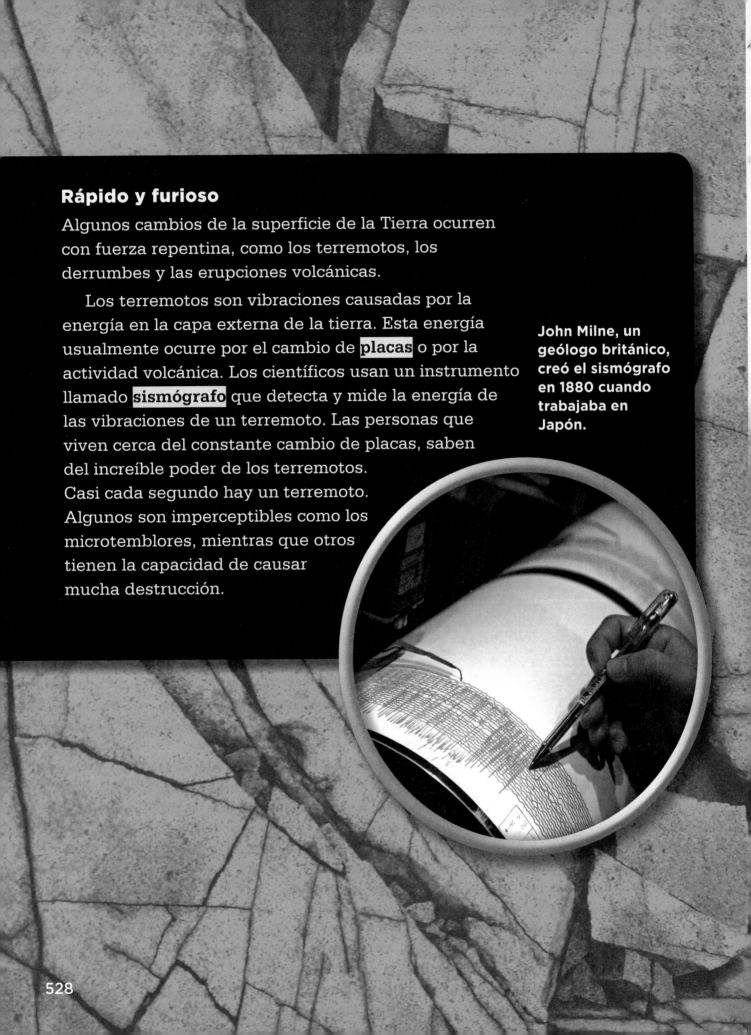

Leer un manual técnico

MANUAL DE SEGURIDAD EN CASO DE TERREMOTO

Sigue estas instrucciones para permanecer a salvo durante un terremoto.

Preparar el salón de clases

1. Haz una lista de áreas peligrosas, como ventanas, estantes y luces.

2. Haz un equipo de seguridad en caso de terremoto. Incluye: lista de nombres y números de teléfono de los estudiantes, un botiquín de primeros auxilios, agua embotellada, linternas y pilas.

Durante un terremoto

Recuerda: Agáchate, cúbrete y sujétate

1. Tírate al suelo.

2. Cúbrete debajo de una mesa o un escritorio resistente.

3. Aléjate de las ventanas.

4. Ponte una mano en la nuca, y con la otra mano sujétate a las patas del escritorio o de la mesa.

✔ Pensamiento crítico

1. Lee el manual de seguridad en caso de terremoto. ¿Qué pasos debe seguir el estudiante durante un terremoto? **Leer un manual técnico**

2. Compara y contrasta el proceso de erosión con un terremoto. ¿En qué se parecen o diferencian? **Analizar**

3. Piensa en este artículo y en *El dragón despierta.* ¿Cuál de los pasos del manual de seguridad siguieron los personajes? **Leer/ Escribir para comparar textos**

Ciencias

Investiga el plan de evacuación de emergencia de tu escuela, de tu ciudad o de tu casa. Crea un manual técnico incluyendo los pasos de evacuación. Incluye al menos una ilustración.

 Busca información sobre terremotos en **www.macmillanmh.com**

529

Escritura

Dar formato al diálogo

Los escritores usan las rayas de diálogo para que los lectores sepan que un personaje está hablando.

Conexión: Lectura y escritura

Lee el siguiente pasaje. Observa cómo el autor, Laurence Yep, le da formato al diálogo para que el lector entienda el texto con claridad.

Fragmento de
El dragón despierta

El autor utiliza rayas de diálogo para que el lector sepa cuándo comienzan a hablar los personajes. De esta manera, el lector puede seguir fácilmente el principio y el final de la conversación.

Ayudan a los Rossi a subir al vehículo y los miran alejarse.

—Los desastres sacan lo peor de algunas personas —rezonga el señor Travis.

—Pero también sacan lo mejor —agrega la señora Travis, señalando el escuadrón de los baldes.

Lee y descubre

Lee el texto que escribió Christina. ¿De qué manera utilizó el diálogo para mostrar que alguien hablaba? Usa la lista de control como ayuda.

El desastre de encontrar la talla correcta

Christina M.

Lee sobre las compras de Christina.

–¡Odio cómo me quedan estos jeans! –me quejaba mientras intentaba ponérmelo a la fuerza. Ir de compras nunca fue realmente divertido, pero con mi hermana parada allí, riéndose de mí, era aun peor.

–Te buscaré otro talle –sugirió la vendedora con mucha frialdad. Se quedaba mirándonos cuando nos reíamos.

–Bueno. ¿Podrías traerme uno para mí también? –le dijo mi hermana con una voz extremadamente dulce.

–Me parece que no tenemos jeans de tu talla –remató la vendedora.

Control de escritura

 ¿Utilizó la autora rayas de diálogo para empezar cada fragmento del diálogo?

 ¿Separó la narración del diálogo por medio de rayas?

☑ ¿Pudiste darte cuenta fácilmente si hablaba un personaje?

532

A platicar

Esta es una foto de los hermanos Wright haciendo volar su aeroplano. ¿Qué logros se pueden alcanzar cuando una familia trabaja en equipo?

Busca información sobre el trabajo en familia en **www.macmillanmh.com**

En familia

Una fiesta muy especial

Florencio Sueldo

Hoy es el cumpleaños de nuestra vecina, la señora Rosa. Ella es la gran abuela del vecindario. Los que viven por aquí desde hace mucho tiempo saben que doña Rosa cumplirá noventa años. Es por eso que todos queremos organizarle una fiesta sorpresa inolvidable.

Los preparativos

—Niños, tenemos muchas cosas por hacer. Marcos, necesito que vayas con tus amigos a limpiar el salón. Y tú, Lilianita, hay que **acomodar** las sillas y **adornar** las mesas con cintas y flores —nos dice José, el panadero que hornea los pasteles más ricos del vecindario.

—¡Yo quiero armar los **ramos**! —propone entusiasmada la maestra de la escuela, la Señora Elisa.

—Esperen, tengo una idea para el armado de los ramos. Hoy es la **apertura** del nuevo **vivero** del señor Rodríguez. Verán niños, ése es un mundo maravilloso de aromas y colores. Allí encontrarán flores que nunca han visto antes, además de rosas rojas, rosas blancas y rosas amarillas, hay margaritas, tulipanes, amapolas, azucenas y crisantemos —nos explica nuestra madre con una alegría que nos contagia.

—Muy bien. No nos queda mucho tiempo, así que tenemos que ser los primeros **clientes** en llegar al vivero para encontrar las flores más lindas —agrega mi papá.

Habrá sorpresas y emociones.

—¡Feliz cumpleaños! —gritamos todos no bien la señora Rosa abre la puerta del salón.

Marcos se acerca tímidamente y le entrega un papel donde había dibujado una hermosa águila sobrevolando una montaña.

—Doña Rosa, me hubiera gustado comprarle un cuadro con el ave pero la verdad es que no me alcanzó el dinero. En cambio, le hice un dibujo con mis pinturas... Sé que no es lo mismo, pero igual quería regalárselo —confiesa el niño con un poco de vergüenza—. Mi mamá me dijo una vez que para nuestros

antepasados aztecas el águila era el símbolo del valor y la belleza. Usted, doña Rosa, es todo eso para mí —explica casi en susurros.

La abuela toma el dibujo entre sus manos, lo mira atentamente, luego mira al niño y le dice emocionada: —Mi querido Marcos: es el mejor regalo que he recibido en mi vida— y después de darle un beso y un abrazo, corta para Marcos la primera porción del pastel.

Volver a leer para **comprender**

Verificar la comprensión
Perspectiva del autor
Buscar pistas sobre cómo piensa el autor sobre un tema puede ayudarte a identificar la perspectiva del autor. Un diagrama de perspectiva del autor puede ayudarte a entender su punto de vista.

Vuelve a leer la selección y busca **pistas** acerca de la **perspectiva del autor**.

Comprensión

Género

La **ficción realista** es un tipo de cuento inventado que podría suceder en la vida real.

Verificar la comprensión

Perspectiva del autor

Al leer, completa el diagrama de perspectiva del autor.

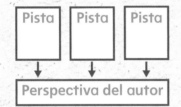

| Pista | Pista | Pista |

↓ ↓ ↓

Perspectiva del autor

Lee para descubrir

¿Qué inspiró a la familia de Xóchitl a crear su propio vivero?

Xóchitl, la niña de las flores

Jorge Argueta
ilustraciones de Carl Angel

En este barrio, lejos de El Salvador, todo el mundo nos conoce como la familia de las flores: A mi mami le dicen doña Servelia Flores, a mi papi le dicen don Obdulio Flores y a mí me dicen Xóchitl, la niña de las flores.

—"Xóchitl", en el idioma náhuatl significa "flor" —me explicaba alegre mi abuelito Rubén cuando vivíamos en El Salvador— . Antes, mucho antes de que los españoles soñaran con llegar a estas tierras, tus antepasados, indios náhuas como tú, ya vivían aquí. Y en honor de ellos te llamas Xóchitl.

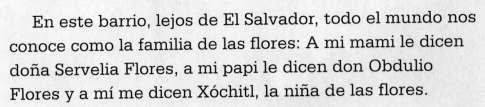

Perspectiva del autor
¿Por qué hace el autor que la niña narre la historia?

En el apartamento chiquitito donde ahora vivimos
en San Francisco con el tío Benjamín y la tía Candelaria,
me hace falta El Salvador. Extraño los fines de semana
cuando me sentaba en el jardín de mi casa con mi papi y
mi mami, haciendo **ramos** de flores.

Allá nuestras flores les daban alegría a todos. Cuando
Fidel se casó con Rosa, les **adornamos** la casa como un
jardín. Y cuando murió Grillito, el perro del zapatero,
le hicimos un ramo grande y hermoso. También, para
la fiesta de quince años de Lala Osorio, su familia nos
encargó quince ramos para sus quince damas.

Aquí los días van despacio como las tortugas. De noche, oigo a mi mami que habla con mi papi de la tienda de flores que sueña con tener algún día en este país.

Mi mami trabaja todos los días, limpiando casas con mi tía Candelaria. Los fines de semana me llevan con ellas. Mi papi pinta casas o trabaja de lo que encuentra. Y yo dibujo flores y les escribo cartas a mis abuelitos, vecinos y amiguitos de El Salvador.

En la escuela, ya puedo decir varias oraciones en inglés. Cuando estoy sola las practico y parezco loquita diciendo: —*How are you? My name is Xóchitl. Do you like flowers?*

Un día por la tarde mi mami llega con un balde lleno de hermosas rosas blancas y rosas rojas, girasoles y lirios con sus caras pecositas.

—Xóchitl, voy a vender flores — me dice, y al ver las flores salto de alegría.

—¿Te puedo ayudar? —le pregunto.

—Pues claro que sí, Xóchitl —dice y se sonríe.

Esa misma tarde mi mami y yo nos vamos a vender flores por las calles. En un balde pequeño y menos pesado, mi mami pone agua y ramos de rosas para que lo cargue yo.

Me siento como una mariposa. Con las flores y mi mami a mi lado no me falta nada. En las flores veo a mis abuelitos, a mis vecinos y todo lo que dejamos en El Salvador.

Entramos en restaurantes y tiendas, preguntando:
—¿Quiere flores? Traemos rosas, lirios, girasoles. ¿De cuáles quiere?

Cada día conocemos más y más vecinos y ellos nos conocen a nosotras. En el cafetín de la esquina, somos amigas de don Awad, el señor árabe americano de ojos pequeños y sonrisa grande. Don Prudencio, el mariachi de la guitarra, cuando nos ve en cualquier sitio, siempre se detiene y se pone a platicar. Y doña Ivania, la dueña del restaurante El Trébol, el que tiene la puerta de vidrio, nos deja entrar a venderles flores a sus **clientes**.

Me gusta vender flores, pero por la noche, cuando regresamos ya muy tarde a casa, mi mami y yo llenamos la bañera de agua y metemos los pies, ¡porque los tenemos tan cansados!

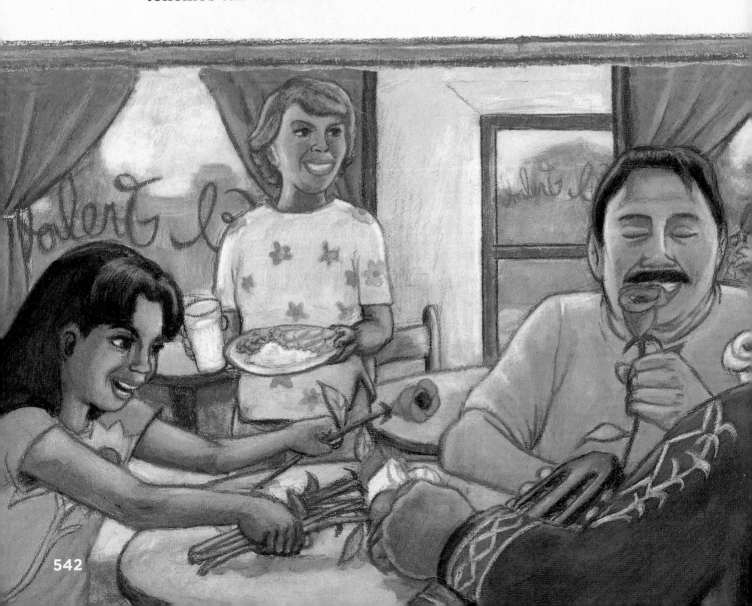

Un sábado por la mañana mientras lo tres arreglamos los ramos de flores para venderlos, mi papi nos dice:
—Les tengo una gran sorpresa.

—Decime, papito, decime qué es, por favor —le ruego.

—¿Qué sorpresota es ésta? —pregunta mi mami.

Mi papi abre bien grandes los ojos y anuncia: —He encontrado un apartamento que me rentan, que tiene atrás un patio que ahora está lleno de basura. Pero si los tres trabajamos duro lo podríamos convertir en un **vivero** para vender plantas y flores.

—¡Plantas y flores! —repetimos juntas mi mami y yo. Después nos quedamos mudas, pensando en mil cosas y sin saber ni qué decir.

Perspectiva del autor
¿Qué crees que piensa el autor acerca de la familia de Xóchitl? ¿Qué ejemplos del cuento apoyan tu respuesta?

Dicho y hecho. El próximo sábado mi tío Benjamín le presta a mi papi su camión azul, y comienza la mudanza y la limpieza.

—¡Qué chiquero! —dice mi mami.

Hacemos tres viajes al basurero. Botamos llantas, pedazos de hierro, cartones, vidrios, arena, pedazos de una cama, una puerta de refrigeradora…

Don Prudencio, que ha venido a ayudar, aparta los pedazos de madera que puedan servir. Don Awad los pinta y los convierte en mesas.

Con las piedras grandes y pequeñas que una señora vecina nos regala hacemos caminitos. Ponemos tierra y **acomodamos** sapitos de barro. Y doña Ivania le regala a mi mami un par de periquitos, que luego comienzan a llenar el lugar de música.

Mi mami está muy contenta. —Como por arte de magia este lugar olvidado vuelve a tomar vida —dice con alegría—. Está limpio y bonito, listo para que vengan a vivir las flores y las plantas.

El domingo, tempranito, compramos rosas amarillas, blancas y rojas. Compramos buganvillas de flores moradas como las tardes de El Salvador, lirios Cala que parecen trompetas blancas, girasoles, arbolitos de chiles verdes y limoneros enanos en los que las hormigas les dan la vuelta al mundo en un ratito. Compramos sábilas —mágicas estrellas verdes— y hierbabuena, ¡ay, qué buena!

Mi papi escribe un rótulo en una gran manta blanca. Dice:

GRAN VENTA DE **APERTURA** HOY
A PRECIOS DE MEJOR ME LO LLEVO
¡VENGA POR LAS SUYAS!
FLORES Y PLANTAS XÓCHITL

Por fin, ya todo está listo. Don Prudencio ha traído a sus amigos músicos. Cantan canciones rancheras, las favoritas de mi mami.

Por todos lados, entre las flores y las plantas, se mecen globos de colores. Y una vecina gordita y bonita hace una olla grande de refresco de horchata para los clientes que están por llegar.

Llegan vecinos, nuevos amigos. Todo va de maravilla, cuando de pronto, en medio de la celebración, se aparece un señor alto y barbudo, de piel ceniza.

Viene con un papel en la mano y con tono enfurecido dice: —¿Pero qué se han creído ustedes, qué, qué, qué…? Aquí se respeta; ésta es una zona residencial… no es lugar para entretener a toda clase de gente.

Nos muestra lo que lleva en la mano: ¡Es una carta!

—¡Mañana mismo voy a denunciarlos a las autoridades! —Es don Roberto, el dueño del lugar y no quiere que montemos el negocito.

—¡Nosotros somos personas honradas y trabajadoras! —responde mi papi, pero don Roberto está muy enojado. No escucha y simplemente se va.

Todos tenemos lágrimas en los ojos.

—¡Esto es una injusticia! —dice don Prudencio.

—¡No lo vamos a permitir! —añade mi tía Candelaria.

—¡Vamos a luchar! —grita don Awad, con su poquito de español.

Los vecinos hacen un círculo y juntando las cabezas hablan en voz baja. De pronto, un señor dice: —¡Que hable doña Candelaria!

—¡Sí, sí! —gritan los vecinos. Y doña Ivania añade:— Pues yo me voy a mi casa a buscar algo muy especial…

Mi mami, mi papi y yo estamos tan tristes que ni nos fijamos cuando se marchan todos juntos.

Horas más tarde, mientras mi papi, mi mami y yo vamos despacito, recogiendo lo que queda de nuestro hermoso vivero, oímos voces que se acercan.

¡Son los vecinos! Con ellos viene don Roberto, el dueño. Trae en el hombro un periquito verde que le viene mordiendo la oreja.

—Fuimos a la casa de don Roberto —dice mi tío Benjamín—. Le rogamos como vecinos; le explicamos que era mejor un vivero que un basurero…

—Y yo le di un regalito, un periquito cantor, para ablandarle el corazón —dice doña Ivania.

Otra vez, el vivero se empieza a llenar de música.

—Les dije que ustedes pueden quedarse —dice don Roberto—siempre y cuando me dejen venir a ver las flores con mi periquito. En mi país yo tenía uno igualito a éste, pero se me fue volando.

En los labios, como una flor, al señor le nace una sonrisa.

Del bolsillo del delantal, mi mami saca una bolsita de tela roja.

—Aquí tengo tierrita de El Salvador —me dice, mientras la riega entre las flores y las plantas—. Ahora nadie puede decir que no somos de aquí.

Y mi mami y yo nos quedamos sonriendo mientras miramos cómo los caracoles se pasean con sus casitas en el hombro.

Jorge, Carl y los cuentos

Jorge Argueta nació en El Salvador. Su vocación de escritor empezó en la niñez. Escuchaba historias fantásticas que contaban los clientes del restaurante de su familia. El pequeño restaurante estaba ubicado en la terminal de autobuses de la capital salvadoreña y era famoso entre choferes y pasajeros por su deliciosa comida. En 1980 vino a California, donde conoció poetas y escritores chicanos que lo animaron a seguir escribiendo. Ha recibido varios premios por sus cuentos. Actualmente da talleres de poesía para niños.

Otros libros de Jorge Argueta

Carl Angel nació en Bainbridge, Maryland y creció en Oahu, Hawai. Es ilustrador y diseñador gráfico. Sus trabajos se han expuesto en galerías de arte por toda la bahía de San Francisco y Hawai. Le interesa relacionar su arte con la vida de las personas.

Conéctate
Busca información sobre Jorge Argueta en **www.macmillanmh.com**

Propósito del autor

Jorge Argueta siente que todo el mundo tiene la capacidad de escribir, principalmente los niños pequeños, quienes son poetas por naturaleza. ¿Por que afirma el escritor la capacidad de escribir de los niños? Explica por qué según él los niños son poetas por naturaleza.

 **Pensamiento crítico**

Resumir

Resume *Xóchitl, la niña de las flores*. Explica quiénes son los personajes principales. Usa el diagrama de perspectiva del autor como ayuda para indicar los eventos más importantes del cuento.

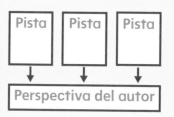

Pista	Pista	Pista

Perspectiva del autor

Pensar y comparar

1. ¿Cómo hace la perspectiva del autor que este cuento resulte muy cercano al lector? Usa detalles del cuento en tu respuesta. **Verificar la comprensión: Perspectiva del autor**

2. Vuelve a leer las páginas 548-551. ¿Por qué actúa así don Roberto? ¿Por qué luego cambia de actitud? Usa detalles del cuento para explicar. **Analizar**

3. Imagina que vives en el barrio de Xóchitl y que vas a la inauguración de su **vivero**. ¿Cómo describirías lo que allí sucedió? **Sintetizar**

4. En tu opinión ¿qué cualidades de Xóchitl te llaman más la atención? Usa detalles del cuento en tu respuesta. **Evaluar**

5. Vuelve a leer "Una fiesta muy especial", en las páginas 534-535. ¿En qué se parecen los vecinos de ese cuento a los de *Xóchitl, la niña de las flores*? **Leer/Escribir para comparar textos**

Poesía

Los **poemas de verso libre** no tienen que seguir rimas, pero a menudo contienen patrones rítmicos y otros elementos poéticos.

Elementos literarios

La **redondilla** es una estrofa de 4 versos octosílabos, con rima consonante. Generalmente la rima es *abba*, es decir el primer verso rima con el último y el segundo con el tercero.

La **rima** es la repetición de sonidos desde la última vocal acentuada de cada verso. La asonante es la repetición de los sonidos vocálicos. La rima consonante es la repetición de todos los sonidos a partir de la última vocal acentuada, "blanca" y "franca".

CULTIVO UNA ROSA BLANCA

Cultivo una rosa blanca,
en julio como en enero,
para el amigo sincero
que me da su mano franca.

Y para el cruel que me arranca
el corazón con que vivo,
cardo ni ortiga cultivo:
cultivo una rosa blanca

José Martí

> En este verso, de rima abba, "blanca" rima con "franca" y "enero" con "sincero".

Pensamiento crítico

1. En la primera estrofa los versos son octosílabos y la rima es consonante. ¿Qué palabras riman en la segunda estrofa? ¿Cómo es la rima? **Redondilla/Rima**

2. El poeta usa una comparación para relacionar su poema con algo. ¿Con qué lo relaciona? **Analizar**

3. Compara al narrador de este poema con la narradora de *Xóchitl, la niña de las flores*. ¿En qué se parecen? ¿En qué se diferencian? **Leer/Escribir para comparar textos**

Busca información sobre versos libres en **www.macmillanmh.com**

557

Conexión: Lectura y escritura

Lee el siguiente pasaje. Observa cómo el autor, Jorge Argueta, le da formato al diálogo para hacer clara la lectura.

Fragmento de
Xóchitl, la niña de las flores

El autor usa rayas de diálogo para que el lector sepa que está hablando un personaje. Las rayas de diálogo indican al lector que un personaje habla.

—Xóchitl, voy a vender flores —me dice, y al ver las flores salto de alegría.

—¿Te puedo ayudar? —le pregunto.

—Pues claro que sí, Xóchitl —dice y se sonríe.

Xóchitl,
la niña de las flores
Jorge Argueta

Lee y descubre

Lee el texto de Linda. ¿Cómo usó el diálogo y la narración para mostrar lo que sucedía? Usa la lista del control de escritura como ayuda.

¿Te dije que odiaba volar?
Linda L.

—Por favor, mantengan los asientos derechos y los cinturones de seguridad abrochados. Tripulación, prepárense para el despegue —dijo el capitán, con seguridad.

—Cariño, ¿quieres un chicle para que no se te tapen los oídos? —dijo mamá y me dio un chicle de menta. Parecía nada comparado con la presión que sentía en los oídos.

—Eh, está bien —dije, y tomé el chicle e intenté respirar con calma.

Lee sobre el vuelo de Linda.

Control de escritura

 ¿Usó la autora rayas de diálogo al principio de cada parte del diálogo?

 ¿Separó la narración del diálogo por medio de rayas?

☑ ¿Pudiste darte cuenta fácilmente cuando hablaba un personaje?

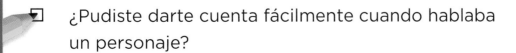

Revisar

Tema
Descripción
Sacar conclusiones
Palabras con varios significados
Manual técnico

Ratona y Cuervo

Ratona tenía una hermosa colección de 10 cristales centelleantes. Le encantaba ver cómo brillaban, así que los colocaba en tapas metálicas de botellas.

Un día llevó un cristal verde al río para lavarlo. Apoyado en un árbol cercano se encontraba Cuervo. El brillo del cristal llamó su atención.

—Es precioso —dijo Cuervo mientras miraba el cristal con envidia.

—Sí —dijo la inocente Ratona—, pero no es el más precioso. En mi casa tengo otros nueve que son más hermosos.

Cuervo no respondió. Sabía que debía ser paciente. Unos días más tarde, mientras Ratona caminaba por el campo, Cuervo comenzó a realizar trucos en el aire. Planeaba hacia arriba y abajo y zigzagueaba a lo largo del cielo para llamar la atención de Ratona, que lo observaba con asombro.

—¡Qué divertido es volar! —rió Cuervo—. ¡No imaginas lo maravilloso que se siente!

—¡Oh! Ojalá pudiera —dijo Ratona.

—Puedo llevarte —se ofreció Cuervo—. Todo lo que pido a cambio es un cristal. Tomaré el verde. Dijiste que tenías otros.

Ratona aceptó feliz. Corrió hacia su casa a buscar el cristal. Se lo dio a Cuervo y volaron. Ratona estaba asombrada. Reía mientras planeaban. Era una sensación emocionante. Cuervo voló por muchas millas. El cielo parecía ilimitado. Después de varias horas, Cuervo aterrizó sobre una roca grande.

—¡Eso fue sorprendente! —dijo Ratona con emoción.

—¡Me alegra que te hayas divertido! —sonrió Cuervo, que se levantó y comenzó a irse volando.

—¡Espera! —gritó Ratona en vano—. Necesito ir a casa.

—¡Oh, cariño! —dijo Cuervo—. Me temo que eso te costará más. Tendrás que pagarme con nueve cristales más. O tendrás que arreglártelas para llegar a tu casa.

Desilusionada, Ratona se dio cuenta de que no sabía cómo llegar a su casa. Tenía que ir con Cuervo. Mientras volvía con él, Ratona sintió enojo. Cuanto más pensaba, más enojada estaba. "¿Cómo puede ser tan ambicioso?", se preguntaba. La pregunta la hizo pensar y, de pronto, supo cómo quedarse con sus cristales. Luego, mientras le daba los cristales a Cuervo, suspiró con tristeza y dijo:

—Bueno, ése es el último. Excepto que... no importa—. Fingió que estaba nerviosa.

—¿Excepto qué? —dijo Cuervo enojado.

—N-n-n-nada —tartamudeó Ratona.

—¡DIME! —gritó Cuervo.

—Bueno, los estaba reservando para mí. Quiero decir, no te gustarán. No son tan especiales.

—Trae lo que sea aquí y ahora mismo —dijo Cuervo en tono amenazador.

Ratona trajo las diez tapas de botellas. Cuervo pensaba que Ratona quería quedárselas. "Deben ser muy preciosas", pensó Cuervo. "Tomaré éstas en vez de los cristales aburridos".

Y así lo hizo.

Ratona todavía tiene los hermosos cristales. Ama su colección más que nunca, pero ya no alardea. Ahora sabe que no puede confiar en todos.

561

Cómo cambiar una
rueda pinchada de bicicleta

Si ANDAS EN BICICLETA, tienes posibilidades de pinchar una rueda. A veces, el trozo de vidrio más pequeño, o incluso un trozo de grava, pueden arruinar una rueda. Otras veces puedes encontrar un bache que pondrá fin a tu paseo.

Para reparar una rueda pinchada, necesitas una cámara de aire nueva, un inflador y tres palancas para llantas. Después, sigue los pasos de estas instrucciones de un manual técnico:

1

Quita la rueda del armazón de la bicicleta. Si no está totalmente desinflada, libera el resto del aire.

2

Ubica el extremo delgado de la palanca entre la cubierta y la llanta.

562

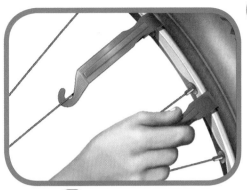

3

Busca un lugar en la llanta a unos dos rayos de distancia desde la última palanca. Ubica la segunda palanca allí. Sigue ubicando las palancas alrededor, quitando las primeras palancas mientras sigues con el trabajo.

4

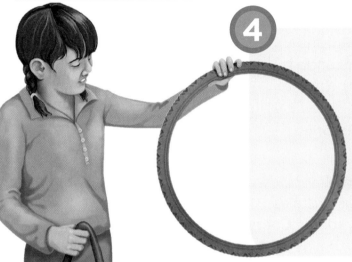

Al quedar la cubierta fuera de la llanta, quita la cámara. Mira la cubierta. Quita los objetos extraños. Usa un inflador para poner un poco de aire. Pon la cámara en la cubierta vieja. Asegúrate de que no esté retorcida ni enroscada.

5

Inserta la válvula de la cámara en el hueco que hay en la llanta, mientras vuelves a colocar la cubierta y la cámara. Usa los dedos para facilitar que la cubierta entre en la llanta.

6

Infla la cámara hasta que esté firme al tacto. Luego, vuelve a colocar la rueda en el armazón de la bicicleta.

Pensamiento crítico

Ahora contesta las preguntas del 1 al 4. Basa tus respuestas en la selección "Ratona y Cuervo".

1. **¿Qué conclusiones puedes sacar sobre Cuervo?**

   A   Está celoso de Ratona y quiere su colección.

   B   Quiere enseñarle a volar a Ratona.

   C   Reconoce las cosas bellas cuando las ve.

   D   Es el amigo de confianza de Ratona.

2. **¿A qué problema se enfrenta Ratona *después* de volar con Cuervo?**

   A   Necesita lavar su cristal verde.

   B   Alardea a menudo sobre sus cristales.

   C   No puede ir a casa sin la ayuda de Cuervo.

   D   Tiene una colección de diez bellos cristales.

3. **Lee esta oración de "Ratona y Cuervo".**

Tomaré el verde.

   ¿En qué oración el verbo _tomar_ tiene el mismo significado que en la oración de arriba?

   A   Jacob y su mamá _toman_ un delicioso jugo de durazno.

   B   Para no lastimarse, el minero _toma_ distancia de las rocas que se desprenden.

   C   Cuando toco la guitarra, siempre _tomo_ antes una púa.

   D   Jasmine y su hermana _toman_ el autobús para comprar un helado de chocolate.

4. **¿Cuál es el tema de "Ratona y Cuervo"? Usa detalles de la selección para fundamentar tu respuesta.**

Contesta las preguntas 1 a 4. Basa tus respuestas en la selección "Cómo cambiar una rueda pinchada de bicicleta".

1. **¿Qué oración de la selección incluye el *mejor* ejemplo de descripción o de detalles?**

   A   Si andas en bicicleta, tienes posibilidades de pinchar una rueda.

   B   Cómo cambiar una rueda pinchada de bicicleta.

   C   Luego, vuelve a colocar la rueda en el armazón de la bicicleta.

   D   A veces, el trozo de vidrio más pequeño, o incluso un trozo de grava, pueden arruinar una rueda.

2. **¿Qué debes hacer antes de comenzar con el paso 2?**

   A   Retirar la cámara vieja.

   B   Colocar la segunda palanca ahí.

   C   Inflar la cámara.

   D   Sacar la rueda de la bicicleta del armazón.

3. **Lee esta oración de la selección.**

   > Infla la <u>cámara</u> hasta que esté firme al tacto.

   ¿En qué oración la palabra <u>cámara</u> tiene el mismo significado que en la oración de arriba?

   A   El padre de Jorge trabaja en la <u>cámara</u> de representantes.

   B   Los neumáticos de los carros modernos no tienen <u>cámara</u>.

   C   Lilliana estrena su nueva <u>cámara</u> fotográfica con su amiga Emma.

   D   Ciertas paredes tienen una <u>cámara</u> de aire que aísla los sonidos.

4. **¿Cómo se organiza el artículo?**

   A   Brinda una serie de pasos de un proceso.

   B   Determina una causa y luego da una lista de sus consecuencias.

   C   Dice en qué se parece y en qué se diferencian las cosas.

   D   Afirma y luego da razones que apoyan lo dicho.

A escribir

SUGERENCIA Anota lo que necesitas para reparar una rueda pinchada, y explica por qué. Escribe por 12 minutos, lo máximo que puedas, lo mejor que puedas.

La gran pregunta

¿Qué hace que un hábitat sea único?

 Busca información sobre hábitats en **www.macmillanmh.com**.

La gran pregunta

¿Qué hace que un hábitat sea único?

Todas las criaturas tienen un hábitat, o un lugar donde viven. Existe una variedad de hábitats en el mundo. Cada hábitat es único y diferente del resto. Los animales se han adaptado al lugar donde viven. El hábitat de un animal dice mucho sobre su tamaño, alimentación, inteligencia y función en la Tierra. Por ejemplo, los búhos moteados viven en los bosques del oeste de Estados Unidos. La madriguera de estos búhos nocturnos son huecos de árboles, grietas en rocas o nidos en árboles altos.

Informarte sobre los hábitats únicos te ayudará a comprender la vida de los animales así como el gran mundo natural que te rodea.

Actividad de investigación

A lo largo de la unidad, irás recibiendo información sobre los hábitats naturales y lo que los hace únicos. Escoge un proyecto para enfocar tu investigación y haz un cartel sobre ese hábitat. Usa ilustraciones y fotografías.

568

Anota lo que aprendes

A medida que leas, toma nota de todo lo que aprendas sobre los hábitats naturales y lo que los hace únicos. Usa el **Boletín en acordeón**. En la primera columna, escribe el tema de la unidad: *Hábitats*. En cada una de las siguientes columnas, escribe los datos que aprendes semana a semana, que te ayudarán en tu investigación y para entender el tema de la unidad.

MODELOS DE PAPEL®
Ayudas de estudio

Tema de la unidad | Semana 1 | Semana 2 | Semana 3 | Semana 4 | Semana 5

Taller de investigación

Haz la investigación de la Unidad 1 con:

Guía de investigación

Sigue esta guía paso a paso para completar tu proyecto de investigación.

Recursos de Internet

- Buscador por temas y otras herramientas de investigación
- Videos y excursiones virtuales
- Fotos y dibujos para presentaciones
- Artículos y recursos relacionados en Internet

Busca información en
www.macmillanmh.com

Gente y lugares

Parque Nacional Big Bend

Este parque tiene más tipos de aves, murciélagos y cactus que cualquier otro parque nacional en Estados Unidos. Es además el lugar donde conviven especies latinoamericanas, muchas de los trópicos, y otras del norte que migran hasta allí en el invierno.

EL DESIERTO

A platicar

¿Qué tipos de plantas y animales encuentras en el desierto?

Conéctate

Busca información sobre desiertos en **www.macmillanmh.com**

571

La vida en Alaska

Marsha Adams

Vocabulario

brillar **clima**

merodear **seda**

tragar

Claves de contexto

Las **palabras circundantes** ayudan a descubrir el significado de palabras desconocidas. Encuentra la palabra *brillan* en el cuento. Usa las otras palabras en la oración para descubrir el significado de *brillan*.

Otro mundo

En cierto modo, vivir en Alaska es como vivir en otro mundo. El invierno dura alrededor de nueve meses. Todos los años, durante más de dos meses, las luces del norte que **brillan** en el cielo son la única fuente de luz.

Para la gente que vive allí, puede ser misterioso pasar tanto tiempo sin ver el sol. Para los animales es peligroso porque en medio de la oscuridad resulta difícil ver si los depredadores **merodean** en la sombra, esperando su próxima comida. ¡Podría ser un búho nevado que espera silenciosamente y **traga** su presa entera!

Abrigos para el invierno

Los castores, las nutrias de mar y otros mamíferos se adaptan para sobrevivir en el frío **clima** de Alaska. Desarrollan dos capas de piel, la primera es gruesa y suave como **seda** y atrapa el calor del cuerpo. La capa externa de pelos gruesos actúa como barrera contra el agua, la nieve y el viento.

La perdiz blanca, el ave del estado de Alaska, tiene dos capas contra el frío. Le crecen plumas en la parte inferior de las garras, sobre los dedos y ¡hasta en las plantas de las patas!

Siesta invernal

Cuando llega el tiempo gélido, no encontrarás osos negros o marrones de movimientos lentos. Los osos, los ratones y otros animales hibernan, es decir, toman una siesta profunda durante el invierno. Al hibernar, su cuerpo no necesita alimento ni agua. Otros animales, como algunas orugas, peces y moscas realmente se congelan durante el invierno. ¡Y se descongelan en la primavera!

Perfil bajo

Las plantas árticas cuentan con características propias para poder sobrevivir. Durante el verano, el suelo oscuro absorbe el calor del sol; por lo tanto, las plantas crecen cerca del suelo cálido. Cuando nieva, la nieve protege a las plantas del viento frío.

Volver a leer para **comprender**

Resumir

Idea principal y detalles La **idea principal** es el punto más importante de cada párrafo o sección. Los **detalles** dan información secundaria. Para resumir un pasaje, describe la idea principal y los detalles con tus propias palabras. Vuelve a leer la selección para encontrar la idea principal y los detalles secundarios. Usa la tabla de Idea principal y detalles como ayuda.

Idea principal _____
_____
Detalle I _____
_____
Detalle 2 _____
_____

Resumen _____
_____
_____

Comprensión

Género

Un texto de **no ficción** es
una composición detallada
que explica el tema
mediante la presentación de
hechos reales.

Resumir

Idea principal y detalles
A medida que lees,
completa tu tabla de Idea
principal y detalles.

Idea principal _____
Detalle I _____
Detalle 2 _____

↓

Resumen _____

Lee para descubrir

¿Qué características
permiten a los animales
vivir en lugares tan cálidos y
secos?

Un paseo por el desierto

Rebecca L. Johnson

ilustraciones de Phyllis V. Saroff

Biomas de América del Norte

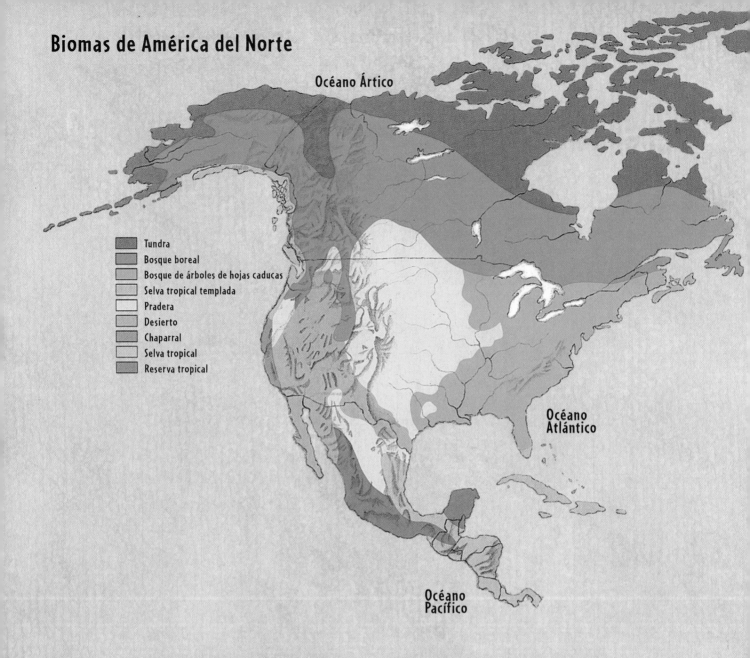

Océano Ártico

Tundra
Bosque boreal
Bosque de árboles de hojas caducas
Selva tropical templada
Pradera
Desierto
Chaparral
Selva tropical
Reserva tropical

Océano
Atlántico

Océano
Pacífico

*L*os rayos del sol titilan sobre el paisaje a medida que amanece. Un zorro cachorro se dirige hacia su guarida al comienzo de un nuevo día en el desierto.

Los desiertos están rodeados de paisajes diferentes. Los científicos llaman biomas a estas zonas. Las plantas y los animales en un bioma forman una comunidad. Y en ella, todos los seres vivos dependen de los demás para su supervivencia. Así, todos están relacionados: el **clima** de un bioma, el suelo, las plantas y los animales.

Los desiertos tienen un clima muy seco. Llueve, pero no muy seguido. Una tormenta puede empapar un desierto entero en pocas horas con varias pulgadas de lluvia. Es posible que no llueva durante meses… incluso años.

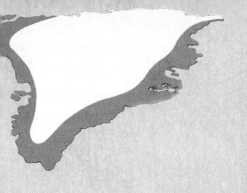

577

La tortuga del desierto pone huevos en la arena. El calor del sol ayuda a romper los cascarones.

Las plantas del desierto le proporcionan comida y agua a muchos animales. Aquí viene una tortuga del desierto. Se desliza lentamente y se detiene a menudo para descansar. La tortuga estira su largo cuello y mordisquea una flor silvestre. Las tortugas beben rara vez. Obtienen casi toda el agua que necesitan de las plantas que comen.

Los cactus también proporcionan hogar para los animales del desierto. En el medio de un tallo grueso de saguaro, un pájaro carpintero del desierto pica un agujero en la pulpa jugosa. Está haciendo un nido para sus huevos. Los pájaros carpinteros han anidado en este cactus durante muchos años, es por eso que han hecho tantos agujeros.

Otros animales se han mudado a los viejos agujeros hechos por los pájaros carpinteros. Un par de mosqueritos vive en uno. Otro es el hogar de una colmena de abejas. Y mirando dentro de otro agujero más hay un búho enano. Tiene cejas blancas y feroces ojos amarillos.

60 años

Los saguaro
crecen muy
lentamente,
pero pueden
vivir 200 años.

10 años

579

Una rata maderera mordisquea la dulce fruta de un cactus de tuna.

No muy lejos del saguaro, puedes ver un tipo de hogar del desierto muy distinto. Hay un montón de ramitas enredadas entre un cactus muerto y un árbol caído. Es el nido de una rata maderera.

Las ratas madereras también se llaman neotomas. Usan cualquier cosa que encuentran para construir sus enormes nidos. El nido de una rata maderera puede estar hecho de ramitas, rocas, hojas, espinas de cactus, o incluso huesos. Puede ser tan alto y ancho como una persona. El nido protege a la rata maderera de los zorros, de los halcones y de otros depredadores. También es un lugar fresco para esconderse del sol caliente.

Idea principal y detalles
¿Cuál es la idea principal del segundo párrafo?

Muchos animales del desierto son nocturnos. Están activos sólo durante la noche, cuando está más fresco. Los habitantes nocturnos del desierto pasan sus días en madrigueras, guaridas y otros lugares protegidos. La rata canguro y el zorro *kit* son nocturnos. Permanecen bajo tierra hasta que se pone el sol.

Tecolotes enanos son los búhos más pequeños del mundo. Tienen aproximadamente el tamaño de los gorriones.

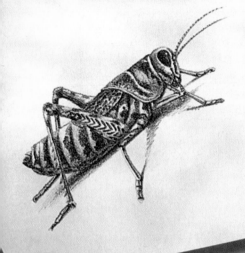
Pero algunos animales del desierto están activos durante el día. Los insectos están en movimiento en todas partes. Columnas de hormigas marchan por el suelo. Los escarabajos de colores suben y bajan por los tallos. Los saltamontes saltan de hoja en hoja. Las arañas que comen insectos también están ocupadas. Tejen telarañas de **seda** entre las espinas de los cactus.

El sol se ha elevado más en el despejado cielo azul. ¿Puedes sentir el calor? A los lagartos del desierto no parece importarles. Sus pieles duras y escamosas acumulan agua dentro de sus cuerpos y evitan que se deshidraten. Los lagartos descansan sobre las rocas, cazan insectos y se aferran a los tallos de los cactus. En una pequeña zona de desierto se pueden ver diminutos escincos, fornidos chacahualas, lagartos de cuernos con púas y monstruos de Gila de movimientos lentos.

Las escamas con púas de un lagarto de cuernos son una buena defensa contra los depredadores del desierto.

Las patas de un correcaminos tienen dos dedos que apuntan hacia adelante y dos hacia atrás. Así el pájaro se agarra firmemente del suelo.

De repente, algo se cruza en tu camino. Es una lagartija rápida y, pisándole los talones, hay un correcaminos. Los correcaminos pueden volar. Pero estos pájaros del desierto prefieren correr tras las lagartijas y otros pequeños animales que cazan.

Los correcaminos tienen patas largas y fuertes. Pueden correr tan rápido como muchas lagartijas. De hecho, esta vez el pájaro es más rápido. El correcaminos atrapa a la lagartija por la cola y se la **traga** de una vez.

Las liebres norteamericanas del desierto tienen orejas más largas que los conejos de otros biomas. Las orejas largas liberan calor y ayudan a que las liebres se mantengan frescas.

Conejo tapetí

Liebre norteamericana

Una liebre busca plantas para mordisquear. Las liebres son aun más rápidas que los correcaminos. Pueden dejar atrás a casi todos en el desierto. Incluso pueden dejar atrás a los coyotes... ¡casi siempre!

Los coyotes se comen a las liebres cuando las atrapan. Pero comen casi cualquier cosa, desde pájaros y lagartijas hasta fresas. Para encontrar agua subterránea, cavan agujeros en el cauce de arroyos secos. Los coyotes pueden sobrevivir en casi cualquier parte.

Una madre escorpión transporta a sus bebés sobre su lomo hasta que puedan sobrevivir solos.

Al mediodía, incluso los coyotes están sin aliento. Hace más de 100 grados. El sol es una bola de fuego en lo alto. Casi todos los animales diurnos se mueven hacia la sombra de las rocas y los cactus durante el momento más caluroso del día.

Los anillos de la serpiente cascabel están compuestos por una fila de escamas grandes y secas.

Un consejo de los animales: encuentra un lugar lejos del sol para descansar. Sólo ten cuidado dónde te sientas. Los escorpiones a menudo **merodean** entre las grietas o bajo las rocas durante el día. La cola de un escorpión tiene un aguijón lleno de veneno. Pocas especies de escorpiones pueden matar a una persona. Pero la picadura de cualquier escorpión es muy dolorosa.

Ten cuidado de las serpientes cascabel escondidas, y también de las serpientes de coral. Su veneno es mortal. No te gustaría estar cerca de ninguna de ellas.

587

Las olas de calor **brillan** sobre el paisaje. Las hojas de los árboles de mezquite se ondulan. Las hojas onduladas pierden menos agua en el aire caliente y seco. El desierto está muy tranquilo. La mayoría de los pájaros están en silencio. Parecen estar esperando a que el feroz calor del sol baje su intensidad.

Poco a poco, el sol baja más y más en el cielo y la temperatura también a medida que las sombras se hacen más largas. Los pájaros del desierto comienzan a cantar otra vez. Al atardecer, los coyotes se llaman entre sí, ladrando y aullando. Se unen las voces en una canción misteriosa de aullidos.

Idea principal y detalles
Indica la idea principal de estas dos páginas. ¿Qué hechos respaldan la idea principal?

El caluroso día en el desierto terminó. La noche fresca
está por comenzar. Los pájaros, lagartijas y otros animales
diurnos se retiran a cómodos nidos y escondites seguros.
Allí pasarán la noche durmiendo.

Un paseo con Rebecca

Rebecca L. Johnson creció en Dakota del Sur. Los duros inviernos de la zona la motivaron a prepararse para trabajar con científicos en la Antártida. Johnson viajó dos veces a la Antártida y escribió tres libros sobre sus experiencias. Tambien "recorrió" otros biomas (tundras, selvas, praderas, bosques y otros) para la serie de "Biomas de América del Norte".

Rebecca estudió Biología en la Universidad Augustana, trabajó como maestra y como conservadora de museo.

Le gusta bucear, pintar con acuarelas y practica esquí *cross country*. Vive con su esposo en Dakota del Sur.

Conéctate ▶ Busca información sobre Rebecca Johnson en **www. macmillanmh.com**

✔ Propósito de la autora

¿Crees que la experiencia personal de la autora influyó al escribir *Un paseo por el desierto*? ¿Escribió para entretener o para informar al lector?

590

Pensamiento crítico

Resumir

Usa la tabla de idea principal para resumir *Un paseo por el desierto*. Escribe las ideas principales y los detalles que apoyen esas ideas.

Idea principal _____
_____
Detalle 1 _____
_____
Detalle 2 _____
_____

↓

Resumen _____
_____
_____
_____

Pensar y comparar

1. ¿Cuál es la **idea principal** de la selección? ¿Qué **detalles** apoyan la idea principal? **Resumir: Idea principal y detalles**

2. Describe las características físicas de algunos animales. ¿De qué manera estas características les ayudan a sobrevivir en el desierto? Explica con detalles de la historia. **Analizar.**

3. Si fueras al desierto, ¿qué plantas y animales descritos en esta selección te gustaría ver? ¿Por qué? **Aplicar**

4. ¿Cómo se adaptan al **clima** las personas que viven en el desierto? **Aplicar**

5. Lee "La vida en Alaska", páginas 572-573. Compara plantas y animales de Alaska con las del desierto. ¿En qué se parecen? Usa detalles de ambas selecciones en tu respuesta. **Leer/Escribir para comparar textos**

Cadena alimentaria

EL DEPREDADOR VERSUS LA PRESA

Chisulo Lingenvelder

Género

Los artículos de **no ficción** presentan información sobre un tema. Incluyen fotografías informativas y ayudas gráficas, como tablas y diagramas.

Elementos del texto

Los **diagramas de flujo** muestran todo el proceso de un hecho de principio a fin.

Palabras clave

absorber   **defender**

interrumpir

La cadena alimentaria muestra cómo los seres vivos obtienen el alimento que necesitan para sobrevivir. La componen productores, consumidores y descomponedores. Las plantas son productoras porque usan la energía del sol para fabricar su propio alimento. Los animales son consumidores, porque no pueden fabricar su propia comida y, dependen de otros seres vivos de la cadena alimentaria. Hay tres tipos de consumidores: herbívoros, animales que comen vegetales; carnívoros, animales que comen otros animales; y los omnívoros, que comen vegetales y animales. Los descomponedores, como los hongos, hacen regresar los minerales a la tierra mediante la desintegración de plantas y animales muertos.

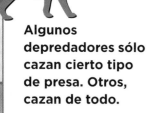

Algunos depredadores sólo cazan cierto tipo de presa. Otros, cazan de todo.

Los conejos son herbívoros. También son una presa codiciada por muchos depredadores.

La cadena alimentaria es una forma de transportar energía de un ser vivo a otro. Por ejemplo, la energía de los rayos del sol que caen sobre la Tierra. Esa energía es **absorbida** por las plantas. Luego, los herbívoros comen esas plantas. Los carnívoros u omnívoros se comen a los herbívoros. Cuando un animal muere, el descomponedor desintegra su cuerpo y hace regresar la energía al suelo.

Los depredadores y sus presas también son importantes para la cadena alimentaria. Los carnívoros son cazadores y también depredadores. El depredador caza animales más débiles que él para alimentarse. Las presas deben esconderse, para que no las cacen los depredadores. La naturaleza les ha otorgado a estos animales diferentes formas de protegerse. Algunos animales se esconden utilizando el color o la forma de sus cuerpos para mimetizarse con el entorno. Otros animales nacen con corazas duras o dientes filosos, que utilizan para **defenderse**.

Los armadillos tienen una coraza dura que les recubre el cuerpo para protegerse de los ataques.

593

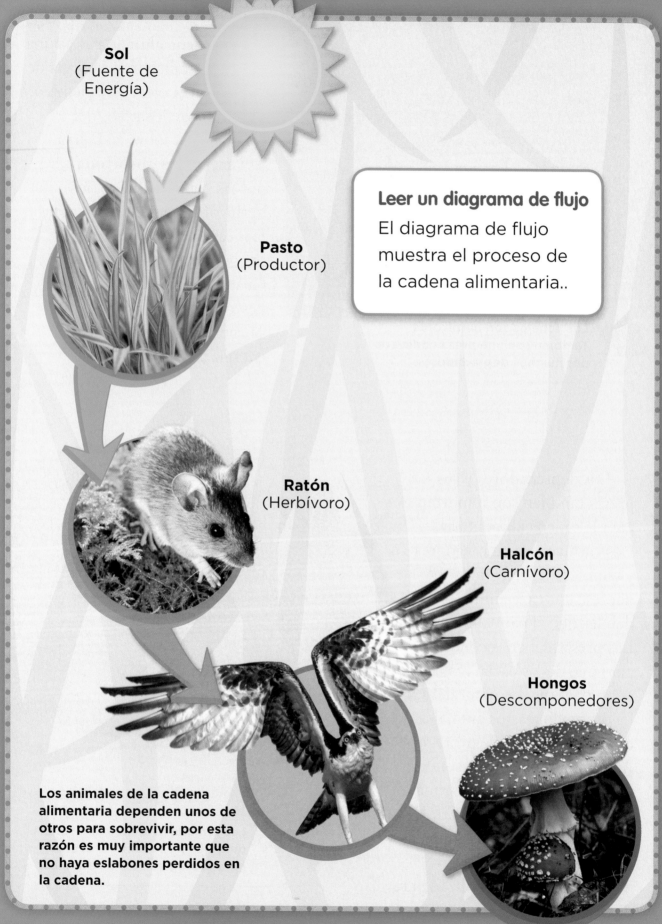

Sol
(Fuente de Energía)

Pasto
(Productor)

Leer un diagrama de flujo
El diagrama de flujo muestra el proceso de la cadena alimentaria..

Ratón
(Herbívoro)

Halcón
(Carnívoro)

Hongos
(Descomponedores)

Los animales de la cadena alimentaria dependen unos de otros para sobrevivir, por esta razón es muy importante que no haya eslabones perdidos en la cadena.

Mantener el equilibrio

Cada ser vivo de la cadena alimentaria juega un papel importante en mantener la naturaleza en equilibrio. Si un elemento en esta cadena se desarrolla demasiado, los otros animales compiten por sobrevivir. Por ejemplo, si hubiera muchas jirafas, no habría suficientes plantas para que se alimentaran, y causaría la muerte por hambre. Esto afectaría a los animales que dependen de las jirafas. Cambios de este tipo **interrumpen** la cadena alimentaria y destruyen el orden natural del mundo.

Las jirafas macho comen distintas partes de los árboles que las jirafas hembra. De esta manera, ¡hay suficiente comida para todos!

 ## Pensamiento crítico

1. Mira el diagrama de flujo. ¿Qué sucede con el pasto una vez que ha absorbido la energía del sol? Luego, ¿qué sucede con el ratón? **Leer el diagrama de flujo**

2. ¿Por qué es importante para la cadena alimentaria la relación entre el depredador y la presa? Explica usando detalles del artículo. **Aplicar**

3. Compara lo que sucede entre Correcaminos y Serpiente en *El baile del Correcaminos*, con la cadena alimentaria de este artículo. ¿Cuál es la relación entre el correcaminos y la serpiente? ¿En qué lugar de la cadena alimentaria se encuentran? **Leer/Escribir para comprobar textos**

Ciencias

Investiga los niveles de consumidores. Haz un diagrama de flujo que muestre a los consumidores de primer y segundo nivel. Explica las diferencias entre ellos.

 Busca más información sobre cadenas alimentarias en **www.macmillanmh.com**

595

Conexión: Lectura y escritura

Escritura

Orden cronológico

Los escritores usan el orden cronológico para mostrar el orden de los sucesos.

Lee el siguiente pasaje. Observa cómo la autora, Rebecca Johnson, nos lleva en orden de un momento a otro.

Fragmento de
Un paseo por el desierto

La autora nos lleva de un momento a otro en orden. Sabemos lo que acaba de suceder, lo que está sucediendo y lo que sucederá.

El caluroso día en el desierto terminó. La noche fresca está por comenzar. Los pájaros, lagartos y otros animales diurnos se retiran a cómodos nidos y escondites seguros. Allí pasarán la noche durmiendo.

596

Lee y descubre

Lee el texto de Afifa. ¿Qué palabras usa para mostrar el orden cronológico? Usa la lista del control de escritura como ayuda.

Excursionismo
Afifa B.

Esperé largo rato a que alguien bajara por la cuerda. Finalmente, llegó mi turno. Me enganché a la cuerda y salí. Fui bajando paso a paso, hasta que estuve más cerca del fondo y seguí un poco más, lentamente, por puro placer. Entonces empecé a saltar. Hice piruetas como si fuese un campeona saltando vallas. Finalmente, toqué el fondo. Me desenganché de la cuerda y respiré profundamente. Me sentía muy bien.

Lee sobre una aventura.

Control de escritura

✓ ¿Cuenta la autora su historia en el orden exacto en que sucedió?

✓ ¿Se refiere la autora al orden de los sucesos de modo que sepamos que el orden es importante?

☐ ¿Puedes imaginarte lo que le sucedió a Afifa?

Animales del desierto

A platicar

¿Qué hace que este animal del desierto sea único?

Conéctate

Busca información sobre animales del desierto en **www.macmillanmh.com**

CORRECAMINOS: PÁJAROS SORPRENDENTES

Vocabulario

interferir	ágil
torpe	guardián
proclamar	tambalearse

Diccionario

Los **sinónimos** son palabras que tienen el mismo, o casi igual significado. Puedes usar un diccionario para hallar sinónimos.

Busca un sinónimo de *guardián* en el diccionario.

Adam Savage

—Hoy hablará Pam —dijo el Sr. Sanders. Pam se paró frente a la clase.

—Voy a hablar sobre los correcaminos —dijo ella, sonriendo.

Alguien se rió por lo bajo, pero Pam no dejó que un pequeño sonido **interfiriera** en su presentación. Ella sabía que su tema era interesante.

Pam estaba preparada, así que no se sintió **torpe**, ni incómoda. Sosteniendo en alto su álbum de fotos, Pam comenzó su informe.

—Éste es un correcaminos.

Miró. Nadie parecía interesado. Pam sabía que tenía que hacer algo para atraer la atención de todos.

Sosteniendo en alto la siguiente foto, Pam **proclamó** con confianza:

—¡Este sorprendente pájaro es tan rápido y **ágil** que puede atrapar a una serpiente cascabel!

600

—¡Guau, eso es impresionante! —dijo Peter, desde la fila del fondo—. ¿Qué más sabe hacer?

Ahora todos miraban a Pam.

—¡Los correcaminos corren hasta 15 millas por hora! —dijo Pam.

—¿Vuelan? —preguntó alguien.

—Vuelan cuando sienten peligro. Pero no muy lejos.

Pam sostuvo una foto en alto. Mostraba las plumas del correcaminos con manchas negras y blancas, y la cresta en su cabeza.

—¿Dónde conseguiste esas fotos? —preguntó el Sr. Sanders.

—Las tomé cuando visitaba a mi abuela en Arizona —explicó Pam.

—Ya veo —dijo el Sr. Sanders—. ¿Hay algo más que quieras contarnos?

—Me enteré que un correcaminos es un astuto **guardián** de sus crías. Digamos que se acerca un enemigo al nido de un correcaminos. El correcaminos finge tener una pata rota, y aleja al enemigo. Observé a un correcaminos mientras se **tambaleaba**. ¡Fue muy valiente!

Alguien hizo otra pregunta, pero el Sr. Sanders pidió que la dejara para la próxima vez. Cuando la clase se quejó "Ah", Pam supo que su informe había sido un éxito.

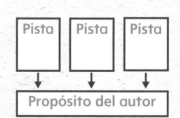

Volver a leer para **comprender**

✔ Evaluar

El **propósito del autor** es la razón por la cual el autor escribe la historia. El autor puede escribir para entretener o informar. Vuelve a leer el relato y busca pistas que te ayuden a evaluar la selección e identificar el propósito del autor. Completa el diagrama a medida que vayas leyendo.

Pista	Pista	Pista
↓	↓	↓

Propósito del autor

601

Comprensión

Género

Un **cuento popular** es un relato basado en las tradiciones de un pueblo o una región, contadas de padres a hijos.

Evaluar

Propósito del autor

A medida que lees, completa el diagrama de propósito del autor.

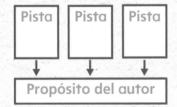

Pista	Pista	Pista

↓   ↓   ↓

Propósito del autor

Lee para descubrir

¿Qué te enseña este cuento popular sobre la vida?

EL BAILE DEL CORRECAMINOS

Rudolfo Anaya • ilustraciones de David Diaz

Autor
e
ilustrador
premiados

    —Ssss, —siseó Serpiente mientras se deslizaba fuera de su cueva a un lado del camino. Enseñó los colmillos y asustó a una familia que volvía a casa a pie desde el maizal.

    La madre arrojó la cesta llena de maíz por el aire. Los niños se paralizaron de miedo.

    —¡Papá! —gritaron los niños, y el padre vino corriendo.

    —Ssss, —amenazó Serpiente.

    —Aléjense —dijo el padre, y la familia tomó otro camino a casa.

    —Soy la reina del camino —alardeó Serpiente—. Nadie puede usar el camino sin mi permiso.

    Esa noche los habitantes del pueblo se reunieron y hablaron con los mayores.

—Tenemos miedo de que Serpiente nos muerda —protestaron—. Actúa como si el camino le perteneciera sólo a ella.

Los mayores estuvieron de acuerdo en que se debía hacer algo, así que a la mañana siguiente fueron a la Montaña Sagrada, donde vivía Mujer Desierto. Ella había creado los animales del desierto. Seguro que podría ayudarlos.

—Por favor, hagan algo con Serpiente —dijeron los mayores—, asusta a los niños y los adultos ya no podemos visitar a nuestros vecinos o ir a los campos.

Mujer Desierto pensó largo rato. No le gustaba **interferir** en la vida de las personas y los animales, pero sabía que había que hacer algo.

—Tengo una solución —dijo finalmente.

Con su vestido largo y suelto, viajó por el desierto en una nube de verano hasta donde vivía Serpiente, que dormía a la sombra de una rocosa saliente.

—Le harás saber a los demás cuándo estás por atacar —dijo severamente Mujer Desierto. Y puso un cascabel en la punta de la cola de Serpiente.

—Ahora eres una Serpiente Cascabel. Cuando alguien se acerque, harás sonar el cascabel, como advertencia. De esta manera, sabrán que estás cerca.

Convencida de que había hecho lo correcto, Mujer Desierto caminó por el arco iris de regreso a su hogar en Montaña Sagrada. Sin embargo a Serpiente Cascabel, en lugar de intimidarla, el sonido sólo la hizo más amenazante. Se enroscaba sacudiendo la cola y mostrando los colmillos.

—Mírenme —les decía a los animales—. Hago sonar mi cascabel y siseo, y mi mordedura es mortal. ¡Soy la reina del camino, y nadie puede usarlo sin mi permiso!

Propósito del autor
¿Cómo crea suspenso el autor? ¿Por qué lo hace?

606

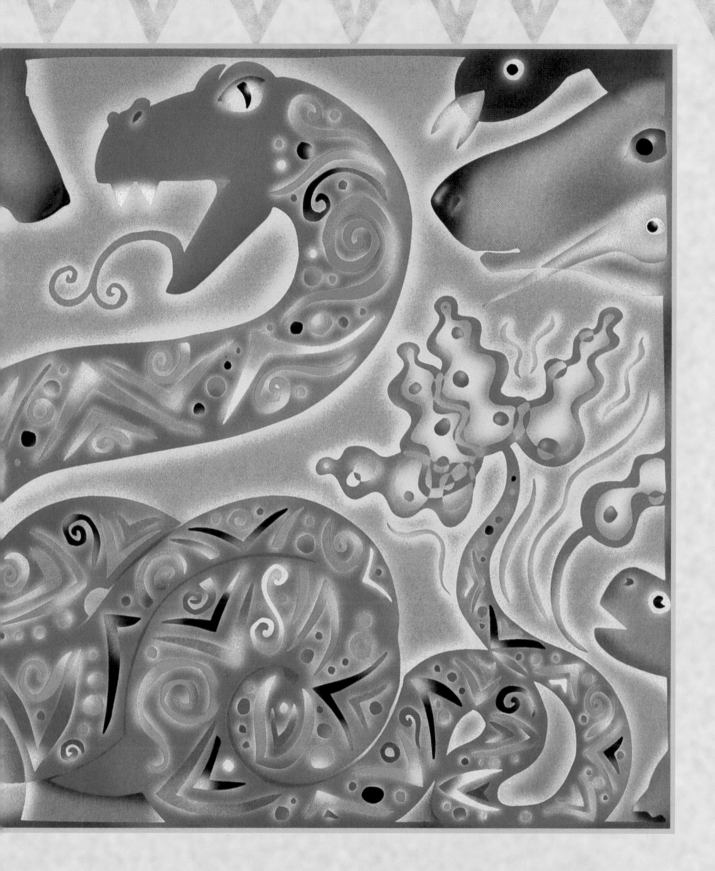

Ahora los animales acudieron a Mujer Desierto para quejarse.

—*Uú, uú* —dijo Búho, saludando a Mujer Desierto con respeto—. Desde que le diste a Serpiente Cascabel su cascabel, es aun más mala. No deja que nadie use el camino. ¡Por favor, quítale sus colmillos y su cascabel!

—Lo que di, no lo puedo quitar —dijo Mujer Desierto—. Cuando Serpiente Cascabel venga siseando y amenazando, uno de ustedes tiene que obligarla a comportarse.

Ella miró a todos los animales reunidos. Los animales se miraron unos a otros. Levantaron la vista, la bajaron, pero nadie miró a Mujer Desierto.

—Soy demasiado tímido para enfrentarme a Serpiente Cascabel —susurró Codorniz.

—Me tragaría en un segundo —gritó Lagarto, y se fue a toda prisa.

—Todos le tememos —confesó Búho.

Mujer Desierto sonrió.

—Quizá necesitemos un nuevo animal que enseñe a Serpiente Cascabel a comportarse —sugirió.

—Sí, sí —aulló Coyote—. Sí, sí.

—Si me ayudan, juntos podemos hacer un **guardián** del camino — dijo Mujer Desierto—. Yo formaré el cuerpo, y cada uno de ustedes traerá un regalo para nuestro nuevo amigo.

Ella juntó arcilla de la Montaña Sagrada y la mojó con agua de un manantial del desierto. Rápido, pero con mucho cuidado, trabajó y moldeó el cuerpo.

—Necesita patas delgadas para correr rápido —dijo Ciervo. Tomó dos ramas delgadas de un arbusto de mezquite y se las entregó a Mujer Desierto.

Ella metió los palos en la arcilla.

—Y una cola larga para tener equilibrio —dijo Arrendajo Azul.

—¡Cro, cro! Como la mía —graznó Cuervo, y entregó unas plumas largas y negras de su cola.

—Debe ser fuerte —gritó el Águila poderosa, y sacó plumas oscuras de sus alas.

609

—Y tener un pico largo para picar a Serpiente Cascabel —dijo Garza, y ofreció un junco largo y delgado del pantano.

—Necesita ojos agudos —dijo Coyote, y ofreció dos piedras brillantes del lecho del río.

Mientras Mujer Desierto agregaba cada nuevo regalo al cuerpo de arcilla, un nuevo pájaro extraño tomó forma.

—¿Cuál es tu regalo? — le preguntó Búho a Mujer Desierto.

—Le daré el don del baile. Será un pájaro **ágil** y rápido —respondió ella —. Lo llamaré Correcaminos.

Entonces le dio vida a la arcilla.

Correcaminos abrió sus ojos. Parpadeó y miró alrededor.

—Qué pájaro extraño —dijeron los animales.

Correcaminos dio sus primeros pasos. **Se tambaleó** hacia adelante, luego hacia atrás, luego hacia adelante, y cayó directamente sobre su cara.

Los animales suspiraron y movieron la cabeza. Este pájaro no era ágil, y no era rápido. Nunca podría enfrentarse a Serpiente Cascabel. Era demasiado **torpe**. Decepcionados, los animales se dirigieron a sus casas.

Mujer Desierto ayudó a Correcaminos a ponerse de pie, y le dijo lo que debía hacer.

—Bailarás alrededor de Serpiente Cascabel y picarás su cola. Ella debe saber que no es la reina del camino.

—¿Yo? ¿Puedo hacerlo realmente? —preguntó Correcaminos, equilibrándose con su cola larga.

—Sólo necesitas practicar —dijo Mujer Desierto.

Correcaminos probó otra vez sus patas. Dio unos pasos hacia adelante y chocó contra un cactus alto.

—Práctica —dijo. Intentó otra vez y saltó por encima de un sapo que estaba dormido.

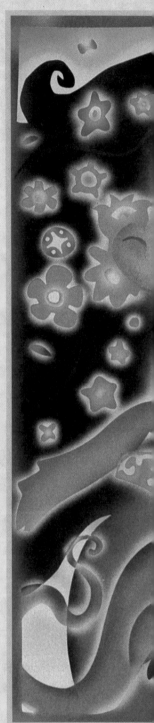

611

Intentó saltar por encima de una tortuga del desierto, pero aterrizó justo sobre su lomo. La tortuga sorprendida se alejó lentamente, y Correcaminos cayó al suelo.

—Nunca lo haré bien —se quejó.

—Sí, lo harás —dijo Mujer Desierto, mientras otra vez lo ayudaba a ponerse de pie—. Sólo necesitas practicar.

Así que Correcaminos practicó. Corrió hacia delante y hacia atrás, aprendiendo a usar sus patas flacas, aprendiendo a tener equilibrio con sus plumas de la cola.

—Práctica —dijo otra vez—. Práctica.

Con el tiempo, giraba en remolinos como un tornado. El pájaro que una vez había sido torpe era ahora un bailarín lleno de gracia.

—¡Lo logré! —gritó mientras pasaba volando por el camino, con sus patas que lo llevaban a toda prisa a través de la arena—. Gracias, Mujer Desierto.

   —Usa tu don para ayudar a otros —dijo Mujer Desierto, y
regresó a su morada en Montaña Sagrada.

   —Lo haré —dijo Correcaminos.

   Fue a toda prisa por el camino hasta que sus ojos agudos
divisaron a Serpiente Cascabel escondida debajo de una
planta de yuca.

   —Ssss, soy la reina del camino —siseó Serpiente
Cascabel sacudiendo su cola con furia—. Nadie puede usar
mi camino sin mi permiso.

   —El camino está para que lo usen todos —dijo
Correcaminos, con severidad.

   —¿Quién eres?

   —Soy Correcaminos.

   —¡Sal de mi camino antes de que te muerda! —dijo
Serpiente Cascabel, con una mirada desafiante.

   —No te tengo miedo —respondió Correcaminos.

Las personas y los animales oyeron los gritos y se acercaron a mirar. ¿Habían oído bien? ¡Correcaminos desafiaba a Serpiente Cascabel!

—¡Te mostraré que yo *soy* la reina del camino! —gritó Serpiente Cascabel, siseando tan fuerte que los ratones del desierto temblaron de miedo. Sacudió su cascabel hasta que sonó como un trueno.

Atacó a Correcaminos, que alcanzó a saltar y esquivarla.

—¡Quédate quieto! —gritó Serpiente Cascabel, y atacó otra vez.

Sin embargo, Correcaminos se alejó de su alcance bailando lleno de gracia.

Serpiente Cascabel se enroscó para hacer un intento más. Atacó como un rayo, pero cayó de lleno sobre su cara. Correcaminos se había puesto a salvo de un salto.

Ahora era el turno de Correcaminos. Erizó sus plumas y bailó en círculos alrededor de Serpiente Cascabel. Una y otra vez picó la cola del malvado animal. Como un remolino, giró alrededor de Serpiente Cascabel hasta que la serpiente se mareó. Los ojos se le cruzaron, y su lengua colgaba de la boca, ya sin fuerzas.

—¡Tú ganas! ¡Tú ganas! —gritó Serpiente Cascabel.

—No eres la reina del camino, y no debes asustar a aquellos que lo usan —dijo Correcaminos, con tono áspero.

—Lo prometo, lo prometo —dijo la vencida Serpiente Cascabel, y se deslizó silenciosamente hacia su cueva.

Los habitantes aclamaron y elogiaron al pájaro.

—¡Ahora podemos visitar a nuestros vecinos en paz, podemos ir a los campos de maíz sin miedo! —**proclamaron** los mayores—. Y los niños ya no estarán asustados.

—¡Gracias, Correcaminos! —dijeron los niños, saludando con la mano mientras seguían a sus padres.

Luego los animales se reunieron alrededor de Correcaminos.

—Sí, gracias por darle a Serpiente Cascabel una lección —dijo Búho—. Ahora eres el rey del camino.

—No, ahora no hay rey del camino —contestó Correcaminos—. Todos son libres de ir y venir como quieran. Y aquéllos que piensen como Serpiente Cascabel mejor que se cuiden, porque me aseguraré de que los caminos permanezcan a salvo.

> **Propósito del autor**
> ¿Con qué propósito escribió el autor esta historia?

617

Bailando con Rudolfo y David

Rudolfo Anaya no tuvo que investigar sobre los correcaminos para escribir su cuento. Los pájaros vuelan en libertad alrededor de su casa en el sudoeste de Estados Unidos. Cuando Rudolfo era niño y vivía en Nuevo México, oía muchas historias populares que las personas oriundas de México llamaban "cuentos". Ahora escribe sus propios relatos para compartir su herencia mexicana e indígena americana.

David Diaz trata de experimentar cuando ilustra un libro. Antes de decidirse por la ilustración de una historia, usa distintas técnicas de arte, incluyendo diseños hechos en la computadora. David cree que el uso de distintas técnicas hace que sus trabajos artísticos sean más interesantes.

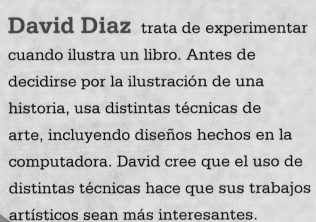

Conéctate Busca información sobre Rudolfo Anaya y David Diaz en **www.macmillanmh.com**

Propósito del autor

¿Cómo crees que la herencia mexicana e indígena americana de Rudolfo Anaya influyó para que escribiera *El baile de Correcaminos*?

Pensamiento crítico

Resumir

Resume *El baile del Correcaminos*. Cuenta el argumento de la historia, el ambiente, y quiénes di quienes son los personajes principales.

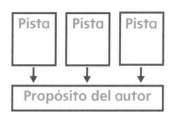

Pista	Pista	Pista

↓ ↓ ↓

Propósito del autor

Pensar y comparar

1. ¿Qué lección intenta enseñar el autor? Explica el propósito usando detalles del cuento. **Evaluar: Propósito del autor**

2. Vuelve a leer las páginas 608-609. ¿Qué cualidades le otorgaron a Correcaminos para que se enfrentara a Serpiente? ¿Cómo le ayudan estas cualidades más adelante en el cuento? Usa detalles del cuento en tu respuesta. **Analizar**

3. ¿Cómo habrías resuelto el problema con alguien tan belicoso como Serpiente? **Aplicar**

4. ¿Por qué fue mejor que Mujer Desierto no **interfiriera** para quitarle a Serpiente su nuevo cascabel? **Evaluar**

5. Lee "Correcaminos: pájaros sorprendentes" en las páginas 600-601. ¿Qué información aprendiste acerca de los correcaminos en este relato que no había en *El baile del Correcaminos*? Usa detalles de ambas selecciones en tu respuesta. **Leer/Escribir para comparar textos**

Mosquerito y Coyote

Gillian Reed

Hace muchos años, Mosquerito visitó un lago cuyo color azul del agua era espectacular. En aquel tiempo, las plumas de Mosquerito lucían apagadas y feas. Al pájaro le encantaba contemplar el hermoso lago azul. Coyote lo observaba desde su escondite.

A Mosquerito le gustaba tanto el azul del agua que un día decidió tomar un baño en el lago. Se bañaba cuatro veces por las mañanas durante cuatro días seguidos. Cada vez que se bañaba, Mosquerito cantaba esta canción:

Hermoso lago,
tan puro y azul,
déjame zambullirme,
Para ser azul también.

Coyote aparece al principio del cuento, lo que anticipa el papel importante que tiene en el cuento.

Al quinto día, ocurrió algo sorprendente. Cuando Mosquerito volaba hacia el agua para darse un baño, sus plumas se habían transformado en un deslumbrante color azul. Ahora Mosquerito tenía el mismo color que el lago.

Mientras, Coyote observaba al pájaro, no porque lo admirase ni por querer conocerlo, sino para ver la forma de engañarlo para comérselo. Pero a Coyote le daba miedo el agua y por eso no se acercaba a Mosquerito.

El día que Mosquerito se volvió azul, Coyote estaba tan impactado que se olvidó de la idea de atraparlo. Llamó a Mosquerito, que estaba a salvo en un árbol.

—¿Cómo se transformaron tus horribles plumas grises a un azul tan maravilloso? Dime cómo lo hiciste, así yo también puedo ser azul.

Mosquerito estaba tan feliz que se sentía generoso. Permaneció a salvo en su rama, pero le dijo a Coyote:

—Esto es lo que debes hacer. Salta al lago cuatro veces por las mañanas durante cuatro días. Al quinto día, salta al agua y te volverás azul. Y puedes intentar cantar mi canción.

Mosquerito le enseñó a Coyote su canción y luego se fue volando alegremente.

Realmente Coyote quería ser azul. A la mañana siguiente, pese a que detestaba el agua, saltó al lago cuatro veces.

Cantó la canción del pájaro, y se estremeció al cantar. Hizo esto durante cuatro días. Al quinto día, Coyote salió del lago con un pelaje azul adorable. Aulló para sí:

—Soy azul y hermoso.

Coyote quería exhibir su nuevo color. Pensó que su magnífico pelaje azul lo convertiría en la envidia de todas las criaturas del desierto. Paseó buscando por todos lados a alguien que lo admirase. Caminó durante horas, pero Coyote, no encontró a ningún admirador. Se impacientó. Pero recordó un cañón donde vivían muchos animales y personas. Ellos sí que se fijarían en él. Debía apurarse para llegar al cañón antes del atardecer.

Mientras Coyote corría, notó las sombras del atardecer a su alrededor. Se preguntó si su sombra sería tan azul como él. Giró la cabeza para observar su sombra, y vio que no era azul. Coyote no vio la gran roca delante, se dio un fuerte golpe y cayó al suelo.

Rodó en la tierra con sus patas azules por el aire. Cuando finalmente se detuvo y se puso de pie, Coyote tenía el color de la tierra gris del desierto. Coyote se sacudía, pero el color grisáceo perduraba en su pelaje. Por eso, todos los coyotes tienen el color gris del desierto. Pero el mosquerito conserva el hermoso color azul del lago hasta el día de hoy, ya que sus intenciones fueron puras.

Coyote decidió no ir al cañón después de todo. Ahora nadie se impactaría por su color. Se dirigió a su hogar, deteniéndose sólo para darle a la roca una buena y rápida patada.

El color apagado y grisáceo de su piel es un símbolo de su orgullo herido.

 ## Conectar y comparar

1. ¿Qué hechos se presagian con la canción del mosquerito? **Presagiar**

2. ¿Qué aprendes de la personalidad de Coyote en este cuento de embusteros? **Analizar**

3. Compara lo que le sucede a Coyote con lo que le sucede a Serpiente Cascabel en *El baile del correcaminos*. Usa información de las historias para fundamentar tu respuesta. **Leer/Escribir para comparar textos**

 Busca información sobre cuentos de embusteros en **www.macmillanmh.com**

Conexión: Lectura y escritura

Lee el siguiente pasaje. Observa cómo el autor, Rudolfo Anaya, describe cómo Mujer Desierto creó a Correcaminos.

Fragmento de
El baile del Correcaminos

El autor escribe acerca del orden de los pasos que Mujer Desierto y los animales siguieron para crear a Correcaminos.

—Necesita ojos agudos —dijo Coyote, y ofreció dos piedras brillantes del lecho del río.

Mientras Mujer Desierto agregaba cada nuevo regalo al cuerpo de arcilla, un nuevo pájaro extraño tomó forma.

—¿Cuál es tu regalo? — le preguntó Búho a Mujer Desierto.

—Le daré el don del baile. Será ágil y rápido —respondió ella —. Lo llamaré Correcaminos.

Entonces le dio vida a la arcilla.

Correcaminos abrió los ojos y miró alrededor.

624

Lee y descubre

Lee el texto de Rob. ¿Cómo explica lo que sucedió cuando Joe intentó hacer un túnel de nieve? Usa la lista del control de escritura como ayuda.

Túnel de nieve
Rob M.

Esa mañana temprano, Joe y sus amigos comenzaron a construir el túnel. Primero, movieron con palas la nieve hacia un lado del patio. Hicieron un gran montículo y después comenzaron a excavar un túnel tan ancho como para que pudieran arrastrarse dentro del mismo. Algunos niños trabajaban desde uno de los extremos del montículo de nieve, y otros sacaban la nieve del otro extremo. Estaban listos para encontrarse en la mitad del montículo cuando toda la nieve se desplomó. Joe se desanimó y decidió irse a su casa para almorzar.

Lee sobre un túnel de nieve.

Control de escritura

 ¿Cuenta el autor la historia en orden?

 ¿Muestra el autor un principio, un desarrollo y un final?

 ¿Qué le sucedió al túnel de nieve de Joe?

625

A platicar

Los parques nacionales están llenos de vida y de historia. ¿Qué nos enseñan los parques nacionales?

Busca información sobre parques nacionales en **www.macmillanmh.com**

626

PARQUES NACIONALES

Un parque prehistórico

Vocabulario

vagar
completar
recorrido
natural
flora y fauna

Hace más de 200 millones de años, los dinosaurios **vagaban** libremente por la Tierra. ¿Te has preguntado alguna vez cómo era la tierra o qué tipo de árboles había antes? ¡Puedes ver algunos de esos árboles hoy en Arizona! En el Parque Nacional Petrified Forest, hay árboles fosilizados de 225 millones de años. Los visitantes se sorprenden al ver estos árboles que se han convertido en piedra.

¿Cómo sucedió? Hace millones de años, el agua que contenía minerales inundó la zona. Los minerales se filtraron dentro de los árboles caídos y los convirtieron en troncos duros como piedras. ¡Algunos troncos miden 100 pies! Hoy dan una imagen colorida y sorprendente al desierto de Arizona. Cada tronco parece un arco iris de madera. Los colores varían de rojo a amarillo, verde, azul, negro y blanco.

El Parque Nacional Petrified Forest es uno de los bosques de madera petrificada más grandes del mundo. Casi un millón de personas visitan el parque cada año para ver de cerca estos fósiles de árboles prehistóricos.

Los troncos eran árboles hace 225 millones de años. Se convirtieron en piedra en el Parque Nacional Petrified Forest de Arizona.

Rey de la montaña

Cuando Scott Cory tenía trece años, ya había escalado dos cimas importantes en el Parque Nacional Yosemite de California. Una era la "Nariz" de El Capitán, de 2,900 pies. La otra era la ladera de 2,000 pies de Half Dome. La primera vez que Scott escaló la Nariz, tardó tres días y dos noches. ¡Un mes después, él **completó** la subida en un día! Scott se convirtió en la persona más joven en escalar el Half Dome en un solo día. ¡El **recorrido** hacia la cima a menudo lleva tres días!

Scott comenzó a escalar a los siete años. Cuando no está escalando, pasa su tiempo en un gimnasio.

¿Qué hará ahora este fanático de las cumbres? Scott quiere escalar las cimas de la Nariz y de Half Dome en 24 horas. ¡Este muchacho se propone algo y lo logra!

 Busca información sobre el Parque Nacional Yosemite en **www.macmillanmh.com**

Los 5 parques nacionales más visitados

En 1872, el Parque Nacional Yellowstone se convirtió en el primer parque nacional de Estados Unidos. Desde entonces, se sumaron más de 383 parques a la lista. Más de tres millones de personas visitan por año estos lugares naturales de belleza original. Sacan miles de fotografías de la flora y fauna. Estos son los parques que han atraído la mayor cantidad de visitantes en un año.

1. **Parque Nacional Great Smoky Mountains, Carolina del Norte y Tennessee**
2. **Parque Nacional Grand Canyon, Arizona**
3. **Parque Nacional Yosemite, California**
4. **Parque Nacional Olympic, Washington**
5. **Parque Nacional Rocky Mountain, Colorado**

629

Comprensión

Género

Un artículo de **no ficción** narra hechos acerca de una persona, un lugar o un suceso.

Resumir

Idea principal y detalles

La idea principal de un artículo es el tema que trata. Los detalles dan más información acerca de la idea principal.

Un alce macho y una hembra en su nuevo hogar, el Parque Nacional Great Smoky Mountains.

Los animales regresan a nuestros parques nacionales

¿Cómo afectó a los ecosistemas de dos parques nacionales el regreso de alces y lobos grises?

Los parques nacionales protegen la **flora** y **fauna**, la historia y la cultura. Aun así, cientos de plantas y animales han desaparecido de nuestros parques nacionales. Esto se debe a que su medio ambiente ha cambiado debido, en gran parte, a las actividades humanas.

Hoy, los guardabosques trabajan para recuperar el equilibrio del ecosistema de cada parque. Traen plantas y animales a su medio ambiente **natural**. Hasta ahora esto funciona, en especial para los alces y los lobos.

Un largo camino a casa

En una mañana fría de enero, 28 alces habían **completado** un largo **recorrido**. Habían viajado 2,500 millas en camión desde el Parque Nacional Elk Island de Canadá hasta el Parque Nacional Great Smoky Mountains de Carolina del Norte. Fueron los primeros de un total de 52 alces en ser reincorporados al parque.

Diez millones de alces **vagaron** alguna vez por toda América del Norte. Ahora, sólo hay alrededor de un millón. Los alces desaparecieron de Carolina del Norte hace más de 150 años. Los cazadores mataron a muchos. Otros murieron debido a la construcción de granjas, pueblos y caminos en los territorios en los que los alces solían pastar.

Los alces comen hojas de árboles y arbustos, lo que permite que penetre más luz solar para que las plantas bajas puedan crecer. Así, los animales pequeños pueden vivir allí también. Las ardillas sirven de alimento a los animales más grandes, como los lobos. Sin el alce, el ecosistema del parque no funcionaba bien. "Estamos tratando de restablecer el ecosistema a lo que era hace 200 años", dijo Lawrence Hartman del Servicio del Parque Nacional.

Empleados del parque observan mientras los alces corren libremente.

631

¿Han logrado su objetivo? Sí. Los investigadores han estado estudiando el progreso de los alces. Jennifer Murrow lleva adelante la investigación. Rastrea a los alces colocándoles collares especiales, con radios que envían señales. Es así como los investigadores advierten dónde y cómo están los alces. Los investigadores también siguen el rastro del número de crías de alces que nacen cada año. El primer año nacieron once crías en el parque. Ocho sobrevivieron. A las otras tres se las comieron los osos. Todo forma parte del equilibrio natural, y es exactamente lo que los investigadores de la flora y la fauna quieren ver.

Cadena alimenticia de Yellowstone

DAMNIFICADOS
PROTEGIDOS

Lobo gris

Alce

Alce

Coyote

Alce

Zorro

Plantas | Carroñeros | Depredadores | Roedores

La desaparición de los lobos dejó un gran vacío en el ecosistema de Yellowstone. Los coyotes y los alces, que son cazados por los lobos, se volvieron muy numerosos. Las plantas comenzaron a desaparecer por el crecimiento de la población de alces. Los zorros, que comen los mismos roedores que los coyotes, morían de hambre porque los coyotes atrapaban la mayoría de las presas. El ecosistema del parque estaba muy desequilibrado.

El gobierno quiso solucionar el problema. Decidió traer lobos al parque. El objetivo era devolver el equilibrio a la naturaleza. Ahora, Yellowstone aúlla con vida otra vez, y la naturaleza sigue su curso.

Un lobo gris en el Parque Nacional de Yellowstone.

Los aullidos vuelven

Durante siglos, muchas manadas de lobos vivieron en el oeste. Los colonos cazaban a los lobos salvajes en la primera década de 1800. En la década de 1970, los lobos habían desaparecido por completo del Parque Nacional Yellowstone. También estaban en vías de extinción en gran parte de Estados Unidos.

En 1995, treinta y un lobos grises fueron liberados en el parque. Ahora, más de una década más tarde, hay una cantidad de lobos cinco veces mayor vagando por Yellowstone.

✔ Pensar y comparar

1. ¿Qué animales fueron reincorporados en los Parques Nacionales Great Smoky Mountains y Yellowstone?

2. ¿De qué manera la desaparición de una especie de animales afecta a otros animales y plantas de un ecosistema?

3. Si pudieras visitar un parque nacional de Estados Unidos, ¿cuál elegirías y por qué?

4. Compara los problemas que deben enfrentar los guardabosques en los parques nacionales Yellowstone, Yosemite o Petrified Forest.

Muestra lo que sabes

Ahí mismo

Tú puedes acertar la respuesta. Busca palabras clave en la pregunta. Luego, busca aquellas palabras clave en las opciones.

Esta pantera de Florida está en peligro de extinción. El desarrollo humano en Florida destruyó gran parte de su hábitat.

Los primeros colonizadores declararon a los Everglades de Florida un pantano sin valor alguno. De hecho, es un paraíso único de miles de especies de plantas y animales que forman una delicada cadena alimenticia. Para sobrevivir, sólo se necesitan unos a otros… Y tener una buena provisión de agua.

Pero el desarrollo humano en los Everglades ha amenazado con alterar el suministro de agua y el ecosistema. Para el desarrollo del área, la gente buscaba tierra seca donde construir sus hogares y para cultivar.Solo una parte de los Everglades fue designada Parque Nacional en 1947.Drenaron el agua de los Everglades. Esto provocó una reacción en cadena que alteró el ecosistema.

Los pantanos de los Everglades tienen ahora sólo la mitad de su tamaño original. Entre 1900 y 2000, la cantidad de pájaros disminuyó un 90 por ciento. Todo esto ha hecho del Parque Nacional de los Everglades uno de los diez parques que corren mayor peligro en Estados Unidos.

Ahora existe un plan para salvar los Everglades. Los ingenieros construirán pozos para capturar el agua antes de que desaparezca de los Everglades. Se eliminarán muchos canales, lo que permitirá que el agua siga su curso natural. Completar el plan puede llevar 50 años. Salvar este ecosistema único es un objetivo importante, sin importar cuánto tiempo lleve.

Sigue ▶

Contesta las preguntas. Basa tus respuestas en el artículo "Salvar un parque nacional".

1. **¿Con qué cuentan los animales y las plantas para sobrevivir?**

   A   tierra seca para construir hogares

   B   canales que permitan que el agua fluya

   C   pozos para capturar el agua

   D   unos a otros y una buena provisión de agua

Consejo
Busca
palabras

2. **El ecosistema de los Everglades fue dañado por el desarrollo humano porque la gente**

   F   lo transformó en un Parque Nacional.

   G   drenó el agua de diferentes áreas.

   H   cazó muchos de los animales que vivían allí.

   I   quitó los canales del lugar.

3. **El nuevo plan para los Everglades muestra que**

   A   la gente valora más los nuevos hogares que los parques nacionales.

   b   las personas quieren salvarlo, sin importar cuánto tiempo lleve.

   C   los ingenieros reemplazarán el parque por canales.

   D   las personas siguen malgastando los recursos naturales tales como el agua

4. **Describe el plan designado a salvar los Everglades. ¿Cuánto tiempo tardará en completarse el plan? Incluye detalles del artículo en tu respuesta.**

5. **¿Cuál es la idea principal de este artículo? Incluye los detalles más importantes en tu respuesta.**

A escribir

La mayoría de las personas hacen muchas cosas al prepararse para un paseo. Piensa en lo que hace tu familia al organizar un paseo. Escribe para <u>contar cómo</u> se organizan para el paseo.

La escritura expositiva compara, explica o cuenta cómo hacer algo.

Para saber si las sugerencias requieren escritura expositiva, busca palabras clave como <u>explica</u>, <u>cuenta cómo</u> o <u>define</u>.

Observa cómo un estudiante responde a la sugerencia para escribir.

El escritor incluyó detalles específicos para indicar qué hace cada hermana.

Los sábados, voy con mi familia al parque de la ciudad. Siempre tenemos muchas cosas que hacer antes de irnos.

Primero, ayudo a mi hermana a preparar sandwiches. Siempre preparamos dos tipos diferentes para cada uno. Eso hace un total de doce sandwiches.

Luego preparo mi mochila. Mi hermana pone un suéter de más para que no tengamos frío. Si hace calor, llevo mi pelota de sóftbol y mi manopla. Así podemos practicar con mi hermana. Lo último que hago antes de irnos es ponerle la correa a mi perro, Jefe.

Sugerencias para escribir

Responde a la siguiente sugerencia. Escribe durante 15 minutos, tanto como puedas y tan bien como puedas. Lee las pautas para escribir antes y después de hacerlo.

Las personas hacen ciertas cosas antes y después de un paseo. Piensa en lo que haces. Escribe para comparar lo que haces antes y lo que haces después de un paseo.

Pautas para escribir

☑ Lee atentamente las sugerencias para escribir.

☑ Organiza tus ideas para planificar tu escritura.

☑ Fundamenta tus opiniones dando razones y proporcionando detalles sobre los sucesos.

☑ Usa oraciones compuestas para variar la escritura.

☑ Escoge palabras que ayuden a los lectores a entender tus ideas.

☑ Revisa y corrige tu escritura.

A platicar

¿En qué se diferencian los animales de la selva tropical a los de otros hábitats?

Conéctate Busca información sobre la selva tropical en **www.macmillanmh.com**

La selva tropical

PARAÍSO en peligro

Florencio Sueldo

Vocabulario

armonía   ecología

contaminar   ecosistema

desperdicio   frondoso

diversidad

Claves de contexto

Las **descripciones** son explicaciones ordenadas y detalladas de cómo es una persona, un lugar o una situación y pueden ayudarte a comprender el significado de una palabra desconocida.

Usa la descripción del cuarto párrafo para averiguar qué significa la palabra *contaminar*.

El agua nos da vida. Con ella nos bañamos, lavamos las verduras y, sobretodo, nos quitamos la sed. También la necesitan los animales y las plantas. Por eso, sin el agua de los lagos, los ríos, los mares y arroyos no podríamos sobrevivir. Hay que cuidarlos.

Como un sueño

Hace muchos años, las playas del Golfo de México eran hermosas. Los peces nadaban en aguas cristalinas. Todos los seres vivos convivían en **armonía**. Se cuenta que cuando los españoles vieron por primera vez las blancas arenas del golfo pensaron por un instante que estaban en el paraíso. La gran **diversidad** de animales exóticos

los dejó boquiabiertos. Ocultos en las selvas **frondosas** cantaban los guacamayos y los loros.

La industria

Con el tiempo las cosas fueron cambiando. Con la aparición de la tecnología nació en el hombre el deseo de renovar sus carros, televisores y computadoras. De a poco fueron instalando fábricas y más fábricas cerca de los ríos para satisfacer esta demanda. ¡Mala idea! Así comenzó a deteriorarse el entorno.

La construcción de fábricas no hizo más que **contaminar** las aguas del Golfo con **desperdicios** tóxicos. Hoy, cientos de miles de peces mueren porque los mares están cada vez más contaminados. Así, con tanta suciedad en el agua, gran parte del **ecosistema** marino de la región se ha visto afectado considerablemente.

Por un momento piensa lo siguiente, ¿qué pasaría si el agua que bebemos estuviera sucia y los peces que comemos estuvieran enfermos? Ya sabes la respuesta, nuestro organismo no la pasaría muy bien.

Te toca a ti

La **ecología** nos enseña cómo podemos proteger el medio ambiente que nos rodea. Un sencillo ejemplo: bastaría con tirar la basura donde corresponde. Es por eso que cada uno de nosotros puede colaborar manteniendo limpio nuestro jardín, nuestra calle, nuestro parque y cada uno de los lugares privados o públicos que frecuentamos. Protegiendo nuestro entorno ayudamos a proteger la vida en el planeta: la de las plantas, la de los animales y nuestra propia vida.

Volver a leer para **comprender**

✓ **Analizar la estructura del texto**

Comparar y contrastar

Cada historia presenta una serie de eventos o situaciones. Ellos forman la estructura de la historia. Comparar o contrastar las diferentes situaciones que presenta el autor permite analizar la estructura de la historia.

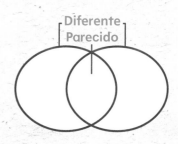

Diferente
Parecido

Vuelve a leer la historia y utiliza un diagrama de Venn para comparar y contrastar las diferentes situaciones y eventos que presenta la historia.

Comprensión

Género

Un relato de **no ficción narrativa** es una historia verdadera sobre personas, animales, plantas y sucesos.

Analizar la estructura del texto

Comparar y contrastar

Mientras lees, completa tu diagrama de Venn.

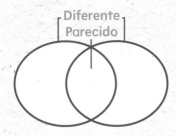

Diferente
Parecido

Lee para descubrir

¿Cómo crece y cambia una selva tropical?

LA SELVA TROPICAL

el espectáculo de la vida

Ricardo Cicerchia

¿Has pensado alguna vez en lo que se necesita para vivir en una casa? Tiene que haber comida, agua, luz eléctrica... Además, hay que cocinar, lavar los platos, sacar la basura, hacer las camas, pagar las facturas del teléfono, reparar de vez en cuando alguna lámpara... Todo eso no lo hace una persona sola: es necesario que todos colaboren. ¿Qué crees que pasaría si la gente que vive en una casa no cooperara, si nadie hiciera su tarea cuando le toca? Sería imposible vivir así.

La Tierra es como una casa gigantesca, en la que los seres vivos y lo que los rodea —agua, aire, luz— forman una comunidad donde cada uno de los miembros coopera con los demás. Esa comunidad es lo que llamamos un **ecosistema**. Los animales necesitan a las plantas que ofrecen alimento y refugio; las plantas necesitan a los animales que transportan el polen y distribuyen semillas; y nosotros necesitamos el oxígeno producido por las plantas y los alimentos que animales y plantas proporcionan. Por eso es tan importante conocer y cuidar la naturaleza.

La explotación de las selvas tropicales para obtener madera y papel es una de las principales causas de su progresiva destrucción.

La ciencia que estudia la relación entre los diferentes organismos y su entorno natural es la **ecología**. Esta palabra viene del griego *oikos* (que significa "casa") y *logos* ("estudio"): es, pues, el estudio del hogar que todos compartimos.

La ecología nos ayuda también a comprender los riesgos de muchos cambios que la especie humana está provocando en el planeta. Hay tantas personas en la Tierra que es necesario producir un gran número de cosas. Las fábricas —que nos permiten disfrutar de muchos productos y comodidades— traen al mismo tiempo consecuencias negativas para el medio ambiente: humos que **contaminan** el aire y **desperdicios** que ensucian las aguas. Millones de árboles han sido cortados para obtener la madera y el papel con que se construyen casas y se hacen libros o periódicos. Al desaparecer los bosques, muchos seres humanos y animales se quedan sin hogar.

Todos esos cambios han afectado especialmente a las selvas tropicales que hay en América Latina, África y el sudeste de Asia, donde viven miles de especies de animales y plantas. Las selvas son muy importantes: ayudan a regular la temperatura, la humedad y la composición de los gases de la atmósfera terrestre. Son como grandes pulmones que limpian el aire que todos respiramos. Cualquier cambio en ese ecosistema verde alteraría el clima en todos los países del mundo.

Durante siglos, las selvas han sido fuente de minerales, aceites, maderas, metales y medicinas que han contribuido a nuestro bienestar. Pero el aprovechamiento de esas riquezas ha provocado una gran destrucción. Cada año se pierden 15 millones de acres (seis millones de hectáreas) de selva tropical (la extensión aproximada del estado de West Virginia), y en menos de cincuenta años las selvas podrían desaparecer completamente. Son nuestro más valioso y frágil tesoro natural.

Los humos y residuos de las fábricas contaminan el aire y el agua.

¿Cómo es posible que esto ocurra?, te preguntarás. Pues bien, una de las causas de esta situación es nuestra propia ignorancia. Hemos olvidado cómo se vive en la casa natural, cómo se coopera con los demás seres vivos. Necesitamos aprender de nuevo a convivir con la naturaleza y a usarla respetuosamente. En las selvas tropicales viven miles de comunidades indígenas desde tiempos remotos. Podemos aprender mucho de esos pueblos que conocen bien cada árbol, planta y animal que convive con ellos.

Se cuenta que, hace mucho tiempo, unos colonos llevaron el nogal desde su entorno natural a un lugar extraño para él. Pasaba el tiempo y no florecía. Alarmados, preguntaron a los indígenas si conocían el secreto del árbol. Los nativos explicaron que el polen que daba vida al árbol viajaba en abejas que sólo vivían en arbustos cercanos a la selva. Era una relación que los recién llegados desconocían: el árbol necesitaba volver a su hogar para florecer.

En la actualidad, expertos de todo el mundo intentan reunir y salvar los conocimientos de los habitantes de las selvas. Varios científicos han visitado la frontera de Brasil y Surinam, donde viven los indios tirio, para aprender de ellos los distintos usos medicinales de las plantas. Ese pueblo utiliza unas trescientas plantas para curar enfermedades con medicinas que nosotros aún no conocemos. Toda la humanidad puede beneficiarse así del intercambio entre las diferentes sociedades y culturas, cada una enseñando lo que sabe y aprendiendo de las demás.

¿Qué está pasando ahora en las selvas? ¿Qué se puede hacer para salvarlas? En todo el mundo, hay muchas personas que trabajan para intentar reparar los daños sufridos por la naturaleza. Vamos a ver dos ejemplos de selva tropical en el continente americano: la Amazonia (América del Sur) y el Guanacaste en Costa Rica (América Central).

AMÉRICA DEL SUR:
La Amazonia

Hay gran variedad de mariposas que habitan la selva amazónica.

La vegetación de esta selva es tan alta y densa que sólo algunos rayos de luz llegan hasta el suelo. Los árboles más altos alcanzan la altura de un edificio de quince pisos, y en algunos se han encontrado hasta 400 especies diferentes de insectos. Las ramas y las lianas son utilizadas por los monos para desplazarse por la jungla. Más abajo encontramos arbustos, enredaderas parásitas, flores tropicales de gran colorido y las raíces inmensas de los árboles que se alimentan con las sustancias químicas de las hojas y ramas caídas.

Como la región del Amazonas se encuentra en la zona ecuatorial del planeta, la temperatura es cálida y se mantiene constante entre 77° y 80° Fahrenheit (25° y 27° centígrados). Llueve mucho, y durante la estación húmeda la lluvia puede caer varios días seguidos sin parar.

El Amazonas es el río más caudaloso del mundo. Va desde los Andes peruanos hasta el Océano Atlántico, atravesando todo el territorio de Brasil. Los científicos creen que alrededor de ese río viven más de diez millones de especies de plantas y animales. En algunas áreas se han llegado a contar hasta 3,000 especies de árboles en una sola milla cuadrada. En 1840, el alemán Friedrich Von Martius hizo una lista de las especies que había descubierto en sus años de exploración de la región amazónica. ¡Esa lista llenó quince volúmenes de su obra *Flora Brasiliensis*!

Las abundantes ramas y lianas de los árboles son utilizados como medio de transporte por monos, como los titis enanos.

Los inmensos árboles tropicales son fuente de maderas preciosas muy codiciadas.

A los pies de los árboles crecen exóticas plantas tropicales como la orquídea.

651

En este ecosistema se van a cumplir diez millones de años de **armonía** entre la vida animal y la vegetal. Sus habitantes se necesitan mutuamente: una de las cosas que sorprendió a algunos exploradores fue saber que ciertas hormigas que viven en los troncos y se alimentan de las hojas caídas de algunos árboles combaten con fiereza a los insectos que pueden dañar y devorar a sus verdes compañeros.

La selva brasileña ha sido llamada "el pulmón de la Tierra." Según los científicos, produce por lo menos una quinta parte del oxígeno que necesitamos para vivir. Pero los rancheros incendian miles de acres de selva para convertirlos en tierras de pastoreo para el ganado o en tierras de cultivo. Por esa razón, estos fantásticos jardines podrían transformarse en un triste desierto en un futuro no muy lejano.

¿Quién vive en la selva? La Amazonia es el hogar de más de 180 comunidades indígenas, cada una con su propia cultura, idioma e historia. Estos indios se adaptaron a vivir en la selva hace miles de años. Aprendieron a conseguir veneno de ciertas plantas para cazar con flechas, a reconocer las plantas comestibles, a protegerse de insectos y serpientes durmiendo en hamacas atadas a los árboles y a viajar en canoas hechas de troncos.

Los yanomami son una de esas comunidades indígenas. Los antropólogos piensan que aún quedan por descubrir algunos grupos de yanomami, pues viven en zonas de selva tan **frondosas** que resulta muy difícil localizar sus aldeas. Viven en Brasil y en el sur de Venezuela, y son cazadores. Utilizando varios tipos de plantas y animales, estos indios fabrican arcos, algunos apropiados para cazar pájaros, otros para cazar tapires, armadillos y cerdos salvajes. También cultivan más de ochenta variedades de vegetales, como bananas y aguacates.

Entre los cultivos de los indígenas de la selva amazónica se encuentra la banana.

En la Amazonia viven desde hace miles de años numerosas comunidades indígenas, como los yaminahua.

Mujer yanomami moliendo grano para hacer harina.

Los yanomami no están a salvo de los peligros de la civilización moderna: la búsqueda de oro en la selva está provocando la destrucción del ecosistema en el que viven. Se calcula que, de los 10,000 yanomami que habitaban la parte brasileña de la Amazonia, unos 1,200 han muerto desde que los buscadores de oro invadieron sus tierras. Afortunadamente, los gobiernos de Brasil y Venezuela han aprobado la creación de una zona protegida para que los yanomami puedan seguir cultivando y cazando sin ser molestados.

Además de los yanomami, muchas otras tribus se encuentran amenazadas. Se cree que en el año 1500, cuando los primeros colonizadores portugueses llegaron a las costas de Brasil, había aproximadamente tres millones y medio de habitantes en la región del Amazonas. Hoy en día quedan, como mucho, doscientos mil indígenas. La selva es su casa y no podrían vivir en otro lugar.

Una de las organizaciones ecológicas más importantes del mundo es la Fundación Chico Mendes. Francisco "Chico" Mendes fue uno de los primeros en hacer campaña por todo el mundo para intentar salvar la selva amazónica. La fundación que lleva su nombre ha decidido organizar una campaña internacional de protección de la Amazonia y de sus comunidades indígenas. El objetivo es crear zonas protegidas en las que se puedan recoger los productos que ofrece la selva (caucho, frutas) sin dañarla. Su lema es: "NO MÁS DÉCADAS DE DESTRUCCIÓN". Su tarea es promover el respeto por el medio ambiente, por todas las formas de vida y por la **diversidad** de la naturaleza.

Grandes extensiones de selva son quemadas para obtener más terrenos de cultivo.

AMÉRICA CENTRAL:
Guanacaste (Costa Rica)

Cuando imaginamos una selva, inmediatamente pensamos en las lluvias constantes y la humedad. Pero también existen selvas en las que durante meses no llueve ni una gota: son las llamadas selvas tropicales secas.

Cuando llegaron en el siglo XVI, los españoles encontraron cerca de trescientas mil millas cuadradas de este tipo de selva en América Central. Lentamente, el abuso de sus recursos ha reducido su superficie a menos del 2% de su extensión original. Esta selva seca ha sido maltratada por el cultivo de algodón, la cría de ganado, y la caza de muchos de sus animales.

Al noroeste de Costa Rica, entre los volcanes Orosí y Cacao, en el Parque Nacional de Guanacaste, se encuentra una de estas selvas. Guanacaste forma parte de un ecosistema mayor que se extiende desde Mazatlán, en México, hasta el Canal de Panamá. Siempre recibe fuertes lluvias entre mayo y diciembre.

La estación seca es mucho más calurosa y ventosa: durante el día, la temperatura de la región llega a los 106° Fahrenheit (38° centígrados), y por la noche desciende hasta los 76° Fahrenheit (23° centígrados).

El rey de este hermoso mundo natural es el Guanacaste, el esbelto árbol nacional de Costa Rica. Curiosamente, se dice que este árbol crecía originalmente en México. Sus semillas viajaron de polizones hacia el sur dentro de las panzas de los caballos y bueyes de los primeros exploradores españoles. Estos animales tragaban las semillas al comer frutos en las tierras de México. Más tarde, después de que el animal hubiera recorrido muchas millas de camino, su sistema digestivo expulsaba las semillas que no podía digerir debido a la dura corteza que las protegía. Después de ese "viaje", las semillas crecían lejos de sus lugares de origen. De esta forma, los animales han colaborado en la distribución de muchas especies de árboles y plantas.

En la selva de Costa Rica viven el pecarí de labio blanco (abajo) y el jaguar (izquierda). El guanacaste es el árbol nacional de Costa Rica (derecha).

Allí vive también el pecarí de labio blanco, el mamífero que más ha sufrido los efectos de la caza en esta selva. El pecarí es un animal casi ciego; se parece al cerdo, y puede pesar entre 60 y 130 libras (de 20 a 50 kilogramos). Suele moverse siempre en grupo. Se alimenta sobre todo de raíces que encuentra gracias a su increíble olfato, pero también come animales pequeños. Sus métodos de caza son a veces poco comunes: para matar a las serpientes, por ejemplo, salta sobre ellas y las pisotea con sus afiladas pezuñas. Aunque no lo parece, estos animales son muy ágiles y se defienden con mucha valentía: el fiero jaguar no se atreve con ellos si están en grupo, y sólo ataca a los que se quedan rezagados.

Hoy, el pecarí es una especie en peligro de extinción y los pocos sobrevivientes viven en las seguras laderas de los volcanes. Preocupados por su suerte, los niños de una escuela de Liberia, capital de la provincia de Guanacaste, junto con la Fundación Neotrópica, una organización de la fauna de los parques. Su objetivo es la implantación de una ley que prohíba definitivamente la caza. Para llamar la atención sobre este problema, los niños han "rebautizado" algunas calles de la ciudad con los nombres de especies en riesgo de desaparición.

Se ha difundido por todo el mundo la idea de crear un Bosque Tropical Internacional de los niños en Costa Rica. El proyecto, que nació en la imaginación de niños centroamericanos y de grupos internacionales para la protección del medio ambiente, consiste en comprar tierras al sur de Guanacaste, plantar miles de semillas y crear escuelas de educación ecológica para niños de todo el mundo.

EL FUTURO:
una esperanza verde

Somos miembros de una gran comunidad natural. Este hecho nos obliga a respetar y proteger el maravilloso ciclo de la vida. La desaparición de nuestros bosques y selvas ha dado al árbol un papel simbólico en la defensa del medio ambiente, y las campañas infantiles de "Plantemos un árbol" ya se han hecho famosas en todo el mundo. Como hemos visto en diferentes partes de América, hay motivos para la esperanza. Es una esperanza de color verde y, como en Costa Rica, los niños y niñas de todo el mundo tienen mucho que aportar.

659

EL MEDIO AMBIENTE
Y RICARDO

Ricardo Cicerchia es argentino. Estudió Historia. A fines de la década de 1980 impulsó la educación ecológica convencido de que "los niños son los que realmente tienen poder para defender el medio ambiente". En esa época un diario de Nueva York publicaba sus artículos acerca de la conservación ecológica y contra los abusos al medio ambiente. *La selva tropical* es un trabajo documentado con fotografías que muestran la diversidad de las selvas de América Central y del Sur.

Conéctate

Busca información sobre Ricardo Cicerchia en **www.macmillanmh.com**

Propósito del autor

¿Qué se propone el autor al mostrar las diversas especies de animales y plantas en las selvas tropicales de América Central y del Sur?

Pensamiento crítico

Resumir

Resume lo que aprendiste al leer *La selva tropical*. Usa el diagrama de Venn como ayuda para incluir sólo la información más importante.

Pensar y comparar

Acción	→	Opinión
	→	
	→	
	→	
	→	

1. En el ecosistema todos dependen unos de otros para la supervivencia. ¿Qué detalles relevantes apoya este hecho según el autor? Usa la historia para explicar. **Analizar la estructura del texto: hechos relevantes y detalles.**

2. ¿Por qué necesitamos aprender a convivir con la naturaleza y a usarla respetuosamente? **Analizar**

3. ¿Cuál es la relación de los árboles con las abejas? Según los científicos ¿cuántas clases de especies viven alrededor del caudaloso río Amazonas? Los árboles más altos ¿qué altura alcanzan? ¿De qué manera puedes usar lo aprendido en el artículo para contribuir a la conservación ecológica? Explica tu respuesta. **Aplicar**

4. En tu opinión ¿cuál es la amenaza mayor para la destrucción de las selvas tropicales? Usa detalles de la lectura para completar tu respuesta. **Evaluar**

5. Lee "Paraíso en peligro", en las páginas 640-641 y *La selva tropical* ¿Qué aprendiste de los ecosistemas en ambas selecciones? ¿Qué ideas puedes aportar para proteger el medio ambiente? **Leer/Escribir para comparar textos**

Animales

Género

Un **texto informativo de no ficción** usa datos para dar información sobre gente, cosas, lugares, situaciones o hechos reales.

Elementos del texto

La **leyenda** o pie de foto es un texto breve que se encuentra debajo de una fotografía o dibujo y que te ayuda a comprender el texto principal o que te aporta nueva información.

Palabras clave

constrictora	emitir
follaje	nudillos

Las selvas tropicales son grandes espacios donde crecen árboles muy pero muy altos. Algunos incluso llegan a medir hasta 60 metros de altura. De hecho, si quisieras vivir en medio de la espesura de la selva, probablemente recibirías poca luz del día. Debido a la altura y al **follaje** de los árboles, los rayos del sol pocas veces llegan hasta el suelo.

También, entre la maleza, viven escondidos una gran variedad de animales. Desde luciérnagas hasta cocodrilos feroces de enormes dientes. Las temperaturas siempre son cálidas porque, aunque te parezca extraño, allí no existe el invierno. Con un promedio de 25 ºC, las selvas reciben lluvias durante casi todo el año.

Ubicación

Las selvas tropicales están ubicadas en el centro y sur de América y en algunos países de África, Asia y Oceanía. Gracias a la gran cantidad de árboles, a las selvas se las considera los principales pulmones de la Tierra porque proporcionan más del 40 % del oxígeno que el planeta necesita para vivir.

En las selvas tropicales viven más de 400 especies de aves.

de la selva

A pesar de su gran tamaño la anaconda apenas supera los 15 años de vida.

El mono capuchino se alimenta de frutas, bayas, nueces e insectos.

Anaconda

Esta serpiente pertenece a la familia de las boas **constrictoras** y sólo la puedes ver en los pantanos y selvas de América del Sur. La anaconda es la serpiente más grande del mundo. Puede llegar a medir hasta doce metros y pesar 250 kilogramos. Le encanta comer roedores, ranas, pájaros y otros reptiles. Para cazarlos, se enrosca alrededor de su cuerpo hasta asfixiarlos. Después se los traga directamente sin necesidad de masticar. La progresiva desaparición de la selva es la principal amenaza para su conservación.

Mono capuchino

Estos pequeños monos habitan en las selvas tropicales de América Central y del Sur. Trepados en la copa de los árboles sólo bajan al suelo para beber. Cuando se sienten amenazados, gritan con chillidos dando alarma al resto de sus compañeros. Nunca están solos, siempre se mueven en manadas de 8 a 20 miembros. Es por eso que cuando se liberan ejemplares de monos capuchinos en cautiverio se lo hace siempre en grupo. ¿Sabías que este pequeño mono que no sobrepasa los 55 cm de largo está considerado como el mono más inteligente de América?

El oso hormiguero tiene el sentido del olfato muy desarrollado.

Oso hormiguero gigante

Al oso hormiguero se lo suele encontrar en las áreas selváticas desde Venezuela hasta Argentina. Tiene el pelaje tan duro que parece una escoba y su cabeza es extrañamente alargada. Es muy glotón. Le encantan las hormigas, termitas y abejas y llega a consumir más de 30.000 insectos por día. Para atrapar el alimento que más le gusta utiliza con gran rapidez su lengua de 60 cm de largo que está cubierta de una saliva pegajosa. Este extraño mamífero tiene un andar lento y silencioso. Sus garras, que usa para defenderse y romper los nidos de barro de las deliciosas termitas, son tan largas que lo obligan a caminar sobre sus **nudillos**. Al igual que otros animales salvajes, el oso hormiguero está en peligro de extinción debido a la deforestación.

Rana de cristal

La rana de cristal se comporta de manera parecida a las ranas arborícolas y vive en árboles pequeños o arbustos, generalmente cerca del agua. Sus dedos se ensanchan para formar discos adhesivos, que le proporcionan un buen agarre cuando trepan. Estas ranas ponen huevos en grupos, en la parte inferior de las hojas que cuelgan sobre el agua. Estos huevos son vigilados por los machos.

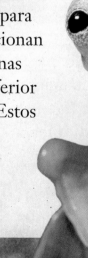

Las ranas de cristal tienen dedos que se ensanchan al trepar.

Tucán

Habitante de las grandes selvas americanas, el tucán es un ave increíble de suave y oscuro plumaje. Posee un enorme pico de brillantes colores en forma de canoa. Sus gustos incluyen las frutas, verduras y, en ocasiones, huevos de otras aves, insectos y reptiles. Es muy sociable, siempre está acompañado de otros tucanes que anidan en los pequeños huecos de los árboles. Cuando se encuentra con otro ejemplar de su especie **emite** ásperos gritos para identificarse.

A pesar de su enorme pico, el tucán puede volar con gran ligereza.

✓ Pensamiento crítico

1. Escribe un texto informativo de no ficción sobre serpientes. Elige el tipo de serpientes sobre la que vas a escribir. Selecciona las fotos que ilustrarán tu texto y escribe las leyendas o pies de foto correspondientes. **Usar leyendas/ pies de foto**

2. Las constrictoras a menudo cazan animales que tienen dientes afilados, garras o pezuñas. ¿Por qué crees que deben matar sus presas antes de tragarlas? **Analizar**

3. Piensa en *La selva tropical* y en este texto informativo. ¿Cuáles de los animales presentados encuentran su hábitat en las selvas de América Central y cuáles en las de América del Sur? Explica usando detalles de ambas selecciones. **Leer/Escribir para comparar textos**

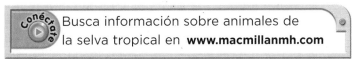

Conéctate ▶ Busca información sobre animales de la selva tropical en **www.macmillanmh.com**

Escritura

Distinguir el momento

Los escritores usan detalles y a veces secuencias para distinguir un momento o para que sea vívido en la mente del lector.

Lee el pasaje de abajo. Observa que el autor, Ricardo Cicerchia, usa una estructura lógica para destacar información precisa.

Fragmento de *La selva tropical*

El autor escribe sobre el impacto de la contaminación de la selva tropical. Dice que los seres vivos se quedarán sin hogar si desaparecen los bosques.

Las fábricas —que nos permiten disfrutar de muchos productos y comodidades— traen al mismo tiempo consecuencias negativas para el medio ambiente: humos que contaminan el aire y desperdicios que ensucian las aguas.

Millones de árboles han sido cortados para obtener la madera y el papel con que se construyen casas y se hacen libros o periódicos. Al desaparecer los bosques, muchos seres humanos y animales se quedan sin hogar.

LA SELVA TROPICAL

el espectáculo de la vida

Ricardo Cicerchia

Lee y descubre

Lee el escrito de Raesia a continuación. ¿Qué escribió sobre las diversas partes del reciclaje en su escuela?

Marcar la diferencia
Raesia S.

Todos saben que el reciclaje ayuda al medio ambiente. En nuestra escuela, tenemos un Club de Reciclaje. Nosotros ayudamos a los maestros a mantener la escuela limpia.

Mi maestra tiene una caja de reciclaje en nuestra clase. Yo la decoré para que todos sepan que es para papeles y cartones. Natalie hizo una flecha para indicar dónde encontrar la caja de reciclaje. En los pasillos, hay cestos para reciclar plástico. Nosotros ayudamos a llevar los cestos cuando viene el camión de reciclaje a nuestra escuela.

> Lee sobre el Club de Reciclaje.

Control de escritura

 ¿Muestra la autora las partes específicas del reciclaje?

 ¿Incluye un principio, un desarrollo y un final?

 ¿Te persuadió para que ayudes a mantener limpios los océanos, los ríos y otras vías fluviales?

667

A platicar

¿En qué piensas cuando
ves un animal del océano,
por ejemplo, una ballena?

Busca información
sobre animales del océano
en **www.macmillanmh.com**

Animales del océano

Vocabulario

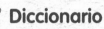

rumoroso	**roncar**
único	**sumergir**
enorme	**maraña**
político	

Diccionario

Los **homógrafos** son palabras que se escriben igual pero tienen significados distintos.

marea = del verbo *marear*

marea = movimiento del mar

¡Un viaje de grandes dimensiones!

Kristin Gold

—¡Damas y caballeros! —gritó Matty, nuestro guía. Debido al **rumoroso** sonido de los motores del barco, debia hablar en voz muy alta para que lo oyéramos. Primero en broma y luego más serio continuó—: No quiero escuchar a nadie **roncando**. Disfrutarán de un viaje **único** y emocionante. Primero, les daré información sobre las ballenas.

Explicó que las ballenas son mamíferos, no peces, y que un grupo de ellas se llama manada.

Lo primero que vimos fueron unas aves volando al costado de nuestro barco. Una de ellas se **sumergió** en un vuelo en picada hacia el agua y después remontó vuelo otra vez.

—¡Esas aves marinas son una señal de que las ballenas deben estar cerca —explicó Matty—.

—Hay dos grupos de ballenas —dijo; las dentadas y las barbadas. Estas últimas tienen barbas que funcionan como un gran colador cuando recogen alimentos. Las aves vuelan alrededor de las ballenas para comer los peces que se les escapan de la boca.

De repente, una ballena salió a la superficie. ¡Era **enorme**!

Pronto vimos otra ballena golpear su cola en el agua.

—¿Está enojada? —pregunté.

—Probablemente no —dijo Matty—. Eso se llama *lobtailing*. Algunos científicos creen que es una advertencia para las otras ballenas y otros dicen que simplemente están jugando o limpiándose.

Matty nos explicó que aunque cazar ballenas jorobadas está prohibido, de todas formas sucede. Las grandes redes que usan los pescadores para extraer atún a menudo también las atrapan. Matty dijo que estas **marañas** podrían prevenirse usando otra clase de redes. Algunas personas, que se preocupan por las ballenas, quieren que los **políticos** colaboren dictando leyes de protección para ellas.

Cuando llegamos al muelle, nos dimos cuenta de que Matty tenía razón: el viaje para ver a las ballenas había sido emocionante y sin igual.

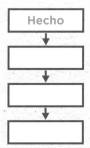

Volver a leer para **comprender**

✓ ### Analizar la estructura del texto

Orden de los sucesos Los autores usan palabras especiales que ayudan a los lectores a conocer el orden en que ocurren los sucesos. Por ejemplo, *primero, luego* y *por último*. Una tabla de orden de los sucesos puede ayudarte a entender la estructura y la organización de una selección. Completa la tabla a medida que lees este relato.

Hecho
↓
↓
↓

Comprensión

Género

Un **ensayo** es un artículo o un libro de no ficción que expresa un tema. Puede incluir fotografías.

Analizar la estructura del texto

Orden de los sucesos A medida que lees, completa la tabla de orden de los sucesos.

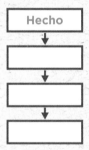

Hecho

Lee para descubrir

¿Cómo afectaron la vida de Adelina las visitas anuales de las ballenas?

672

LAS BALLENAS DE ADELINA

Texto y fotografías de
RICHARD SOBOL

La Laguna es el nombre de una aldea pesquera, tranquila y polvorienta, que se encuentra sobre la costa de Laguna San Ignacio, en Baja California, México. Tiene unas pocas docenas de casas repartidas a lo largo de la orilla. Son pequeñas, de una o dos habitaciones, y están construidas con madera terciada y chapas. En ellas el agua potable se almacena en barriles de cincuenta galones y hay electricidad sólo unas pocas horas por día.

Adelina Mayoral, una niña de diez años, ha vivido en La Laguna toda su vida. Le encanta el océano y la sensación del viento, siempre presente, que desordena su largo y oscuro cabello y lo transforma en una **maraña** salvaje. Sabe la hora del día con sólo mirar la forma en que la luz se refleja en el agua y el mes del año observando las especies de aves que anidan en los manglares que están detrás de su casa. Puede reconocer cuando hay marea baja con sólo respirar profundamente por la nariz y oler las almejas y las algas que se cuecen al rayo del sol en la costa a medida que la marea hace descender el nivel del agua.

A fines de enero, después de la escuela, Adelina recorre la playa para ver si regresaron sus amigas, las ballenas grises. En esa época, todos los años, llegan de lugares tan lejanos como Alaska y Rusia. Durante noviembre, diciembre y enero nadan hacia el sur, lentamente pero sin detenerse, y cubren más de cinco mil millas a lo largo de la costa del Pacífico.

Una noche a Adelina la despertó un ruido fuerte, grave y **rumoroso**. Era el sonido de una ballena gris de cuarenta toneladas que exhalaba una ráfaga de aire cálido y húmedo que podría llenar una habitación. Tal como lo esperaba, las ballenas grises habían regresado a visitarla. Adelina sonríe y se vuelve a dormir, alentada por el rumor de las ballenas respirando y **roncando** al otro lado de su ventana. Al amanecer corre al agua y ve dos nubes elevándose sobre el agua: son los rastros lechosos de respiración que dejaron una ballena gris y su ballenato recién nacido.

Las aguas protegidas de Laguna San Ignacio son cálidas y poco profundas. Los científicos que la visitaron para estudiar a las ballenas afirmaron que es un lugar perfecto para que tengan sus crías y enseñen a nadar a los ballenatos. Pero Adelina sabe que, en realidad, ¡vienen a visitarla a ella!

La familia de Adelina vive lejos de las grandes ciudades que tienen carreteras y centros comerciales. Su pueblo natal no tiene cines ni semáforos, pero ella sabe que es un lugar especial. Es el único en el planeta donde las gigantes ballenas grises, que son animales totalmente salvajes, buscan el contacto de una mano humana. Sólo en Laguna San Ignacio dejan de nadar para saludar a sus vecinos humanos: levantan sus **enormes** cabezas por encima del agua hasta quedar cara a cara con las personas. Incluso, algunas madres levantan a sus recién nacidos sobre el lomo para que vean mejor a quienes vienen a admirarlos. O tal vez sólo les están presentando a sus nuevos bebés, haciendo alarde como cualquier madre orgullosa.

Las ballenas han visitado Laguna San Ignacio por cientos de años y Adelina se enorgullece de que haya sido su abuelo, Pachico, el primero en tener un encuentro "amigable" con una de ellas. Le encanta escucharlo contar la historia de ese día y esa ballena. Presta mucha atención cuando le relata lo asustado que estaba, ya que en ese entonces no sabía que la ballena era amigable y creyó que estaba en un gran problema.

Adelina mira la piel arrugada y curtida del rostro de su abuelo, bronceada por sus muchos años de pesca bajo el brillante sol tropical, y luego baja la mirada hasta la pequeña ballena gris de plástico que siempre tiene cerca. Cuando él comienza a contar la historia de ese encuentro, hay un brillo especial en su mirada y una gran sonrisa dibujada en su rostro. Y Adelina y su padre, Runolfo, también sonríen, mientras escuchan una vez más la historia que han escuchado tantas veces.

Susurrando, el abuelo comienza a atraerlos hacia su relato. Adelina cierra los ojos e imagina la calma y quietud de la tarde en que una inmensa ballena gris le dio un "codazo" al pequeño bote de su abuelo. Mientras éste se mecía, los corazones del abuelo y su compañero de pesca latían con fuerza. Se sujetaron con firmeza y se prepararon para ser arrojados al agua por el gigantesco animal. La ballena se **sumergió** por debajo del bote y emergió del otro lado, rozando suavemente su cabeza contra el costado. Se sorprendieron al descubrir que el bote estaba derecho y flotando y que no habían sido arrojados al agua.

Durante la siguiente hora, la ballena nadó junto a ellos golpeando y cabeceando el bote con una delicadeza increíble para un animal tan largo como un autobús escolar y tan ancho como un arco de fútbol. Cuando el sol comenzaba a ponerse, la ballena exhaló una gran ráfaga de agua salada, húmeda y pegajosa, que mojó la ropa de los dos hombres e hizo que se pegara a su piel. Entonces, manteniéndose a unas pulgadas del bote, la ballena se elevó y se zambulló en el mar. Su primera visita había terminado.

Cuando está terminando la historia, el abuelo mira a Adelina y ella se une a él en la última frase de la historia: —Bueno, amigo mío, ¡no habrá peces hoy!—. Y ambos se echan a reír.

Orden de los sucesos
Vuelve a contar la historia del abuelo en orden cronológico.

La noticia sobre ese primer encuentro, **único**, entre una ballena de cincuenta pies y un diminuto bote de pesca se divulgó rápidamente. Los científicos y los observadores de ballenas llegaron a Laguna San Ignacio para estudiarlas. Y quizá también se divulgó la noticia entre las ballenas porque en ese momento docenas de ballenas comenzaron a acercarse a los pequeños botes. Las ballenas grises tienen cerebros del tamaño del motor de un auto y hasta podrían tener su propio lenguaje. Ellas "hablan" con sonidos graves y agudos chasquidos, con ruidos que suenan como los golpecitos de un tambor metálico o el repiqueteo que hace un naipe al golpear contra los rayos de una rueda de bicicleta en movimiento. Quizá se dijeron entre ellas que visitar este lugar era seguro.

El momento del día preferido por Adelina es el
anochecer, cuando su padre y su abuelo regresan del mar,
de guiar a los visitantes para que observen a las ballenas. Se
sientan juntos, mientras el sol se oculta, ella escucha historias
sobre sus amigas y hace muchísimas preguntas.

Adelina aprendió mucho sobre las ballenas grises. Sabe
que se denomina salto de espalda, o *breaching*, cuando
empujan el cuerpo fuera del agua y caen de espalda
salpicando a su alrededor. Y salto de espía, o *spyhopping*,
cuando sacan la cabeza verticalmente fuera del agua, como
si estuvieran mirando a su alrededor para ver qué está
sucediendo. Adelina también aprendió que la cola ancha y
plana se llama aleta y el "saludo" que hacen en el aire con la
cola cuando se están por sumergir, se conoce como *fluking*.

Si bien su casa es sencilla y está sobre un acantilado de arena pegado a la orilla del océano Pacífico, Adelina tiene muchos nuevos amigos que vienen a compartir su mundo. Ha conocido personas que llegaron desde más allá del fin de la carretera serpenteante y llena de baches que encierra a Laguna San Ignacio. Algunos son actores famosos. Otros son **políticos**. Algunos hablan español. Otros hablan inglés. Es que sus amigas de cuarenta toneladas, hablándole con su estilo mágico, le enseñaron que el mundo es un lugar grande.

Adelina sabe que puede elegir muchas cosas en su futuro. A veces se ríe, tontamente pero con placer, ante la idea de ser la primera niña en capitanear una panga (pequeño bote de pesca sin cabina) y enseñar a las personas sobre las ballenas de Laguna San Ignacio. O piensa que podría convertirse en una bióloga para estudiar el océano y desentrañar algunos de los misterios de las ballenas. O que, como el fotógrafo que hace malabarismos con sus tres cámaras a bordo del bote de avistaje, les tomará fotografías. Pero sabe que no importa qué profesión elija, las ballenas siempre serán una parte de su vida.

En esos tres meses Adelina sabe que es muy afortunada de vivir en Laguna San Ignacio, el pequeño rincón de México que eligen las ballenas como hogar en invierno. Es el lugar en el que se unen dos mundos. No lo cambiaría por nada.

Orden de los sucesos
¿Qué hechos atrajeron a los visitantes a Laguna San Ignacio? Menciona los sucesos en el orden en el que ocurrieron.

A comienzos de la primavera, todo se vuelve más tranquilo. Una por una, las ballenas se alejan nadando hacia el norte, en busca del verano y el alimento. Llevan con ellas las caricias y los recuerdos de las personas que conocieron en México. Quizá, cuando duerman, sueñen con los coloridos atardeceres de Laguna San Ignacio.

Cada tarde, Adelina mira el agua. Y algunas veces, cuando cierra los ojos, puede ver a las ballenas que pasan nadando. Y si presta muchísima atención, las oye respirar.

Una instantánea de
Richard Sobol

Richard Sobol es un fotógrafo que, en su larga carrera, ha sacado muchas fotos de temas diferentes. Pero durante los últimos años, se dedicó a fotografiar escenas de la naturaleza, incluyendo las ballenas. Se interesa particularmente por fotografiar las especies en peligro de extinción.

Conéctate
Busca información sobre Richard Sobol en **www.macmillanmh.com**

✔ Propósito del autor
Los textos de no ficción están escritos para informar o explicar algo. ¿Por qué crees que Richard Sobol escribió *Las ballenas de Adelina*? ¿Qué pistas te ayudan a saber el propósito del autor al crear este ensayo fotográfico?

Pensamiento crítico

Resumir

Resume la relación entre los seres humanos y las ballenas grises de Laguna San Ignacio. Usa tu tabla de orden de los sucesos para organizar la información en el orden correcto.

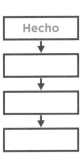

Pensar y comparar

1. Describe el orden de los sucesos que lleva a las ballenas enormes a Laguna San Ignacio. ¿Cómo llegan allí? ¿Cuándo y por qué se van? Usa detalles del relato en tu respuesta. **Analizar la estructura del texto: Orden de los sucesos**

2. Vuelve a leer las páginas 682-683. ¿Qué aprendió Adelina de las ballenas? ¿Qué aprendió Adelina de la gente que viene a ver a las ballenas? ¿Por qué son importantes estas lecciones? Explica usando detalles del relato. **Analizar**

3. ¿De qué manera organizarías un club para estudiar las ballenas y visitar Laguna San Ignacio? Haz un plan para mostrar los pasos que seguirías. **Aplicar**

4. ¿Qué les pasará a las ballenas y a la comunidad de Adelina si se contaminara la laguna? **Sintetizar**

5. Lee "¡Un viaje de grandes dimensiones!" en las páginas 670-671. ¿Qué información sobre las ballenas hay en este artículo que no hay en *Las ballenas de Adelina*? **Leer/Escribir para comparar textos**

689

Quintillas

Una tremenda comilona

Hubo una ballena, Aída,
que rápido todo comía.
Pero con una comida
soñaba, la que crujía
como ostra recién recogida.
Doreen Beauregard

Viendo ballenas

La métrica de estos tres versos se crea con dos rimas en las que no pueden rimar tres versos seguidos.

Lucas llega a la barcaza
y muestra, vano, su aleta.
Cola no digan u objeta
esta ballena machaza,
y nos increpa y nos reta..
Doreen Beauregard

Ballena solitaria

Cerca del cabo rondaba
una ballena, y pensaba
"¡estoy perdida!": a un grupo
de pececitos le cupo
guiarla y pensar "¡qué rara!" .
Doreen Beauregard

El último verso de una
quintilla siempre rima
con los dos primeros.
El segundo y el tercero
tienen una rima diferente.

 Pensamiento crítico

1. ¿Cuál es la rima de "Viendo ballenas"? ¿Qué ocurriría si el
    último verso rimara con el tercero y cuarto? **Rima**

2. ¿Por qué estaban perplejos los pececitos en "Ballena
    solitaria"? **Aplicar**

3. ¿En qué se parecen las ballenas de estos poemas a las de *Las
    ballenas de Adelina*? ¿En qué se diferencian? **Leer/Escribir
    para comparar textos**

 Busca información sobre quintillas
en **www.macmillanmh.com**

Escritura

Distinguir momentos

Los escritores usan detalles, y a veces secuencias, para distinguir un momento y destacarlo en la mente del lector.

Conexión: Lectura y escritura

Lee el siguiente pasaje. Observa cómo el autor, Richard Sobol, destaca este momento en la mente del lector.

El autor distingue el momento en que el bote del abuelo de Adelina fue rozado por una gran ballena al dar detalles que estimulan los sentidos.

Fragmento de
Las ballenas de Adelina

Susurrando, el abuelo comienza a atraerlos hacia su relato. Adelina cierra los ojos e imagina la calma y quietud de la tarde en que una inmensa ballena gris le dio un "codazo" al pequeño bote de su abuelo. Mientras éste se mecía, los corazones del abuelo y su compañero de pesca latían con fuerza. Se sujetaron con firmeza y se prepararon para ser arrojados al agua por el gigantesco animal. La ballena se sumergió por debajo del bote y emergió del otro lado, rozando suavemente su cabeza contra el costado.

LAS BALLENAS DE
ADELINA
Texto y fotografías de
RICHARD SOBOL

Lee y descubre

Lee el texto que escribió Tahrae. ¿Cómo escribió acerca de este momento preciso? Usa la lista del control de escritura como ayuda.

Sótano polvoriento
Tahrae M.

Está muy oscuro y hay mucho polvo en nuestro sótano. Tenía miedo de bajar allí porque creía que saldrían arañas de todos lados.

Ayer mi mamá necesitaba un cable alargador del sótano. Le dije que tenía mucho miedo de bajar allí. Me respondió que debía enfrentar mis miedos y me hizo ir. Ella bajó primero y yo la seguí lentamente. Si hay arañas allí, deben de haberse escondido, porque no vi ninguna. El sótano ya no me asusta tanto.

> Lee sobre un sótano que da miedo.

Control de escritura

✓ ¿Nos muestra el autor un momento preciso?

✓ ¿Incluye el autor un principio, un desarrollo y un final?

☑ ¿Por qué Tahrae ya no tiene miedo de bajar al sótano?

La maestra de Tigre

Una historia de Han de China

Revisar

Personajes,
  ambiente, argumento
Propósito del autor
Causa y efecto
Homógrafos
Moraleja

Tigre vivía en la cima de una montaña. A pesar de que Tigre era fuerte y valiente, era un poco torpe y le costaba cazar animales.

Un día dejó la cueva para buscar comida, y vio que Gata pasaba corriendo. Tigre se puso celoso de los movimientos ágiles y rápidos de Gata. Pensó: "¡Sería perfecto si pudiera moverme con tanta facilidad como Gata!"

Tigre fue hasta donde estaba Gata.

—Oh, maravillosa y honorable Gata —le dijo—, ¿me enseñarías tu técnica, para poder desplazarme tan bien como tú?

Gata no confiaba en Tigre. Le preocupaba enseñarle todo lo que sabía. Meneó la cabeza.

—¿Cómo sé que no lo usarás contra mí?

Tigre se sorprendió. Luego, comenzó a adular a Gata.

—Honorable Gata, la más grande maestra —comenzó—, prometo que si me enseñas, nunca olvidaré tu bondad. Y nunca te haré daño.

Las palabras y la cara de Tigre eran tan dulces que Gata sintió pena por él. Asintió.

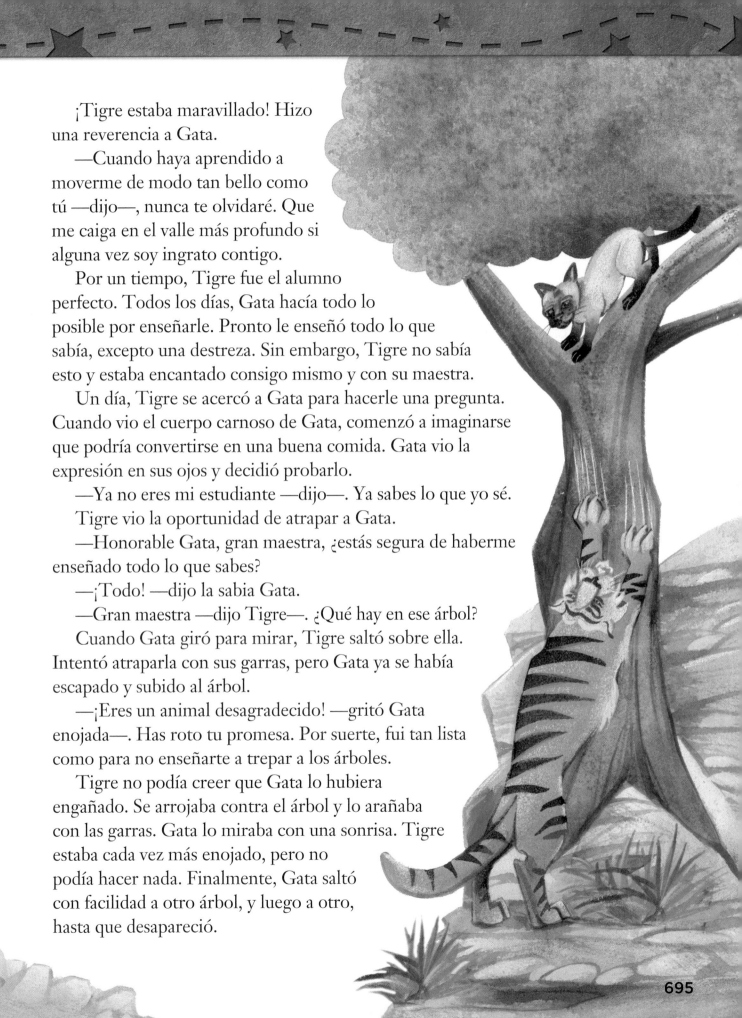

¡Tigre estaba maravillado! Hizo una reverencia a Gata.

—Cuando haya aprendido a moverme de modo tan bello como tú —dijo—, nunca te olvidaré. Que me caiga en el valle más profundo si alguna vez soy ingrato contigo.

Por un tiempo, Tigre fue el alumno perfecto. Todos los días, Gata hacía todo lo posible por enseñarle. Pronto le enseñó todo lo que sabía, excepto una destreza. Sin embargo, Tigre no sabía esto y estaba encantado consigo mismo y con su maestra.

Un día, Tigre se acercó a Gata para hacerle una pregunta. Cuando vio el cuerpo carnoso de Gata, comenzó a imaginarse que podría convertirse en una buena comida. Gata vio la expresión en sus ojos y decidió probarlo.

—Ya no eres mi estudiante —dijo—. Ya sabes lo que yo sé.

Tigre vio la oportunidad de atrapar a Gata.

—Honorable Gata, gran maestra, ¿estás segura de haberme enseñado todo lo que sabes?

—¡Todo! —dijo la sabia Gata.

—Gran maestra —dijo Tigre—. ¿Qué hay en ese árbol?

Cuando Gata giró para mirar, Tigre saltó sobre ella. Intentó atraparla con sus garras, pero Gata ya se había escapado y subido al árbol.

—¡Eres un animal desagradecido! —gritó Gata enojada—. Has roto tu promesa. Por suerte, fui tan lista como para no enseñarte a trepar a los árboles.

Tigre no podía creer que Gata lo hubiera engañado. Se arrojaba contra el árbol y lo arañaba con las garras. Gata lo miraba con una sonrisa. Tigre estaba cada vez más enojado, pero no podía hacer nada. Finalmente, Gata saltó con facilidad a otro árbol, y luego a otro, hasta que desapareció.

LA TORTUGA ENGAÑA AL EMBAUCADOR

UN CUENTO INDÍGENA DE ESTADOS UNIDOS

Una mañana, Conejo y Tortuga se encontraron cerca de un arroyo. Se recostaron al sol a la orilla del arroyo. Conejo comenzó a contar historias sobre lo inteligente y maravilloso que era. Presumió que era el corredor más rápido. Tortuga no estaba tan segura.

—Te apuesto que si corremos —dijo Tortuga a Conejo—, te gano.

Conejo miró fijamente a Tortuga y se echó a reír. Conejo golpeaba las patas contra el suelo y se sostenía la panza.

—Eres muy lenta —dijo Conejo—. Te arrastras. ¡Nunca podrás ganarme!

Tortuga estaba enojada. No le gustaban los insultos ni la arrogancia de Conejo.

—Encontrémonos aquí mañana —dijo Tortuga—. Y correremos. Usaré una pluma blanca para que puedas verme durante la carrera. Correremos por cuatro colinas, y el primero que llegue al gran roble en la última colina será el ganador.

—¡Yo seré el ganador! ¡Te veré mañana en la carrera! —dijo Conejo y se fue, riendo para sí mismo.

Tortuga estaba un poco preocupada, porque sabía que no podía correr tan rápido como Conejo. Pero tuvo una idea. Reunió a su familia y les contó lo que había sucedido con Conejo. Les contó sobre la carrera. Enseguida aceptaron ayudarla. Tortuga le dio una pluma blanca a cada una de las otras tortugas. Luego, juntas trazaron un mapa de la carrera y decidieron el lugar donde debería esperar cada tortuga. Una de las tortugas esperaría junto al arroyo, la otra en la cima de la primera colina, otra en el valle, otra en la cima de la segunda colina y así sucesivamente. Tortuga se ubicaría en la cima de la cuarta colina y esperaría bajo el gran roble.

A la mañana temprano llegó Conejo dando saltos y encontró a Tortuga, que esperaba con su pluma blanca.

Conejo no podía parar de reírse.

—¿Estás lista? —dijo—. Vamos — gritó, mientras se alejaba corriendo hacia la primera colina. Tortuga, con la pluma blanca en la cabeza, comenzó a arrastrarse. Cuando vio que Conejo se alejaba de su vista, abandonó el camino y desapareció entre los arbustos.

Cuando Conejo llegó a la cima de la primera colina, vio a Tortuga con su pluma blanca arrastrándose delante de él lo más rápido posible. Conejo no salía de su asombro. Clavó las patas en la tierra y pasó a Tortuga con la pluma blanca. Cuando Conejo desapareció, la tortuga se quitó la pluma blanca y se arrastró hacia los arbustos.

Cuando Conejo llegó al pie del valle, Tortuga, con la pluma blanca, estaba delante de él. Conejo brincó más y más rápido, y dejó atrás a Tortuga. Pero cada vez que llegaba a la cima de una colina o a un valle, Tortuga estaba delante de él, con su pluma blanca, arrastrándose con la mayor rapidez posible.

Cuando llegó al tercer valle, Conejo estaba tan cansado que apenas podía respirar. Pensó que había pasado a Tortuga en la cima de la tercera colina, pero allí estaba nuevamente, yendo hacia la cima de la cuarta colina.

Conejo no podía perder la carrera. Juntó la poca energía que le quedaba y salió disparado colina arriba, y pasó a Tortuga. Cuando vio el roble, supo que faltaba poco. Pero cuando Conejo pasó el último trecho de pasto, no podía creer lo que veía. Tortuga estaba allí, bajo el roble, meneando con orgullo su pluma blanca. ¡Había ganado la carrera!

Pensamiento crítico

Ahora contesta las preguntas del 1 al 4. Basa tus respuestas en la selección "La maestra de Tigre".

1. El autor PROBABLEMENTE escribió esta historia para

A entretener a los lectores con una historia divertida de animales.

B enseñar a los lectores una lección.

C enseñarles a los lectores sobre los distintos tipos de gatos.

D compartir una experiencia personal.

2. ¿Por qué Tigre halaga a Gata?

A Tigre quiere aprender a moverse tan bien como Gata.

B Tigre quiere que Gata cace comida para él.

C Tigre quiere tener un amigo.

D Tigre quiere que Gata sea su alumna.

3. Lee esta oración de "La maestra de Tigre".

> Estaba cada vez más enojado, pero no podía hacer nada.

¿Qué palabra de la oración es un homógrafo?

A pero

B nada

C hacer

D podía

4. ¿En qué se diferencian los personajes de Gata y Tigre? Usa detalles e información de la selección para fundamentar tu respuesta.

Ahora contesta las preguntas del 1 al 4. Basa tus respuestas en la selección "La tortuga engaña al embaucador."

1. **¿Por qué Conejo pierde la carrera?**

    A   Pasa demasiado tiempo alardeando.

    B   Tortuga es más astuta que él.

    C   No corre lo suficientemente rápido.

    D   Tortuga corre más rápido que él.

2. **¿Por qué el ambiente es tan importante en este cuento?**

    A   El ambiente hace que sea imposible que alguno gane la carrera.

    B   El ambiente es de fantasía y no podría existir en la vida real.

    C   El ambiente ayuda a Tortuga y a las otras tortugas a ganarle a Conejo.

    D   El ambiente ayuda a Conejo a derrotar a Tortuga.

3. **Lee esta oración de "La tortuga engaña al embaucador".**

> Conejo y Tortuga se encontraron cerca de un arroyo.

¿Qué palabra de la oración es un homógrafo?

    A   arroyo   **B**   cerca

    C   Conejo   **D**   Tortuga

4. **En "La tortuga engaña al embaucador", el personaje de Conejo aprende la siguiente moraleja:**

    A   Uno debería tener cuidado en quién confía.

    B   Uno debe trabajar duro para ganar.

    C   Una tortuga es siempre más rápida que un conejo.

    D   No se debe alardear.

A escribir

SUGERENCIA Compara y contrasta "La maestra de Tigre" y "La tortuga engaña al embaucador". ¿En qué se parecen o diferencian los personajes de ambos? ¿Por qué cuentos como éstos son tan populares en distintas culturas? Escribe por 15 minutos. Escribe tanto como puedas, lo mejor que puedas.

700

La
gran
pregunta

¿Cómo solucionamos los problemas?

Conéctate

Busca información sobre solución de problemas en **www.macmillanmh.com**.

Las personas solucionan los problemas de diferentes maneras. La solución depende del tipo de problema. Para resolver un problema de matemática, tendrás que aplicar lo que sabes sobre números o medidas. Para resolver un problema de salud, tendrás que ir al médico. Para resolver un problema con un amigo, tendrás que platicar con él o ella, o conocer los sentimientos de las personas. La resolución de problemas puede ser tan compleja y variada como los mismos problemas.

Saber cómo solucionar problemas puede ayudarte a comprender mejor los problemas que se te presentan y encontrar posibles soluciones.

Actividad de investigación

A lo largo de la unidad, irás recibiendo información sobre varios tipos de problemas y sus soluciones. Escoge un problema y una solución para enfocar tu investigación. Usa ayudas gráficas para hacer un folleto que explique el problema y la solución.

Anota lo que aprendes

A medida que leas, toma nota de todo lo que vas aprendiendo sobre la resolución de problemas. Usa el **Boletín en capas**. En la primera página, escribe el tema de la unidad: *Resolución de problemas*. En cada una de las páginas siguientes, escribe los datos que aprendas cada semana, que te servirán para tu investigación y para entender el tema de la unidad.

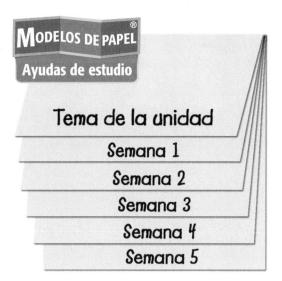

MODELOS DE PAPEL®
Ayudas de estudio

Tema de la unidad

Semana 1

Semana 2

Semana 3

Semana 4

Semana 5

Taller de investigación

Haz la investigación de la unidad 6 con:

Guía de investigación
Sigue esta guía paso a paso para completar tu proyecto de investigación.

Recursos de Internet
- Buscador por temas y otras herramientas de investigación
- Videos y excursiones virtuales
- Fotos y dibujos para presentaciones
- Artículos y recursos relacionados en Internet

Busca información en:
www.macmillanmh.com

Gente y lugares

Dolores Huerta
Fue la cofundadora del sindicato United Farm Workers of America (Trabajadores Agrícolas Unidos). Trabajó con muchas personas, entre ellas, César Chávez, para defender los derechos de los trabajadores.

Misterios

Mi bello JACARANDÁ

Florencio Sueldo

Un árbol muy enfermo

La primavera había llegado hasta el jardín de Matías. Todas sus flores desprendían ricos aromas de jazmines, narcisos y rosas rojas. El único que permanecía sin florecer era el viejo árbol de la esquina.

Doctor Jardinero

"Tu árbol se está muriendo", dijo solemne el señor Manzano, un hombre medio regordete que se decía **especialista** en plantas, árboles y frutos del bosque. "Es un jacarandá pero fue el invierno el que secó su sangre verde y sopló sus hojas hasta dejarlo desnudito. A muchos árboles les pasa lo mismo. El frío los pone tristes y el viento deja en cada uno la sombra de la soledad. Así, por **contagio**, los árboles se enferman sin poder **curarse**".

—¿Qué debo hacer? —preguntó Matías.

—Riégalo todos los días con estas dos gotas de lavanda y dale un abrazo fuerte antes de ir a dormir. Ah, y también debes ponerle un nombre, porque a todos nos gusta que nos llamen por el nombre, ¿no?

706

El tratamiento

Luego de pensarlo, Matías decidió llamar Arturo a su jacarandá. Cada noche antes de irse a dormir, lo abrazaba y le decía 'hasta mañana Sr. Arturo'. Sin embargo, a pesar de cumplir con el **tratamiento** del Doctor Manzano, el jacarandá no se curaba. Si bien se lo veía **húmedo** de tanto regarlo, sus ramas seguían tan secas como la leña de la chimenea. Matías buscó el 'Gran libro de los árboles del mundo'. Estuvo leyendo hasta hallar la respuesta. "Está muy solo... Lo que le falta a mi jacarandá es un poco de compañía", dijo sonriendo.

Las flores del jacarandá

Corrió a la casa de su tía Marta y le pidió unas semillas de su limonero. Entusiasmado, Matías las enterró cerca del jacarandá Arturo para que crecieran junto a él. Las regó uno, dos, tres días hasta que después de un tiempo, ante el asombro de todos, de una de las semillas salió una plantita de limón. Y a su lado, Arturo hizo lo mismo convirtiendo sus hojas secas en hermosas flores violetas.

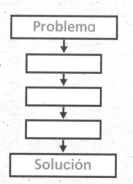

Volver a leer para **comprender**

Hacer inferencias y analizarlas

Problema y solución

El argumento es lo que ocurre en una historia. Generalmente, el argumento presenta un problema y la solución a ese problema. Una tabla de problema y solución puede ayudar a hacer inferencias y analizar lo que ocurre en una historia. Vuelve a leer "Mi bello jacarandá" y determina el problema y las diferentes formas en que Matías trató de resolver el problema.

Problema

↓

↓

↓

↓

Solución

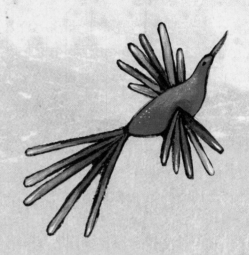

Comprensión

Género
La **ficción realista** es un tipo de cuento inventado que podría suceder en la vida real.

Hacer inferencias y analizar

Problema y solución
Mientras lees, completa el diagrama de problema y solución.

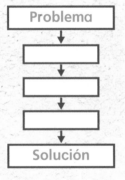

Problema

↓

↓

↓

Solución

Lee para descubrir
¿Qué hace la abuela Guillermina para curar a María?

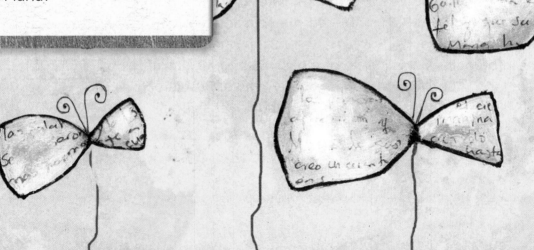

María

Jairo Aníbal Niño

Ilustraciones de
María Fernanda Mantilla

María es una niña de nueve años de edad, y todo lo que toca se vuelve de color gris. Son grises su perro, su gato, sus vestidos y también —a causa del **contagio**— sus padres, su hermanito menor, su amiga del alma, su amigo del corazón y el director de la escuela que un día fue a visitarla y en un descuido le dio la mano. También son grises las cortinas del cuarto donde la tienen encerrada y la cama y la lámpara y la mesita de noche y la muñeca de trapo que parece una niñita de ceniza perdida en el desierto del cubrelecho gris.

A María la llevaron a la consulta de los médicos. Uno de ellos dijo que la niña tenía grisitis y le recetó píldoras azules y jarabes tornasolados. Dicho **tratamiento** no produjo ningún resultado favorable. Otro médico conceptuó que la niña sufría de grisadela y ordenó que le aplicaran inyecciones amarillas, rojas, azules, violetas, anaranjadas y verdes. Los chuzones tampoco curaron a María. Un **especialista** en males de la mente dictaminó que ella padecía de grisomanía y la sometió a interrogatorios larguísimos y aburridores, relacionados con todos los negros miedos que María había experimentado a lo largo de su corta vida. El especialista tampoco pudo curarla.

María tiene una abuela muy vieja que vive en un pueblo del sur y decidió escribirle contándole sus penas. La anciana, tan pronto como se enteró de las dificultades de su nieta, se puso al volante de su automóvil y emprendió la marcha. El carro es de un modelo antiguo, de los llamados escarabajos. Ella lo pintó de color verde en la parte de arriba y de anaranjado en la parte de abajo. También le colocó dos antenas que parecen dos largas agujas de tejer, y cuando toca el claxon se oye la voz de una soprano coloratura.

La abuela se llama Guillermina. Ella es alegre, gordita, y luce con frecuencia un sombrero floreado en el que se posa una familia de pájaros. Los pájaros son de verdad y viven en el jardín de mentiras del sombrero.

A Guillermina le bastó con mirar los ojos
de su nieta durante cinco segundos para saber
cuál era el mal que la afligía. La niña había sido
atacada por un virus que se mete en el cuerpo de
algunas personas y que les impide soñar.

Guillermina supo entonces que tenía que
llevar urgentemente a su nieta a la Torre del
Viento. El asunto era muy difícil porque la Torre
del Viento está en cualquier parte y uno no
puede andar por ahí preguntándole a la gente si
sabe dónde queda cualquier parte.

Guillermina hacía mucho tiempo que había
visitado ese lugar. En aquel momento ella tenía
cinco años de edad y se había enfermado de
invisibilitis. Ella estaba convencida de que
era una niña invisible y que por tanto había
desaparecido para las caricias de su padre y para
los besos de su madre. Todos los ojos de la casa
estaban puestos en su hermanito recién nacido
y ella era una niña de vidrio. La única que la
escuchaba y veía era su perrita Luciana.

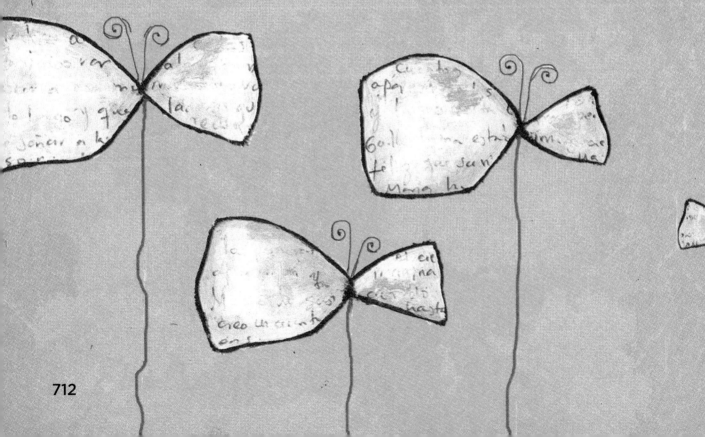

Una mañana Guillermina le contó a Luciana
la historia de sus penas. La perra la escuchó, más
que con los oídos, con sus grandes, **húmedos**
y cariñosos ojos de persona. Entonces batió la
cola, ladró en clave de do y condujo a la niña
a la Torre del Viento. Como si la estuviera
esperando, le abrió la puerta una jovencita de
larga cabellera, contenta como unas pascuas,
preguntona, con el asombro retratado en la
mirada. Su nombre es Imaginación Rodríguez, y
más allá de toda duda se percibía que estaba loca
porque su corazón era absolutamente libre. Como
resultado de aquella experiencia, Guillermina
jamás pudo olvidar el árbol de los abrazos que
crecía en uno de los patios de la Torre del Viento.
Atraída por los frutos que tenían forma de
semicírculos, Guillermina compartió uno de ellos
con Luciana y guardó una buena provisión en los
bolsillos de su delantal.

713

Cuando uno comparte la fruta abre los brazos e inmediatamente del abrazado surge un semicírculo que completa el círculo del abrazo. Guillermina retornó a la casa y participó con su familia de la cosecha. Cuando el hermanito recién nacido recibió de sus manos una de las frutas del árbol de los abrazos, Guillermina dejó de ser invisible. Ahora, muchos años después, necesitaba regresar a la Torre del Viento para salvar a María.

Al mando de su carrito escarabajo dio vueltas sin ton ni son. La niña envuelta en una manta gris, tristemente estaba a su lado. El automóvil, al contacto con María, se volvió gris y ahora parecía un cucarrón de la noche. El claxon sonaba con una voz de bajo profundo. De repente Guillermina comprobó que el carro no le obedecía y que con voluntad propia corría a lo largo de las calles de la ciudad.

Finalmente llegaron al patio de una escuela abandonada. En ese punto se levantaba la Torre de Viento. Imaginación Rodríguez, la dueña de la casa, les dio la bienvenida. Conservaba la misma edad que tenía cuando Guillermina la vio por primera vez, y María se dio cuenta de que esa muchacha era alegre como unas pascuas, preguntona, con el asombro retratado en la mirada y que estaba loca porque su corazón era absolutamente libre.

Problema y solución
¿Qué problema tenía la abuela Guillermina cuando era niña?

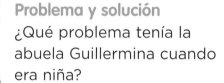

María recorrió los ámbitos de la Torre del Viento seguida por Imaginación y por Guillermina. En su afanoso caminar percibió el aire iridiscente de la música, el polen azul de los pensamientos, los visos del baile, los relámpagos de pinceles, espátulas y brochas corriendo acezantes detrás de la luz. Atraída por una rara fuerza, abrió de golpe una puerta y se encontró en la habitación de las palabras. Los cuentos y los versos salieron poco a poco de la luz de las páginas y ocuparon las otras páginas que los seres humanos tienen por dentro a la espera de ser habitadas por historias, sonidos, imágenes y cantos. No había transcurrido mucho tiempo cuando María le contó a la abuela un hermoso cuento, y la anciana comprobó que, como ocurre siempre, la niña lo había podido inventar porque lo había soñado. Entonces la abuela estrechó fuertemente a su nieta entre sus brazos. Guillermina no se volvió gris. Al contrario, brilló y se le acentuaron los vivos colores de su cuerpo.

Problema y solución
¿Qué hace la abuela Guillermina para resolver el problema de María?

Los padres de María, su hermano, su amiga del alma, su amigo del corazón, el director de la escuela, fueron abrazados por la niña y a su contacto recuperaron sus tonos y colores. Lo mismo ocurrió con el perro, el gato, la muñeca y todo lo que María había convertido en gris con su contagio.

María **se curó** por completo. Ahora sueña todos los días y llega con frecuencia a esos momentos de gracia en que la gente es capaz de soñar despierta.

con Jairo Aníbal y María Fernanda

Jairo Aníbal Niño es poeta y escritor. Nació en Moniquirá, Colombia, en 1941. En su adolescencia trabajó como actor de teatro, mago y marinero. Jairo Aníbal es uno de los escritores de literatura infantil más importantes de América Latina. Sus libros han sido traducidos a varios idiomas. Ha recibido numerosas distinciones y premios. Fue profesor en universidades colombianas. También fue director de la biblioteca nacional de Colombia.

María Fernanda Mantilla nació en Bogotá, Colombia. Estudió diseño gráfico en la Universidad Jorge Tadeo Lozano. Luego se dedicó a ilustrar libros para niños. Ha ilustrado libros infantiles en Colombia y en otros países de América Latina.

Otro libro de Jairo Aníbal Niño

Conéctate

Busca información sobre Jairo Aníbal y María Fernanda en **www.macmillanmh.com**

Propósito del autor

¿Qué pistas en *María* te ayudan a comprender el propósito del autor al escribir este cuento? ¿Trata el autor de entretener o hacer pensar al lector? Di qué evidencias te llevaron a sacar tus conclusiones.

Pensamiento crítico

Resumir

Usa la tabla de problema y solución como ayuda para resumir *María*. Asegúrate de describir el problema del cuento y los pasos para resolverlo.

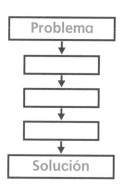

Problema
↓
↓
↓
↓
Solución

Pensar y comparar

1. ¿Quién es María? ¿Por qué se vuelve de color gris? Explica usando detalles del cuento. **Hacer inferencias y analizar: Problema y solución**

2. ¿Por qué la abuela pintó su carro verde y anaranjado y le colocó dos antenas que parecen agujas de tejer? **Analizar**

3. ¿Qué otro **tratamiento** podría haber para curar a María, y cómo cambiaría el final del cuento el nuevo tratamiento? **Sintetizar**

4. ¿Por qué es importante la abuela en el cuento? Explica. **Evaluar**

5. Lee "Mi bello jacarandá" en las páginas 706-707. ¿En qué se parecen las experiencias de María y Matías? ¿En qué se diferencian? **Leer/Escribir para comparar textos**

Picasso, Guernica

Retrato de Pablo Picasso

Pablo Picasso

Pablo Ruiz Picasso que es, si no el más importante, uno de los más importantes artistas del siglo XX, renovador extraordinario de formas, maestro y creador de más de 20,000 obras de arte, nació un 25 de octubre de 1881 en Málaga, España. Se dice que su padre, José Ruiz Blanco, profesor de bellas artes, fue quien, al ver las **dotes** del niño, le regaló sus primeros pinceles y tubos de pinturas y lo incitó a pintar desde temprana edad. Pero fue finalmente el apellido de soltera de su madre, María Picasso, una malagueña de origen italiano, el que adoptó para firmar sus cuadros a partir de 1901 y con el cual se haría mundialmente famoso.

En 1949 se celebra en París el Congreso de la Paz. La paloma de Picasso se transformaría en el símbolo mundial de la paz.

y la Guerra Civil Española

La Guerra Civil Española

El 18 de julio de 1936, los militares más conservadores al mando del general Francisco Franco se levantaron en armas contra la República española. El país se dividió en dos **facciones** que lucharon sin tregua. Hubo 1,000,000 de muertos. Italia y Alemania apoyaron activamente a las fuerzas nacionalistas del general Franco. Por el bando republicano participaron, en las famosas Brigadas Internacionales, 60,000 extranjeros de 53 países, entre los cuales 2,800 fueron estadounidenses.

Al terminar la guerra en 1939, con la victoria del general Franco, 500,000 personas se vieron obligadas a exiliarse.

Una vez terminada la guerra muchos españoles debieron huir al extranjero.

El bombardeo de Guernica

El 26 de abril de 1937 a las 4 de la tarde, el cielo se oscureció en Guernica, un pequeño pueblo vasco de 7,000 habitantes. El general Franco había dado la orden de bombardear la población. Fue el primer bombardeo masivo sobre una población civil de la historia. Fue un ensayo de lo que más tarde se vería a gran escala durante la Segunda Guerra Mundial.

El bombardeo duró 3 horas y provocó la destrucción del 70% de los edificios, y la muerte de aproximadamente 500 personas.

Tras el bombardeo, Guernica ingresó a las páginas de la historia.

La tragedia de Guernica

GEORGE STEER
Corresponsal de guerra del diario británico The Times

Este periodista sudafricano consagró su vida a la lucha por los derechos humanos.

Bilbao, 27 de abril de 1937

❝...*Cuando entré en Guernica después de la medianoche, las casas se desmoronaban y era completamente imposible acceder al centro del pueblo, incluso para los bomberos. Los hospitales de las Josefinas y del Convento de Santa Clara eran pavesas relucientes; todas las iglesias, excepto la de Santa María, estaban destruidas y las pocas casas que todavía se mantenían en pie estaban sentenciadas. Cuando volví a visitar Guernica esta tarde, la mayor parte del pueblo estaba todavía ardiendo y habían comenzado nuevos fuegos. Unos 30 cadáveres estaban alineados en un hospital en ruinas.* **❞**

El Guernica de Picasso

Con este cuadro Picasso no sólo pretende dejar un testimonio de los hechos sino sobretodo realizar un **alegato** contra la violencia y la crueldad de la guerra. Para expresar sus sentimientos, los brillantes colores que habían caracterizado sus obras anteriores quedan reducidos al negro y al blanco y a toda la gama de los grises. Al terminar la guerra, Picasso niega la autorización del traslado del cuadro a España, razón por la cual el cuadro permanecerá expuesto en custodia desde 1939 hasta 1981 en el Museo de Arte Moderno de Nueva York.

El famoso cuadro de Picasso se puede visitar en el Museo Reina Sofía de Madrid, España.

 Pensamiento crítico

1. Lee la cita del artículo periodístico *La tragedia de Guernica* de la página 724. ¿Qué está tratando de explicar el periodista George Steer a los lectores? **Leer fuentes primarias**

2. Compara y contrasta la información sobre la guerra española presentada en "El Guernica de Picasso" y "La tragedia de Guernica". ¿De qué manera el artista Pablo Picasso y el periodista George Steer colaboraron en hacer conocer los horrores de la guerra? **Evaluar**

3. Piensa en *María* y en "El Guernica de Picasso". ¿Qué crees que tienen en común la grisitis que sufre María y los colores que eligió Picasso para pintar su cuadro? **Leer/Escribir para comparar textos**

 Busca información sobre la Guerra Civil española en **www.macmillanmh.com**

Escritura

Personajes creíbles

Los escritores usan detalles, diálogos, y descripciones para que los personajes sean creíbles en la mente de los lectores.

Conexión: Lectura y escritura

Observa que el autor, Jairo Aníbal Niño, describe cómo la abuela Guillermina reacciona ante el mal que padece su nieta.

El autor muestra que la abuela Guillermina sabe lo que hará, la vemos tomar decisiones para curar a su nieta.

Fragmento de
María

A Guillermina le bastó con mirar los ojos de su nieta durante cinco segundos para saber cuál era el mal que la afligía. La niña había sido atacada por un virus que se mete en el cuerpo de algunas personas y les impide soñar.

Guillermina supo entonces que tenía que llevar urgentemente a su nieta a la Torre del Viento. El asunto era muy difícil porque la Torre del Viento está en cualquier parte y uno no puede andar por ahí preguntándole a la gente dónde queda cualquier parte.

Guillermina hacía mucho tiempo que había visitado ese lugar. En aquel momento ella tenía cinco años de edad y se había enfermado de invisibilitis.

Lee y descubre

Lee lo que escribió Kyle. ¿Cómo utilizó
la evolución del personaje para describir la pintura
de barro de Omar?

Pintura de barro

Kyle Y.

Omar derramó la pequeña taza con barro
directamente sobre el papel. "¡Soy Picasso!",
dijo. Pegó las ramas de bambú en el barro y creó
una obra de arte magnífica: un papel cubierto
con barro. Intento ignorarlo, pero no deja de
sacudirme el brazo para atraer mi atención. Miré
atentamente y dije: "¡Qué bueno!" y él asintió con la
cabeza, tan feliz que ni siquiera pudo darse cuenta
de que estaba siendo sarcástico.

Lee sobre la
obra de Omar.

Control de escritura

 ¿Muestra el autor que Omar tiene su propia opinión
acerca de su obra de arte?

 ¿Señala el autor que las acciones de Omar son
consistentes a través de su escrito?

 ¿Te parece que Omar es una persona real?

Investigar el pasado

¿Qué acontecimiento de la historia de California muestra esta fotografía?

Conéctate

Busca información sobre el pasado de California en **www.macmillanmh.com**

En busca del oro

Al Ortiz

La clase de cuarto grado del señor Rodríguez fue a la Mina de Oro Sutter en plan de estudio. Larry estaba ansioso por conseguir oro. Incluso había traído con él algunas fotografías como **referencia**. No quería recoger "el oro de los tontos" por error.

La clase de Larry abordó el Boss Buggy Shuttle, una especie de jeep grande que los llevaría al interior de la mina. Todos tenían que usar un casco de protección. En el viaje hacia el interior de la mina, el guía Ron les dio información sobre la fiebre del oro.

—Muchos **buscadores de oro** vinieron a esta zona a comienzos de 1848 —explicó Ron—. Un buscador es alguien que busca metales valiosos como el oro.

—Todos deben haberse hecho ricos —comentó Margaret.

—En realidad —dijo Ron—, no todos tuvieron éxito. Muchos abandonaron las minas con mucha **desilusión**. Y se dedicaron a cultivar la tierra y a criar animales para ganarse la vida.

"Si no encuentro nada de oro hoy, estaré muy **enojado**", pensó Larry para sí.

El paseo subterráneo duró casi una hora. Luego, llegó el momento de visitar los canales de la mina y depurar la tierra en busca de oro. Ron repartió bateas y enseñó a agitarlas en movimiento **circular**.

—Está bien que el agua salpique hacia fuera —dijo Ron. Si hay oro en la batea, quedará en el fondo.

Larry halló un espacio abierto en uno de los canales. Con el brazo **estirado**, hundió su batea por debajo de la superficie del agua.

—Nada... —dijo en un suspiro.

Larry repitió el proceso varias veces. Entonces, notó algo en el fondo de su batea. Larry inclinó la batea para poder ver mejor. Fuera lo que fuera, algo brilló al sol. Larry sacó las fotos y las comparó con lo que había en su batea. Se acercó a Ron para mostrarle.

—¡Encontraste oro! —exclamó Ron sorprendido.

Todos se agruparon alrededor para ver. Era sólo un pedazo pequeño, pero Larry se sentía como si hubiera ganado la lotería.

Volver a leer para **comprender**

✔ Analizar la estructura del cuento

Causa y efecto A veces los escritores organizan sus cuentos para mostrar la causa y el efecto. Una causa es el porqué de lo que ocurre. El efecto es el resultado. Vuelve a leer el cuento y usa la tabla de causa y efecto para entender lo que ocurre y por qué.

Causa →	Efecto
→	
→	
→	
→	

Comprensión

Género

La **ciencia ficción** es una fantasía en la que una creación de ciencia o tecnología afecta a personajes históricos o imaginarios.

Analizar la estructura del cuento

Causa y efecto

A medida que lees, completa la tabla de causa y efecto.

Causa	→	Efecto
	→	
	→	
	→	
	→	

Lee para descubrir

¿Qué parte de la historia es ciencia y qué parte es ficción?

El juego de la fiebre del oro

William F. Wu

ilustraciones de Cornelius Van Wright
y Ying-Hwa Hu

Eric Wong observó su nuevo juego en la computadora.

—¡Juguemos! —hizo clic sobre el botón de inicio.

—La fiebre del oro —leyó en voz alta su amigo Matt O'Brien, mientras acercaba su silla—. ¿Qué significa? ¡Quiero ver! Vamos, yo primero.

—Yo soy más grande —dijo Eric—. Además, el juego es mío.

—Sé amable —la madre de Eric se asomó por detrás—. Compramos el juego para que Eric conociera más sobre la fiebre del oro —le contó a Matt—. Su papá y yo estamos rastreando nuestro árbol genealógico. El tátara-tátara abuelo paterno de Eric vino de China a California durante la fiebre del oro, pero no sabemos mucho sobre él.

—¡Ey! Miren el juego —dijo Eric. En la pantalla vio cuestas empinadas cubiertas por árboles altos. Algunos hombres con sombreros de alas anchas montaban a caballo por caminos embarrados, y se veían mulas con bultos a cuestas. En los bultos, había picos y palas. Hombres chinos, de largas trenzas que les caían por la espalda, estaban agachados a la vera del torrentoso río.

—¿Quiénes son? —preguntó Matt—. ¿Están buscando oro?

—Seguramente —dijo el padre de Eric al entrar a la habitación. Tenía una pequeña hoja de papel con dos caracteres chinos escritos—. Éste es el nombre del primero de nuestros ancestros que vinieron a California. No sé chino, pero mi abuelo me lo escribió cuando yo era niño.

Eric se dio vuelta y miró.

—¿Cómo se llamaba?

—Daido —dijo su padre—. Lo diré más despacio: "Dai-do". Significa "gran camino". Es un buen nombre para un hombre que se embarcó en la gran aventura de cruzar el océano Pacífico hacia una tierra nueva. En chino, su apellido se diría primero. Por lo tanto, se llamaba Wong Daido.

—Wong Daido —repitió Eric—. ¡Qué bien!

—¿Sabes cómo se escribe? —preguntó Matt mientras observaba el nombre.

—No —dijo Eric encogiéndose de hombros.

—Los dejaremos jugar tranquilos —dijo la madre de Eric—. Vamos, querido.

La madre y el padre de Eric salieron.

—Mira —Eric señaló la pantalla. Un minero con un sombrero gris de ala ancha había levantado una roca dejando al descubierto un botón que decía "Presiona, si te atreves".

—¡A que no te atreves! —gritó Matt.

—Lo haré —**enojado**, Eric presionó el botón.

De repente, Eric y Matt se hallaron entre dos rocas grandes de espacio angosto en un camino de las montañas, rodeados de árboles muy altos. Ante ellos pasaban los **buscadores de oro** caminando o a caballo. El corazón de Eric latía por el entusiasmo, y por lo desconocido.

—¿Qué sucedió? —preguntó Matt—. ¿Dónde estamos?

Eric olió el aroma de los pinos y pateó el barro.

—Creo que de verdad estamos en época de la fiebre del oro. ¡Retrocedimos en el tiempo!

—¿Retrocedimos en el tiempo? —Matt miró alrededor muy impresionado.

—Vamos —Eric caminó hacia el minero que había levantado la roca—. ¿Conoce a un hombre llamado Wong Daido? —Eric había pronunciado el nombre de su ancestro recordando poner el apellido primero. El minero rió. Luego observó a Eric y a Matt.

—Ustedes no son de aquí, ¿no es cierto?

—No, no somos de aquí —respondió Eric, esperando que el hombre no hiciera más preguntas.

—¿Saben cuántas personas hay en esta zona? Estamos sobre el río Feather, corriente arriba de Marysville, al pie de las colinas de la Sierra Nevada de California. Los hombres vinieron a buscar oro. Nos llaman los "cuarentaynueves" porque muchos de nosotros vinimos en ese año.

—¿En qué año? —preguntó Matt con los ojos muy abiertos.

—En 1849, por supuesto —dijo el minero. Frunció el entrecejo—. ¿No saben qué año es? El oro se descubrió en esta área el año pasado. Ahora, están viniendo "cuarentaynueves" de toda América y de muchos otros lugares.

> **Causa y efecto**
> ¿De qué manera Eric y Matt aparecieron en 1849?

—¿Cómo llegaron hasta aquí? —preguntó Eric.

—Yo vine por tierra, desde el este de Estados Unidos, en una caravana de carretas. Un buen amigo mío vino en barco desde la costa este por el Cabo de Hornos, en el extremo sur de América del Sur. Otros hombres vinieron desde China en barco, a través del océano Pacífico.

—Pero, ¿dónde viven? —preguntó Eric—. No veo ninguna casa por aquí.

—Marysville es un pueblo nuevo —dijo el minero—. Fue fundado por los mineros y buscadores de oro. Pero los hombres también viven en campamentos, a veces juntos, a veces solos, mientras buscan oro—. Señaló hacia el río—. Pero la mejor manera de encontrar a un minero chino es preguntándoles a otros mineros chinos.

Matt corrió cuesta abajo, hacia la orilla del río, donde un minero chino estaba agachado al lado del agua correntosa, haciendo remolinos de arena en una batea de metal.

Eric se apuró detrás de él.

—¡Ey!, señor, ¿su nombre es Wong Daido?

El hombre negó con la cabeza. Luego miró a Eric con una pequeña sonrisa y señaló corriente abajo.

—¿Ven a ese hombre? Su nombre es Wong.

Matt bajó corriendo por la orilla, pero esta vez Eric también corrió. Se detuvieron junto al señor Wong al mismo tiempo, cerca de un árbol inmenso que crecía justo al lado del río.

—¿Usted se llama Wong Daido? —preguntó Eric.

El señor Wong era un poco más joven que el otro minero chino. Su larga trenza se agitó detrás de él cuando miró para arriba.

—Sí —dijo, ofreciendo una gran sonrisa a los dos niños—. ¿Por qué preguntan?

Eric tenía miedo de explicar que Matt y él habían viajado a través del tiempo desde el futuro. Estaba seguro de que el señor Wong no les creería y podría echarlos, así que cambió de tema.

—Mi nombre es Eric y éste es mi amigo Matt. ¿Ha encontrado oro?

—Hoy no. Algunos días encuentro oro para comprar comida, que dura hasta la siguiente vez que encuentro oro. Tengo un permiso para buscar oro. El río arrastra polvo de oro corriente abajo. Entonces agarro agua y tierra en esta batea —movió la batea con un movimiento **circular**; el agua se escurrió hacia fuera junto con algo de arena—. El oro es pesado. Por lo tanto, se queda en la batea.

—¡Guau! —dijo Matt—. Y el río es tan correntoso.

—¿No tiene que sacar arena del fondo del río? —preguntó Eric—. Parece que es profundo aquí.

—Sí, es profundo —dijo el señor Wong—. La orilla del río es empinada y la corriente es veloz. Pero puedo tomar arena y barro aquí mismo en la orilla y lavarla, y el agua misma arrastra arena, aun cuando parece limpia. En un buen día, el agua me trae oro.

De pronto, la tierra se estremeció. Eric y Matt cayeron de espaldas sentados sobre el barro. El señor Wong cayó al río salpicando agua.

—¡Es un terremoto! —Eric se puso de pie otra vez. Había sentido pequeños terremotos antes. Éste fue tan rápido que ya había terminado. Cuando levantó la mirada, vio al señor Wong en el río, agarrándose desesperadamente de la raíz de un árbol con las dos manos.

La potencia de la corriente del río tiraba sus piernas hacia abajo, y él luchaba por mantener la cabeza fuera del agua.

—¡Ayúdenme!

Eric y Matt lo agarraron de los brazos y tiraron, pero la corriente del río era muy fuerte y el señor Wong era demasiado pesado para ellos.

—Tenemos que salvarlo —dijo Eric a Matt, desesperadamente—. Si no lo hacemos, mi familia nunca nacerá. ¡Y yo no existiré!

Eric vio una rama baja de árbol.

—¡Ven! Ayúdame a tirar la rama para abajo.

Tomó la rama con ambas manos y dobló las rodillas para que su peso la empujara para abajo. Cuando Matt también la agarró, la rama bajó hasta el señor Wong.

Con la mano **estirada**, el señor Wong agarró la rama.

—¡Matt, suelta la rama! —Eric y Matt soltaron la rama, que lentamente se movió hacia arriba, sacando al hombre del agua. El señor Wong salió a la orilla del río y soltó la rama. Necesitó unos segundos para recuperar el aliento. Su ropa mojada se le pegaba al cuerpo.

—¡Uy! Ustedes dos me salvaron la vida. Muchas gracias.

Causa y efecto
¿De qué manera el rescate del Sr. Wong afectó el futuro?

741

—La mía también —dijo Eric—. De nada.

—Pensé que me iba a ahogar. Todo lo que soñé se habría terminado —se detuvo y bajó la mirada—. Vine desde una pobre aldea en el sur de China —continuó el señor Wong—. Espero encontrar algo de oro y mandar a buscar a la mujer que amo. Nos casaremos aquí y formaremos una familia en América, al menos, eso espero.

—¡Ey! Muy bien —dijo Matt—. Porque…

Eric lo codeó e interrumpió:

—…porque es una buena idea —sonrió sabiendo que el sueño del señor Wong iba a hacerse realidad.

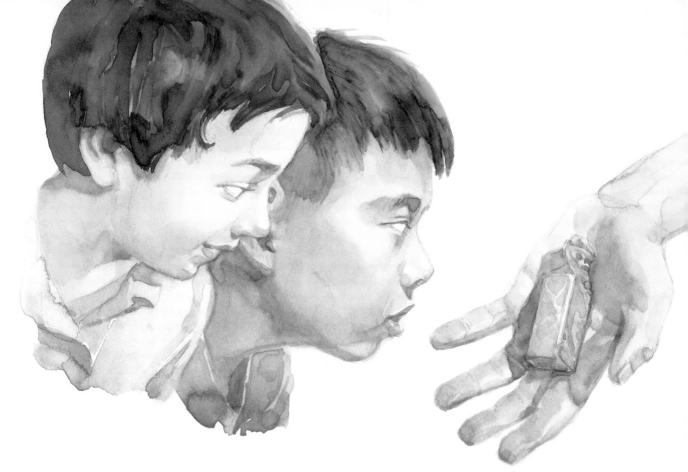

—No tengo mucho para ofrecer por salvar mi vida —dijo el señor Wong. Metió la mano en el bolsillo y sacó algo—. Éste es mi sello.

Eric y Matt observaron. Era una pieza de marfil que tenía unas figuras desconocidas talladas en la parte de abajo.

—¿Para qué es? —preguntó Eric.

—Les mostraré —el señor Wong presionó la parte de abajo en una suave mancha de barro cerca del río. Cuando levantó el sello, había tres marcas en el barro—. Ése es mi nombre, Wong Daido. No tengo oro hoy. Pero acepten esto como un regalo. Siempre los recordaré.

Eric tomó el sello.

—Muy amable de su parte. Gracias.

—Debo regresar al campamento para secarme —dijo el señor Wong.

—Creo que nosotros nos vamos a casa, también —dijo Eric—. Fue un placer conocerlo. Guardó el sello en el bolsillo de su pantalón con mucho cuidado.

—Gracias otra vez por la ayuda —dijo el señor Wong—. Adiós.

Tomó su batea y se alejó del río por el camino empinado.

—¿Cómo regresamos a nuestra época? —preguntó Matt—.

—Tenemos que encontrar esas grandes rocas. Pero, ¿dónde están?

—Ven —dijo Eric a Matt—. Yo recuerdo dónde están. Quizá allí algún tipo de pista nos ayude a regresar.

Eric guió a Matt hacia el espacio por donde habían salido, entre las dos rocas grandes. De repente estaban de vuelta en la sala de Eric, frente a la computadora.

—¡Guau! Funcionó. Esas rocas deben ser alguna clase de puerta hacia el pasado —Matt miró la pantalla de la computadora—. ¡Es un gran juego!

—¿Quién va ganando? —preguntó la madre de Eric, al entrar a la sala junto con el padre.

—¡Mamá! ¡Papá! —gritó Eric—. Retrocedimos en el tiempo.

—Sí —dijo Matt—. ¡Conocimos al tátara-tátara abuelo de Eric! La madre y el padre de Eric rieron.

—Me encanta, estos juegos estimulan la imaginación, al mismo tiempo enseñan historia —dijo la madre de Eric—, ¿no es positivo?

—Papá… ¡Nos dijo que había sacado un permiso para su mina sobre el río Feather!

—Bueno, por lo que leí en el diario de mi abuelo, Daido en efecto había sacado un permiso. Veamos si puedo encontrar si fue sobre el río Feather.

El padre de Eric se sentó a la computadora y realizó una búsqueda en Internet. Después de un rato, levantó la vista sorprendido:

—Wong Daido sacó un permiso en esa área en 1849. Encontré una **referencia** de eso.

—¿Ahora me crees? —preguntó Eric.

—Ay, vamos Eric. ¿Esperas que crea que de verdad retrocediste en el tiempo?

—No, supongo que no —. Eric sintió una oleada de **desilusión** y después metió la mano en el bolsillo—. ¡Quizá esto te convenza! —y sacó el sello—. ¡Papá, Mira el nombre: Wong Daido! —sonriendo, Eric sostuvo en alto el sello.

Sobre el sello, un pequeño granito de polvo de oro del río brilló a la luz del día.

Sacar un permiso con William, Cornelius y Ying-Hwa

A **William F. Wu** le ha interesado la historia desde que era niño. En los recreos de la escuela, William y un amigo representaban sucesos históricos famosos. A William también le gusta escribir cuentos y poemas. La primera vez que pensó en convertirse en escritor fue cuando tenía ocho años.

Cornelius Van Wright y **Ying-Hwa Hu** son marido y mujer y forman un equipo de ilustradores de libros desde hace 15 años. Cornelius estudió arte en la ciudad de Nueva York, y Ying desarrolló sus destrezas artísticas en Taiwán y Minnesota. Con antecedentes distintos, los dos trataron de combinar sus diferentes culturas para la ilustración de este cuento.

Conéctate Busca información sobre William F. Wu, Cornelius Van Wright y Ying-Hwa Hu en **www.macmillanmh.com**

✦ Propósito del autor

¿Qué pistas de *El juego de la fiebre del oro* te ayudaron a entender el propósito del autor de escribir este cuento? ¿Qué evidencia te indica si la intención del autor era entretener o informar al lector?

Pensamiento crítico

Resumir

Resume *El juego de la fiebre del oro*. Usa la tabla de causa y efecto como ayuda para explicar lo que tratan de hacer los personajes principales y qué les sucede.

Causa	→	Efecto
	→	
	→	
	→	
	→	

Pensar y Comparar

1. ¿Quiénes son los "cuarentaynueves"? ¿Por qué **causa** fueron a California? ¿Qué **efecto** tuvieron allí? Explica con detalles del cuento. **Analizar la estructura del texto: Causa y efecto**

2. ¿Por qué crees que los padres de Eric le compraron El juego de la Fiebre del Oro? ¿Se cumplió su deseo al final del cuento? Usa detalles del cuento en tu respuesta. **Analizar**

3. ¿De qué manera cambiarías el argumento para incluir a uno de los ancestros de Matt? Inventa un personaje con características que encajen en el cuento. **Sintetizar**

4. ¿Por qué es importante para las personas conocer la historia de sus familias? Explica tu respuesta. **Evaluar**

5. Lee "En busca de oro" en las páginas 730 y 731. ¿En qué se parece la experiencia de Larry a la de los buscadores de oro del cuento? ¿En qué se diferencia? Usa detalles de ambas selecciones en tu respuesta. **Leer/Escribir para comparar textos.**

ORO

Patricia West

Poesía

Género

Los artículos de no ficción brindan información sobre personas, lugares o cosas verídicas.

Elemento del texto

Las líneas cronológicas muestran hechos históricos en el orden en que ocurrieron.

Palabras clave

precioso

historiador

ambiente

Casi 500 años atrás, los exploradores españoles en México escuchaban historias de grandes ciudades construidas en oro. Aunque nunca encontraron esas ciudades, enviaron muchos objetos de oro a España.

México se liberó del dominio español en 1821, pero vendrían más conflictos. En 1846 estalló una guerra. y como consecuencia, Estados Unidos obtuvo la parte norte de México y la llamó California.

Antes de 1848, vivían en California unos pocos rancheros, y los indígenas que habían vivido allí antes de la llegada de los colonos europeos. Todo eso cambió con el grito de "¡Oro!". El metal precioso finalmente había sido descubierto en el río Americano, no muy lejos de la entonces pequeña ciudad de San Francisco.

Como nos dicen los **historiadores**, "El mundo se abalanzó hacia aquí". En 1849, casi 90,000 hombres y mujeres, apodados "los cuarentaynueves", viajaron a toda prisa a California en busca de fama y fortuna.

Algunos viajaron por tierra en carretas, recorriendo 12 millas por día. Otros eligieron tomar barcos que bordearan la costa atlántica hasta Panamá y luego subir por la costa del Pacífico hasta California. El viaje más largo era navegar hacia el sur por las costas del este de Estados Unidos y América del Sur, atravesar el extremo y viajar hacia el norte por las costas del Pacífico. Esta ruta requería hasta ocho meses para hacer la travesía de 18,000 millas.

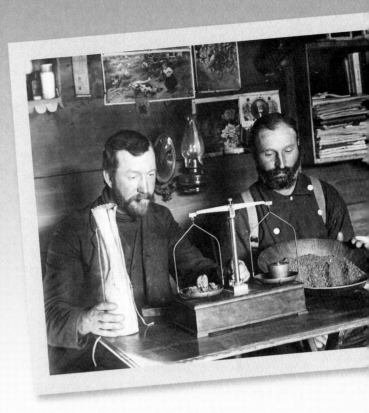

Línea cronológica de la fiebre del oro en California

Leer la línea cronológica

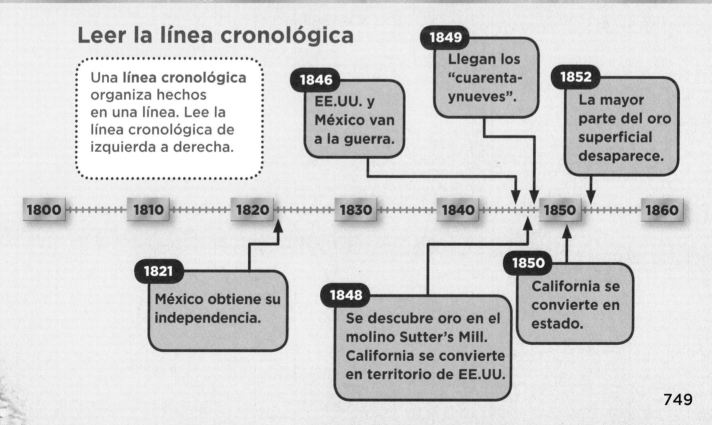

Una **línea cronológica** organiza hechos en una línea. Lee la línea cronológica de izquierda a derecha.

1846 EE.UU. y México van a la guerra.

1849 Llegan los "cuarenta-ynueves".

1852 La mayor parte del oro superficial desaparece.

1800 — 1810 — 1820 — 1830 — 1840 — 1850 — 1860

1821 México obtiene su independencia.

1848 Se descubre oro en el molino Sutter's Mill. California se convierte en territorio de EE.UU.

1850 California se convierte en estado.

Las personas vinieron de todas partes; algunas vinieron de lugares tan lejanos como China. En 1850, había 3,000 chinos viviendo allí y otros 22,000 en camino. Una de las pocas mujeres en el país de la fiebre del oro usaba el seudónimo "Dama Shirley". Shirley era la esposa de un médico y su nombre real era Louise Amelia Knapp Smith Clappe. Pasó un año viviendo en agrestes campamentos mineros a la orilla del río Feather y escribió cartas llenas de rica información sobre la época.

En una de las cartas, "Dama Shirley" describió la manera en que hablaban los mineros. Le gustaba especialmente la expresión "ver el elefante". Eso significaba "tener una experiencia excepcional", casi tan excepcional como encontrar un elefante en las minas de oro. En 1851, escribió sobre los mineros: "Nunca pude comprender la poesía o el humor de hacer que a uno le duelan las muñecas por golpear y romper en pedazos rocas oscuras..."

Los mineros volcaban grandes cantidades de tierra y gravilla dentro de largas cajas de madera. Vertían agua allí para disolver todo, excepto el oro que era más pesado. Hacia 1852, sin embargo, la mayor parte del oro había sido descubierto. Entonces, los mineros comenzaron a cavar por debajo de la superficie de la tierra.

Algunos californianos se preocuparon por el **ambiente** cuando el barro y los desperdicios llegaron a los ríos. En 1854, se aprobaron algunas leyes que detuvieron una parte de esta contaminación. Sin embargo, las consecuencias son visibles hoy en día.

La búsqueda de oro estuvo de moda hasta poco después del fin de la Segunda Guerra Mundial, en 1945. Y aunque la mayor parte del oro probablemente haya desaparecido, algunos todavía buscan oro en los ríos del norte de California. Algún minero afortunado podría encontrar unos granitos de oro brillando en el fondo de la batea.

 Pensamiento crítico

1. Observa la línea cronológica de la página 749. ¿Cuántos años aproximadamente duró la fiebre del oro? Leer una línea cronológica

2. ¿Por qué crees que los primeros mineros no se esforzaron por proteger el ambiente? Evaluar

3. Vuelve a leer la página 748 de este artículo y la página 736 de "El juego La fiebre del oro". ¿Cómo llegaron "los cuarentaynueves" a California? Leer/Escribir para comparar textos

 Estudios Sociales

Investiga sobre el precio del oro. Averigua cuánto valía el oro en: 1950, 1960, 1970, 1980, 1990 y 2000. Pon la información en una línea cronológica.

 Busca información sobre el oro en www.macmillanmh.com

Escritura

Personajes creíbles

Los escritores usan detalles, diálogos, y descripciones para lograr que los personajes sean creíbles en la mente de los lectores.

Lee el siguiente pasaje. Observa cómo el autor, William F. Wu, usa el diálogo para que Eric nos resulte tan creíble como las personas reales.

El autor escribe un diálogo entre Eric y su padre que podría haber ocurrido entre personas reales.

Fragmento de
El juego de la Fiebre del Oro

—Bueno, por lo que leí en el diario de mi abuelo, Daido en efecto había sacado un permiso. Veamos si puedo encontrar si fue sobre el río Feather.

El padre de Eric se sentó a la computadora y realizó una búsqueda en Internet. Después de un rato, levantó la vista sorprendido:

—Wong Daido sacó un permiso en esa área en 1849. Encontré una referencia de eso.

—¿Ahora me crees? —preguntó Eric.

—Ay, vamos Eric. ¿Esperas que crea que de verdad retrocediste en el tiempo?

—No, supongo que no —Eric sintió una oleada de desilusión y después metió la mano en el bolsillo.

Lee y descubre

Lee el texto de Eva. ¿Cómo mostró los sentimientos complejos de Félix hacia James? Usa la lista del control de escritura como ayuda.

James y Félix
Eva C.

Apenas Félix se bajó del carro, vio a su peor enemigo, James Nickerson. El rostro de James mostraba una sonrisita de suficiencia. Su mandíbula se agitaba al masticar una gran bola de goma de mascar. El pelo desprolijo de James indignaba a Félix. James usaba camisas con las mangas recortadas, y Félix pensaba que eran feas y extrañas. Lo único que Félix veía positivo en James era que amaba el fútbol casi tanto como él.

Lee sobre
James y Félix

Control de escritura

☑ ¿Muestra la autora la manera personal en que Félix ve a su enemigo?

☑ ¿Muestra la autora las razones que tiene Félix para odiar a James?

☑ ¿Nos permite ver la autora que hay otros rasgos de la personalidad de Felix, además de los que menciona ?

A platicar

¿Cómo resolver problemas en tu comunidad puede mejorar las vidas de otros?

Busca información sobre mejorar vidas en **www.macmillanmh.com**

754

SALVEMOS NUESTRO HOSPITAL

MARTIN LUTHER KING JR./DREW MEDICAL CENTER

Mejorar vidas

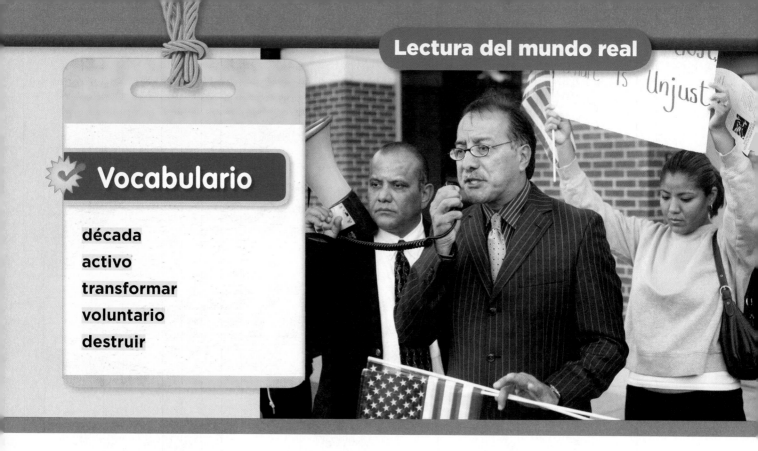

Vocabulario

década
activo
transformar
voluntario
destruir

Lucha contra la injusticia

Como otros grupos de inmigrantes, los mexicoamericanos han tenido que enfrentarse a dificultades en Estados Unidos. Han luchado mucho para superar los prejuicios.

Del siglo XIX a mediados del XX, los mexicoamericanos no podían votar si no entendían el inglés. Los latinos que sabían inglés debían pagar para hacerlo. Hallar trabajo no era fácil, ya que pocas personas los contrataban. Al igual que los afroamericanos, debían enfrentarse a la segregación. Los latinos tenían prohibido el acceso a lugares sólo "para blancos". Sus niños debían asistir a "escuelas mexicanas".

En 1929, líderes y trabajadores latinos se unieron para resolver estos problemas. Formaron un grupo, la Liga de Ciudadanos Latinoamericanos Unidos (LULAC). El primer año LULAC ayudó a eliminar la segregación en lugares públicos de Texas. En 1947 dio fin a la segregación en las escuelas de California. Además, trabajó para mejorar las escuelas. En las **décadas** siguientes, luchó por la igualdad de derechos para los latinos.

El grupo continúa su lucha. El Grupo Nacional de la Juventud LULAC prueba que los jóvenes también tienen un papel **activo** en esta lucha.

Un lugar para curar

¿Cómo ayudar a niños que han sobrevivido guerras? ¡Una solución es enviarlos a un campamento! El mismo está a cargo de la Organización Mundial para los Niños (GCO). GCO fue fundada por Judith Jenya en 1993. Ella quería dar esperanzas a niños víctimas de guerra. Creó dos campamentos, en Irlanda del Norte y en los Balcanes. Ella dice que los niños necesitan "aire, agua y esperanza".

"Es imposible entender el horror que han tenido que vivir estos niños," dice la **voluntaria** Carol Tanenbaum. "La rapidez con la que algunos de ellos se **transforman** es sorprendente. Vuelven a ser niños."

Carol y Fred Tanenbaum rodeados de felices acampantes.

Solución de Campamento de Verano

Ser consejero en un campamento de GCO es difícil. Ellos ayudan a los niños a realizar tareas típicas de un campamento, como nadar, bailar y cantar. Enseñarles a nadar es sencillo. Sin embargo, tratar sus problemas personales es muy difícil.

Jesse Bernstein, de Los Ángeles, es voluntaria. Vio que la guerra había **destruido** los sentimientos de confianza y seguridad de los niños. Algunos niños tenían dificultades para dormir. "Nos quedábamos con ellos hasta que se dormían", dice.

Voluntarios como Jesse ayudan a los acampantes a combatir sus miedos. Y les muestran que los problemas pueden resolverse en equipo, y en paz.

Los niños disfrutan nadando en un campamento de la Organización Mundial para los Niños, en una isla de Croacia.

757

Tomar la delantera

Dolores Huerta y partidarios festejan el cumpleaños de César Chávez en Los Ángeles en 2006.

¿Cómo ayudó Dolores Huerta a los trabajadores agrícolas de California a resolver los problemas a los que se enfrentaban?

Dolores Huerta es una líder importante de los latinos. Pasó las últimas **décadas** ayudando a los temporeros. Cuando Huerta se recibió de maestra, muchos de los padres de sus estudiantes trabajaban en granjas. A menudo los niños llegaban hambrientos. Huerta se dio cuenta de que sus familias necesitaban ayuda.

"No soportaba ver que los niños llegaran a clase con hambre y descalzos", dijo Huerta. "Pensé que sería más útil si organizaba a los padres, que tratar de enseñar a sus niños."

Leyes y orden

Huerta creía que su contribución podía ser de gran utilidad para la comunidad. Se hizo **activa** en 1955, al cofundar la Organización de Servicio Comunitario (CSO) en Stockton. La CSO ayudaba a latinos y trabajadores agrícolas de California. Huerta escuchaba sus problemas y trabajaba con esmero en solucionarlos.

Mientras trabajaba en la CSO, Huerta luchaba por conseguir leyes justas para los trabajadores. Pero debía enfrentarse a un gran problema: muchos de ellos no sabían leer ni entendían inglés. Huerta impulsó una ley que permitiera a las personas votar en español. Además apoyó a una ley para que los californianos obtuvieran la licencia de conducir en su idioma nativo. Sin estas leyes, sostenía Huerta, los derechos de las personas se **destruirían**.

Dolores Huerta en una huelga de recolectores de uvas

Hacer más

En la CSO, Huerta trabajó junto a otro poderoso organizador, llamado César Chávez, que también luchaba por los derechos de los granjeros. En 1962, los dos comenzaron con otro equipo de trabajo, llamado Asociación Nacional de Granjeros, cuyo objetivo era organizar a los granjeros.

Con los años, Huerta y Chávez ayudaron a **transformar** la vida de los temporeros. Juntos los ayudaron a recibir un mejor salario. Huerta organizaba reuniones entre grandes granjas y los trabajadores. Y los ayudaba a conservar el trabajo. Defendió sus derechos y pronto se convirtió en líder y heroína para muchos.

Dolores Huerta y César Chávez juntos en una huelga de recolectores de uvas

759

Huerta y Chávez sabían que era necesario hacer algo más por los otros, así que fundaron el Centro Nacional de Servicio para Trabajadores Agrícolas. Descubrieron que muchos no tenían casa. Para resolver el problema construyeron 4,200 casas y apartamentos para familias trabajadoras. Las viviendas tenían un precio como para que los trabajadores y las familias latinas pudieran vivir allí. Estas viviendas de bajo costo ayudaron a personas de California, Arizona, Nueva México y Texas.

Primero, la familia

Para Dolores Huerta, la familia es muy importante: tiene 11 hijos, 20 nietos y 5 bisnietos. Ha ganado muchos premios como **voluntaria**. Su trabajo no es sencillo, pero incluso en la actualidad, a sus setenta y tantos años, sigue luchando por obtener igualdad de derechos para las familias pobres y trabajadoras. Y no da señales de querer descansar.

Hoy en día, es presidente de la Fundación Dolores Huerta. Con frecuencia viaja por todo el país para dar discursos y enseñar a los futuros líderes. Miles de personas asisten a las conferencias para escuchar a Huerta hablar sobre temas que afectan a los inmigrantes, las familias y los trabajadores.

"No importa cuán pobre eres", dijo Huerta "no importa si no has recibido una educación formal. Aún se pueden hacer cosas, se puede cambiar algo. El secreto es hacerse responsable".

Dolores Huerta aún atrae multitudes. Aquí habla en una manifestación en Los Ángeles.

Pensamiento crítico

1. ¿Qué generalizaciones puedes hacer sobre cómo se trataba a los trabajadores agrícolas antes de que se fundara la CSO?

2. ¿Por qué Huerta se decidió por ayudar a los trabajadores granjeros?

3. ¿Crees que el autor aprueba el trabajo de Dolores Huerta? ¿Qué evidencia fundamenta tu opinión?

4. ¿En qué se parece la organización LULAC de "Lucha contra la injusticia" a la Organización de Servicio Comunitario?

Mujeres famosas

Dolores Huerta se incorporó al Salón Nacional de Mujeres Famosas en 1993. Las siguientes son algunas otras mujeres que han dejado su huella en el mundo.

Katherine Siva Saubel es indígena de la tribu cahuilla en California. Es fundadora del Museo Malki en la Reserva Morongo, el primer museo indígena americano creado y administrado por indígenas americanos.

Harriet Williams Strong inventó modos de juntar agua de inundaciones. Sus métodos para regar la tierra se hicieron famosos en California. Fue la primera mujer miembro de la Junta Directiva de la Cámara de Comercio de Los Ángeles.

Donna de Varona fue nadadora y compitió en los Juegos Olímpicos de 1960 y 1964. Ganó varias medallas y batió 18 récords mundiales en natación. Fue la primera mujer presentadora deportiva de la televisión.

761

Construir un dispositivo
mejor

Keagan Bolibol ganó $25,000 por su invento.

Para todo problema hay una solución. Ésa puede ser la razón por la cual sigue habiendo concursos de inventos. Éstos dan grandes premios a quienes inventen dispositivos ingeniosos que facilitan la vida.

La mayoría de los concursos da a los inventores un problema específico a resolver. Uno desafía a crear un nuevo producto de oficina. Otro pide a los participantes que inventen algo para las mascotas. Incluso el gobierno de EE.UU. hace concursos. El Departamento de Defensa tiene un concurso para inventos que logren reducir el peso del equipo que cargan los soldados.

También hay concursos para niños. Uno pide a los estudiantes que inventen algo que facilite la vida escolar. Keagan Bolibol, de 10 años (de Woodinville, Washington), se dio cuenta de que estaba descuidando la tarea. Inventó la Tabla de Problemas. Es una página que puede borrarse y que permite a los niños resolver los problemas de las tareas sin arruinar el cuaderno de clases. ¡Ganó $25.000 por su solución!

Los estudiantes de segundo grado de la Escuela Primaria Adobe Bluffs, de San Diego, inventaron una nueva forma de apagar incendios. Su solución usa químicos, con lo cual no hay daños causados por el agua. ¡Thomas Edison estaría orgulloso!

Sigue ▶

Ahora contesta las preguntas del 1 al 5. Basa tus repuestas en el artículo "Construir un dispositivo mejor".

1. **Este artículo trata PRINCIPALMENTE sobre**

   A niños inventores.

   B concursos para inventores.

   C premios para inventores.

   D inventos para estudiantes.

Consejo

Debes analizar todo el artículo para elegir la mejor respuesta.

2. **¿Con qué definición PROBABLEMENTE estaría de acuerdo el autor?**

   A El gobierno de Estados Unidos no debería hacer concursos.

   B Los concursos de inventos son una pérdida de tiempo y dinero.

   C Las personas deberían recibir mayores premios por sus inventos.

   D Los concursos de inventos ayudan a encontrar soluciones a los problemas.

3. **El aumento en la cantidad de concursos de inventos PROBABLEMENTE se deba a que**

   A las empresas quieren encontrar nuevos productos para fabricar y vender.

   B los inventores quieren obtener más dinero por sus inventos.

   C el gobierno de Estados Unidos quiere encontrar trabajo para los inventores.

   D los estudiantes quieren encontrar formas de facilitar la vida escolar.

4. **Explica qué quiere decir el autor con la oración final: "¡Thomas Edison estaría orgulloso!".**

5. **¿Qué piensas sobre la Tabla de Problemas? escribe una crítica de este invento y explica si lo comprarías o no. Usa detalles del artículo en tu crítica.**

A escribir

En general se escriben informes de investigación sobre temas de interés. Piensa en quién te interese. Escribe un informe de investigación para explicar por qué es importante. Usa fuentes.

La escritura expositiva explica, define o cuenta cómo hacer algo.

Para saber si una sugerencia para escribir requiere escritura expositiva, busca palabras clave como explicar, contar cómo o definir.

Observa cómo un estudiante usa las sugerencias para escribir.

El escritor utilizó detalles de una fuente de información.

Dolores Huerta trabajó mucho para que todos tuvieran los mismos derechos. Sin ella la vida sería diferente para muchas personas, en especial los niños.

Como afirma la autora en Tomar la delantera, Huerta se preocupaba por los niños que iban a la escuela hambrientos y descalzos. En vez de intentar enseñarles, Huerta trabajó por los derechos de sus padres. Sabía que si sus padres obtenían pagos equitativos en los campos y podían votar por temas importantes, los niños tendrían una vida mejor y más oportunidades.

Sugerencias para escribir

Responde por escrito a la siguiente sugerencia. Escribe durante 15 minutos. Escribe lo más y lo mejor que puedas. Revisa las pautas cuando hayas terminado de escribir.

Piensa en una persona importante que te interese. Utiliza fuentes de información para averiguar más. Escribe un informe de investigación para explicar por qué esa persona es importante.

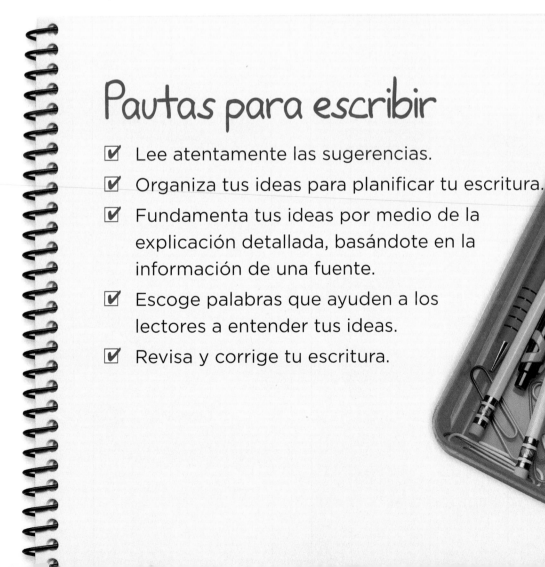

Pautas para escribir

- ☑ Lee atentamente las sugerencias.
- ☑ Organiza tus ideas para planificar tu escritura.
- ☑ Fundamenta tus ideas por medio de la explicación detallada, basándote en la información de una fuente.
- ☑ Escoge palabras que ayuden a los lectores a entender tus ideas.
- ☑ Revisa y corrige tu escritura.

PASO A PASO

Vocabulario

microscopio   tontería

ampliar   inspirar

negativos   evaporar

técnica

Diccionario

Las **palabras con varios significados** significan más de una cosa. Busca en el diccionario los significados de la palabra *negativos*.

Que nieve

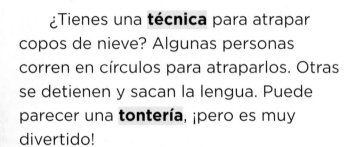

Cynthia Robey

¿Tienes una **técnica** para atrapar copos de nieve? Algunas personas corren en círculos para atraparlos. Otras se detienen y sacan la lengua. Puede parecer una **tontería**, ¡pero es muy divertido!

De cristales a copos

Los copos de nieve comienzan a formarse mucho antes de llegar a la Tierra. Primero un cristal de hielo se forma alrededor de una partícula de polvo en las nubes. Luego se transforma en cristal de nieve, cuya forma dependerá de la temperatura en la nube. Finalmente, a medida que van cayendo los cristales se juntan unos con otros convirtiéndose en copos, que contienen de dos a doscientos pequeños cristales de nieve.

El estudio de los copos de nieve

Los cristales de nieve tienen forma de siete figuras. Quizás hayas visto unos en forma de estrella. Si bien no son los más comunes, son el tipo de copos que **inspira** a la mayoría de los artistas.

¿Cómo analizar los copos de nieve antes de que se **evaporen** y desaparezcan? Debes salir cuando no esté ventoso y la temperatura ronde los 25° F. Luego, busca un trozo de tela oscura que te permita ver los cristales con más facilidad. Con un **microscopio** podrás **ampliarlos** y verlos en detalle.

Wilson "Copo de Nieve" Bentley logró que los cristales se vieran en sus fotografías recortando las partes oscuras de los **negativos**.

Copos peligrosos

Un clima desfavorable, puede transformar los bellos copos en una peligrosa tormenta de nieve. Los vientos esparcen la nieve por todas partes y una cortina blanca dificulta ver el camino. Siempre pon atención al estado del tiempo. Así, podrás atrapar y estudiar todos los copos que desees sin correr riesgos.

Volver a leer para **comprender**

Verificar la comprensión

Sacar conclusiones Los autores no siempre dan detalles en un texto. Los lectores aplican lo que saben para sacar conclusiones acerca de lo que leen. Mientras lees, busca pistas y hazte preguntas para sacar conclusiones acerca de una historia.

Pistas del texto	Conclusión

Una tabla de sacar conclusiones te puede ayudar a comprender lo que lees. Vuelve a leer la selección y busca pistas que te ayuden a sacar conclusiones sobre la nieve y los copos de nieve.

Comprensión

Género
Una **biografía** es la historia de la vida de una persona escrita por otra persona.

✔ Verificar la comprensión
Sacar conclusiones
A medida que lees, completa la tabla de sacar conclusiones.

Pistas del texto	Conclusión

Lee para descubrir
¿Qué le dio el mundo a Copo de Nieve Bentley y qué le dio él al mundo?

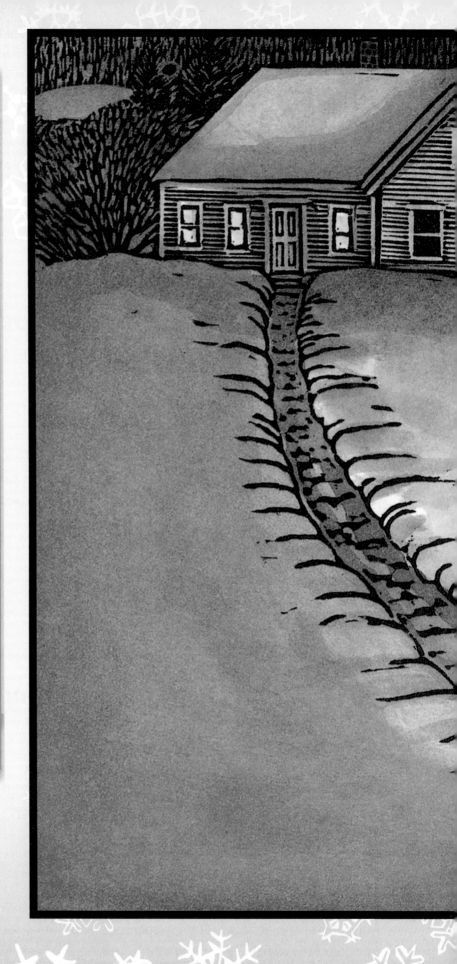

COPO DE NIEVE BENTLEY

Jacqueline Briggs Martin
ilustraciones de Mary Azarian

Willson Bentley nació el 9 de febrero de 1865 en una granja en Jericho, Vermont, entre el lago Champlain y el monte Mansfield, en el corazón de la zona llamada "snowbelt" donde caen 120 pulgadas de nieve al año.

En los tiempos en que los granjeros trabajaban con bueyes y trineos y se alumbraban con luz de farol, había un muchacho que amaba la nieve más que a nada en el mundo.

Para Willie Bentley los días de tormenta de nieve eran los más felices. Observaba cómo caían los copos sobre sus mitones, sobre el pasto seco de los campos de Vermont, sobre la oscura manija de metal de la puerta del establo. La nieve le parecía tan bella como las mariposas o las flores de los manzanos.

La mamá de Willie fue
su maestra hasta que
cumplió catorce años.
Willie fue a la escuela
por pocos años.
—Mi madre tenía
una colección de
enciclopedias —solía
decir Willie.
—Las leí todas.

Podía cazar mariposas y mostrárselas a
Charlie, su hermano mayor. Podía juntar flores de
los manzanos y llevárselas a su madre. No podía,
sin embargo, compartir los copos de nieve porque
no había manera de conservarlos.

Desde niño se dedicó al estudio de las precipitaciones en todas sus formas. Llevaba un registro del tiempo y realizaba diversos experimentos con las gotas de lluvia.

Cuando su madre le regaló un viejo **microscopio**, aprovechó para observar las flores, las gotas de lluvia y la hierba. Pero sobre todo lo utilizó para observar la nieve. Mientras los otros niños construían fortalezas y les lanzaban bolas de nieve a los cuervos, Willie atrapaba copos de nieve. Después de una tormenta de nieve, se dedicaba al estudio de los cristales de hielo..

Descubrió que la mayoría de los cristales tenían seis ramas (aunque algunos tenían tres). En cada copo de nieve las seis ramas eran parecidas.

—Descubrí que se trataba de verdaderas obras de arte. Ninguno era igual al otro. Cuando un copo se derretía… toda esa belleza se iba, sin dejar huellas —decía Willie.

Desde los quince años, durante tres inviernos seguidos, Willie dibujó cien cristales de nieve.

Sus complicados diseños eran más hermosos de lo que él imaginaba. Esperaba encontrar copos de nieve idénticos pero jamás lo logró.

Willie quería encontrar el modo de conservar los copos, para que otros pudieran ver sus maravillosas formas. Durante tres inviernos dibujó cristales de nieve pero siempre se derretían antes de concluir el trabajo.

La cámara captaba imágenes en grandes **negativos** de vidrio. Su microscopio podía **ampliar** el tamaño real de un pequeño cristal entre 34 y 3,600 veces.

Cuando cumplió dieciséis años, leyó un manual sobre cámaras con microscopio adherido.

—Si la tuviera, yo podría fotografiar los copos —le dijo a su mamá.

Ella sabía que Willie no descansaría hasta lograr que los demás vieran lo que él veía.

—Es una **tontería** que estés siempre jugueteando con la nieve —comentó su padre. Sin embargo, amaba mucho a su hijo.

Cuando Willie cumplió diecisiete años, sus padres gastaron sus ahorros y le compraron la cámara.

Era más alta que un ternero recién nacido y costó tanto como las diez vacas que poseía su papá. Willie estaba seguro de que su cámara era la mejor del mundo.

Sus primeras fotografías fueron un fracaso, eran
tan sólo sombras. Pero no se dio por vencido. Error
tras error, copo tras copo, Willie continuaba con su
labor después de cada tormenta de nieve. El invierno
terminó, la nieve se derritió y no había logrado
conseguir ninguna fotografía buena.

Para el experimento: Willie usó una pequeña abertura del lente, permitiendo que un poco de luz llegara al negativo, pero mantuvo el lente abierto por varios segundos hasta un minuto y medio.

También se dio cuenta de que los cristales se veían con mayor claridad si tallaba con el filo de un cuchillo todas las partes oscuras del negativo, o sea, el contorno de los cristales. Este grabado implicaba horas extra de trabajo para cada fotografía, pero a Willie no le molestaba.

Esperó la siguiente temporada de nieve. Un día del segundo invierno, probó un nuevo experimento. ¡Y funcionó!

¡Willie, había descubierto cómo fotografiar copos de nieve!

—Ahora todos podrán ver la gran belleza del pequeño cristal —dijo Willie.

La mejor tormenta de nieve de su vida sucedió el Día de San Valentín de 1928. Sacó más de cien fotografías durante dos días. Llamó a esta tormenta un obsequio del Rey Invierno.

Pero en aquellos tiempos, a nadie le importaba lo que Willie hacía. Los vecinos se burlaban de la ocurrencia de fotografiar la nieve.

—En Vermont, la nieve es tan común como la basura —decían—. No estamos interesados en fotografías.

Willie pensó que esas imágenes serían su regalo para el mundo.

Mientras otros granjeros se sentaban a contemplar
el fuego o iban al pueblo en sus trineos tirados por
caballos, Willie estudiaba las tormentas de nieve.
Permanecía de pie en la puerta del establo y sostenía
una bandeja negra para atrapar los copos.

Si sólo se acumulaban cristales rotos y revueltos,
limpiaba la bandeja con una pluma de pavo y
empezaba todo de nuevo.

Sin preocuparse por el frío, esperaba horas hasta conseguir el cristal adecuado.

Si el establo estaba muy cálido o si respiraba sobre la bandeja negra, la nieve se derretiría. Si se le movía un músculo al sostenerlo con la pinza corría el riesgo de que el cristal se rompiera. Debía trabajar con rapidez o el copo se **evaporaría** antes de que pudiera deslizarlo hasta el lugar indicado para sacarle la foto. Algunos inviernos lograba sólo pocas imágenes buenas. Otros inviernos registraba más de cien.

Descubrió que cada copo se inicia en una diminuta partícula invisible a simple vista. Las diminutas moléculas de agua se unen para formar sus ramas . A medida que el cristal crece, las ramas se unen y comienzan a atrapar pequeñas cantidades de aire.

Sacar conclusiones
¿Qué conclusiones puedes sacar acerca de la personalidad de Willie?

Muchas cosas afectan la
forma de los cristales. Más
frío, menos viento, o más
humedad determinarán su
tamaño. Willie decía que
por ello, jamás encontró
dos copos iguales en sus
fotografías.

Willie, que vivía en un sector de la granja que compartía con su hermano Charlie, sus sobrinos y sus sobrinas, solía tocar el piano para que los pequeños cantaran. Willie también jugaba con ellos y les leía cuentos.

Willie amaba tanto la belleza de la naturaleza, que fotografiaba en todas las estaciones del año.

En el verano sus sobrinos frotaban las perchas para colgar la ropa con la resina pegajosa que sacaban de los abetos. Luego Willie las utilizaba para recolectar telas de araña adornadas con gotas de agua y las fotografiaba.

En las noches de otoño, con toda delicadeza, sujetaba un saltamontes a una flor para que a la mañana siguiente pudiera lograr la imagen del insecto cubierto de rocío.

Sin embargo, las imágenes de los cristales de
nieve fueron siempre sus favoritas. Repartía copias
o las vendía a cambio de unos pocos centavos.
Sacaba fotografías especiales para entregarlas como
obsequio de cumpleaños.

Cada año muchas escuelas y universidades compraban copias de sus diapositivas para incluirlas en sus colecciones. Artistas y diseñadores utilizaban estas imágenes para **inspirarse** y crear sus propios trabajos.

Por las noches, hacía proyecciones de diapositivas en los jardines de sus amigos. Niños y adultos sentados en el césped observaban las imágenes que aparecían sobre una sábana sujeta a la cuerda para colgar la ropa.

Incluso en la actualidad, quienes desean aprender sobre el tema comienzan con la lectura del libro *Cristales de nieve* de Wilson Bentley

En el año 1926 ya había invertido $15,000 en su trabajo y había ganado $4,000 por la venta de sus fotografías y diapositivas.

Escribió sobre la nieve y publicó sus fotografías en revistas. Dio charlas a estudiosos de tierras lejanas y a vecinos observadores del cielo.

—Estás haciendo muy buen trabajo —le aseguró un profesor universitario de Wisconsin.

El pequeño granjero adquirió fama mundial como experto en nieve, "el Hombre Copo de Nieve". Sin embargo, nunca fue rico porque invirtió hasta el último centavo en la producción de sus fotografías.

Willie estaba convencido de que había tesoros escondidos en la nieve.

—No me puedo perder ni una sola tormenta de nieve —le comentó Willie a uno de sus amigos—. En cualquier momento puedo recibir un premio maravilloso.

Otros científicos juntaron dinero para que recopilara sus mejores fotografías en un libro, que se publicó cuando Willie tenía sesenta y cuatro años, y fue un regalo que le hizo al mundo. Aun así, no estaba dispuesto a abandonar su tarea.

Apenas un mes después de la publicación de su libro, Willie salió a caminar seis millas en medio de una tormenta de nieve para obtener más imágenes. Luego de la caminata se enfermó de neumonía. Murió dos semanas más tarde.

La placa en su monumento dice:

"COPO DE NIEVE" BENTLEY"

Autoridad de Jericho especializada en copos de nieve y reconocida mundialmente.

Durante cincuenta años, Wilson A. Bentley, un simple granjero, desarrolló su **técnica** de la microfotografía para hacerle conocer al mundo el esplendor y el misterio de un copo de nieve, con su forma hexagonal universal y la infinita variedad de sus bellos diseños.

Se levantó un monumento en su memoria en el centro del pueblo. Sus vecinos crecieron y les contaron a sus hijos e hijas la historia del hombre que amaba la nieve. Cuarenta años después de la muerte de Wilson Bentley, los niños del lugar pusieron manos a la obra para abrir un museo en honor al granjero científico.

Y su libro ha rescatado los delicados cristales de nieve que alguna vez volaron sobre Vermont, entre las montañas y la tierra. Gracias a la labor de Copo de Nieve Bentley, propios y extraños saben acerca de las maravillas que aterrizan en sus mitones.

> **Sacar conclusiones**
> ¿Cuál fue la repercusión de la vida de Willie y su trabajo a través del tiempo?

ALGUNOS DATOS SOBRE JACQUELINE Y MARY

Jacqueline Briggs Martin comenzó a escribir esta historia después de observar un copo de nieve y recordar un artículo que describía al hombre que amaba la nieve. Jacqueline creció en una granja de Maine donde cae gran cantidad de nieve en invierno y donde disfrutaba de la naturaleza, los relatos y la historia.

Mary Azarian también ha visto la nieve de cerca. Al igual que Wilson Bentley, vive en una granja en Vermont. Mary se basó en sus propias experiencias del lugar para crear sus ilustraciones.

Busca información sobre Jacqueline y Mary en **www.macmillanmh.com**

✓ Propósito de la autora

¿Por qué Jacqueline Briggs Martin escribió *Copo de Nieve Bentley*? ¿Cómo puedes saber si el propósito de la autora al escribir esta biografía era informar o entretener?

Pensamiento crítico

Resumir

Usa la tabla de sacar conclusiones para resumir *Copo de Nieve Bentley*. No te olvides de incluir sólo la información más importante, como el ambiente y los personajes.

Pistas del texto	Conclusión

Pensar y comparar

1. ¿Por qué Wilson Bentley eligió fotografiar copos de nieve y tomar esto como un trabajo de toda su vida? Usa detalles del cuento en tu respuesta. **Verificar la comprensión: Sacar conclusiones**

2. Vuelve a leer las páginas 776-777. ¿Por qué los padres de Wilson Bentley lo alentaron en su carrera? ¿Cómo ayudó este apoyo a Bentley a cumplir su sueño? Usa detalles del cuento en tu respuesta. **Analizar**

3. Si pudieras pasar toda tu vida estudiando algo de la naturaleza, ¿qué sería? ¿Qué **técnica** usarías para estudiar tu proyecto y por qué? **Sintetizar**

4. ¿Por qué es importante analizar el mundo, incluso a nivel microscópico? **Resumir**

5. Lee "Que nieve" en las páginas 768-769. ¿En qué se parece la información sobre la nieve allí y en Copo de Nieve Bentley? ¿En qué se diferencia? Usa detalles de ambas selecciones en tu respuesta. **Leer/Escribir para comparar textos**

Haiku es un tipo de poesía de tres versos cortos que describen un momento o una escena. El primer y el tercer verso tienen cinco sílabas cada uno, y el segundo verso tiene siete.

Elementos literarios

La **imaginería** consiste en el uso de palabras para crear una imagen en la mente del lector.

El **lenguaje figurado** excede el significado más común de las palabras y las emplea para describir algo de un modo diferente.

HAIKU

Fría soledad:
en un mundo de un color
el viento canta.

—*Matsuo Basho*

Las palabras "en un mundo de un color" crean la imagen de un mundo cubierto de nieve.

Montes, llanuras,
la nieve los atrapa:
todo varía.

—*Joso*

Ya se derrite
la nieve y es la aldea
un mar de niños.

—*Kobayashi Issa*

Los niños no son un mar de gente. Este lenguaje figurado sugiere que todos juntos salen a las calles.

Nada de cielo;
el suelo se oculta
caen los copos…

—*Hashin*

Pensamiento crítico

1. En el haiku de Joso, la palabra "atrapa" es un ejemplo de lenguaje figurado. ¿Qué les ha sucedido a los montes y las llanuras realmente? **Lenguaje figurado**

2. Vuelve a leer "Nada de cielo" de Hashin. ¿Qué momento o escena describe? **Analizar**

3. ¿Qué te hacen sentir con respecto a la nieve estos poemas? ¿Qué sentiste acerca de la nieve cuando leíste *Copo de Nieve Bentley*? Compara tus reacciones a las dos selecciones. **Leer/ Escribir para comparar textos**

 Busca más información sobre haikus en **www.macmillanmh.com**

795

Escritura

Cambio y evolución

Los escritores muestran cómo los personajes cambian y evolucionan con el tiempo o con el transcurso de los sucesos.

Lee el siguiente pasaje. Observa cómo la autora, Jacqueline Briggs Martin, describe cómo Willie se vuelve más científico.

> **Fragmento de**
> *Copo de nieve Bentley*

La autora escribe sobre lo difícil que fue para Willie dedicarse a su interés por los copos de nieve y muestra cómo desarrolla su enfoque científico con el tiempo.

Cuando Willie cumplió diecisiete, sus padres gastaron los ahorros y le compraron la cámara. Era más alta que un ternero recién nacido y costó tanto como las diez vacas que poseía su papá. Willie estaba seguro de que su cámara era la mejor del mundo.

Sus primeras fotografías fueron un fracaso, eran tan solo sombras. Pero no se dio por vencido. Error tras error, copo tras copo, Willie continuaba con su labor en cada tormenta. El invierno terminó, la nieve se derritió y no había logrado conseguir ninguna fotografía buena.

Esperó la siguiente temporada de nieve. Un día del segundo invierno, probó un nuevo experimento. ¡Y funcionó!

Lee y descubre

Lee el texto de Caitlin. ¿Cómo muestra los cambios
y la evolución del personaje Greg? Usa la lista del
control de escritura como ayuda.

Enfrentamientos
Caitlin K.

Era el primer día de zapateo del grupo de Greg,
y sintió como si tuviera un enjambre de abejas en el
estómago. Escondió la cabeza tras su periódico y
confió en que nadie iniciara una conversación.

—¿Ha escuchado hablar sobre Los reyes del
zapateo? —preguntó luego a una señora a su lado.

—Nunca escuché hablar de ellos —respondió ella.

—No creerá lo que nos sucedió el primer día...
—Greg no paraba de hablar, tratando de que esta
señora extraña lo imaginara sobre el escenario.

Lee sobre Greg
y su grupo
de zapateo.

Control de escritura

 ¿Muestra la autora cómo responde Greg
generalmente a otras personas?

 ¿Muestra la autora que Greg le responde a la señora
que está a su lado de una manera diferente?

 ¿Sabes por qué decidió Greg hablarle a esta
señora?

Inventos

A platicar

¿Cómo facilita este
invento el trabajo de
este trabajador?

Conéctate

Busca información
sobre inventos en
www.macmillanmh.com

El gran partido

Florencio Sueldo

Vocabulario

de golpe

entusiasmarse

experimentos

laboratorio

radiodifusión

titubeo

transmisión

Claves de contexto

Un **modismo** es una frase cuyo significado es diferente al significado de cada una de las palabras que la componen.

De golpe = súbitamente, de una vez

Ese domingo era especial. Como todos los años, los trece primos, dos abuelos y siete tíos de Felipe se reunirían en el jardín de su casa para jugar un súper partido de fútbol. Hasta el tío Martín, un científico raro pero de muy buen corazón, había aceptado la invitación. Éste había anunciado que por primera vez dejaría a un lado su trabajo en el **laboratorio** para tomar la pelota.

Una gripe inesperada

—Ya escuchaste lo que dijo el doctor, Felipe. No podrás jugar el partido. Debes permanecer en tu cama hasta que te baje la fiebre —le dijo su madre mientras le llevaba una sopa bien caliente.

—Pero es que quiero jugar. Me he entrenado por meses para ganarles al tío Juan y al abuelo Manuel —se lamentó el niño casi llorando—. Y ni siquiera puedo ver el partido desde aquí.

—Tenemos que hacer algo para ayudar a nuestro sobrino —dijo el tío Martín que ya había comenzado a **entusiasmarse** con el juego.

—Tú eres el inventor. Piensa en algo le contestó el primo Juan.

—Unos segundos —pidió el hombre, siempre despeinado—. ¡Ya sé! —dijo **de golpe**—. Tráiganme una vieja radio, varios cables, un micrófono, un pequeño parlante y las herramientas de esta lista. Éste será uno de mis **experimentos** favoritos. Volveremos a la **radiodifusión**. La radio es un medio de difusión antiguo pero eficaz —gritó entusiasmado. Luego explicó—. Quiero decir que haremos una **transmisión** del partido. Será como tener nuestra propia radio. Así, Felipe podrá escucharlo desde su habitación.

—¿Estás seguro que podremos hacerlo?

—Por supuesto —dijo el tío sin **titubeo**.

Manos a la obra

En minutos, Martín armó un aparato con un micrófono por donde la madre del niño relataba el partido. El primer gol lo gritaron todos. Hasta Felipe, que tenía el parlante en una mano y la cuchara de la sopa en la otra.

Al final, la madre y el tío entraron a ver al niño. Estaba sentado en su cama mirando fijo las conexiones del invento. El niño, sonriendo, levantó la mirada y lleno de admiración dijo:

—Sabes tío, de ahora en adelante voy a estudiar mucho en la escuela porque cuando sea grande quisiera ser un inventor tan genial como tú.

Volver a leer para **comprender**

Hacer preguntas

Problema y solución

El problema en una historia es lo que el personaje quiere hacer, solucionar o cambiar. La solución es cómo se resuelve el problema. Hacer preguntas a medida que lees puede ayudarte a determinar cuál es el problema que se plantea en la historia y cuál es la solución.

Vuelve a leer la historia y usa una tabla de problema y solución para determinar el problema y su solución.

Problema
↓
↓
↓
Solución

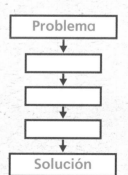

Comprensión

Género

Un relato de **no ficción** narra la vida de una persona, un ser vivo o sucesos verdaderos.

Hacer preguntas
Problema y solución
Al leer, completa la tabla.

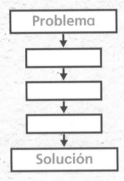

Problema
Solución

Lee para descubrir

¿Qué inspiró a Guillermo González Camarena a inventar la primera televisión a color?

Guillermo González Camarena:
HABITANTE DEL
FUTURO

Jaime Muñoz Vargas ·········

ilustraciones de Jorge Alderete

Hoy, 18 de abril de 1965, supe la noticia por medio de la televisión y **de golpe** se me vinieron encima, como avalancha, todos los recuerdos. Mi memoria viajó sin detenerse hacia el pasado; asombrado por la brillante obra de Guillermo, mi querido amigo Guillermo. Pensé entonces en aquellos días…

Una y otra vez, sin parar, metido horas y horas en su **laboratorio**, con los ojos casi llorosos de tanto examinar, cambiar, atornillar, unir, probar, aquel joven está a punto de dar con la invención que lo ha obsesionado desde que comenzó con sus <mark>experimentos</mark>. Su mente, aunque concentradísima en el trabajo científico, no deja de entonar una canción de moda o de pensar en algún pasaje de la historia mexicana, sus otras dos grandes pasiones, además de la electrónica. Tiene apenas un poco más de veinte años, pero con la experiencia ya ha acumulado gran cantidad de conocimientos. Estamos en 1939, el laboratorio de Guillermo no es muy grande y, aunque improvisado, tiene casi todo lo que un joven inquieto necesita.

Lo conocí más o menos en 1926. Yo vivía en la Donceles, pero nos cambiamos y fuimos a dar a la calle Havre. Me tocó la suerte de ser vecino de Guillermo. Él era un niño muy inteligente, pero eso no lo hacía un cerebrito raro. Recuerdo la primera vez que conversamos; era septiembre y él me habló de la Independencia, de Hidalgo y de Morelos, del Grito de Dolores y de la Libertad. Le fascinaba la historia.

Pasó poco tiempo para que yo me enterara de que su más grande obsesión, la más pero más grande de todas, era la electrónica. Por aquel tiempo no estaba muy de moda que a alguien le gustara eso, pero Guillermo siempre me dio la impresión de que estaba adelantado a su época, era un niño que habitaba en el futuro.

Mi amigo el inventor nació en Guadalajara, pero dos años más tarde su familia se trasladó a la capital del país y allí fue donde Guillermo comenzó con sus infatigables experimentos. Vivía en el sótano de su casa; a ese lugar acarreaba todo tipo de objetos: cables, focos, antenas, láminas, pilas, pinzas, desarmadores, cajas de madera y de cartón, pequeños motores, ¡todo! Era un laboratorio, el primer laboratorio de mi amigo de la infancia.

En las tardes, platicábamos afuera de su casa, sobre todo los viernes y los sábados. Esos días los tengo muy presentes, y no se me olvidarán jamás. Comprábamos algún dulce y mientras acabábamos con él, la charla caminaba por diferentes temas. Al menos ahora me parece que así era, aunque el recuerdo puede ser algo engañoso. Guillermo era un niño como yo. Casi un adolescente, pero no se me borra de la mente que tenía la habilidad para hablar de asuntos importantes sin que se le notara la edad. Ya para entonces componía también canciones muy bonitas.

Una vez lo encontré en una biblioteca pública que estaba cerca de nuestras casas. Él leía en ese momento un librote sobre cosas de electricidad y yo iba a hacer una consulta para luego escribir una composición sobre inventiva. Cuando le dije cuál era mi tema **se entusiasmó** un montón, cerró su libro y en voz muy baja comenzó a decir que sin duda podíamos encontrar varias diferencias entre el hombre y las otras especies, pero quizá la más importante sea ésta: "Sobre nuestro planeta, el hombre es el único ser vivo que tiene la capacidad de inventar".

Si miramos a nuestro alrededor —agregó Guillermo—, nos daremos cuenta de que en casi todo lo que nos rodea está presente la huella de la invención humana: una cuchara, un reloj, un pantalón, un lápiz, una galleta, un zapato, un libro, todo ha sido inventado y perfeccionado para ayudarnos a resolver un determinado problema; gracias a la cuchara podemos recoger el alimento sin tocarlo con la mano; gracias al reloj podemos medir el tiempo, y así sucesivamente, de tal manera que podemos diseñar una regla muy simple: *creatividad = satisfacción de una necesidad.*

Gracias a su inventiva ahora gozamos de un inmenso número de objetos que nos hacen la vida más cómoda y atractiva.

Anoté en mi mente la abrumadora explicación de Guillermo. Luego escribí un pequeño ensayo donde casi reproduje textualmente sus palabras. Recuerdo que por aquel trabajo saqué un diez de calificación.

Fue entonces cuando me soltó de repente aquella frase que parecía un secreto, pero no lo era: "Quiero ser inventor". En esos años, la década de los veinte, la **radiodifusión** había comenzado a ser popular. En la ciudad ya había bastantes familias que tenían receptores, y algunas difusoras se encargaban de transmitir programas de música, anuncios, historias como de teatro, noticias de política y de espectáculos. A Guillermo le gustaba la radio, pero en su cabeza rondaba la idea de llegar mucho más lejos. Casi casi lo juzgué loco cuando me dijo que su deseo más grande era transmitir, como la radio, todos los sonidos posibles, pero acompañados por imágenes de la vida real. "¿Qué demonios es eso?", le pregunté con unos ojos de incredulidad que seguro nunca se le olvidaron. "Es como el cine", añadió, "pero lo recibiremos igual que la radio, en aparatos instalados en cada casa, al mismo tiempo en el que suceden en la realidad".

¿A quién se le ocurría semejante disparate?, pensé. ¿Qué loco era capaz de pensar que podíamos recibir cine en las casas? Bueno, ese loco, ese habitante del futuro, esa mente obsesionada por la ciencia-ficción, ese alucinado era nada más ni nada menos que mi amigo Guillermo. Sólo alguien como él podía pensar de esa forma, de manera tan anticipada a lo que entonces teníamos a la mano.

Mientras estudiaba la primaria, Guillermo se daba tiempo en las tardes o los fines de semana para encerrarse en su laboratorio casero. Todavía no llegaba a los diez años cuando su entretenimiento favorito ya era fabricar juguetes movidos por energía eléctrica; esto lo supe un poco después. Sus domingos —el dinero que le daban ese día sus abuelos y padres—, los invertía totalmente en comprar artículos nuevos o de desecho, que después le servirían para armar sus primeras invenciones. Fue un niño de una precocidad asombrosa. En 1929, a los doce años, realizó una proeza del reciclaje creativo: construyó su primer transmisor de radioaficionado.

En ese momento, se vendían por cientos los aparatos receptores y por decenas surgían las estaciones transmisoras en cualquier punto del país.

Guillermo depositaba en esa realidad todo su entusiasmo por la radiotransmisión. Sabía que tarde o temprano el país entero sería atravesado por las ondas hertzianas y que gracias a ese medio de comunicación nos enteraríamos de los sucesos más distantes de una manera sencilla, inmediata y económica.

En su laboratorio casero no dejaba de trabajar un solo día. Para mediados de la década de los treinta, en otras partes del mundo algunos investigadores ya comenzaban a experimentar con la **transmisión** de imágenes, y el joven inventor de Guadalajara no podía quedarse fuera de esos intentos por llevar sonido y figuras hechas de luz hasta lugares muy remotos. En 1934 logró armar, también con materiales de desecho, su primera cámara, y de inmediato surgió en él la aspiración de crear ese mismo aparato con un sistema que permitiera la transmisión-recepción cromática, es decir, a color.

El tiempo pasó, salimos de la niñez y de la adolescencia y, pese a que yo lo veía poco, cuando nos encontrábamos él no desaprovechaba la oportunidad de decirme "ya estoy cerca, pero todavía me faltan varias pruebitas". Me dijo entonces que en Europa y en Estados Unidos ya se habían logrado avances importantes con ese sistema de comunicación a distancia; de él escuché por primera vez aquella palabreja que ahora es tan común en cualquier parte: televisión, y él mismo me la tradujo: ver-lejos, ver de lejos, transmitir imágenes desde una distancia remota, "eso significa televisión". Luego agregó: "Lo malo es que transmite sólo en blanco y negro, como el cine". Con el ingenio que siempre lo caracterizó, Guillermo estuvo concentrado durante algunos años en mejorar esa tecnología.

Su laboratorio se llenó aún más de materiales conseguidos en los mercados de Tepito y de la Lagunilla. Sin embargo, por aquel tiempo cada vez lo veía menos. Era lógico, habíamos crecido y cada cual se inclinó por sus aficiones. Yo no era un hombre de mucha ciencia ni de mucha tecnología, y sólo esporádicamente me topaba con Guillermo y aprovechábamos lo oportunidad para hablar sobre nuestros asuntos.

Para entonces yo me estaba casando, pues en esos años uno iba joven al matrimonio. Guillermo, mientras tanto, se encerraba como topo, horas y horas en su sótano, siempre rodeado de sus cables y de sus prodigiosos artefactos de desecho. Recuerdo que alguna vez conversé con doña Sara. la madre de Guillermo. Me dijo que su hijo estaba a unos pasos de alcanzar un tremendo logro. "Vive encerrado en su laboratorio. Creo que algo bueno saldrá de allí cuando Guillermito alcance lo que busca." Su madre lo amaba y lo admiraba, y él a ella.

Con dínamos de bicicleta, celofán de varios colores, lentes, lámpara de gas, cables de todos tipos y muchas otras cosas logró diseñar el primer aparato de televisión a color. La primera demostración de su invento la realizó en 1939, y me invitó (recuerdo que permanecí boquiabierto durante media hora). Luego, el 19 de agosto de 1940, obtuvo la patente. Yo la anoté, lleva el número 40235. ¡Nadie podía imaginar que un mexicano pudiera hacer eso! ¡Y todo lo construyó con materiales de desecho! ¡Eso sí que había sido una demostración enorme de creatividad!

Los años siguieron avanzando y yo dejé de ver a Guillermo; sólo sabía de él gracias a su bien ganada fama pública. Recibía premios, homenajes, empleos importantes como especialista en radiodifusión electrónica, viajes y aplausos. Los merecía, y siempre supe que recibía con increíble sencillez todo ese torrente de reconocimientos.

Problema y solución
¿Qué problema se propone resolver Guillermo?

En aquel arduo ir y venir no hubo un día de descanso para el todavía joven inventor mexicano, quien perfeccionó sus técnicas y consiguió algunas patentes más.

Hoy ya nos parece algo normal, pero llevar el color a la televisión no fue nada fácil y costó miles de horas, el tiempo y el empeño de un querido amigo mío, aquél que me dijo alguna vez, sin un solo **titubeo**, "quiero ser inventor".

Jaime Muñoz Vargas nació en 1964 en Durango, México. Escribe cuentos, poesía y ensayos. Sus cuentos fueron publicados en *El augurio de la lumbre* y *Botella al mar*, libros que presentan obras de varios autores. En 1989 recibió un premio otorgado por Premio Nacional de Narrativa Joven Salvador Gallardo Dávalos. Jaime Muñoz Vargas es maestro, escritor y periodista.

Jorge Alderete nació en Santa Cruz, Argentina, en 1971. Estudió Diseño y Comunicación Visual en la ciudad de La Plata. Desde 1999 es director del suplemento de historietas ¡Zonaste! de la revista española Zona de Obras, donde colaboran distintos autores de Argentina, México, Brasil, Estados Unidos y España.

 Conéctate Busca información sobre Jaime Muñoz Vargas y Jorge Alderete en **www.macmillanmh.com**

 Propósito del autor
¿Cuál fue el propósito de Jaime Muñoz Vargas al escribir esta historia? ¿Qué pistas te ayudan a saber si trataba de entretener o informar?

 **Pensamiento crítico**

Resumir

Resume la selección. Incluye algunos problemas que resolvió Guillermo. Usa la tabla de problema y solución como ayuda.

Problema
↓
↓
↓
↓
Solución

Pensar y comparar

1. Además de resolver el **problema** de la televisión, ¿qué otros problemas resolvió Guillermo? Explica usando detalles de la selección. **Hacer preguntas: Problema y solución**

2. Vuelve a leer las páginas 808-811. ¿Por qué estaba Guillermo tan entusiasmado? ¿Cómo lo lleva su entusiasmo a interesarse por la **radiodifusión**? **Analizar**

3. Si pudieras mejorar alguno de los inventos mencionados en la selección, ¿qué harías y por qué? **Aplicar**

4. ¿Piensas que alguien como Guillermo es una persona aburrida? Explica tu respuesta. **Evaluar**

5. Lee "El gran partido" en las páginas 800-801. Compara cómo se resolvió el problema en esa selección y en *Guillermo González Camarena: Habitante del futuro*. Explica usando detalles de ambas selecciones. **Leer/Escribir para comparar textos**

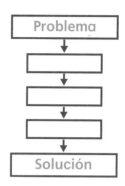

En un **poema concreto** las palabras están dispuestas en la forma del objeto que describe.

Elementos literarios

El **lenguaje figurado** usa palabras para evocar imágenes mentales.

La **aliteración** es la repetición de la misma consonante en una serie de palabras.

Bombilla de luz

Thomas Edison no dudaba en permitir que sus ideas se formaran, e intentaba una y otra vez si no eran buenas. Un día puso todas sus ideas dentro de una bombilla y cuando la prendió, saltaba de gozo. Salió luz, luz, luz !!!

En realidad, Edison no puso sus ideas en una bombilla. Este **lenguaje figurado** ayuda al lector a imaginar cuán concentrado estaba Edison.

Joan Bransfield Graham

El cerrojo del relámpago

¡Último momento!

¡Ben Franklin usa un globo y una llave para destrabar la electricidad!

Este uso de "globo" y "llave" es un ejemplo de **aliteración**.

Joan Bransfield Graham

Pensamiento crítico

1. ¿Qué palabras de "El cerrojo del relámpago" muestran lenguaje figurado? **Lenguaje figurado**

2. ¿De qué manera se relaciona la forma de estos poemas con el tema que tratan? **Analizar**

3. ¿En qué se parece o diferencia la forma en que se presenta la información en *"El cerrojo del relámpago"* a la información de *Guillermo González Camarena: Habitante del futuro*? **Leer/Escribir para comparar textos**

 Busca información sobre poemas concretos en **www.macmillanmh.com**

Conexión: Lectura y escritura

Lee el siguiente pasaje. Observa cómo el autor, Jaime Muñoz Vargas, describe cómo el personaje se preocupaba por alcanzar sus inventos.

Fragmento de
Guillermo González Camarena: Habitante del futuro

El autor muestra cómo el personaje se preocupa por buscar materiales y fabricar cosas, hasta lograr su primer transmisor.

Mientras estudiaba la primaria, Guillermo se daba tiempo en las tardes o los fines de semana para encerrarse en su laboratorio casero. Todavía no llegaba a los diez años cuando su entretenimiento favorito ya era fabricar juguetes movidos por energía eléctrica; esto lo supe un poco después. Sus domingos —el dinero que le daban ese día sus abuelos y padres—, los invertía totalmente en comprar artículos nuevos o de desecho, que después le servirían para armar sus primeras invenciones. Fue un niño de una precocidad asombrosa.

En 1929, a los doce años, realizó una proeza del reciclaje creativo: construyó su primer transmisor de radioaficionado.

Lee y descubre

Lee el texto de Reema. ¿Cómo muestra el cambio y la evolución de Shaheed? Usa la lista del control de escritura como ayuda.

Pintar
Reema A.

Dibujar estaba bien, pero pintar le parecía raro a Shaheed. Al principio, no pintaba. Shaheed creía que no podría hacerlo. Luego, sin razón aparente, comenzó a pintar. Miró a su alrededor, vio un árbol verde y pintó una mancha de color. Decidió que eso era más que una mancha. Unas pocas pinceladas más y la pintura de Shaheed comenzaba a tener sentido. Podía expresarse sin hablar, usando formas y colores para hacerlo.

Lee sobre el arte de pintar.

Control de escritura

 ¿Muestra la autora cómo cambió la actitud de Shaheed con respecto a la pintura?

 ¿Usa la autora palabras que ayudan a saber cómo se siente Shaheed sobre pintar al pasar el tiempo?

 ¿Hace Shaheed algo al final que no hubieras esperado de él al comienzo?

Revisar

Problema y solución
Hacer generalizaciones
Idea principal y detalles
Raíces griegas y latinas
Fuente primaria

Lanza por el pez

—SILENCIO. ¡ESTA REUNIÓN ENTRA EN sesión! —gritó Alison al tiempo que golpeaba el escritorio con el puño. Rosa y Javier se miraron, mientras Alison hablaba.

—Debemos decidir lo que vamos a hacer para la feria de la escuela. Pienso en un juego, como ésos donde la gente arroja una pelota desde un metro de distancia. Y si la pelota entra en un bote, ganan un premio.

—¿Ganan un premio? ¿Qué premio? —preguntó Javier.

—Un pez de colores —dijo Alison con entusiasmo—. ¿No te parece buena idea ver a los pececitos en línea en vasos de agua? Podemos nombrar nuestro puesto "Lanza por el pez".

Javier se mordió los labios. Asintió con la cabeza, sabiendo que su opinión no contaba. No importaba lo que pensara, Alison siempre se salía con la suya. Era inevitable.

—Perfecto! —dijo Alison—. ¿Rosa? ¿Qué piensas tú? ¿No te parece una gran idea?

Rosa miró hacia abajo. Le ardía la cara. No se atrevía a decir nada por temor a enojar a Alison, pero no le gustaba nada la idea. Alison frunció el ceño.

—Bueno, creo que estás de acuerdo entonces. Bien, detesto pintar así que ustedes dos lo tienen que hacer. Deben construir el puesto y pintarlo de rosado. Las letras serán...

—Alison —interrumpió Rosa.

Alison hizo una pausa ante la tímida interrupción.

—¿Me interrumpes, Rosa? —dijo. Parecía enojada.

Cuando escuchó la voz de enojo de Alison, Rosa se sintió más intimidada que nunca. Pero pensaba en esos pobres peces atrapados en pequeños vasos, así que se animó.

—Creo que los peces no serían buenos premios —dijo.

—Bien, pero yo pienso que es una gran idea. Y Javier está de acuerdo.

—Javier no escuchó mi punto de vista —dijo Rosa respirando profundamente—. No es justo para los peces. Esos pequeños vasos no son saludables. Además, tener una mascota es una decisión importante. No se debe dar un animal como premio a nadie. La mayoría de la gente que gane el pez como premio no cuidará de él. Muchos de los peces morirán en pocas semanas y será nuestra culpa. No quiero ser responsable.

Alison estaba muda. No estaba acostumbrada a que la gente no estuviese de acuerdo con ella.

—Yo estoy de acuerdo con Rosa —dijo Javier con voz firme—. Podemos tener el juego, pero pensemos en otros premios. No debemos regalar nada vivo.

Alison estaba muy disgustada. Rosa sabía que tenía razón pero no quería insistir.

—Podemos regalar peces de peluche —sugirió Rosa—. Y podemos seguir usando el nombre que propones, Alison. "Lanza por el Pez" es un buen nombre.

—Lo es, ¿verdad? —sonrió Alison.

CUEVAS

MISTERIOS DEL MUNDO SUBTERRÁNEO

¿Buscas algo nuevo para explorar? ¡Entra a una cueva! Las cuevas son espacios naturales, como cuartos, que tienen aberturas por donde puedes entrar. A veces son tan profundas que la luz natural no llega. Hay unas 40,000 cuevas en Estados Unidos. Significa que hay una gran posibilidad de que encuentres una cerca de donde vives. Hay cuevas en cada estado, salvo Luisiana y Rhode Island.

Hay cuatro tipos básicos: **cuevas cársicas, cuevas marítimas, cuevas de lava y cuevas de glaciares**. Las cuevas cársicas y marítimas están formadas por agua. El constante flujo de agua disuelve y da forma a la roca. Con el tiempo, los caminos se hacen profundos y se crea la cueva. Las cuevas de lava están formadas por erupciones volcánicas. La capa externa de la lava se enfría y endurece. El centro permanece caliente y sigue fluyendo. Así se crea la cueva. Las cuevas de glaciares se forman cuando el agua que se derrite corre a través de un glaciar.

Muchas cuevas están protegidas por las leyes de los estados. De esta manera las personas respetan las cuevas mientras las exploran.

Las cuevas pueden ser lugares emocionantes para explorar, pero también pueden ser peligrosas. La regla número uno es nunca entrar a una cueva solo. Es mejor ir con un experto que conozca muy bien la cueva. Además, debes ir preparado. Recuerda que no hay luz natural en una cueva. Debes llevar linterna. La mayoría de los exploradores llevan cascos con luz. La luz te permite ver e inspeccionar las maravillas de la cueva. Te ayuda también en áreas donde necesitas tener más cuidado pues no tendrás que tener una linterna en la mano. Esto es importante pues tus manos estarán disponibles para ayudarte a mantener el equilibrio.

Elige cuidadosamente la ropa antes de entrar a una cueva. Unos zapatos cómodos te ayudarán a mantener el equilibrio en caminos empinados o resbalosos. La temperatura es más fría en las cuevas. Lleva ropa que puedas ponerte o quitarte con facilidad. Ropa interior de algodón y suéteres te ayudarán a mantenerte seco y conservar el calor.

Finalmente, debes estar seguro de no causar ningún daño. No te vayas solo ni te lleves objetos. Asegúrate de dejar la cueva tal como la encontraste. De esta forma, ¡otras personas podrán disfrutar los misterios del mundo subterráneo!

DIARIO DE VIAJE

Junio 20-21
Este fin de semana, mi familia y yo visitamos Mammoth Cave. ¡Mammoth Cave es la cueva más larga de Estados Unidos! Mide unas 169 millas de largo y está aquí en el estado donde vivo, Kentucky. Mi hermano y yo tomamos el paseo Trog y tuvimos que gatear y deslizarnos por partes realmente angostas de la cueva. ¡Nunca había visto nada como eso!

Junio 27-29
Mi familia y yo viajamos a Kentucky. Exploramos las cavernas Cumberland. Todo lo que puedo decir es ¡WOW! Aunque Cumberland es más corta que Mammoth, pienso que me gusta más. Tiene unas 23 millas de largo, pero fue muy difícil. Y fuimos a un paseo nocturno y llevamos sacos de dormir para pasar la noche en la cueva. En las cuevas hay unos sonidos raros por la noche. Mis padres dicen que quizá el año que viene exploraremos las cuevas de Dakota del Sur, donde viven mis abuelos. ¡Estoy ansioso por visitarlas!

Pensamiento crítico

**Ahora contesta las preguntas del 1 al 4. Basa
tus respuestas en la selección "Lanza por el pez".**

1. **¿A qué problema se enfrentaron Alison, Javier y Rosa?**

   A   Alison y Rosa piensan que Javier es autoritario.

   B   Tienen distintas ideas sobre lo que van a hacer en la feria
       de la escuela.

   C   Javier y Alison piensan que Rosa es autoritaria.

   D   Todos piensan lo mismo acerca de la feria de la escuela.

2. *Todos* **los personajes de la selección coinciden en que**

   A   el nombre "Lanza por el pez" es una mala idea.

   B   el premio no debería ser ningún pez.

   C   el nombre "Lanza por el pez" es una buena idea.

   D   el premio debería ser un pez vivo.

3. **Lee esta oración de "Lanza por el pez."**

> Deben <u>construir</u> el puesto y pintarlo de rosado.

   La raíz latina de la palabra <u>construir</u> significa

   A   forma

   B   pintura

   C   medida

   D   edificar

4. **¿Cómo resuelven el problema los personajes de
"Lanza por el pez"? Usa detalles e información de
la selección para fundamentar tu respuesta.**

Ahora contesta las preguntas del 1 al 4. Basa tus respuestas en la selección: "Cuevas: Misterios del mundo subterráneo".

1. Los detalles de la selección respaldan la idea principal de que

   A las cuevas son áreas hechas por el hombre bajo la tierra.
   B las cuevas son lugares peligrosos que nadie debería explorar.
   C las cuevas existen solamente en Rhode Island y Luisiana.
   D las cuevas son sitios naturales que son emocionantes para explorar.

2. *Tanto* las cuevas cársicas como las cuevas marinas son formadas por

   A agua.
   B glaciares que se derriten.
   C lava.
   D luz natural.

3. Lee la siguiente oración de "Cuevas: Misterios del mundo subterráneo".

   La luz te permite ver e inspeccionar las maravillas de la cueva.

   La palabra inspeccionar contiene la raíz latina "spec". ¿Qué significa "spec"?

   A mirar
   B usar
   C permitir
   D mantener

4. Mira el "Diario de Viaje". ¿Por qué es este diario un ejemplo de fuente primaria?

   A Es un relato de algo en tercera persona.
   B Incluye fechas.
   C Es un relato de algo en primera persona.
   D Está escrito a mano.

A escribir

SUGERENCIA Describe el equipo necesario y los pasos que debes seguir para explorar una cueva. Usa detalles para fundamentar tu respuesta. Escribe durante 15 minutos. Escribe tanto como puedas, lo mejor que puedas.

Glosario

¿Qué es un glosario?

Un glosario te ayuda a entender el **significado** de las palabras. Las palabras aparecen en **orden alfabético.** Las **palabras guías** están en la parte superior de la página, y son la primera y la última palabra de esa página. Cada **entrada,** o palabra, está **dividida en sílabas.** Luego aparece la **parte de la oración**; por ejemplo, aparece la abreviatura *s.f.* si es un sustantivo femenino. En la página siguiente están las abreviaturas que se usan en este glosario. Algunas palabras tienen más de una **definición,** o significado.

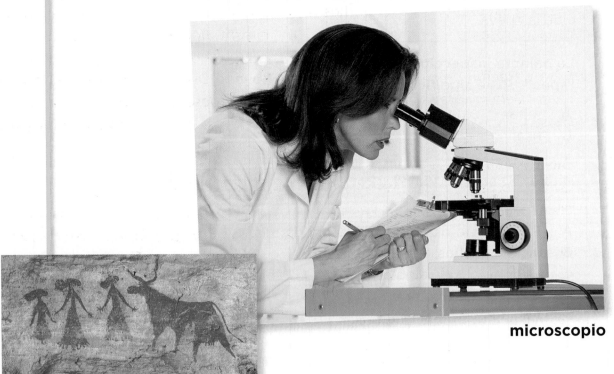

microscopio

prehistórico

Palabras guía

Primera palabra de la página   **Última palabra de la página**

Ejemplo de entrada

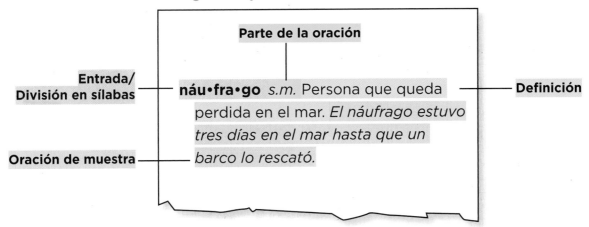

Parte de la oración

**Entrada/
División en sílabas**

ná·u·fra·go *s.m.* Persona que queda perdida en el mar. *El náufrago estuvo tres días en el mar hasta que un barco lo rescató.*

Definición

Oración de muestra

Aa

a es·con·di·das *adv.* Ocultamente, en secreto. ***A escondidas***, organizamos la fiesta sorpresa de mi abuela.

a·cep·tar *v.* Recibir uno lo que le dan u ofrecen. *Debí **aceptar** el regalo de mi tía Rosa.*

a·co·mo·dar *v.* Ordenar, ajustar; poner en sitio cómodo. *Samanta debió **acomodar** el televisor para que entrara en su habitación.*

ac·ti·vis·ta *m. y f.* Una persona que cree en y que apoya una causa de manera activa. *El Dr. Martin Luther King, Jr., fue un **activista** por la justicia social.*

ac·ti·vo *adj.* Animado, ocupado. *Carlos siempre está **activo**, casi nunca permanece sentado.*

a·dies·tra·mien·to *m.* Acción de enseñar, instruir. *Mi perro Tomás tuvo un estricto **adiestramiento**.*

a·dor·nar *v.* Embellecer con adornos. *En Navidad, todos queremos **adornar** nuestro hogar.*

a·flo·jar *v.* Disminuir la presión o tirantez. *Simón deseaba que la ceremonia terminara pronto para poder **aflojar** su corbata.*

á·gil *adj.* Capaz de moverse y de reaccionar rápida y fácilmente. *Lionel Messi es un jugador de fútbol muy **ágil**.*

Abreviaturas usadas en este glosario:

adj.	adjetivo
adv.	adverbio
f.	sustantivo femenino
fr.	frase
m.	sustantivo masculino
m.y f.	sustantivo masculino y femenino
n.p.	nombre propio
v.	verbo
s.	sustantivo masculino o femenino

a·le·ga·to *m.* Escrito o discurso en el que un abogado expone las razones para condenar o declarar inocente a un acusado. Razonamiento, exposición. *El abogado pronunció el **alegato** frente al tribunal.*

am·bien·te *m.* Los alrededores que forman un área, como el aire, la tierra y el agua. *El organismo de los osos polares está adaptado para vivir en un **ambiente** frío.*

am·pliar *v.* **1.** Extender, dilatar. *El jefe decidió **ampliar** los poderes de uno de sus empleados.* **2.** Agrandar una fotografía. *Tuve que **ampliar** la foto porque era muy pequeña y la imagen no se veía bien.*

an·te·pa·sa·do *m.* Una persona que vivió en el pasado y de la cual provenimos. *Tus bisabuelos forman parte de tus **antepasados**.*

a·per·tu·ra *f.* Acto de dar principio. *Todos concurrimos a la **apertura** del nuevo club.*

ar·mo·ní·a *f.* Proporción y correspondencia de las partes de un todo. *Me gusta observar la **armonía** de los colores en los paisajes.*

a·som·bro *m.* Gran sorpresa o maravilla. *Para **asombro** de la audiencia, los niños tocaron perfectamente una pieza musical.*

as·tro·nau·ta *m. y f.* Piloto interplanetario. *El **astronauta** se prepara para viajar a la Luna.*

as·tró·no·mo/ma *m. y f.* Aquél que estudia la posición, el movimiento y la constitución de los cuerpos celestes. *Mi tío es **astrónomo** y pasa la mayor parte del tiempo estudiando el Universo.*

a·tra·pa·do *adj.* Agarrado cuando se va de prisa o intenta huir. *Fui **atrapado** por la policía.*

a·van·za·do *adj.* Por encima del nivel inicial; no básico. *Como cantante, Paula tenía un nivel muy **avanzado** para su edad.*

Bb

boi·cot *m.* Protesta en la que las personas se niegan a comprar a o a trabajar para una persona, una nación o un negocio. *La comunidad planea llevar a cabo un **boicot** contra todos los negocios injustos.*

Historia de la palabra

Boicot proviene de Charles Boycott, quien fue rechazado por los granjeros irlandeses debido a sus acciones severas contra ellos.

bo·quia·bier·to *adj.* Que mira embobado alguna cosa; sorprendido. *Me quedé* **boquiabierto** *cuando vi a María ganar la carrera.*

bri·llar *v.* Resplandecer con una luz reflejada. *Me gusta ver* **brillar** *la nieve en los árboles cuando el sol refleja sus rayos sobre ella.*

bro·tar *v.* **1.** Salir la planta de la tierra. *Es hermoso ver* **brotar** *el trigo en el campo.* **2.** Manar el agua de los manantiales o las lágrimas de los ojos. *Cuando se emociona,* **brotan** *lágrimas de sus ojos.*

bur·lar·se *v.* Ridiculizar a personas o cosas. *Mis compañeros de clase intentaron* **burlarse** *de mi cabello, pero no lo permití.*

bus·ca·do·res de o·ro *m. pl.* Personas que se dedican a buscar oro. *Los* **buscadores de oro** *trabajan duro en las minas.*

Cc

cal·cu·lar *v.* Realizar una aproximación analizando números o cantidades. *Mi madre tiene que* **calcular** *la cantidad de cereal que comemos durante la semana.*

cam·pa·men·to *m.* Terreno abierto donde se instalan viajeros, exploradores, etc. *Mi familia y yo iremos de* **campamento** *este verano.*

ca·sua·li·dad *f.* Suceso imprevisto. *Me encontré con una amiga en el parque por* **casualidad**.

ce·re·mo·nia *f.* Acto solemne en honor de una divinidad, de una persona, de un hecho, etc. *La ceremonia de casamiento se llevó a cabo en una pequeña iglesia.*

char·cos *m. pl.* Aguas detenidas en un hoyo del suelo. *Cuando llueve, me gusta jugar en los* **charcos** *de la vereda.*

chi·flar *v.* Silbar. *Tuve que* **chiflar** *para llamar la atención de mi perro.*

cir·cu·lar *adj.* Tener la forma de o formar un círculo. *El árbitro hizo un movimiento* **circular** *con el brazo mientras soplaba el silbato.*

ciu·da·da·no/na *m. y f.* Una persona que nació en un país o que elige vivir en o transformarse en un miembro de ese país. *Francisco es **ciudadano** italiano pero vive en Estados Unidos.*

ci·vi·li·za·ción *f.* Pueblo evolucionado que posee, por ejemplo, su propio idioma, artes, arquitectura, costumbres, etc. *Las **civilizaciones** griega y romana se encuentran entre las más desarrolladas del mundo.*

clien·tes/tas *m. y f. pl.* Respecto de un comerciante, aquellas personas que compran en su establecimiento. *El negocio se llenó de **clientes**.*

cli·ma *m.* Las condiciones climáticas promedio en el año, de un lugar o de una región. *Los desiertos tienen un clima **caluroso** y seco.*

co·lo·nia *f.* Un grupo de animales y de plantas de la misma clase que viven juntos. *Encontré una colonia de **hormigas** en el patio de mi casa.*

com·ple·tar *v.* Hacer, terminar. *Tuve que **completar** mi tarea escolar antes de poder ver la película.*

co·mu·ni·ca·ción *f.* Un intercambio de sentimientos, pensamientos o información. *Algunas formas de **comunicación** no requieren de discursos.*

co·mu·ni·dad *f.* Un grupo de personas que viven juntas en el mismo lugar o que comparten un interés. *Nuestra **comunidad** organizó una cena y cada uno llevó lo que tenía.*

con·ce·bir *v.* Formar, pensar una idea. *Tuvimos que **concebir** el plan después de que todos aportaron sus ideas.*

con·fia·do *adj.* Crédulo, imprevisor. *Mi tío Ricardo era extremadamente **confiado**.*

con·mo·ción *f.* Un disturbio ruidoso; confusión. *Corrimos por el pasillo para ver qué era lo que causaba semejante **conmoción**.*

co·no·ci·do *adj.* Distinguido, que muchos saben sobre él. *Mi tío es un médico muy **conocido**.*

cons·tric·to·ra *adj.* Relativo a las serpientes; que produce opresión, que aprieta muy fuerte. *La boa **constrictora** se alimenta de pequeños mamíferos.*

con·ta·gio *m.* Transmisión de una enfermedad por contacto mediato o inmediato. *El **contagio** de la gripe fue muy rápido.*

con·ta·mi·nar *v.* Ensuciar, manchar. *Los gases de los automóviles **contaminan** el aire.*

co·rre·te·ar *v.* Correr jugando. *A mi gata Lisa le gusta **corretear** por los pasillos de mi casa.*

cos·tum·bre *f.* Hábito que se adquiere por repetir actos de la misma naturaleza. *Mi hermana Rosario y yo tenemos la* **costumbre** *de desayunar en la habitación.*

cu·rar·se *v.* Sanarse. *Pablo intentó* **curarse** *las heridas.*

Dd

de gol·pe *adv.* Prontamente, repentinamente. ***De golpe****, vi a mi hermana caerse de la bicicleta.*

dé·ca·da *f.* Período de diez años. *Nuestra familia ha vivido en la misma ciudad durante casi una* **década**.

Historia de la palabra

Década proviene del griego *deka*, que significa diez.

de·fi·ni·ción *f.* Una explicación de lo que significa una palabra o una frase. *Nuestro maestro, el Sr. Mitchell, nos preguntó cuál era la* **definición** *de "gustar".*

de·jar de la·do *v.* Abandonar una cosa. *Debí* **dejar de lado** *mis planes de pasear en bicicleta porque tuve que hacer la tarea.*

de·mos·trar *v.* Mostrar a través de acciones o experimentos. *El artista suele* **demostrar** *gran destreza con el piano y con la batería.*

de·rrum·bar *v.* Hundirse, desmoronarse. *Ayer se* **derrumbó** *el antiguo edificio.*

de·sa·fí·o *m.* Aquello que involucra trabajo, esfuerzo y el uso de los talentos. *Para Gabriel, el* **desafío** *más grande es aprobar Matemáticas.*

de·sa·pa·re·ci·do *adj.* Que deja de aparecer o verse. *El gato está* **desaparecido**. *Nadie puede encontrarlo.*

des·cui·dar *v.* No dar la atención o el cuidado adecuados. *José* **descuidó** *su bicicleta y se le oxidó casi por completo.*

des·de·ño·sa·men·te *adv.* Manera en que algo o alguien es menospreciado y considerado malo o sin valor. *Los críticos hablaron* **desdeñosamente** *acerca de la obra del artista.*

de·ses·pe·ra·do *adj.* Muy mal o sin esperanzas. *Necesitaba dinero, pero no estaba* **desesperado** *por obtenerlo.*

de·si·lu·sión *f.* Sentimiento de decepción; pérdida de las ilusiones. *Haber perdido el partido fue una* **desilusión**.

des·per·di·cio *m.* Residuo inutilizable de una cosa. *Después de comer, tiramos* **desperdicios** *a la basura.*

des·pla·zar *v.* Trasladar una persona o cosa de un lugar a otro. *La multitud se* **desplazó** *hacia la plaza central..*

des·ple·gar *v.* Desdoblar lo que estaba plegado. *María decidió* **desplegar** *el mapa sobre la mesa.*

des·truir *v.* Arruinar, deshacer, romper. *Pablo decidió* **destruir** *la evidencia que lo comprometía.*

di·se·ñar *v.* Realizar un plan, un dibujo o un esquema de algo. *Penélope* **diseñó** *el vestido de su hermana.*

di·ver·si·dad *f.* Variedad; abundancia de cosas distintas. *En el lugar donde trabajo, hay* **diversidad** *de ocupaciones.*

di·vi·sar *v.* Percibir alguna cosa. *Pude* **divisar** *el barco que se aproximaba a la bahía.*

do·tes *m. pl.* Cualidades relevantes de una persona. *Sandra tiene* **dotes** *para el canto.*

Ee

e·co·lo·ca·ción *f.* Una manera de saber dónde se encuentran los objetos por medio de los sonidos y de la interpretación de sus ecos. *Los murciélagos dependen de la* **ecolocación** *para cazar insectos.*

e·co·lo·gí·a *f.* Estudio de las relaciones entre los organismos y el medio en que viven. *Debo estudiar para el examen de* **Ecología**.

e·co·sis·te·ma *m.* Unidad funcional de base de la ciencia ecológica que comprende los organismos vivos y su entorno y las interacciones de los seres vivos y el medio. *El* **ecosistema** *de la Antártida está en peligro.*

e·go·ís·ta *adj.* Pensar sólo en uno mismo, priorizar los propios intereses y deseos y no los de los demás. *Me apetecía una segunda porción de torta, pero no quería ser* **egoísta**.

e·mi·tir *v.* Dar, manifestar, expresar. *Los animales deben* **emitir** *sonidos para comunicarse entre sí.*

em·pren·de·dor *adj.* Que demuestra energía e iniciativa; deseoso de hacer cosas y con tendencia a arriesgarse. *Pedro, un joven* **emprendedor**, *se postuló para ser presidente de la clase y ganó.*

em·pren·di·mien·to *m.* Desarrollo de un proyecto con un fin político, económico o social. *María y Juan planean llevar a cabo juntos un* **emprendimiento**.

e·no·ja·do *adj.* Molesto o afectado. *Kevin parecía* **enojado** *al saber que su hermanita jugaría con nosotros.*

e·nor·me *adj.* Desmedido, excesivo. *El baobab es un árbol africano de **enormes** dimensiones.*

en·tu·sias·mar·se *v.* Tener un sentimiento de gran interés o admiración hacia alguien o algo. *Siempre veo a Rita **entusiasmarse** por sus buenas calificaciones.*

e·pi·de·mia *f.* Brote de una enfermedad que causa que muchas personas estén enfermas al mismo tiempo. *La **epidemia** de viruela, en el siglo VIII, produjo la muerte de muchísimas personas.*

Historia de la palabra

Epidemia proviene del griego epidemia, que significa "entre las personas".

e·ro·sión *f.* Un desgaste, lavado o corrosión del suelo. *Los habitantes del pueblo plantaron árboles a lo largo de la orilla del río para ayudar a detener la **erosión**.*

es·pe·cia·li·dad *f.* Una cosa especial, algo que una persona conoce demasiado o que puede hacer muy bien. *Hacer acolchados es la **especialidad** de mi tía María.*

es·pe·cia·lis·ta *adj.* Que se dedica a una especialidad. *Consulté mi enfermedad con un médico **especialista**.*

es·pe·ran·za *f.* Confianza que se tiene de recibir una cosa. *Tengo la **esperanza** de ganar las olimpíadas.*

es·ti·ra·da 1. *f.* Acción que realiza un guardameta de fútbol para detener el balón. *El jugador realizó una **estirada**.* **2.** *Adj.* Persona vanidosa o engreída. *La dama que caminaba por la calle era muy **estirada**.*

es·tre·me·cer·se *v.* Conmoverse; temblar repentinamente. *Vi a mi padre **estremecerse** ante un niño desnutrido.*

e·va·po·rar *v.* Cambiar de líquido o sólido a gas. *El calor hace **evaporar** el agua.*

Historia de la palabra

Evaporar proviene del latín evaporare, "dispersar en vapor", de ex, "afuera" y de vapor, "exhalación".

e·vi·tar *v.* Impedir un daño. *Mamá quiso **evitar** que el jarrón se cayera al piso, pero no lo logró.*

e·xas·pe·ra·do *adj.* Muy disgustado; enojado. *Mi papá estaba tan **exasperado** por el mal comportamiento de mi hermano que no lo dejó salir a jugar.*

ex·cur·sión *f.* Salida a algún lugar con el objeto de distraerse, estudiar o realizar ejercicio físico. *Con mis compañeros de clase realizamos algunas **excursiones** por la ciudad.*

ex·pe·ri·men·to *m.* Prueba práctica de una cosa. *Los científicos realizan **experimentos** para encontrar un medicamento que cure la diabetes.*

ex·po·si·ción *f.* La condición de ser presentado para ser visto. *Fui a ver una **exposición** de arte moderno con mis padres.*

Ff

fac·cio·nes *f.* Rasgos del rostro humano. *Mi hermano y mi padre tienen las mismas **facciones.***

fau·na *f.* Conjunto de los animales que viven en una región determinada. *Los marsupiales caracterizan la **fauna** australiana.*

fe·rro·ca·rril *m.* Camino formado por dos carriles paralelos por los que rueda un tren. *En mi pueblo, están construyendo un **ferrocarril**.*

fi·lán·tro·po/pa *m. y f.* El que profesa amor por sus semejantes y procura mejorar su suerte. *El **filántropo** realizó una importante contribución para refaccionar el hospital.*

flo·ra *f.* Conjunto de plantas que crecen en una región. *La **flora** polar es muy pobre.*

fo·gón *m.* Lugar en las cocinas para hacer fuego y guisar. *Puse la olla en el **fogón**.*

fo·lla·je *m.* Conjunto de ramas y hojas de los árboles. *El **follaje** del bosque impide el paso de la luz.*

fon·do *m.* Parte sobre la cual se destacan los objetos de un cuadro, de un paisaje. *El **fondo** del cuadro combina con los colores de las imágenes.*

frá·gil *adj.* Fácil de romper; delicado. *Mi barco de escarbadientes es demasiado **frágil** para ponerlo a flote.*

fra·se *f.* Grupo de palabras que expresan un único pensamiento, pero que no contiene un sujeto y un predicado. *Cuando revisé mi informe, cambié una* **frase** *por una oración completa.*

fron·do·so *adj.* Con abundantes hojas. *Árboles frondosos cubren el parque.*

fron·te·ra *f.* El límite entre un país, un estado, un condado o un pueblo y otro país, otro estado, otro condado u otro pueblo. *Un río fluye a lo largo de la* **frontera** *entre los dos estados.*

Gg

gra·dual *adj.* Que sucede de a poco. *La caída* **gradual** *de gotas de agua produjo la formación de un charco.*

guar·dián *m.* Una persona o una cosa que guarda y controla. *A veces, mi hermano mayor actúa como si fuera mi* **guardián**.

Hh

ham·brien·to *adj.* Que tiene hambre. *Al llegar el mediodía, estoy muy* **hambriento**.

his·to·ria·dor/do·ra *m. y f.* Persona *que* estudia acerca de la historia. *Catalina se reúne semanalmente con un grupo de historiadores de la Guerra Civil.*

huel·ga *f.* Abandono voluntario del trabajo para protestar contra algo. *Los trabajadores amenazaron con realizar* **huelgas** *si las condiciones de trabajo no mejoraban.*

hú·me·do *adj.* Cargado de líquido o de vapor. *Tomé un paño* **húmedo** *para limpiar el jarrón.*

hu·mo *m.* Mezcla de gases, de vapor de agua y de partículas más o menos tenues, que se desprende de los cuerpos en combustión. *El* **humo** *del incendio se esparcía por toda la ciudad.*

Ii

i·den·ti·fi·car *v.* Demostrar que alguien o algo es una persona o cosa determinada. *Se tomaron huellas dactilares en el reloj de oro para* **identificar** *al ladrón.*

i·ma·gen *f.* Representación de algunas cosas en pintura, escultura, dibujo, fotografía, etc. *Las* **imágenes** *de los santos invadían la capilla.*

im·pre·sio·nan·te *adj.* Que causa gran sorpresa o maravilla. *Los niños jugaron un partido* **impresionante**.

in·cen·ti·var *v.* Alentar o estimular a una persona o actividad. *El entrenador debe* **incentivar** *a los jugadores para dar lo mejor de sí.*

in·com·pe·ten·te *adj.* Que no tiene los conocimientos necesarios para decidir o hablar de una cosa. *El crítico de arte era* **incompetente**.

in·cons·ti·tu·cio·nal *adj.* Contrario a la Constitución. *La medida adoptada es* **inconstitucional**.

in·jus·ti·cia *f.* Falta de justicia. *Los trabajadores sintieron que era una* **injusticia** *no poder votar para solucionar el problema.*

in·jus·to *adj.* No justo. *Culparnos a todos nosotros por las acciones de mi hermanita parecía* **injusto**.

in·mi·gra·ción *f.* Relativo a las personas que se trasladan de un lugar a otro para lograr mejores condiciones de vida. *La* **inmigración** *de trabajadores es cada vez mayor.*

in·sec·ti·ci·da *f.* Sustancia empleada para matar insectos. *El* **insecticida** *puede ser líquido o en polvo.*

ins·pi·rar *v.* **1.** Hacer penetrar el aire en el pecho por la inspiración. *Siempre debo* **inspirar** *antes de sumergirme en el agua.* **2.** Estimular la mente, los sentimientos o la imaginación. *La naturaleza puede* **inspirar** *a algunas personas a escribir poesía.*

in·sul·to *m.* Un comentario o una acción que hiere los sentimientos o el orgullo de una persona. *Sería un* **insulto** *no invitar a Marta a la fiesta.*

in·te·li·gen·te *adj.* Capaz de entender y pensar especialmente bien. *Se necesitaba una persona* **inteligente** *para resolver el complicado misterio.*

in·ter·ac·tuar *v.* Actuar conjuntamente o con otras personas. *Mi maestra* **interactúa** *con la clase diariamente.*

in·ter·fe·rir *v.* Involucrarse en los asuntos de otros cuando no se nos pide hacerlo; entrometerse. *Mi madre detesta* **interferir** *pero, por lo general, me da buenos consejos.*

in·ter·mi·na·ble *adj.* Sin límite o terminación. *La fila de personas para ver el espectáculo parecía* **interminable**.

in·ter·va·lo *m.* Espacio o tiempo entre dos cosas. *Hay un* **intervalo** *de 50 millas entre las paradas del autobús.*

in·ves·ti·gar *v.* Observar algo cuidadosamente para reunir información. *Todas las mañanas, mi padre suele* **investigar** *el jardín en busca de hormigas.*

Historia de la palabra

Investigar proviene del latín *investigare*, que significa rastrear.

Jj

ju·bi·la·do *adj.* Relevado de un cargo o empleo otorgándole una pensión. *Mi abuelo está **jubilado** desde los sesenta y cinco años.*

Ll

la·bo·ra·to·rio *m.* Local dispuesto para hacer investigaciones científicas. *Quemaron el **laboratorio** para destruir las evidencias.*

le·gen·da·rio *adj.* Relacionado con una leyenda o con una historia que se ha divulgado durante muchos años y que está basada en hechos reales. *Los esfuerzos de Johnny Appleseed para esparcir el manzano se han convertido en algo **legendario**.*

le·ja·no *adj.* Que está lejos. *El pueblo donde vivo se encuentra en un lugar muy **lejano**.*

li·mi·ta·ción *f.* Fijación, restricción. *Para hacer el trabajo, no hay **limitaciones** de tiempo ni de temas.*

ló·gi·co *adj.* Sensato; la acción o el resultado esperado. *Cuando llueve, hago lo que es **lógico**: guardo mi bicicleta en el garaje.*

lo·grar *v.* Haber hecho o llevado a cabo algo de forma exitosa. *Patricia estudió mucho y pudo **lograr** la calificación deseada.*

Mm

ma·len·ten·der *v.* Entender a alguien incorrectamente; obtener una idea errónea. *Debí **malentender** las directivas que nos dio la maestra porque hice la tarea de la página incorrecta.*

mal·hu·mo·ra·do *adj.* De mal humor, disgustado. *Mi primo Agustín estuvo todo el día **malhumorado** porque perdió su equipo de fútbol favorito.*

ma·ra·ña *f.* Masas anudadas, enredadas, confusas. *La enredadera del muro formaba una **maraña** imposible de penetrar.*

men·tir *v.* Afirmar lo que se sabe que es falso. *No se debe **mentir** nunca.*

me·ro·de·ar *v.* Vagar, viviendo de lo que se encuentra o roba. *Los perros callejeros suelen **merodear** en busca de alimento.*

mi·cros·co·pio *m.* Instrumento óptico que sirve para aumentar considerablemente la imagen de los objetos muy diminutos. *El científico utiliza un* **microscopio** *para observar a los microorganismos.*

mis·te·rio·so *adj.* Muy difícil o imposible de comprender; lleno de misterio. *El hecho de que faltaran las galletitas era* **misterioso**.

mo·jar·se *v.* Humedecerse con un líquido. *A mi papá se le cayó la botella con agua y no pudo evitar* **mojarse** *toda la camisa.*

mu·dan·za *f.* Cambio de domicilio. *La* **mudanza** *a la nueva casa tardó dos días.*

mu·dar·se *v.* Cambiar de sitio. *Mi tío tuvo que* **mudarse** *a Canadá por motivos de trabajo.*

Nn

na·tu·ral *adj.* **1.** Sin modificar por las personas. *Caminamos a través de un paisaje* **natural** *de bosques, arroyos y praderas.* **2.** Esperado o normal. *El hogar* **natural** *del delfín es el océano.*

ne·ga·ti·vo *m.* Relativo a la fotografía, pruebas fotográficas en las que lo que está en blanco del modelo sale en negro, y viceversa. *Llevé a revelar los* **negativos** *a la casa fotográfica.*

ne·go·ciar *v.* Comerciar; tratar un asunto. *Traté de* **negociar** *la compra del auto.*

no vio·len·cia *f.* La filosofía o la práctica de oponerse al uso de toda fuerza o violencia física. *La Madre Teresa de Calcuta apoyaba la* **no violencia**.

nu·di·llos *m. pl.* Junturas de los dedos. *Golpeé la puerta con los* **nudillos**.

nu·me·ro·so *adj.* Que forma una gran cantidad; mucho. *El* **numeroso** *grupo de escaladores de montañas tuvo que enfrentar muchas dificultades.*

nu·trien·te *m.* Sustancia que necesitan los cuerpos de las personas, animales o plantas para vivir y crecer. *A veces, nos enfermamos porque no ingerimos los* **nutrientes** *adecuados.*

Oo

ol·fa·te·ar *v.* Oler con persistencia. *Mi perro, Tomy, siempre quiere* **olfatear** *la comida.*

o·por·tu·ni·dad *f.* Buena posibilidad o momento favorable. *La escuela ofrece a los alumnos muchas* **oportunidades** *para hacer deportes.*

Pp

pa·cí·fi·co *adj.* **1.** Amante de la paz. *Pedro es un hombre* **pacífico**. **2.** Que tiende a la paz. *Sofía tiene un carácter* **pacífico**. **3.** Que transcurre en la paz. *Este lugar es muy* **pacífico**.

pai·sa·je *m.* Extensión de terreno que forma un conjunto artístico. *Observé boquiabierto el* **paisaje** *que ofrecía el glaciar Perito Moreno.*

pal·par *v.* Tocar una cosa con las manos. *Debí* **palpar** *la mesa en la oscuridad para encontrar mis lentes.*

pa·ra·li·za·do *adj.* **1.** Perder el movimiento o la sensibilidad en una parte del cuerpo. *Después del accidente quedó con medio cuerpo* **paralizado**. **2.** Impotente o indefenso. *Francisco quedó* **paralizado** *a causa del miedo.*

pe·ca·rí *m.* Especie de cerdo de América. *La carne del* **pecarí** *es muy delicada.*

pe·cu·liar *adj.* Extraño; inusual. *Tenía la sensación* **peculiar** *de que me estaban observando.*

per·se·ve·ran·cia *f.* La habilidad de seguir intentando a pesar de las dificultades o de los obstáculos. *Para llevar adelante un negocio, una persona debe tener mucha* **perseverancia**.

pe·ti·cio·nar *v.* Hacer un pedido formal. *Los ciudadanos tienen el derecho de* **peticionar** *ante las autoridades.*

pla·cas *f.* Partes enormes de la corteza terrestre sobre las que se apoyan los continentes y los océanos. *Las* **placas** *de la Tierra se mueven muy lentamente.*

po·lí·ti·co *adj.* Relativo a la política. *Mi hermano lee periódicos* **políticos**.

pre·cio·so *adj.* Que tiene gran valor. *El abuelo de Enrique heredó de su padre un reloj* **precioso**.

pre·his·tó·ri·co *adj.* Perteneciente a un tiempo anterior al que la gente comenzó a registrar la historia. *Los exploradores encontraron un dibujo* **prehistórico** *en un muro de una cueva.*

pro·cla·mar *v.* Anunciar públicamente. *El director decidió* **proclamar** *el 20 de mayo como el día de nuestros viajes de clase.*

pro·hi·bi·do *adj.* No permitido. *Está* **prohibido** *pisar el césped.*

pro·lon·ga·do *adj.* Largo, dilatado. *Se hizo un silencio* **prolongado** *en la sala.*

pro·tes·tar *v.* Quejarse de algo. *Cuando los trabajadores perdieron sus trabajos en la fábrica, debieron* **protestar.**

Rr

ra·dio·di·fu·sión *f.* Emisión radiotelefónica destinada al público. *Emitieron la noticia a través de* **radiodifusión.**

ra·mo *m.* Manojo de flores. *A mi abuela le regalaron muchos* **ramos** *de flores para su cumpleaños.*

ra·zo·na·ble *adj.* **1.** Bastante en calidad o en cantidad. *María tiene una fortuna* **razonable.** **2.** Conforme a razón. *Javier me hizo una propuesta* **razonable.**

re·a·lis·ta *adj.* Ver las cosas como son; práctico. *Sueño con ser una estrella de rock famoso, pero también debo ser* **realista** *y seguir estudiando.*

re·co·rri·do *m.* Espacio transitado. *Los camiones deben seguir un* **recorrido** *especial.*

re·fe·ren·cia *f.* Una afirmación que llama o dirige la atención hacia algo. *El discurso hace* **referencia** *a una obra de teatro escrita por William Shakespeare.*

re·pe·ti·ción *f.* Acción de reproducir varias veces la misma idea o la misma palabra. *Pablo no aprobó el examen de Lengua debido a la* **repetición** *de la misma palabra en el ensayo.*

res·ca·ta·do·res *s.* Personas que salvan o liberan a alguien o a algo. *Los* **rescatadores** *trabajaron durante toda la noche para liberar a los gatitos atrapados.*

res·pon·sa·bi·li·dad *f.* La cualidad o condición de ser formal y cumplidor con sus obligaciones. *Cuidar al perro era mi* **responsabilidad.**

res·tau·rar *v.* Restablecer, arreglar, reparar. *La compañía tuvo que* **restaurar** *la fachada del edificio después de la tormenta.*

res·tos *m.* Los pedazos esparcidos de algo, basura. *El perro callejero rompió la bolsa de basura y dejó* **restos** *de comida por toda la calle.*

re·ta·zo *m.* Pedazo de una tela. *Mi abuela me hizo una pollera con* **retazos** *de tela.*

re·vol·ti·jo *m.* Una mezcla o condición confusa; desorden. *Mi habitación es un* **revoltijo** *de juguetes y libros.*

ries·go *m.* Peligro, proximidad de un daño. *Corrí el* **riesgo** *de caerme del caballo mientras galopaba.*

ron·car *v.* **1.** Hacer ruido con la respiración cuando se duerme. *Mi tío Juan no para de* **roncar** *por las noches.* **2.** El ruido fuerte que producen ciertas cosas como el mar, el viento y algunos animales. *Había tanto viento, que el mar* **roncaba** *sin parar.*

ro·zar *v.* Pasar una cosa tocando ligeramente otra. *La aeronave estuvo a punto de* **rozar** *los edificios pero, afortunadamente, remontó vuelo y se alejó de ellos.*

ru·mo·ro·so *adj.* Que causa rumor o ruido. *Oíamos el sonido* **rumoroso** *del agua.*

ru·ral *adj.* Relativo al campo. *Me gusta la vida* **rural** *y escuchar el canto de los pájaros.*

Ru·ta de la se·da *f.* Se refiere a una red de rutas comerciales entre Asia y Europa que, en el pasado, se usaba para intercambiar productos valiosos, como piedras preciosas, metales y seda. *Marco Polo fue uno de los primeros en transitar la* **Ruta de la seda.**

Ss

sec·tor *m.* Un espacio, una región o un área en particular. *Mi familia vive en un* **sector** *de las afueras de Los Ángeles.*

se·da *f.* **1.** Líquido viscoso segregado en forma de hilo fino y brillante por ciertas glándulas de algunos artrópodos, como las orugas y algunas arañas. **2.** Tela hecha con la seda producida por el gusano de seda. *Me compré un vestido de* **seda** *rosa.*

se·gre·ga·ción *f.* La práctica de separar un grupo de razas de otro. *El movimiento de Derechos Civiles luchó contra la* **segregación**.

se·gu·ro *adj.* Libre de todo daño o riesgo. *El parque era* **seguro** *para jugar al fútbol.*

843

se·lec·cio·nar *v.* Escoger entre muchas cosas; elegir. *Estuve mucho tiempo para **seleccionar** el regalo correcto.*

sie·rra *f.* Conjunto de montañas de poca altura que forman una cadena. *Me gusta observar las **sierras** al amanecer.*

si·mi·lar *adj.* Tener muchas cualidades parecidas, pero no todas. *Ricardo y su hermano Martín tienen un corte de pelo **similar**.*

sin·di·ca·to *m.* Agrupación formada para la defensa de intereses económicos comunes. *El **sindicato** de maestros planea reunirse el próximo lunes.*

sis·mó·gra·fo *m.* Aparato que sirve para registrar los movimientos sísmicos. *Los investigadores utilizan el **sismógrafo** para medir la intensidad de los sismos.*

so·li·ta·rio *adj.* Que vive solo o es aficionado a la soledad. *El lobo es un animal **solitario**.*

so·por·tar *v.* **1.** Llevar sobre sí una carga o peso. *La columna debe **soportar** el peso del techo.* **2.** Sufrir una cosa. *Hay que **soportar** las penas de la vida.*

sul·tán *m.* El rey o el gobernante en determinados países musulmanes. *El **sultán** convocó una reunión con el pueblo.*

su·mer·gir *v.* Meter debajo del agua. *Tengo que **sumergir** la ropa delicada en agua fría.*

su·pe·rar *v.* Exceder, aventajar, ser mayor. *Esta cantidad debe **superar** a la otra.*

Tt

tam·ba·le·ar·se *v.* Menearse una cosa como si no estuviera en equilibrio. *Vi **tambalearse** el puente a causa de los fuertes vientos.*

ta·ra·re·ar *v.* Canturrear entre dientes. *La niña intentó **tararear** la canción.*

téc·ni·ca *f.* Un método o una manera de obtener un resultado deseado en una ciencia, un arte, un deporte o una profesión. *La **técnica** utilizada por el artista impresionó a todos los presentes.*

Historia de la palabra

Técnica proviene del griego *teknikos*, que significa "relacionado con un arte o un oficio".

te·lé·gra·fo *m.* Máquina o sistema que envía mensajes a través de un cable. *En el pasado, el* **telégrafo** *era una manera rápida de enviar mensajes.*

tem·blar *v.* Moverse o vibrar. *En el departamento, todo suele* **temblar** *cuando pasa el tren.*

te·rri·to·rio *m.* Cualquier área de tierra grande; región. *Gran parte de la ciudad era* **territorio** *indígena.*

te·rro·rí·fi·co *adj.* Horroroso. *El castillo del conde parecía* **terrorífico***.*

ti·tu·be·o *m.* Vacilación, duda. *En el discurso, Martín tuvo un* **titubeo***.*

ton·te·rí·a *f.* Ingenuidad, acto de no demostrar buen sentido. *Quería correr una carrera por la calle pero mi mamá no permitió que hiciera esa* **tontería***.*

tor·pe *adj.* Falta de gracia en los movimientos o en el comportamiento; lerdo. *Julio era sumamente* **torpe** *para bailar.*

tra·duc·ción *f.* Se refiere a un texto escrito en una lengua diferente de la original. *Ayer leimos en clase una* **traducción** *al inglés de un poema de Pablo Neruda.*

tra·gar *v.* Comer mucho y aprisa. *Tuve que* **tragar** *la comida rápido para poder llegar a tiempo a la clase.*

trans·for·mar *v.* Cambiar de forma, apariencia o estructura. *Para* **transformar** *un granero en un hogar moderno, se necesita invertir mucho tiempo y dinero.*

Historia de la palabra

Transformar proviene del latín *transformare*, que significa "cambiar de forma".

trans·mi·sión *f.* **1.** Emitir noticias por radiotelefonía, etc. *Anoche pasaron la* **transmisión** *del programa de radio de rock latino.* **2.** Transferencia, comunicación. Se realizó la transmisión del mando presidencial.

tra·ta·mien·to *m.* **1.** Sistema de curación. *María está realizando un* **tratamiento** *homeopático.* **2.** Modo de trabajar ciertas materias que quiere uno transformar. *Mi papá trabaja en una fábrica de* **tratamiento** *metalúrgico.*

Uu

ú·ni·co *adj.* No tener algo igual; uno solo de su tipo. *El Partenón es **único**, ya que no existe una construcción similar sobre la Tierra.*

u·nir *v.* Juntar uno con otro. *En mi casa, quieren **unir** las dos habitaciones para hacer una grande.*

u·ni·ver·so *m.* Objetos cósmicos y el espacio entre ellos. *El **Universo** es infinito.*

Vv

va·gar *v.* Moverse alrededor de un área grande. *Al oso pardo le gusta **vagar** por el valle y las montañas cercanas.*

va·ria·do *adj.* Compuesto por elementos diferentes, distintos uno de otro. *Los organismos en este arrecife de corales tienen un aspecto **variado**.*

vi·ve·ro *m.* Terreno donde se cultivan plantas para luego transplantarlas a su destino definitivo. *Roberta fue al **vivero** a comprar plantas para decorar su jardín.*

vol·te·re·tas *f.* pl. Vueltas ligeras que se dan en el aire. *El pájaro dio unas **volteretas** antes de posarse en la rama del árbol.*

vo·lun·ta·rio/ria *m. y f.* Una persona que ofrece ayuda o hace algo por elección propia, generalmente, sin cobrar dinero. *Soy un **voluntario** del asilo de ancianos.*

Acknowledgments

The publisher gratefully acknowledges permission to reprint the following copyrighted material:

"La astronauta y la cebolla" a translation of THE ASTRONAUT AND THE ONION from GLORIA RISING by Ann Cameron. Text copyright © 2002 by Ann Cameron. Reprinted by permission of Frances Foster Books, an imprint of Farrar, Straus and Giroux.

"El baile del Correcaminos" a translation of ROADRUNNER'S DANCE by Rudolfo Anaya, pictures by David Diaz. Text copyright © 2000 by Rudolfo Anaya, illustrations copyright © 2000 by David Diaz. Reprinted by permission of Hyperion Books for Children.

"Las ballenas de Adelina" a translation of ADELINA'S WHALES text and photographs by Richard Sobol. Text and photographs copyright © 2003 by Richard Sobol. Reprinted by permission of Dutton Children's Books, a division of Penguin Books USA Inc.

"La bienvenida" by Berta Hiriart, illustrations by Ericka Martínez. Copyright © 2004 by Berta Hiriart Urdanivia. Copyright © 2004 by Ediciones El Naranjo, S. A. de C. V. Reprinted by permission of Ediciones El Naranjo, S. A. de C. V., México, D.F.

"Bombilla de luz" a translation of LIGHT BULB and "El cerrojo del relámpago" a translation of LIGHTNING BOLT by Joan Bransfield Graham from FLICKER FLASH. Text copyright © 1999 by Joan Bransfield Graham. Reprinted by permission of Houghton Mifflin Company.

"El bosque de mi abecedario" by Pedro Villar Sánchez, illustrated by Miguel Calatayud. Text copyright by © 2003 by Pedro Villar Sánchez. Illustrations copyright © Miguel Calatayud Cerdán. Reprinted by permission of Editorial Dialogo S. L., Valencia, Spain.

"Caballo místico" a translation of MYSTIC HORSE by Paul Goble. Copyright © 2003 by Paul Goble. Reprinted by permission of HarperCollins Publishers.

"El canto de las palomas" by Juan Felipe Herrera, illustrated by Elly Simmons. Story Copyright © 1995 by Juan Felipe Herrera. Pictures Copyright © 1995 by Elly Simmons. Reprinted by permission of Children's Book Press.

"La cigarra y la hormiga" a translation of THE ANT AND THE GRASSHOPPER retold and illustrated by Amy Lowry Poole. Copyright © 2000 by Amy Lowry Poole. Reprinted by permission of Holiday House.

"Copo de nieve Bentley" a translation of SNOWFLAKE BENTLEY by Jacqueline Briggs Martin, illustrated by Mary Azarian. Text copyright © 1998 by Jacqueline Briggs Martin, illustrations copyright © 1998 by Mary Azarian. Reprinted by permission of Houghton Mifflin Company.

"Mi diario de aquí hasta allá" a translation of MY DIARY FROM HERE TO THERE story by Amada Irma Pérez, illustrations by Maya Christina Gonzalez from MY DIARY FROM HERE TO THERE. Story copyright © 2002 by Amada Irma Pérez, illustrations copyright © 2002 by Maya Christina Gonzalez. Reprinted by permission of Children's Book Press.

"El dragón despierta: Terremoto de San Francisco de 1906" a translation of THE EARTH DRAGON AWAKES: THE SAN FRANCISCO EARTHQUAKE OF 1906 by Laurence Yep. Text copyright © 2006 by Laurence Yep. Reprinted by permission of HarperCollins.

"Gracias a Winn-Dixie" a translation of BECAUSE OF WINN-DIXIE by Kate DiCamillo from BECAUSE OF WINN-DIXIE. Copyright © 2000 by Kate DiCamillo. Reprinted by permission of Candlewick Press.

"Un grillo en Times Square" a translation of THE CRICKET IN TIMES SQUARE by George Selden, illustrated by Garth Williams from THE CRICKET IN TIMES SQUARE. Copyright © 1960 by George Selden Thompson and Garth Williams. Reprinted by permission of Farrar, Straus and Giroux. [McGraw-Hill acknowledges the use of a trademark due to illustrator restrictions.]

"Guillermo González Camarena: Habitante del futuro" by Jaime Muñoz Vargas, illustrated by Jorge Alderete. Copyright D.R. © SM de Ediciones, S.A. de C.V, 2005. Reprinted by permission of SM de Ediciones, S.A. de C.V., México, D.F.

"Me gusta cómo son las palabras" a translation of I LOVE THE LOOK OF WORDS by Maya Angelou from SOUL LOOKS BACK IN WONDER. Copyright © 1993 by Tom Feelings. Reprinted by permission of Dial Books, a division of Penguin Books USA Inc.

"Mi hermano Martin" a translation of MY BROTHER MARTIN: A SISTER REMEMBERS, GROWING UP WITH THE REV. DR. MARTIN LUTHER KING, JR. by Christine King Farris, illustrated by Chris Soentpiet. Text copyright © 2003 by Christine King Farris, illustrations copyright © 2003 by Chris Soentpiet. Reprinted by permission of Simon & Schuster Books for Young Readers.

"Jackie, la poderosa" a translation of MIGHTY JACKIE: THE STRIKE-OUT QUEEN by Marissa Moss, illustrated by C. F. Payne. Text copyright © 2004 by Marissa Moss, illustrations copyright © 2004 by C. F. Payne. Reprinted by permission of Simon & Schuster Books for Young Readers.

"Lluvia de plata" from DONDE, DIGO, DIGO by Sara Poot Herrera. Copyright © 1997 by Macmillan/McGraw-Hill. Reprinted by permission of Macmillan/McGraw-Hill, Inc.

"María" by Jairo Anibal Niño, illustrated by María Fernanda Mantilla. from EL HOSPITAL Y LA ROSA. Copyright © 2005 by Jairo Aníbal Niño. Copyright © 2005 by Panamericana Editorial Ltda. Reprinted by permission of Panamericana Editorial Ltda., Bogota, Colombia.

"Montes, llanuras" a translation of MOUNTAINS AND PLAINS and "Nada de cielo" a translation of NO SKY AT ALL from AN INTRODUCTION TO HAIKU: AN ANTHOLOGY OF POEMS AND POETS FROM BASHŌ TO SHIKI. Copyright © 1958 by Harold G. Henderson. Reprinted by permission of Doubleday Anchor Books, a Division of Doubleday & Company, Inc.

"Un paseo por el desierto" a translation of A WALK IN THE DESERT by Rebecca L. Johnson with illustrations by Phyllis V. Saroff from A WALK IN THE DESERT. Text copyright © 2001 by Rebecca L. Johnson, illustrations copyright © 2001 by Phyllis V. Saroff. Reprinted by permission of Carolrhoda Books, Inc.

"Querida señora LaRue" a translation of DEAR MRS. LARUE written and illustrated by Mark Teague. Copyright © 2002 by Mark Teague. Reprinted by permission of Scholastic Press, a division of Scholastic, Inc.

"Querida Sra. Parks" a translation of DEAR MRS. PARKS by Rosa Parks with Gregory J. Reed from DEAR MRS. PARKS: A DIALOGUE WITH TODAY'S YOUTH. Text copyright © 1996 by Rosa L. Parks, jacket photo copyright © 1996 by Mark. T. Kerrin. Reprinted by permission of Lee & Low Books, Inc.

"La selva tropical: El espectáculo de la vida" from CARACOLA by Ricardo Ciccerchia. Copyright © 1997 by Macmillan/McGraw-Hill. Reprinted by permission of Macmillan/McGraw-Hill, Inc.

"El sendero de los recolectores de piñas" a translation of THE TRAIL OF THE PIÑON GATHERERS by Joseph Bruchac, illustrations by Thomas Locker from THE EARTH UNDER SKY BEAR'S FEET: NATIVE AMERICAN POEMS OF THE LAND. Text copyright © 1995 by Joseph Bruchac, illustration copyright © 1995 by Thomas Locker. Reprinted by permission of The Putnum & Grosset Group.

"La vida de las hormigas" a translation of THE LIFE AND TIMES OF THE ANT by Charles Micucci from THE LIFE AND TIMES OF THE ANT. Copyright © 2003 by Charles Micucci. Reprinted by permission of Houghton Mifflin Company.

"Xóchitl, la niña de las flores" by Jorge Argueta, illustrated by Carl Angel. Story copyright © 2003 by Jorge Argueta. Illustrations copyright © 2003 by Carl Angel. Reprinted by permission of Children's Book Press.

"Ya se derrite la nieve" a translation of THE SNOW IS MELTING and "Fría soledad" a translation of WINTER SOLITUDE from THE ESSENTIAL HAIKU: VERSIONS OF BASHŌ, BUSON, AND ISSA. Introduction and selection copyright © 1994 by Robert Hass. Unless otherwise noted, all translations copyright © 1994 by Robert Hass. Reprinted by permission of The Ecco Press.

ILLUSTRATIONS
Cover: Domi.

24-43: Maya Christina Gonzalez. 54-55: Gerardo Suzan. 56-79: Ericka Martinez. 82-85: Olwyn Whelan. 102: Kim Johnson. 104-117: Anna Rich. 142-143: Robert Casilla. 147: Viviana Diaz. 160-173: Chris Soentpiet. 186-201: C.F Payne. 226-241: Sara Poot Herrera. 244-247: Ande Cook. 254-273: Paul Goble. 282-283: Darryl Ligasan. 294-295: Antonio Prieto. 296-313: Miguel Calatayud. 302-305: Lester Coloma. 326-347: Mark Teague. 364: Dean Macadam. 370-371: Dave LaFleur. 372-389: Renato Alarcao. 392-395: Wendy Born Hollander. 402-417: Elly Simmons. 420-421: Megan Halsey. 424-425: Susan Swan. 436-437: Loretta Krupinski. 438-455: Garth Williams. 468-481: Charles Micucci. 484-487: Amy Lowry Poole. 504-505: Larry Reinhart. 534-535: Loretta Lopez. 536-553: Carl Angel. 560-561: Bill Cigliano. 562-563: Argosy. 602-617: David Diaz. 620-

623: Murray Kimber. 690-691: Jesse Reisch. 694-695: Fabricio Vanden Broeck. 696-697: Marion Eldridge. 706-707: Valeria Docampo. 708-719: Maria Fernanda Mantilla. 730-731: Greg Shed. 732-745: Cornelius Van Wright and Yin-Hwa Hu. 770-791: Mary Azarian. 794-795: Tina Fong. 800-801: Gabriel Pacheco. 802-815: Jorge Alderete. 822-823: Stacy Schuett.

PHOTOGRAPHY

All Photographs are by Macmillan/McGraw-Hill (MMH) except as noted below:

2: (cl) Jeff Foott/Discovery Images/Getty Images; (br) © JUPITERIMAGES/ Comstock Premium / Alamy. 6-7: (bkgd) Jose Luis Pelaez/Corbis. 9: (tr) ©Larry Miller / Photo Researchers, Inc. 14: (cr) Jeff Foott/Discovery Images/Getty Images; (bl) Siede Preis/Getty Images, Inc. 16: (bl) Digital Vision Ltd./Getty Images. 18: (tr) Peter Yates/Corbis. 19: (br) ©Rudi Von Briel / Photo Edit. 20: (bl) Robert Harding World Imagery/Getty Images. 44: (tl) Courtesy Children's Book Press; (cl) Courtesy Children's Book Press. 51: (tr) Myrleen Ferguson Cate /Photo Edit. 52-53: (bkgd) Tom & Dee Ann McCarthy/Corbis. 90: (cr) Russel Illig/Photodisc/Punchstock; (br) C Squared Studios/Getty Images, Inc. 103: (tr) Stock Trek/Getty Images, Inc. 118: (tl) Das Anuda/Courtesy Farrar, Straus and Giroux; (cr) Courtesy Anna Rich. 123: (tr) Whit Preston/Stone/Getty Images. 124-125: (bkgd) Warren Morgan/Corbis. 126: (b) Steven Weinrebe/Index Stock Imagery. 127: (tl) Don Smetzer/Stone/Getty Images, Inc. 128: (t) ©2005 Twentieth Century Fox. All rights reserved.; (b) ©2005 Twentieth Century Fox. All rights reserved. 129: (t) ©2005 Twentieth Century Fox. All rights reserved. 130: (t) ©2005 Twentieth Century Fox. All rights reserved. 131: (b) ©2005 Twentieth Century Fox. All rights reserved. 132: (t) ©2005 Twentieth Century Fox. All rights reserved. 133: (b) ©2005 Twentieth Century Fox. All rights reserved. 134: (t) ©2005 Twentieth Century Fox. All rights reserved. 137: (c) ©2005 Twentieth Century Fox. All rights reserved. 138: (b) ©2005 Twentieth Century Fox. All rights reserved. 139: (t) ©2005 Twentieth Century Fox. All rights reserved. 140: (tr) Courtesy of Candlewick Press; (bl) ©2005 Twentieth Century Fox. All rights reserved. 141: (br) ©2005 Twentieth Century Fox. All rights reserved. 142-143: (bkgd) Corbis. 145: (tr) Whit Preston/Stone/Getty Images. 149: (br) Michael Okoniewski/AP-Wide World Photos. 155: (br) ©Bob Daemmrich / Photo Edit. 158: (bl) Bettmann/CORBIS. 159: (cl) Bettmann/CORBIS; (cr) Bettmann/CORBIS. 174: (tl) Courtesy Simon & Schuster; (c) Courtesy Chris Soenpiet. 182-183: (bkgd) ©Lori Adamski Peek/Getty Images. 184: (bl) Bettmann/CORBIS. 185: (cr) Bernard Hoffman/Getty Images, Inc. 202: (tl) Courtesy Simon & Schuster; (cr) Courtesy C.F. Payne. 206: (b) Jim Simmons. 210-211: (bkgd) ©Brian Bahr/Getty Images. 221: (b) Ana de Sousa/Shutterstock; (b) Photodisc/Punchstock; (b) Stockdisc/PunchStock. 222-223: (bkgd) Steve Bloom Images/Alamy. 224: (b) © Jason Houston/Drr.net; (bl) Topolobampo Collection, Special Collections Library, California State University, Fresno. 274: (tl) Courtesy Paul Goble. 277: (t) Getty Images. 284: (br) Michael St. Maur Sheil/Corbis. 291: (br) ©AP Photo/Ramon Espinosa. 292-293: (bkgd) Whit Preston/Stone/Getty Images. 296: (tl) Photo by Mimi. Courtesy Rudolfo Anaya; (cr) Courtesy of David Diaz. 321: (tr) Whit Preston/Stone/Getty Images. 322-323: (bkgd) ©Masterfile Royalty-Free. 324: (bl) Ulrike Schanz/Animals Animals/Earth Scenes. 325: (cr) Mary Grace Long/Asia Images/Getty Images, Inc. 348: (tl) Courtesy Scholastic. 350: (t) Okapia / Hund / Kramer / Photo Researchers, Inc. 351: (tr) MANUELA HARTLING/Reuters/CORBIS. 352: (b) MANUELA HARTLING/Reuters/CORBIS. 353: (tr) MANUELA HARTLING/Reuters/CORBIS. 390: (tl) Courtesy Peachtree Publishers; (br) Courtesy Renato Alcarao. 397: (tr) Whit Preston/Stone/Getty Images. 398-399: (bkgd) Jeff Greenberg/Alamy. 423: (tr) Alan Levenson/AGE Fotostock. 426: (br) Time & Life Pictures/Getty Images. 427: (tr) Danita Delimont/Alamy. 430-431: (bkgd) Karen Kasmauski/Corbis. 432: (br) Marta Lavandier/AP Images World Wide. 433: (br) Photo Provided Courtesy The University of Texas School of Law. 456: (tr) Marcia Johnston. Courtesy Farrar, Straus and Giroux.; (bl) Courtesy Estate of Garth Williams c/o Frost National Bank. 458: (t) Steve Kaufman/CORBIS; (tr) B. G. Thomson/Photo Researchers; (cr) Karen Marks/Bat Conservation International/Photo Researchers. 459: (bl) Pat Little/AP-Wide World Photos. 460: (t) Jeff Lepore/Photo Researchers. 463: (tr) Dan Bigelow/Getty Images. 464-465: (fgd) Michael & Patricia Fogden/CORBIS. 466: (bl) Masterfile Royalty Free Division. 467: (cr) Steve Hopkin/Ardea. 482: (c) Anita Lambrinos/Courtesy Charles Micucci. 489: (tr) Amos Morgan/Getty Images. 490-491: (bkgd) ©Bob Daemmrich/PhotoEdit. 502-503: (fgd) Phil McCarten/PhotoEdit Inc. 506-507: (bkgd) SuperStock. 509: (b) Courtesy of The Bancroft Library/University of California, Berkeley. 510: (b) PhotoDisc/SuperStock. 512: (t) J. B. Macelwane archives, Saint Louis University. 515: (b) Courtesy of The Bancroft Library/University of California, Berkeley. 517: (t) AP Photo/U.S. Geological Society. 519: (bl) Corbis; (c) Bettmann/Corbis. 521: (t) Bettmann/Corbis. 522: (c) Corbis. 526-527: (bkgd) Digital Vision/SuperStock. 527: (cr) Danny Lehman/Corbis. 531: (tr) Whit Preston/Stone/Getty Images. 532-533: (bkgd) Library of Congress/Getty Images. 554-555: (bkgd) © Dency Kane/Beateworks/Corbis. 566-567: (bkgd) Lon Lauber/OSF/Animal Animals/Earth Scenes. 569: (br) ©David Muench/Stone/Getty Images. 570-571: (bkgd) David Muench/CORBIS. 572: (b) Jack Barrie/Bruce Coleman. 573: (cl) Dave Tipling/Alamy. 574-575: (bkgd) Bruce Clendenning/Visuals Unlimited. 575: (bl) Martin J Miller/Visuals Unlimited. 577: (t) ©Steve Warble; (b) ©Brian Vikander. 578: (t) Barbara Gerlach/Visuals Unlimited. 579: (tr) Richard Day/Daybreak Imagery; (b) Tom Bean. 580: (t) Bayard A. Brattstrom/Visuals Unlimited; (bl) Rob Simpson/Visuals Unlimited. 581: (b) John Cunningham/Visuals Unlimited. 582: (t) LINK/Visuals Unlimited. 583: (b) Hal Beral/Visuals Unlimited. 584: (b) Malowski/Visuals Unlimited. 585: (tl) John Gerlach/Visuals Unlimited. 586: (tr) Barbara Gerlach/Visuals Unlimited. 587: (c) Tom J. Ulrich/Visuals Unlimited. 588-589: (bkgd) Bruce Clendenning/Visuals Unlimited. 590: (tr) Courtesy Lerner Publishing Group; (bkgd) Bruce Clendenning/Visuals Unlimited. 593: (tl) Steve Kazlowski/Danita Delimont.com; (br) Robert W. Ginn/Alamy. 594: (cl) Inside OutPix/PunchStock; (cr) blickwinkel/Alamy; (br) Andrew Harrington/Alamy. 595: (r) Royalty-Free/CORBIS. 597: (tr) Jim Jordan/Getty Images, Inc. 600-601: (bkgd) John Cancalosi/Ardea. 625: (tr) BananaStock/Alamy. 638-639: (bkgd) Steve Dunwell/Index Stock Imagery. 640: (tr) ©Theo Allofs/CORBIS; (b) ©David Young-Wolff / Photo Edit; (bkgd) ©M. Timothy O'Keefe / Alamy. 643: (bkgd) ©Michael & Patricia Fogden/Minden Pictures/Getty Images. 644: (bc) © Photodisc/Getty Images; (bkgd) ©Reto Stockli, Nazmi El Saleous, and Marit Jentoft-Nilsen, NASA GSFC. 645: (br) © blickwinkel / Alamy. 646: (t) © Jacques Jangoux / Alamy. 647: (b) ©Designpics.com/PunchStock. 649: (bkgd) ©Nigel Hicks / Alamy. 650: (tl) © Jeff Foott/Discovery Channel Images/Getty Images. 651: (tl) ©FABIO COLOMBINI MEDEIROS / Animals Animals - Earth Scenes; (cr) ©Worldwide Picture Library / Alamy; (bl) © BRUCE COLEMAN INC. / Alamy. 652-653: (b) ©Gregory G. Dimijian/Photo Researchers, Inc. 653: (tr) © Dave G. Houser/Corbis. 655: (b) © JOHN MAIER JR/ARGUS FOTOARCHIV/CORBIS SYGMA. 656: (t) © imagebroker / Alamy. 658: (tl) ©Michael & Patricia Fogden/Minden Pictures/Getty Images; (cr) © Jan Csernoch / Alamy. 659: (r) © AA World Travel Library / Alamy. 660: (tl) © Jeff Foott/Discovery Channel Images/Getty Images; (br) ©Michael & Patricia Fogden/Minden Pictures/Getty Images; (bkgd) © Michael & Patricia Fodgen/Minden Pictures/Getty Images; (bkgd) ©Timothy Laman/National Geographic/Getty Images. 661: (br) ©Lee Feldstein / Alamy; (tl) ©Brian Kenney/Taxi/Getty Images; (tr) ©Pete Oxford/Minden Pictures/Getty Images. 662: (tl) © Theo Allofs/CORBIS; (b) ©BRUCE COLEMAN INC. / Alamy. 663: (tr) ©Blackout Concepts / Alamy. 668-669: (bkgd) Royalty-Free/CORBIS; (bkgd) Royalty-Free/CORBIS. 670: (tr) Amos Nachoum/CORBIS; (br) Roger Tidman/CORBIS; (bkgd) Stephen Frink Collection/Alamy. 672-673: (bkgd) Photographs by Richard Sobol, ©2003. 674: (br) Photographs by Richard Sobol, ©2003. 675: (t) Photographs by Richard Sobol, ©2003; (b) Photographs by Richard Sobol, ©2003. 676: (t) Photographs by Richard Sobol, ©2003. 677: (t) Photographs by Richard Sobol, ©2003. 678: (c) Photographs by Richard Sobol, ©2003. 679: (b) Photographs by Richard Sobol, ©2003. 680: (t) Photographs by Richard Sobol, ©2003. 681: (b) Photographs by Richard Sobol, ©2003. 682: (b) Photographs by Richard Sobol, ©2003. 683: (t) Photographs by Richard Sobol, ©2003. 684: (b) Photographs by Richard Sobol, ©2003. 685: (t) Photographs by Richard Sobol, ©2003. 686: (t) Photographs by Richard Sobol, ©2003. 687: (c) Photographs by Richard Sobol, ©2003. 688: (tl) Courtesy Robert Sobol; (bkgd) Photographs by Richard Sobol, ©2003. 689: (b) Photographs by Richard Sobol, ©2003. 693: (tl) Rubberball Productions/Getty Images, Inc. 698-699: (bkgd) Comstock/SuperStock. 704-705: (bkgd) Annie Griffiths Belt/CORBIS. 722: (tr) ©Imagno/Getty Images. 723: (tr) © AP Photo; (br) ©AP Photo. 724: (cr) ©The Times; (tr) © Archivo Iconografico, S.A./CORBIS. 746: (cl) Courtesy of Cornelius Van Wright and Ying-Hwa Hu. 748: (b) Bettmann/CORBIS. 750: (b) Kenneth Garrett/Getty Images, Inc. 751: (tr) PhotoLink/Getty Images. 753: (tr) Tipp Howell/Getty Images, Inc. 768: (bl) Gary Buss/Getty Images, Inc. 769: (tr) Richard Hutchings/CORBIS. 792: (tl) ©Sharron L. McElmeel/McBookwords LLC; (br) Courtesy Mary Azarian. 797: (tr) ImageState/Alamy. 798-799: (bkgd) Justin Sullivan/Getty Images. 821: (tr) Michael Newman/Photo Edit Inc. 92: (cr) Mi Won Kim for TFK. 93: (tr) Mi Won Kim for TFK; (bl) Mi Won Kim for TFK. 94: (tr) Courtesy of Esta Shapiro; (bl) Courtesy of David Hsu. 95: (tr) Courtesy of David Hsu.